重庆大学年鉴2024

CHONGQING DAXUE
NIANJIAN 2024

重庆大学党委办公室、校长办公室 编

重庆大学出版社

图书在版编目（CIP）数据

重庆大学年鉴. 2024 / 重庆大学党委办公室、校长
办公室编. -- 重庆：重庆大学出版社，2024. 12.
ISBN 978-7-5689-5112-8

Ⅰ. G649.287.19-54

中国国家版本馆 CIP 数据核字第 2024NE7114 号

重庆大学年鉴 2024

重庆大学党委办公室、校长办公室　编

责任编辑：黄菊香　李桂英　夏　宇　　　版式设计：陈　力

责任校对：谢　芳　　　　　　　　　　责任印制：邱　瑶

*

重庆大学出版社出版发行

出版人：陈晓阳

社址：重庆市沙坪坝区大学城西路 21 号

邮编：401331

电话：（023）88617190　88617185（中小学）

传真：（023）88617186　88617166

网址：http://www.cqup.com.cn

邮箱：fxk@ cqup.com.cn（营销中心）

全国新华书店经销

重庆升光电力印务有限公司印刷

*

开本：889mm×1194mm　1/16　印张：27.75　字数：689 千　插页：16 开 8 页

2024 年 12 月第 1 版　　2024 年 12 月第 1 次印刷

ISBN 978-7-5689-5112-8　定价：199.00元

编者的话

2023 年，学校坚持以习近平新时代中国特色社会主义思想为指导，深入贯彻落实党的二十大精神，紧紧围绕教育、科技、人才"三位一体"战略部署，深度融入成渝地区双城经济圈和现代化新重庆建设，全面贯彻党的教育方针，落实立德树人根本任务，与时俱进加快建设中国特色、世界一流的大学和优势学科，全力应答好"教育强国，高校何为"的时代命题，各项事业取得新进展新成效，以昂扬姿态迈向"百年新重大"高质量发展新征程。

一年来，党建业务"一融双高"迈出新步伐。坚持党建引领，高标准严要求扎实开展学习贯彻习近平新时代中国特色社会主义思想主题教育，在学思践悟中凝聚起奋进"双一流"的强大动能。开展机关处级领导干部交流调整和学院行政领导班子换届工作，完成 16 个二级党组织常规巡视和校内安全工作专项巡视，9 个基层党委(支部)进入第四批全国党建"双创"遴选范围，承建的教育部高校思想政治工作创新发展中心以"优秀"通过验收，联合打造的"红岩革命故事展演"入选全国十大"大思政课"优质资源示范项目，召开第十六次团代会，抓好统战和工会工作，有力推进离退休工作，切实承担起管党治党、办学治校的主体责任。

一年来，为党育人、为国育才取得新成效。深入实施"时代新人铸魂工程"，全面提高人才自主培养质量，着力造就拔尖创新人才。高标准推进国家卓越工程师学院建设，发起成立智慧能源领域卓越工程师培养联合体。牵头获国家级教学成果奖一等奖 1 项、二等奖 7 项，与兄弟高校共同完成的"新工科教育"成果获特等奖。获批国家储能技术产教融合创新平台，入选"101 计划"首批试点高校、教育部"国优计划"首批试点高校。新增国家级一流课程 38 门，总数达 68 门。举全校之力高水平承办第八届中国国际"互联网+"大学生创新创业大赛冠军争夺赛及同期活动，获 2023 中国年度最佳高校"就业典范奖"。

一年来，世界一流大学建设实现新跃升。全面完成第二轮"双一流"建设中期各项目标任务。新增各类国家级高层次人才数量再创新高，刘汉龙教授当选中国工程院院士，蒋兴良教授团队入选第三批"全国高校黄大年式教师团队"，李百战教授获评第四届杰出教学奖。牵头获教育部科学技术奖一等奖 2 项、重庆市科学技术奖一等奖 10 项；获重庆市社科优秀成果奖一等奖 7 项、发展研究优秀成果奖一等奖 2 项。以第一完成单位和第一通讯作者单位在 Science 正刊发表论文。科研总经费和成果转化金额再创新高。重庆大学附属人民医院共建签约并正式挂牌，附属医院达到 8 家。新增化学进入 ESI 全球前 1‰，工程学、材料科学稳居 ESI 全球前 1‰，9 个学科进入软科世界一流学科排名前 50 名，学校综合影响力和国际声誉快速提升。

一年来,服务国家战略能力再上新台阶。持续完善5个全国重点实验室建设运行机制,新增非线性分析数学与应用教育部重点实验室等3个教育部创新平台,国家自然科学基金委西南理论物理中心正式揭牌,提速量子物质、未来芯片等公共实验平台建设,高起点谋划建设嘉陵江实验室,聚力打造高端创新平台集群,全面支撑重庆"416"科技创新战略布局和"33618"现代制造业集群体系建设。大力实施"头部企业工程",共建联合创新平台和人才培养基地。主动服务"一带一路"建设,成功承办国家首届"一带一路"科技交流大会的重要活动之一信息时代科研范式变革校长圆桌会议,发起成立"一带一路"全球大学科技合作联盟。深化巩固拓展脱贫攻坚成果同乡村振兴有效衔接,3个项目入选第八届教育部精准帮扶典型项目。全力共建长江生态环境联合研究生院,助力长江经济带绿色高质量发展。

一年来,办学综合条件保障达到新水平。推动教育数字化转型,构建智慧重大"3573"整体构架,有序推进智能计算、新型网络、大数据等基础能力平台及示范应用项目建设。科学中心、工科实验楼、超瞬态实验装置科研楼、空间太阳能电站地面实验基地科研楼完成主体结构封顶。建成完工各类改善办学条件项目11个,总建筑面积约5万平方米。有序开展"重大花园"C、D栋新建安置工作,完成校内6栋D级危房拆除,启动"一站式"师生服务中心建设,深化平安校园建设,努力把实事办好、把好事办实,让广大师生员工切实感受到新变化、新气象。

在本卷年鉴中,我们力图全面、完整地反映学校各个方面的工作,但由于篇幅限制及编者能力有限,遗漏和不当之处在所难免,敬请各位读者批评指正。本年鉴的编纂得到了学校领导及校内各单位的大力支持与协助,在此一并致谢。

编 者

2024年1月

2023 年 2 月 22 日，重庆市委书记袁家军来校宣讲党的二十大精神

2023 年 2 月 27 日，学校召开 2023 年春季新学期干部大会

2023 年 3 月 16 日，学校召开全国两会精神传达报告会

2023 年 4 月 9 日，第八届中国国际"互联网＋"大学生创新创业大赛冠军争夺赛在学校举行

2023 年 4 月 9 日，由学校主办的首届世界青年大学生创业论坛举行

2023 年 4 月 9 日，由中国高等教育学会和学校联合主办的第三届中国城市与高校发展大会举行

2023 年 4 月 22 日，学校举行国家自然科学基金委理论物理专款西南理论物理中心启动会暨重庆量子物理基础学科研究中心揭牌仪式

2023 年 4 月 23 日，校长王树新率调研组到云南省绿春县调研

2023 年 6 月 8 日，学校举行"校长有约"学生座谈会

2023 年 6 月 15 日，校党委书记舒立春深入重庆市巫山县官渡镇大塘村、竹贤乡下庄村等地调研

2023 年 6 月 19 日，学校国家卓越工程师学院正式揭牌

2023 年 6 月 28 日，学校举行"光荣在党 50 年"纪念章颁发仪式

2023 年 6 月 28 日，学校举行 2023 年毕业典礼暨学位授予仪式

2023 年 7 月 10 日，学校牵头获 2022 年度重庆市科学技术奖一等奖 10 项，占全市一等奖数量的 40%

2023 年 8 月 30 日，学校召开学习贯彻习近平新时代中国特色社会主义思想主题教育总结大会

2023 年 9 月 1 日，学校召开 2023 级研究生新生开学典礼

2023 年 9 月 1 日，学校召开 2023 年秋季新学期教师干部大会

2023 年 9 月 3 日，学校举行 2023 级本科新生开学典礼暨军训动员大会

2023 年 9 月 25 日，重庆市委书记袁家军到学校调研并主持召开全市高校人才工作座谈会

2023 年 10 月 17 日，学校举行金秋敬老祝寿大会暨学校发展情况通报会

2023 年 10 月 18 日，校长王树新带队赴四川大学、电子科技大学、西南交通大学调研

2023 年 10 月 20 日，中美洲和加勒比国家政党代表团来校访问

2023 年 10 月 23 日，学校第二任工学院院长冯简先生后裔一行来校参访

2023 年 11 月 7 日，由重庆市主办、学校承办的信息时代科研范式变革校长圆桌会议举行

2023 年 11 月 7 日，学校发起成立"一带一路"大学科技合作联盟（简称"iUNRC"）

2023 年 11 月 8 日，举行共建重庆大学附属人民医院签约暨重庆大学附属人民医院揭牌仪式

2023 年 11 月 22 日，刘汉龙教授当选中国工程院院士

2023 年 12 月 7 日，召开重庆大学 2022—2023 学年学生争先创优表彰大会

2023 年 12 月 15 日，学校"野蛮生长"长跑队打破高校百英里接力赛总决赛纪录，夺得冠军

2023 年 12 月 17 日，召开中国共产主义青年团重庆大学第十六次代表大会

2023 年 12 月 25 日，召开 2023 年重庆大学教职工荣休大会

2023 年 12 月 29 日，举行重庆大学国家储能技术产教融合创新平台揭牌仪式暨储能技术高端论坛

Contents ｜ 目 录

学校概况

校情概览

　　重庆大学创办于 1929 年,自提出建设"完备弘深之大学"的愿景,到 20 世纪 40 年代发展成为文理工商法医各学科齐全的综合性大学。经过 1952 年全国院系调整,学校成为以工科为主的多科性大学,1960 年被确定为全国重点大学。改革开放后,学校进行了全面的恢复调整和改革建设,成为一所以工为主、多学科协调发展的高校,1998 年获批国家"211 工程"重点建设高校。2000 年原重庆建筑大学、重庆建筑高等专科学校与重庆大学合并组建为新的重庆大学,2001 年成为"985 工程"重点建设高校,2017 年入选国家"世界一流大学建设高校(A 类)",2022 年入选第二轮"双一流"建设高校。学校发展进入新的历史阶段,朝着中国特色、世界一流大学办学目标不懈奋进。

　　学校学科门类齐全,涵盖理、工、经、管、法、文、史、哲、医、教育、艺术、交叉学科 12 个学科门类。设 7 个学部 35 个学院,以及 8 所附属医院。教职工 5 300 余人,在校学生 50 000 余人,其中研究生 24 000 余人,本科生 26 000 余人。校园占地面积 5 300 余亩,有 A 校区、B 校区、C 校区、虎溪校区和两江校区。

人才培养

　　入选全国首批 10 所"三全育人"综合改革试点高校、首批 20 所高校思想政治工作创新发展中心承建高校、首批 10 所国家卓越工程师学院建设高校、10 所储能技术国家急需高层次人才培养专项实施高校、国家储能技术产教融合创新平台。大力实施"本科教育 2029 行动计划",打造一流本科教育。成立本科生院,全面实施大类招生大类培养,加强通识教育。61 个专业入选国家级一流本科专业,68 门课程入选国家级一流本科课程;数学与应用数学、物理学专业进入"强基计划",曙光计算机科学拔尖学生培养基地获批教育部基础学科拔尖学生培养计划 2.0 基地,大数据与软件学院入选首批特色化示范性软件学院。与两江新区共建明月湖新工科教育创新平台、重庆卓越工程师学院。

　　持续深化培养体制机制改革,开展科研经费博士、工程硕博士培养改革专项试点,大力实施"研究生教育高质量发展行动计划",打造卓越研究生教育。获批学位授权自主审核高校,有一级学科博士学位授权点 37 个、博士专业学位授权点 9 个,一级学科硕士学位授权点 48 个,专业学位授权点 27 个;博士生年招生规模 1 150 余人。

　　深化"产教融合、跨界培养",先后获评"全国首批深化创新创业教育改革示范高校""全国创新创业典型经验高校""国家大众创业万众创新示范基地"等,承办第八届中国国际"互联网+"大学生创新创业大赛。

学科建设

　　按照"强化工科、夯实理科、振兴文科、繁荣社科、拓展医科、提升信科、推动交叉"的思路,坚持学科内涵发展、高质量发展、特色发展,健全适应科技高速变革的学科优化布局机制以及适宜产生未来引领学科的体制机制,建立一流的学科公共服务平台支撑体系,着力构建一流学科生态。实施六类学科重点建设项目,持续加大推进一流学科、I类优势学科以及"先进制造""智慧能源""新型城镇化"三大学科群建设。高起点推进医学学科加快发展。实施"基础文科振兴行动计划""基础理科卓越行动计划",加快提升基础学科整体发展水平。机械工程、电气工程、土木工程入选第二轮"双一流"建设学科。工程学、材料科学、化学先后进入 ESI 世界前 1‰ 学科,15 个学科进入 ESI 世界前 1%;9 个学科进入软科世界一流学科前 50 名。

人才队伍

大力实施人才强校战略,系统构建起"3+7"人事人才制度体系和人才引育"金字塔",积极营造"近者悦、远者来"的人才发展氛围,以先进体制机制激发高层次人才持续汇聚的内生动力。现有专任教师 3 200 余人,其中包括 9 位院士在内的国家级人才 298 人次,博士生导师 1 100 余人,副高级以上专业技术人员 2 200 余人。

科学研究

深化科研管理服务改革,构建起"1+5"新型科研创新体系,以新的体制机制促进高质量成果产出。加强创新体系内涵建设,全面实施基础研究珠峰计划、重大项目成果人才培育计划、重点研究基地构筑计划、军民融合发展行动计划。加强科研前瞻布局,全面融入西部(重庆)科学城建设,推动建设重庆大学科学中心,培育建设超瞬态实验大科学装置,推动成立人工智能研究院、智慧城市研究院等跨学科交叉研究平台。"十三五"以来,新增国家和省部级科研平台 38 个,获批国家级科研项目 3 260 项(其中牵头千万元级以上重大项目 65 项),荣获国家奖和省部级科技奖励一等奖 112 项,国家科学技术进步奖一等奖、国家自然科学基金重大项目、*Nature* 和 *Science* 正刊论文等均取得历史性突破,科研总经费屡创新高(2023 年达到 32.9 亿元),发表高水平论文数量和获权发明专利数量显著增长。实施人文社科繁荣计划,获得多项国家重点研发计划项目,国家社会科学基金项目立项取得明显成效,高质量成果产出能力不断增强,荣获鲁迅文学奖,持续推进教育部战略研究基地区域经济与科教战略研究中心、中国工程科技发展战略重庆研究院、地方政府治理协同创新中心、城市化与区域创新极发展研究中心、重庆人才发展研究院等新型高端智库平台建设,服务科学决策。实施"高水平学术期刊培育资助计划",主办学术期刊中 3 种入选中国科技期刊卓越行动计划领军期刊、高起点新刊,2 种入选"中国最具国际影响力学术期刊"榜单(TOP5%)。

国际合作

大力推进国际化发展战略,积极融入"一带一路"、西部陆海新通道发展,加强与世界一流大学和研究机构的实质性合作,已与 40 个国家和地区的 300 余所高校、研究机构建立了稳定良好的合作关系,拥有国家级学科创新引智基地、教育部国际联合实验室等各类国际合作平台近 20 个。创新开展国际化人才培养,推进研究生全球学术课程、全球前沿学科系列讲座等项目,鼓励和支持师生出国(境)访学交流,国际影响力不断提升。致力于中华文化推广,设有泰国勿洞市孔子学院、意大利比萨孔子学院、澳大利亚乐卓博大学孔子学院。入选教育部首批"来华留学示范基地",积极打造"留学重大"品牌,建成全英文授课硕博项目45个、全英文授课课程300余门。

社会服务

始终坚持"研究学术、造就人才、佑启乡邦、振导社会"的办学宗旨,积极发挥社会服务职能。深化拓展校地合作,南京研究院等一批科技创新平台和新型高端研发机构落地生根。牵头研制的月面微型生态圈在月球上种植出第一片绿叶,完成人类首次月面生物生长培育实验。成立原国家教委批准的全国第一家高校董事会,大学科技园获认定为全国首批22个国家大学科技园之一。积极推进对口支援高校和县中托管帮扶工作,创造性地开展定点扶贫和服务乡村振兴工作,助力云南省绿春县和重庆市巫山县竹贤乡全面推进乡村振兴。发挥附属医院优势,在疫情防控、医疗救治等领域向社会提供优质服务。

学校以"扎根巴渝大地、服务重庆发展"为己任,抢抓成渝地区双城经济圈建设、西部陆海新通道建设等国家战略机遇,主动发挥智力优势、人才优势,深度融入区域经济社会创新发展,为新时代新征程全面建设社会主义现代化新重庆而奋斗。与重庆市政府共同启动筹建重庆实验室、共建长江生态环境联合研究生院。与重庆30余个区县持续深化合作,共建环重庆大学创新生态圈、国际联合研究院、璧山先进技术研究院、气球平台微波垂直传能试验验证平台、重庆新型储能材料与装备研究院等。牵头成立成渝地区双城经济圈高校联盟,着力打造成渝科教创新共同体。

校园文化

弘扬伟大建党精神,坚持用社会主义核心价值观铸魂育人,大力推进"文化强校"战略,凝练弘扬"复兴民族,誓作前锋"的重大精神,以一流的大学文化推进一流大学建设,获评第二届"全国文明校园"。大力选树先进典型,近百名教师荣获"全国优秀共产党员""最美奋斗者""最美高校辅导员"等荣誉称号。潜心打造校史馆及"立德树人"专题展览馆,深入挖掘爱国奉献精神内涵,弘扬科学精神和崇高品德。创作《重庆家书》《重庆往事·红色恋人》《光华》《初心·1929》《寅初亭》《何鲁》《渝创·渝新》等原创文化作品,讲好"重大故事",展示人文素养和家国情怀。传承和打造以川剧为代表的特色中华优秀传统文化成果,获批全国普通高校中华优秀传统文化传承基地(川剧)。弘扬革命文化,持续开展"红岩革命故事展演"等活动。建立师生、校友人物特色档案资源库,打造"重大文库",传播重大精神。实施建筑文化景观完善工程,学校近现代建筑群和早期建筑群分别入选第二批中国20世纪建筑遗产和第八批全国重点文物保护单位。

面向未来,重庆大学将高举中国特色社会主义伟大旗帜,全面贯彻习近平新时代中国特色社会主义思想和党的二十大精神,秉承"研究学术、造就人才、佑启乡邦、振导社会"的办学宗旨,立足新发展阶段、贯彻新发展理念、服务构建新发展格局,与时俱进建设世界一流大学,全面提升服务区域发展和国家战略能力,以"时时放心不下"的责任感,奋力谱写学校新发展阶段高质量发展新篇章,为全面建设社会主义现代化国家、全面推进中华民族伟大复兴贡献"重大"力量。

特　载

（一）领导讲话

在全面从严治党工作会议上的讲话

校党委书记　舒立春

（2023 年 2 月 27 日）

各位领导,同志们:

今天,我们召开新一年学校全面从严治党工作会,回顾过去一年全面从严治党工作,部署安排今年重点任务。会议传达学习了习近平总书记在二十届中央纪委二次全会上的重要讲话精神。习近平总书记从新时代新征程党和国家事业发展全局的高度,深刻分析了大党独有难题的形成原因、主要表现和破解之道,深刻阐释了全面从严治党体系的目标任务、时间要求,对坚定不移深入推进全面从严治党作出了战略部署。学校各级党组织和党员干部要认真学习贯彻习近平总书记重要讲话和有关会议精神,结合实际,深入领会、狠抓落实。今天的会也是一次警示教育大会,我们一起看了警示教育视频,触目惊心、教训深刻、发人深思,每位同志特别是各单位"一把手"要保持高度警醒,切实增强忧患意识、发扬自我革命精神,从严要求自己,带头做到廉洁自律。

2022 年,学校党委坚持以习近平新时代中国特色社会主义思想为指导,按照上级党组织和上级纪检监察机关的工作部署,认真落实全面从严治党主体责任,充分发挥全面从严治党的引领保障作用,推动学校各项事业高质量发展。一是持续推动政治监督具体化精准化常态化,把学习宣传贯彻党的二十大精神作为政治监督首要任务,纳入《具体化精准化常态化开展政治监督工作清单》和校内巡视监督重点。二是持续压实"两个责任",党委常委会研究全面从严治党相关议题 41 项,听取领导班子成员副职报告履行"一岗双责"情况,持续压实二级党组织全面从严治党主体责任。建立健全学校党委与纪委定期沟通、重要情况通报、联合监督等机制,推动主体责任和监督责任贯通联动、一体落实。三是持续一体推进"三不腐",开展整治形式主义、官僚主义专项巡视,加强重点领域和关键环节廉洁风险防控,严肃规范执纪执法问责。四是持续提升巡视工作质量,一体化推动中央巡视整改、校内巡视及整改,完成十四届学校党委首轮巡视,对 4 个党组织完成常规巡视,开展 1 项专项巡视。五是持续健全完善学校监督体系,制定学校纪检监察机构改革方案,逐步配齐配强纪检监察工作队伍,组织优势和制度优势进一步体现。制定《推动"四项监督"统筹衔接的工作措施》等制度 12 项,统筹各方力量,不断形成监督合力。

一年来,在大家的共同努力下,全面从严治党的治理效能进一步凸显,为学校高质量发展营造了更好的环境和氛围。但是,仍存在一些差距和不足,学校党风廉政建设和反腐败斗争形势依然严峻复杂,违纪违法问题仍有发生;压实"两个责任"、深化从严管党治校方面还有不足,教育管理监督不够严;校园监督体系仍存在面宽点弱、力量分散等问题,各类监督贯通协调不够,二级纪委的监督作用发挥还不够。在新的一年里,我们要继续坚持以习近平新时代中国特色社会主义思想为指导,全面贯彻落实党的二十大精神,按照中央纪委二次全会、市纪委二次全会、教育系统全面从严治党工作视频会议等部署,坚持"两个永远在路上",落实全的要求、严的基调、治的理念,一刻不停推进全面从严治党。

一要围绕落实党的二十大战略部署强化政治监督。政治监督的根本任务是推动全校党员干部坚定拥护"两个确立"、坚决做到"两个维护"。要督促学校各级党组织深刻认识教育、科技、人才在全面建设社会主义现代化国家新征程中的基础性、战略性支撑作用,始终胸怀"国之大者",结合工作实际科学谋划贯彻落实党的二十大精神的思路举措,以严实深细作风持续抓好落实;督促认真贯彻党的教育方针,落实立德树人根本任务,切实履行为党育人、为国育才职责使命;督促严格落实意识形态工作责任制,牢牢坚持马克思主义在意识形态领域指导地位;督促加强基础学科、新兴学科、交叉学科建设,加快建设中国特色、世界一流大学和优势学科。要围绕决策落实、履行责任等情况开展清单化、事项化监督,健全习近平总书记关于教育、高校工作重要论述和重要指示批示精神等落实情况监督台账;要深入一线,强化对习近平新时代中国特色社会主义思想进教材、进课堂、进头脑的监督,持续推动政治监督具体化、精准化、常态化。

二要健全学校全面从严治党体系。习近平总书记指出,构建全面从严治党体系是一项具有全局性、开创性的工作。健全这个体系,应当涵盖党的建设的各环节。其中,健全党统一领导、全面覆盖、权威高效的校园监督体系,是健全全面从严治党体系的重要内容,是实现学校治理体系和治理能力现代化的重要标志。学校各级党组织要积极发挥主导作用,统筹推进各类监督力量整合、程序契合、工作融合,科学设计体制机制,实现"内容上全涵盖""对象上全覆盖""制度上全贯通""责任上全链条"的目标任务,提升监督整体效能。要建立完善学校党委全面监督、纪检监察专责监督、党委工作部门职能监督、二级党组织和党支部日常监督、党员民主监督、党外监督等各类监督贯通协调的监督体系,加强纪检监察、巡视、审计、财务、工会、信访督查等部门协同,形成纪检监察监督、巡视监督和财务审计监督有机融合,实现从单打独斗到激发整体效能的工作转变。加强党委宣传、教师工作、纪检监察等部门的信息互通共享,完善师德师风问题联防联判联处机制。要健全二级纪检工作体系,抓好年初印发的《重庆大学二级党的纪律检查委员会工作细则》贯彻落实,着力在日常监督、长期监督上突破创新。

三要充分发挥巡视利剑作用。深入学习领悟习近平总书记关于巡视工作的重要论述和党中央决策部署,持续推动校内巡视工作高质量发展。今年将开展三轮常规巡视,上半年第二轮巡视6个党组织(因疫情原因从去年顺延),第三轮巡视4个党组织;下半年第四轮巡视6个党组织,还将开展1次专项巡视。要充分发挥巡视综合监督平台作用和联系群众纽带功能,健全巡视与其他监督的统筹衔接制度和协调协作机制,推动各类监督信息、资源、力量和成果共享。加强巡视整改和成果运用,督促二级党组织把巡视整改作为履行职责、管党治党的重要抓手,推动与贯彻党的二十大精神、推进本单位事业发展结合起来,全面整改、真改实改。要充分发挥纪检监察机构和组织部门在巡视整改监督中的职能作用,完善整改会商、整改公开、整改监督审核评估等方面机制,不断形成工作合力。综合用好巡视成果,对共性问题和深层次问题,及时通报,提出工作建议,推动深化改革,完善制度,增强以巡促改、以巡促建、以巡促治的实效。

四要坚持深入纠治"四风"问题。从中纪委通报的典型案例和学校监督执纪执法情况来看,学校仍存在一些违反中央八项规定精神和"四风"的问题,"四风"问题的顽固性和反复性在一定时间段内还会长期存在,隐形变异等新动向更是不能忽视。学校各级党组织要充分认识其政治本质和政治危害,持之以恒纠治"四风",要重点防治以工作餐名义搞公款吃喝、不吃公款吃老板吃校友问题,过年过节收受家长土特产、礼品礼金问题,以讲课费、课题费、咨询费等名义变相送礼、拉关系问题,以及把教育基金会、校办企业变为违规吃喝、聚会、旅游、发放福利的"避风港"等问题。要推动建立健全相关制度,严肃纠治领导干部为配偶、子女及其配偶、亲朋好友、科研团队成员在升学、任职、提职、科研资源分配等方面提供帮助等问题。要在持续推动师德师风建设上积极作为,引导广大教师做精于"传道授业解惑"的"经师""人师"统一者。对师德失范问题坚持零容忍,加大惩处通报力度,该处分的坚决处分,该调离的坚决调离。

五要全面加强党的纪律建设。纪律是管党治党的"戒尺",也是党员、干部约束自身行为的标准和遵循。要让学校各级党组织充分发挥作用,让广大党员干部充分发挥榜样表率作用,必须毫不松懈地抓好党的纪律建设。要强化党章党纪教育,督促各级党组织将党章党纪作为必修课,引导广大师生切实增强党章意识,自觉学习党章、遵守党章、贯彻党章、维护党章,习惯用党章党规党纪约束自己的一言一行。要坚持党性党风党纪一起抓,提高纪律教育实效性,高度重视年轻领导干部纪律教育,通过组织师生积极参与"廉洁润初心、铸魂担使命"廉洁教育系列活动,将纪律教育和党性教育、廉洁文化教育贯通起来,持续建设政风清明、教风清正、学风清新的廉洁校园,形成奋进新征程、建功新时代的浓厚氛围。要精准运用"四种形态",着力用好"第一种形态"(警示提醒、告诫约谈、主体责任人谈话、民主生活会、批评教育、诚勉谈话、责令检查、党内通报批评),善用"婆婆嘴"、常念廉洁"经",抓早抓小,防微杜渐,切实把党的纪律和规矩挺在前面,让日常监督的约束作用得到有效发挥。

六要在反腐败斗争上久久为功。全面从严治党关键在治、要害在严,"严"才能保证正风肃纪的有效性。新时代新征程建设"百年新重大",必须一以贯之持续从严,积极构建一体推进不敢腐、不能腐、不想腐的有效机制。要持续盯紧招生考试、基建工程、后勤保障、科研经费、招标采购、附属医院、校办企业、合作办学(培训班)等重点领域和关键部位,不断提升主动发现问题线索和依规依纪依法处置的能力。要结合高校高层次人才多、"双肩挑"干部多、科研人员多的实际,既落实人才政策,为科研人员开展科技创新活动提供良好环境,又加强监督执纪执法,持续纠正"高校特殊论""专家特殊论"思想,维护纪律的刚性、严肃性,对发现的违规违纪违法问题绝不姑息,让学校始终保持风正劲足、心齐气顺的良好态势,为实现高质量发展提供坚强纪律保证。

同志们,千里之行,始于足下。让我们更加紧密地团结在以习近平同志为核心的党中央周围,沿着党的二十大指引的方向,踔厉奋发、勇毅前行,坚定不移推进学校全面从严治党、党风廉政建设和反腐败斗争向纵深发展,为新时代新征程学校事业高质量发展作出新的更大的贡献。

在学习贯彻习近平新时代中国特色社会主义思想主题教育动员大会上的讲话

校党委书记　舒立春

（2023 年 4 月 13 日）

尊敬的中央第五十八指导组的各位领导,同志们:

2022 年 10 月,党的二十大胜利召开。根据党的二十大部署,党中央决定,以县处级以上领导干部为重点在全党深入开展学习贯彻习近平新时代中国特色社会主义思想主题教育,用党的创新理论统一思想、统一意志、统一行动,弘扬伟大建党精神,牢记"三个务必",推动全党为全面建设社会主义现代化国家、全面推进中华民族伟大复兴而团结奋斗。

3 月 30 日,中共中央政治局召开会议,研究部署在全党深入开展学习贯彻习近平新时代中国特色社会主义思想主题教育工作。当天,中共中央政治局就学习贯彻习近平新时代中国特色社会主义思想进行第四次集体学习。4 月 3 日,学习贯彻习近平新时代中国特色社会主义思想主题教育工作会议在北京召开。习近平总书记明确指出,这次主题教育,要在推动学习贯彻新时代中国特色社会主义思想走深走实上下功夫,教育引导党员、干部从思想上正本清源、固本培元,不断提高政治判断力、政治领悟力、政治执行力,增强"四个意识"、坚定"四个自信"、做到"两个维护",始终在思想上政治上行动上同党中央保持高度一致,做到心往一处想、劲往一处使,共同把党锻造成一块攻无不克、战无不胜的坚硬钢铁。要教育引导广大党员、干部学思想、见行动,树立正确的权力观、政绩观、事业观,增强责任感和使命感,不断提高推动高质量发展本领、服务群众本领、防范化解风险本领,加强斗争精神和斗争本领养成,提振锐意进取、担当有为的精气神。要教育引导各级党组织和广大党员、干部突出问题导向,查不足、找差距、明方向,接受政治体检,打扫政治灰尘,纠正行为偏差,解决思想不纯、组织不纯方面存在的突出问题,不断增强党的自我净化、自我完善、自我革新、自我提高能力,使我们党始终充满蓬勃生机和旺盛活力,始终成为中国特色社会主义事业的坚强领导核心。

习近平总书记的重要讲话从新时代新征程党和国家事业发展全局的战略高度,深刻阐述开展主题教育的重大意义和目标要求,为全党开展主题教育提供了根本遵循。中共中央印发《关于在全党深入开展学习贯彻习近平新时代中国特色社会主义思想主题教育的意见》,中共中央办公厅印发《关于在全党大兴调查研究的工作方案》，对主题教育作出全面部署。

我们要根据中央统一安排，全面贯彻落实习近平总书记重要讲话精神，牢牢把握此次主题教育总要求，在中央第五十八指导组的督导指导下，结合学校实际，扎实开展工作。

下面，就学校主题教育开展，讲几点意见。

一、提高政治意识，切实增强开展主题教育的自觉性、主动性和坚定性

开展主题教育的重大意义，习近平总书记在主题教育工作会议上作了深刻阐述，主要体现在"三个必然要求"：开展这次主题教育，是统一全党思想意志行动，始终保持党的强大凝聚力、战斗力的必然要求，是推动全党积极担当作为、不断开创事业发展新局面的必然要求，是深入推进全面从严治党、以党的自我革命引领社会革命的必然要求。我们要认真学习领会习近平总书记重要讲话精神，把握核心要义，下大力气抓好主题教育，不断筑牢广大师生员工思想根基。

（一）从思想建设是党的基础性建设的高度来认识

习近平总书记指出："党的理论创新每前进一步，理论武装就要跟进一步。"思想的统一是党的团结统一最深厚、最持久、最可靠的保证。党的十八大以来，我们党先后开展了5次集中学习教育，2013年开展了党的群众路线教育实践活动，2015年开展了"三严三实"专题教育，2016年开展了"两学一做"学习教育，2019年开展了"不忘初心、牢记使命"主题教育，2021年开展了党史学习教育，都坚持把理论学习作为首要任务并贯穿始终，为我们党团结统一奠定了坚实思想基础。

（二）从深刻领会习近平新时代中国特色社会主义思想精髓要义的高度来认识

习近平新时代中国特色社会主义思想是当代中国马克思主义、二十一世纪马克思主义，是中华文化和中国精神的时代精华，是党和人民实践经验和集体智慧的结晶，是中国特色社会主义理论体系的重要组成部分，是全党全国各族人民为实现中华民族伟大复兴而奋斗的行动指南，必须长期坚持并不断发展。习近平新时代中国特色社会主义思想内容涵盖改革发展稳定、内政外交国防、治党治国治军等方方面面，构成了一个完整的科学体系。党的二十大报告明确指出，"十个明确""十四个坚持""十三个方面成就"概括了这一思想的主要内容，并提出了"六个必须坚持"继续推进理论创新。实践充分证明，"两个确立"是党在新时代取得的重大政治成果，是推动党和国家事业取得历史性成就、发生历史性变革的决定性因素，是战胜一切艰难险阻、应对一切不确定性的最大确定性、最大底气、最大保证。

（三）从实现强国建设、民族复兴的宏伟目标的高度来认识

在全党深入开展学习贯彻习近平新时代中国特色社会主义思想主题教育，是党中央为全面贯彻党的二十大精神、动员全党同志为完成党的中心任务而团结奋斗所作的重大部署，是深入推进新时代党的建设新的伟大工程的重大部署。习近平总书记指出："学习贯彻新时代中国特色社会主义思想是新时代新征程开创事业发展新局面的根本要求。"新时代新征程，面对错综复杂的国际国内形势、艰巨繁重的改革发展稳定任务、各种不确定的风险挑战，要实现党的二十大确定的战略目标，迫切需要广大党员、干部特别是各级领

导干部进一步深入学习贯彻习近平新时代中国特色社会主义思想,这是党中央确定在全党开展这次主题教育的主要考量。

二、高标准严要求,以钉钉子精神抓紧抓细抓实主题教育重要任务、关键环节

我们要按照党中央决策部署,在中央第五十八指导组的督导指导下,抓好工作落实,切实做到"四个准确把握"。

(一)准确把握总要求和根本任务

本次主题教育总要求是"学思想、强党性、重实践、建新功"。**一要全面学习领会习近平新时代中国特色社会主义思想**,全面系统掌握这一思想的基本观点、科学体系,把握好这一思想的世界观、方法论,坚持好、运用好贯穿其中的立场观点方法。**二要自觉用习近平新时代中国特色社会主义思想改造主观世界**,深刻领会这一思想关于坚定理想信念、提升思想境界、加强党性锻炼等一系列要求,保持共产党人的政治本色。**三要自觉践行习近平新时代中国特色社会主义思想**,用以改造客观世界、推动事业发展,用以观察时代、把握时代、引领时代,解决管党治党、办学治校中各种矛盾问题,推动中国特色、世界一流大学和优势学科建设取得新进展新突破。**四要从习近平新时代中国特色社会主义思想中汲取奋发进取的智慧和力量**,熟练掌握其中蕴含的领导方法、思想方法、工作方法,不断提高履职尽责的能力和水平,凝心聚力促发展,立足岗位作贡献,努力创造经得起历史和人民检验的实绩。

根本任务是学思用贯通、知信行统一,把习近平新时代中国特色社会主义思想转化为坚定理想、锤炼党性和指导实践、推动工作的强大力量,使全党始终保持统一的思想、坚定的意志、协调的行动、强大的战斗力,努力在以学铸魂、以学增智、以学正风、以学促干方面取得实实在在的成效。

(二)准确把握五个目标

一要凝心铸魂筑牢根本,全面系统深入学习习近平新时代中国特色社会主义思想,完整准确掌握这一重要思想的主要内容,深刻理解这一重要思想的道理学理哲理,推动党员、干部真学真懂真信真用,推动学习往深里走、往实里走、往心里走。**二要锤炼品格强化忠诚**,深刻领悟"两个确立"的决定性意义,增强忠诚核心、拥戴核心、维护核心、捍卫核心的政治自觉、思想自觉、行动自觉,始终忠诚于党、忠诚于人民、忠诚于马克思主义,真心爱党、时刻忧党、坚定护党、全力兴党。**三要实干担当促进发展**,突出实践导向,胸怀"国之大者",敢于斗争、勇于负责,聚焦问题、知难而进,以"时时放心不下"的责任感、积极担当作为的精气神为党和人民履好职、尽好责,以新气象新作为推动高质量发展取得新成效。**四要践行宗旨为民造福**,坚持人民至上,把为民办实事作为重要内容,以师生员工满意不满意作为根本评判标准,紧紧抓住师生员工最关心最直接最现实的利益问题,把惠民生、暖民心、顺民意的工作做到师生员工心坎上,不断增强师生员工获得感、幸福感、安全感。**五要廉洁奉公树立新风**,坚持以党性立身做事,增强纪律意识、规矩意识,践行"三严三实",持续纠治"四风",公正用权、依法用权、为民用权、廉洁用权,推动形成清清爽爽的同志关系、规规矩矩的上下级关系、亲清统一的新型政商关系,当好良好政治生态和社会风气的引领者、营造者、维护者,树立求真务

实、团结奋斗的时代新风。

（三）准确把握着力解决六个方面突出问题

一是理论学习方面，主要是学风不纯不正，学习不走心不深入不系统，用党的创新理论指导实践、解决问题存在差距和不足。**二是政治素质方面**，主要是政治判断力、政治领悟力、政治执行力不够强，贯彻落实党中央决策部署和习近平总书记重要指示批示精神有令不行、有禁不止。**三是能力本领方面**，主要是新发展理念树得不牢，推动高质量发展、做好师生员工工作、应对风险挑战的本领不够强，缺乏及时发现和解决自身存在问题的意识和能力。**四是担当作为方面**，主要是干事创业精气神不足，缺乏担责意识，缺乏斗争精神，不敢动真碰硬，不敢攻坚克难，存在思维惯性和路径依赖。**五是工作作风方面**，主要是调查研究不经常、不深入，对迅速变化的客观实际和师生员工冷暖了解不深、感知不真，落实党中央决策部署简单化、"一刀切"。**六是廉洁自律方面**，主要是对党规党纪不上心、不了解、不掌握，运用法治思维和法治方式开展工作的意识不强，存在损害师生员工利益的腐败问题等。

（四）准确把握五项工作安排

这次主题教育不划阶段、不分环节，要把理论学习、调查研究、推动发展、检视整改贯通起来，有机融合、一体推进。**一是理论学习**，全面深入学习习近平新时代中国特色社会主义思想，大力弘扬马克思主义学风，坚持全面系统、及时跟进，坚持多思多想、学深悟透，坚持知行合一、学以致用，坚持联系实际、立足岗位，认真研读党的二十大报告和党章，学习《习近平著作选读》（第一卷、第二卷）《习近平新时代中国特色社会主义思想专题摘编》、习近平总书记《论党的自我革命》《习近平新时代中国特色社会主义思想的世界观和方法论专题摘编》《习近平关于调查研究论述摘编》等，学深悟透习近平总书记对重庆所作重要讲话和系列重要指示批示精神［习近平总书记对重庆提出的"两点"（西部大开发的重要战略支点、"一带一路"和长江经济带的联结点）定位，"两地"（内陆开放高地、山清水秀美丽之地）、"两高"（推动高质量发展、创造高品质生活）目标，发挥"三个作用"（在推进新时代西部大开发中发挥支撑作用、在推进共建"一带一路"中发挥带动作用、在推进长江经济带绿色发展中发挥示范作用）和营造良好政治生态的重要指示要求］，深入学习贯彻习近平总书记关于教育的重要论述，及时跟进学习习近平总书记最新重要讲话指示批示精神等，夯实坚定拥护"两个确立"、坚决做到"两个维护"的思想根基。要扎实推进习近平新时代中国特色社会主义思想和党的二十大精神进教材、进课堂、进头脑，充分发挥学校平台优势、学科优势、人才优势，对习近平新时代中国特色社会主义思想和党的二十大精神深入开展体系化研究和理论性阐释。**二是调查研究**，要按照党中央关于在全党大兴调查研究的工作方案，组织广大党员、干部扑下身子、沉到一线接地气，掌握真实情况和民情民意，运用党的创新理论研究新情况、解决新问题，使调查研究的过程成为理论学习向实践运用转化的过程，成为转变作风、增进同师生员工感情的过程，成为提高履职本领、增强责任担当的过程。**三是推动发展**，紧紧围绕高质量发展这个全面建设社会主义现代化国家的首要任务，以强化理论学习指导发展实践，以深化调查研究推动解决发展难题，把学习和调研落实到完成党的二十大部署的各项工作任务中去，聚焦立德树人根本任务,深度融入成渝地区双城经济圈建设,加快建设中国特色、世界一流大学和优势学科。**四是检视整改**,发扬刀刃向内的自我革命精神,坚持边学习、边对照、边检视、边整改,坚持分类整改与集中整治相结合,深入查摆不足,抓好突出问题的整改整治。**五是建章立制**,坚持"当下改"与"长久立"相结合,对主题教育中的好做法好经验,及时以制度形式固定下来;建立巩固深化主题教育成果的长效机制,健全学习贯彻党的创新理论的制度机制。

三、加强组织领导,确保主题教育落实见效、开花结果

在主题教育中,党员、干部特别是各级领导干部要以身作则、率先垂范,形成一级抓一级,层层抓落实的良好局面。

(一)加强组织领导

党委书记履行第一责任人职责,成立主题教育领导小组,党委书记任组长,校长、党委常务副书记、常务副校长任副组长,党委副书记、副校长为成员,全面统筹安排、组织实施、协调推进学校主题教育开展。领导小组下设办公室,设在党委组织部,负责主题教育各项日常工作。办公室内设综合协调组、学习宣传组、调研保障组、整改整治组4个工作组,及时完成主题教育各项任务。

(二)统筹推进重点任务

学校将会下发工作方案,希望各二级党组织、各单位按照方案要求,落实各项具体工作。

强化理论学习。抓好个人自学,加强集中学习,组织举办读书班,时间不少于一周。党委理论学习中心组结合工作实际列出若干专题,组织党员领导干部深入研讨,交流具体案例和体会,提出改进思路措施。领导班子成员要讲专题党课,主要负责同志带头为师生员工讲党课,其他班子成员到分管领域、部门等基层单位或所在党支部讲党课。将主题教育作为组织生活、"三会一课"、主题党日的重要内容,通过交流研讨、宣讲阐释、案例教学、线上培训等方式组织党员学习。要结合常态化党史学习教育,用活用好重庆本土红色教育资源。注重抓好青年党员、离退休干部职工党员和流动党员的学习。要引导带动全校上下形成大学习的风气。

深化调查研究。领导干部要严格制定调研计划,深入基层、体察实情、解剖麻雀,开展典型案例的解剖式调研,加强督查式调研。领导班子成员每人领题调研至少1项。调研结束后,领导班子要结合专题研讨,交流调研情况,集思广益研究对策措施,形成指导实践、推动工作的思路办法和政策举措,并抓好组织实施,形成高质量调研成果。各基层党组织要利用主题党日,广泛听取师生员工意见。

推动学校发展。领导班子和领导干部要结合理论学习和调查研究情况,结合学校中心任务和日常工作,深入查找分析在贯彻新发展理念、构建新发展格局、推动高质量发展中的问题短板及其根源,重点围绕以下10个方面细化举措、推动落实:

①全面学习贯彻落实习近平新时代中国特色社会主义思想和党的二十大精神。

②持续强化学科分类发展,不断深化学科内涵建设,着力打造一流学科高峰。

③高标准建设国家(重庆)卓越工程师学院、国家储能技术产教融合创新平台,引领带动全面提高人才自主培养质量。

④坚持"四个面向",以大平台、大团队、大任务、大成果为牵引,着力强化有组织、体系化科研创新,加快提升服务高水平科技自立自强能力。

⑤深入贯彻中央人才工作会议精神,全面落实新时代人才工作新理念新战略新举措,大力加强高素质教师队伍建设。

⑥深度融入成渝地区双城经济圈建设,支撑服务新时代新征程新重庆高质量发展。

⑦全面融入西部陆海新通道和"一带一路"建设,积极拓展高水平开放办学格局。

⑧大力推进校地、校企、校校合作,广泛吸引汇聚各类优质办学资源,不断强化办学资源条件保障。

⑨探索开展"一院一策"综合改革试点,着力推进治理体系和治理能力现代化。

⑩坚持和加强党对学校工作的全面领导,坚定不移全面从严治党,着力营造良好育人生态和发展氛围。

深化检视整改。领导班子对标对表习近平新时代中国特色社会主义思想,系统梳理调查研究发现的问题、推动发展中的问题、群众反映强烈的问题,结合巡视、审计监督发现的问题,列出问题清单。党员、干部进行党性分析,找准问题症结,召开处级以上领导班子专题民主生活会、基层党组织专题组织生活会,严肃开展批评和自我批评。对查摆出的问题,一项一项制定整改措施,即知即改、立行立改。一时解决不了的要挂图作战、打表推进、对账销号,确保整改到位。对师生员工反映强烈、长期没有解决的突出问题,采取台账式管理、项目化推进进行集中整改。专项整治方案及落实情况,将以适当方式向党员师生员工进行通报。

(三)强化督促指导和闭环落实

把开展主题教育和学校中心工作结合起来,加强对各二级党组织、各单位督促指导,防止"两张皮"。坚持问题导向和目标导向,加强闭环管理,狠抓落实,坚决反对形式主义,坚决防止"低级红""高级黑"。

(四)加强宣传引导

要通过校园网站、媒体、橱窗等多种形式,广泛宣传开展主题教育的重大意义、目标要求,深入宣传习近平总书记关于主题教育系列重要讲话和重要指示批示精神等,把全校师生党员的思想和行动统一到中央精神上来,宣传开展主题教育的好做法好经验,营造良好舆论氛围。

(五)做好效果评估和考核问责

围绕党的创新理论掌握运用、调查研究成果转化、群众急难愁盼问题解决、专项整治突出问题、党员干部群众满意程度等方面,采取述学(叙述学习情况)、问卷调查、实地查看、随机走访等方式,把过程评价与总结评估结合起来,通过领导班子全面自评、指导组研判分析,评估主题教育效果。把主题教育开展情况作为领导班子和领导干部年度考核、党组织书记抓党建述职评议考核重要内容,突出考核导向作用和追责督促作用。对开展主题教育消极对待、敷衍应付、搞形式主义的要严肃批评,对走形变样、问题严重的按照规定追究责任。

同志们,抓好主题教育,意义重大、影响深远。让我们更加紧密地团结在以习近平同志为核心的党中央周围,高举中国特色社会主义伟大旗帜,以学习贯彻习近平新时代中国特色社会主义思想主题教育为契机,学思想、强党性、重实践、建新功,进一步提振干事创业、担当作为的精气神,推动新时代新征程"百年新重大"高质量发展,为全面建设社会主义现代化国家、全面推进中华民族伟大复兴作出更大贡献!

在"光荣在党 50 年"纪念章颁发仪式上的讲话

校党委书记　舒立春

（2023 年 6 月 28 日）

尊敬的各位老党员、老领导、老同志，同志们：

大家上午好！在"七一"党的生日即将到来之际，我们在这里举行"光荣在党 50 年"纪念章颁发仪式，向党龄达到 50 周年、一贯表现良好的老党员颁发"光荣在党 50 年"纪念章，既让老党员们深切感受到以习近平同志为核心的党中央的关怀和温暖，也是对老党员重要贡献的最高礼赞和集体致敬！在此，我代表学校，向全校今年获得纪念章的 28 名老党员、老同志表示热烈的祝贺和崇高的敬意！

离退休老同志是党和国家的宝贵财富，是推进中国特色社会主义伟大事业的重要力量。习近平总书记指出："回顾党的百年奋斗历程，广大老干部亲历了中华民族迎来从站起来、富起来到强起来的伟大飞跃，对初心使命矢志不渝、对理想信念坚定执着、对党和人民事业无比忠诚，作出了重要贡献。"不管是回溯党的奋斗史，还是重庆大学 94 年的办学历史，我们都由衷地感谢老党员、老同志们所作出的重要贡献。今天获得纪念章的老党员，很多都是我们的老领导、老同事、老前辈，你们是学校事业发展的开拓者、建设者和见证者，在不同时期、不同岗位，几十年如一日默默耕耘、用心坚守。

刚才，老党员代表作了精彩发言。他们结合自身经历，回顾党的光辉历史，畅谈党的丰功伟绩，感恩党的关怀培养，听了之后我们深受教育，深为敬重。50 年与党同行，50 载初心如磐，广大老党员为党的事业拼搏了一辈子，为重大发展奉献了一辈子，用实际行动践行了入党誓词，诠释了初心使命。在此，我提议，让我们再次以热烈的掌声向所有获得纪念章的老党员表示最诚挚的感谢！

2022 年 10 月成功召开的党的二十大擘画了以中国式现代化推进中华民族伟大复兴的宏伟蓝图，为学校加快建设中国特色、世界一流大学和优势学科提供了根本遵循和行动指引。我们全面贯彻落实习近平新时代中国特色社会主义思想和党的二十大精神，13 个学科进入 ESI 全球前 1%（药理学与毒理学 2023 年 5 月进入），工程学、材料科学、化学（2023 年 3 月进入）进入 ESI 全球前 1‰，成功入选首批国家卓越工程师学院试点建设高校（全国共 10 所），获批国家储能技术产教融合创新平台（全国共 7 个），入选储能技术国家急需高层次人才培养专项试点建设高校（全国共 10 所），新增 18 个国家一流本科专业建设点（总数达到 61 个），新增 38 门国家级一流本科课程（总数达到 68 门）。筹办第八届中国国际"互联网+"大学生创新创业大赛,获金奖13项(居历届高校第一)。虎溪校区体育中心、信息技术科研楼、学生交叉创新中心顺利完工投入使用。持续自筹发放离退休老同志健康休养费,常态化开展离退休老同志慰问工作,开展精准帮扶服务工作。

这些成绩,都是一步一个脚印形成的。正是有了各位老党员的奋斗和奉献,才奠定了学校发展的坚实基础,才造就了学校今天蓬勃发展的良好势头,才有了重庆大学今天来之不易的发展局面。可以说,没有各位老党员的努力,就没有重庆大学的今天。你们居功至伟、功不可没,重庆大学由衷感谢你们!

让我们感动的是,老党员们不忘初心、牢记使命,坚持老有所为、继续发光发热,时刻关注学校发展,始终心系全校师生。关工委发挥"五老"工作室、红岩报告团作用,积极做好青年学生思想政治工作。高教老协、老科协组织成立"重庆大学老教授科技服务团",为成渝地区双城经济圈建设、基层治理、乡村振兴等献智出力。老教师积极参与教育部"银龄计划",推动西部高等教育振兴发展。老同志文体骨干队伍积极参加校内外演出活动,持续助力校园文化建设。在疫情最艰难的时刻,老党员、老同志挺身而出,带头遵守防控规定,并在区域值守、小区巡防等工作中贡献力量。你们继续发挥优势、奉献余热,为我们年轻一代树立了榜样。借此机会,希望各位老党员、老同志注意保重身体、安享晚年,进一步发挥政治优势、经验优势、威望优势,一如既往关心支持学校事业发展,为学校的建设和发展持续发挥余热。

党的二十大强调"实施积极应对人口老龄化国家战略",要求"做好离退休干部工作",为我们做好新时代离退休工作指明了方向。我们要进一步加强离退休老同志思想政治工作,组织开展好主题教育工作,依托"话传统、谈复兴、聚力量"专题调研,引导老同志为党和国家事业尤其是教育事业发展建言献策。要团结凝聚老同志力量,着力搭建平台,打造便于老同志发挥作用的独特品牌,发挥"银发人才"在助力教育强国建设中的积极作用。要坚持"人民至上",精准谋划、精准服务,关心关注老同志急难愁盼问题,努力提高离退休工作质量和水平。要加强对离退休工作的领导,各二级党组织、各单位主要负责同志要带头抓、亲自抓,带头联系走访老同志,保持"敬重之心",倾注"关爱之情",多做"务实之事",让老同志们感到更加安心、暖心、舒心。

当前,学校正处在抢抓新机遇、聚焦高质量、奋进"双一流"、实现新发展的关键时期,让我们携手并进、共同努力,为推动新时代新征程"百年新重大"高质量发展作出新的贡献!

最后,再次感谢各位老党员、老领导、老同志为学校发展所作出的重要贡献!祝你们以及所有的老党员、老同志身体健康、幸福安康!

在十四届学校党委三次全会上的讲话

校党委书记　舒立春

（2023 年 7 月 17 日）

各位委员，同志们：

在深入开展学习贯彻习近平新时代中国特色社会主义思想主题教育的重要阶段，我们召开中国共产党重庆大学第十四届委员会第三次全体（扩大）会议，主要任务是：全面学习贯彻习近平新时代中国特色社会主义思想，深入贯彻落实习近平总书记在中共中央政治局第五次集体学习时的重要讲话精神，加快建设中国特色、世界一流大学和优势学科。

全会传达学习了习近平总书记在中共中央政治局第五次集体学习时的重要讲话精神，研究了学校贯彻落实工作。全会还通报了学校第二轮"双一流"建设中期进展情况，审议通过了《重庆大学"双一流"建设中期自评报告》。希望全校上下继续抢抓机遇，凝聚共识，深化改革，促进发展。

一要持续树牢全局意识，强化协同攻坚战斗力。在国家"双一流"建设总体方案和第二轮"双一流"实施方案中，明确提出了"加强党的全面领导、牢牢把握立德树人根本任务、坚持服务国家战略需求、打造高水平师资队伍"等多项建设改革任务，学校均明确了牵头单位、参与单位。各单位要围绕"建设中国特色、世界一流大学"目标，切实抓好本职工作，与其他单位协调联动，把资源投入到优势重点领域，着力保障一流目标的实现。各"双一流"建设学科要坚持"四个面向"，进一步凝练优势特色方向，打造学科高峰尖峰，辐射带动各支撑学科和相关学科大力提升水平。各支撑学科和相关学科要与"双一流"建设学科加强互动，建立完善良好的合作机制，在支撑"双一流"建设学科水平提升的过程中，加速迈向一流学科。全校上下要坚持"一盘棋"思想，通力协作、密切配合，创新体制机制、优化完善方案、加快整改落实、总结凝练经验，将责任担当贯穿工作全过程。

二要切实增强竞优意识，打造一流学科引领力。习近平总书记在党的二十大报告中强调："加强基础学科、新兴学科、交叉学科建设，加快建设中国特色、世界一流的大学和优势学科。"没有一流的学科就没有一流的大学。各学科要以一流学科为目标牵引，增强竞优意识和能力。教育部启动实施了一流学科培优行动，学校"双一流"建设学科要切实以"瞄准国家急需，服务国家战略，汇聚天下英才，扩大国际影响"为行动指南，努力在培养一流人才、产出一流成果、培育一流团队、实现一流目标上花大力气、下苦功夫，争做"双一流"建设"皇冠上的明珠"。B+及以上学科要以"汇聚大团队、构建大平台、承担大项目、作出大贡献"为遵循,优化设计完善建设内容、路径和举措,力争进入下一轮"双一流"建设序列,引领支撑学校内涵发展、特色发展、高质量发展。

三要不断提升补弱意识,塑造创新发展驱动力。从中期自评来看,学校整体取得了显著进步,但也存在明显的短板。如在国际化方面还有较大的差距,要着力加强与世界一流大学开展实质性合作,打造高端国际学术品牌,积极参与国际重大课题研究,主动设计和牵头发起国际大科学计划和大科学工程,创办高质量国际学术期刊、会议和论坛,努力贡献"重大"智慧、"重大"方案、"重大"力量。在学科优化布局方面,高峰尖峰学科欠缺,发展不均衡问题较为明显,学科水平参差不齐,不利于形成相互支撑、协同发展的学科体系,下一步要在加强一流学科建设的同时,加大学科优化调整力度,着力提升学科综合实力;B-以下学科要积极思考,加强整改,提升水平,务必在一流大学建设过程中不拖后腿、不掉队。

第二轮"双一流"建设以来的成绩是全校师生员工一起团结协作、齐心努力的结果。在此,向大家表示衷心的感谢。与此同时,我们也要清楚地看到一些方面的短板不足:贯彻落实习近平总书记重要讲话、重要指示批示等和党中央决策部署责任不实、机制不细,学懂弄通做实习近平新时代中国特色社会主义思想还需深入,抓党建带全局、促发展、建新功的工作体系有待健全、成效还不够显著,坚持党建统领、加强党的建设和全面从严治党还需深化,领导班子和干部队伍适应和引领中国式现代化、担当作为的能力还有待增强。这些问题反映在不同领域、不同层级,需要我们充分重视、高度警惕、仔细研判,需要我们牢牢抓住党的领导力、组织力这个"牛鼻子",以高质量党建引领推动学校高质量发展。

一要深刻领悟"两个确立"的决定性意义,坚决贯彻党中央决策部署。坚持把政治建设摆在首位,完善坚定拥护"两个确立"、坚决做到"两个维护"的政治铸魂体系和推进落实机制,始终同以习近平同志为核心的党中央保持高度一致,确保"总书记有号令、党中央有部署,重大见行动"。坚决落实"第一议题"制度,深学笃行习近平新时代中国特色社会主义思想和党的二十大精神,把党的全面领导各项制度安排融入学校治理体系和管理运行机制,建立贯彻落实工作台账,挂图作战、打表推进、闭环管理、对账销号,确保习近平总书记重要讲话精神等和党中央决策部署一贯到底、落实见效。

二要持续深化学习贯彻习近平新时代中国特色社会主义思想主题教育。进一步把牢"学思想、强党性、重实践、建新功"总要求,深化理论学习,坚定理想信念,铸牢对党忠诚,站稳人民立场,提升政治能力、思维能力、调研能力和实践能力。深化调查研究,强化问题导向,摸清全面情况、找准问题根源、深挖关键症结、定实整改措施。深化推动发展,锚定办学目标和发展愿景,积极主动抓落实,聚合众力抓落实,以钉钉子精神抓落实。深化检视整改,大力推动调研成果运用转化,及时总结经验,突出亮点、打造特色,完善制度体系和治理体系,形成巩固深化主题教育成果长效机制。

三要持之以恒加强党的建设和全面从严治党。深入贯彻落实新时代党的建设总要求,积极开展新时代党建示范创建和质量创优工作,建强上下贯通执行有力的组织体系,从严从实抓好党员队伍建设。深化落实意识形态工作责任制。坚持德配其位、才配其位选准用好干部,弘扬"忠诚、干净、担当"的好干部标准,加强政治激励、目标激励、情感激励,建设堪当民族复兴重任的高素质专业化干部队伍。扎实推进学校党委巡视,推动中央巡视反馈问题与校内巡视一体化整改。健全全面从严治党体系,不断完善"大监督"体系,深化一体推进"三不腐",营造风清气正良好政治生态和环境。

四要加快建设中国特色、世界一流大学和优势学科。深入贯彻落实教育科技人才一体化战略部署,加快实施一流学科培优行动,推动"双一流"主干学科、支撑学科融合建设。创新理念模式机制,加快建设国家卓越工程师学院和国家储能技术产教融合创新平台。完善人事人才工作机制,深化"一院一策"改革,涵育新时代"大先生"。加快国家级科研平台建设,构建国防科研创新体系,做实做强学科交叉平台,强化高端智库建设。加快推进重大工程、重点项目建设,积极推动校区功能调整,大力提升国际化水平,努力为中国式现代化和新时代新征程新重庆高质量发展贡献重大的"重大"力量!

在学习贯彻习近平新时代中国特色社会主义思想主题教育总结大会上的报告

校党委书记 舒立春

（2023年8月30日）

尊敬的中央第五十八指导组的各位领导,同志们:

大家下午好! 在全党深入开展学习贯彻习近平新时代中国特色社会主义思想主题教育是党的二十大作出的重大决策部署,是党的建设的重大任务,是一件事关全局的大事、要事。重庆大学党委深刻认识开展此次主题教育的重大意义,牢牢把握"学思想、强党性、重实践、建新功"的总要求,切实加强对主题教育的领导,紧紧锚定目标要求,全面落实各项工作任务。

下面,我代表学校党委报告学校主题教育开展情况。

一、总体情况

今年4月,中央派出了第五十八指导组,对学校主题教育进行悉心有力的全程指导。中央指导组多次来校,参加学校主题教育重要会议、重要活动,与校领导班子成员个别谈话、召开师生代表座谈会,督促指导学校党员、干部学深悟透并深刻把握习近平新时代中国特色社会主义思想的科学体系、核心要义、实践要求。同时,中央指导组还主动下沉到学院、实验室等基层一线,通过现场调研、列席会议、听专题党课等方式开展调研工作,指导督促我校主题教育走深走实。中央指导组以严的标准、实的举措、好的作风,对学校主题教育高标准、高水平、高质量的开展作出了有力指导,为学校师生员工留下了深刻印象、树立了榜样示范。在此,让我们以热烈的掌声向中央指导组表示由衷的敬意!

在中央指导组的指导下,学校党委高度重视对主题教育的组织领导,及时建立领导机构和工作机制,将主题教育各项工作部署到各基层党组织、传达到全体党员干部,形成了一级抓一级、层层抓落实的工作局面。

（一）配强组织力量,确保主题教育开展有力度

学校党委及时成立学校主题教育领导小组,由我担任组长,校长、党委常务副书记、常务副校长担任副组长,班子其他成员为组员,全面协调推进学校主题教育开展。党委办公室、校长办公室、党委组织部、党委宣传部、党委巡视办公室、纪检监察机构等单位作为领导小组办公室成员单位,确保各项任务落实落细。

（二）强化督促指导,确保主题教育开展有秩序

学校加大统筹力度,提前明确每周工作安排,及时印发《工作提示》《重大要情》,坚持"主题教育+巡视"

深度融合,注重深化巡视成果运用,有效推动各二级党组织自查自纠、举一反三、未巡先改。

(三)做实过程评估,确保主题教育开展有效果

学校组织开展座谈访谈、分析研判会等10余场,主动做实过程评估。聚焦师德师风建设、重点领域廉政风险防范等重点难点问题,校领导带队深入责任部门开展调研,及时评估专项整治落实情况,不断提升主题教育成效。

(四)注重宣传引导,确保主题教育开展氛围浓

学校充分发挥主流媒体传播平台和校内各宣传阵地作用,加强舆情监测管控,坚决杜绝"低级红""高级黑"。学校主题教育专题网站累计发布各单位开展主题教育工作报道300余篇,大力营造主题教育浓厚氛围。《人民日报》、新华社等中央主流媒体对学校主题教育进行专门宣传报道20余次。

二、主要做法

(一)理论学习坚持"深"字,持之以恒凝心铸魂

1.落实好"第一议题"制度,做到及时跟进学习

在主题教育期间,学校先后召开16次党委常委会会议和12次校长办公会议,组织开展校党委理论学习中心组专题学习6次;学校44个二级党组织结合单位实际围绕"习近平总书记系列重要讲话精神"等专题累计开展党委理论学习中心组学习研讨340余次。高质量举办校级领导班子及各二级单位领导班子读书班,把理论学习和业务发展紧密结合。人民网等主流媒体对学校开展主题教育读书班等工作进行了报道。

2.开好"三会一课",提升党员干部学习成效

学校严格落实"三会一课"制度,采取交流研讨、宣讲阐释、案例教学等形式,累计开展"三会一课"近4 000次。领导干部精心讲授专题党课,把运用党的创新理论解决实际问题的生动实践传达给党员、师生员工。广大党员、干部进一步增强了主动学习意识,养成良好学习习惯,不少干部把《习近平著作选读》等材料作为工具书、手边书,随时翻阅。

3.用好红色资源、学科平台,形成大学习的风气

学校充分运用重庆市及学校红色资源,组织党员、干部和师生员工参观革命遗址遗迹、革命博物馆和纪念场馆,依托学校七七抗战大礼堂等,举办"两弹一星"精神专场宣讲活动,组织"红岩革命故事展演"系列活动,推动成立重庆市高校文化育人联盟,教育引导师生员工大力弘扬红色传统,强化党性修养。新华社、《光明日报》、教育部官微等以《重庆大学:让主题教育彰显"红岩味"》等为题进行了专门报道。

同时,学校充分发挥学科优势、平台优势,对党的创新理论深入开展体系化研究和理论性阐释,扎实推进"三进"工作。承办"习近平经济思想的科学内涵与生动实践研讨会""执政党建设理论与实践论坛"等学术活动,形成一批有影响的理论研究成果,在《马克思主义与现实》《党的文献》《光明日报》等高水平刊物发表。制定《开展"读原著学原文、悟原理知原义"大学习活动方案》,营造良好学习氛围。

学校党委高度重视理论学习,多形式、分层次、全覆盖强化理论武装,增进了广大党员、干部对党的创新

理论的政治认同、思想认同、理论认同、情感认同,筑牢坚定拥护"两个确立"、坚决做到"两个维护"的思想根基。

(二)调查研究突出"细"字,打牢高质量发展基础

1.坚持系统观念,精心谋划抓好工作部署

学校围绕全面贯彻党的二十大精神、推动学校"双一流"建设和高质量发展,明确9个方面调研重点,确定6大调研环节和10个调研步骤,细化深化调研安排。深入检视调研课题,真正把情况摸清、把问题找准、把对策提实。

2.突出问题导向,走细走深提高调研质量

校领导分工领题,用好"深、实、细、准、效"五字诀,引导广大党员、干部践行"一线规则"。校领导班子成员调研校外单位63次、深入基层调研105次,校内各单位围绕党的建设、人才培养、学科建设、队伍建设、科学研究、管理服务保障等问题开展调研,共形成调研报告387份。扎实举行校领导班子及各二级单位领导班子调研成果交流会,着力将调研成果真正转化为解决问题、促进发展的实际行动,同时还推选出优秀调研报告63份并在全校集中展示。

3.注重跟踪问效,全面压实调查研究责任

学校通过办公自动化系统打表推进调研工作,提高管理效率。全校共形成问题清单近400份,其中,校领导班子成员问题清单梳理问题类目70个,细化问题表现137个。校领导对17个能够第一时间解决的问题,做到即知即改、立行立改;对一些系统性较强的复杂问题,及时会同相关校领导、职能部处进行专题研究,制定计划加以推进解决。《人民日报》等对学校开展调查研究的工作经验和先进做法予以了报道。

学校党委坚持把调查研究作为推动学校高质量发展的谋事之基、成事之道,在调查研究中进一步加深对党的创新理论的理解,进一步推动疑难问题解决,进一步打牢学校高质量发展基础。

(三)推动发展聚焦"实"字,开创事业发展新局面

1.对标党中央决策,锚定高质量发展的方向

学校认真贯彻落实党中央关于教育强国建设的战略部署,系统分析影响和制约高质量发展的问题短板,与当前重点工作紧密结合,与健全完善制度机制有机协同,围绕学科内涵建设、人才队伍建设、服务国家战略等10个方面重点任务主动超前布局、有力应对变局、奋力开拓新局,明确"百年新重大"建设宏伟蓝图。

2.融入新发展格局,找准高质量发展的途径

学校聚焦国家战略需求,不断深化学科内涵建设,着力打造一流学科高峰。以大平台、大团队、大任务、大成果为牵引,不断强化有组织、体系化科研创新,着力提升服务高水平科技自立自强能力。深入贯彻中央人才工作会议精神,着力加强高素质教师队伍建设。深度融入成渝地区双城经济圈建设,全面融入西部陆海新通道和"一带一路"建设,着力拓展高水平开放办学格局。扎实推进校地、校企、校校合作,广泛吸引汇聚各类优质办学资源。深入探索"一院一策"综合改革试点,着力推进治理体系和治理能力现代化建设。

3.落实新发展理念,树立和践行正确政绩观

学校第一时间将习近平总书记关于树立和践行正确政绩观的重要论述和中央关于防范借主题教育搞不当营商的通知精神传达到基层党组织和广大党员、干部,在各单位开展自查自纠,针对出版社、继续教育学院等校内开展出版、培训业务的单位进行重点提醒和自查。深入学习习近平总书记针对"半拉子工程""形象工程""面子工程"等问题作出的重要批示,组织计划财务处、审计处、基建规划处等单位在广泛听取意见的基础上,对学校基建项目、民生项目、产业项目等进行了全面梳理和审视评估。

学校党委努力找准服务和融入新发展格局、推动高质量发展的切入点和着力点,深入贯彻新发展理念,树立和践行正确政绩观,确保主题教育起到推动高质量发展的作用。

(四)检视整改围绕"真"字,回应师生关注问题

1.全面深入排查,开展分类整改

学校研究制定《关于2023年度"一校一策"推动解决学校突出问题的工作方案》,做到查找问题"真、实、准、全",形成全面准确的问题清单。研究制定师德师风和不合理医疗行为专项整治工作方案,督促相关单位开展整改,取得明显成效。同时,把基层治理不良现象作为检视整改的重要内容,重点督促机关部门认真落实"首问负责制"和"接诉即办"制度,切实提高师生满意度。坚持"全周期管理",13个整改整治问题已在规定时限内全部整改到位,后续将持续深化。

2.加强上下联动,确保整改到位

学校通过多种方式上下联动,严格落实整改要求。如整改博士学位论文抽检存在的问题,不仅学校层面成立了领导小组,及时修订完善研究生论文评阅管理办法等3个制度文件,还在学院层面同步加大导师教育管理力度、加大学位论文质量自查自检力度,全面增强师生质量意识。

3.开展下访接访,解决师生急难愁盼问题

学校深学笃行"浦江经验""枫桥经验",在主题教育期间处理校领导信箱236件来信,及时有效化解热点问题。落实好"校领导接待日"工作机制,搭建校领导与广大师生员工沟通交流的桥梁,实现"简单问题马上办、一般事项快速办、复杂矛盾包案办、疑难事宜监督办"。

学校党委扎实开展分类整改和专项整治,关注师生员工所需所想,查摆真问题,真查摆问题,推动党员、干部把自身摆进去、把责任担起来,确保检视整改取得实实在在的成效。

(五)建章立制立足"久"字,完善科学治理体系

1.着眼立德树人根本任务,完善思想政治工作体系

学校针对检视发现的需加强习近平新时代中国特色社会主义思想进课堂、进教材、进头脑的日常监督问题,对标党中央和上级要求,制定《关于进一步推进领导干部开展思政课程随堂听课的工作方案》,要求校领导、党委常委、校长助理和本科生院、研究生院、党委学生工作部等相关部门负责人进一步压实工作要求,开展随堂听思政课,有效强化全校思政课程常态化监督的力度。同时,制定《关于落实"时代新人铸魂工程"

的工作方案》,深化巩固"三全育人"综合改革成果,进一步汇聚全员全过程全方位育人合力。

2.立足"双一流"建设,构建高效能管理机制

学校聚焦建设中国特色、世界一流高校和优势学科目标,深入开展内部治理效能建设。印发《重庆大学学科建设竞优性项目管理流程》《重庆大学学科建设基础性项目管理办法》《重庆大学绩效工资实施办法(2022年修订)》《重庆大学大型仪器设备开放基金管理实施细则》等文件,不断激发学科建设活力,不断健全绩效考核分配体系,进一步调动教职员工的积极性,推动国家重大科研基础设施和大型科研仪器的开放共享,加快推进学校重大工程、重大项目建设。

3.聚焦人才培养质量,完善高水平培养制度

学校印发《重庆大学学位授权自主审核实施办法(2023年修订)》等文件,定期开展学位授权点质量监测,推动D类学位授权点优化调整,加强研究生学位论文质量全过程管理。印发《重庆大学明月科创实验班学籍管理实施细则》《重庆大学招收和培养国际学生管理办法》,创新实施以项目为驱动的新工科教学范式改革,不断提升国际学生教育管理的科学性。

学校党委坚持既解决问题又建章立制,对主题教育中学习贯彻党的创新理论的好做法好经验,及时以制度形式固定下来,确保主题教育发挥常态化、长效化效果。

三、主要成效

(一)凝心铸魂受到新洗礼

1.组织理论学习,思想武装得以进一步强化

学校教育引导党员、干部经受思想淬炼、接受精神洗礼。通过理论学习,校领导班子及党员、干部忠诚核心、拥戴核心、维护核心、捍卫核心的政治自觉、思想自觉、行动自觉进一步增强,对学校在推进中国式现代化进程中的责任担当的理解进一步深化,推动学校高质量发展的信心进一步提升。

2.推动理论研讨,研究阐释得以进一步深化

学校积极举办各类论坛研讨会,推动党的创新理论落地生根。与重庆市委宣传部等主办"习近平经济思想的科学内涵与生动实践"研讨会,《重庆日报》以《新时代中国经济高质量发展的科学指南》为题专刊登载报道。立项"研究阐释党的二十大精神"项目18项。马克思主义学院、法学院、人文社会科学高等研究院等结合学科特色组织学术论坛等。

3.开展理论宣传,情感认同得以进一步增强

学校组织青年教师围绕"学习新思想 礼赞新时代 奋进新征程"开展微宣讲活动,组织师生参加"学习新思想 建设新重庆 强国伴我行"知识竞赛等活动。校内各单位结合自身实际,将党的创新理论宣传与普法宣传、乡村振兴、招生政策解读、志愿填报指导等活动相结合,引导师生员工走进基层一线开展主题宣讲和访谈,广泛传播党的创新理论。

（二）政治忠诚得到新淬炼

1.强化教育培训,党员政治意识不断增强

学校不断完善党员、干部教育培训长效机制,突出政治淬炼,强化党性锤炼。主题教育开展以来,电网装备安全与自然灾害防御教师团队入选第三批"全国高校黄大年式教师团队",金属微结构表征与性能调控教师团队入选第四批"重庆市高校黄大年式教师团队",1名教师入选2023年全国教书育人楷模候选人名单,8名同志荣获重庆市委教育工委优秀党员、优秀党务工作者称号。

2.严密组织体系,基层政治功能不断增强

学校党委着力构建形成上下贯通、执行有力的严密组织体系,持续实施党建"双创"工作,培育党建工作示范点和特色品牌。主题教育开展以来,学校新增重庆市党建双创工作标杆院系1个、样板支部6个、"双带头人"教师党支部书记工作室2个,3个基层党组织荣获重庆市委教育工委先进基层党组织称号。

3.加强队伍建设,干部政治素质不断增强

学校党委着力建设堪当民族复兴重任的高素质干部队伍,平稳有序开展机关处级领导干部交流调整和学院行政领导班子换届工作,使班子结构更优、干劲更足,整体功能得到提升。持续做好领导干部监督工作,通过完善管理监督干部制度体系,从严从实加强干部全方位管理和经常性监督。1名干部荣获2022年度"重庆市担当作为好干部"表彰。

（三）事业发展开创新局面

1.创新人才培养体系,为教育强国建设提供"重大"方案

学校围绕工业母机、半导体等10个关键领域,着力培养国家卓越工程师等后备人才。采取"产教深度融合"培养模式,协同宁德时代等企业,组建联合储能研究中心。在主题教育期间,学校先后成立彭桓武书院、博雅书院,着力打造一流本科教育。新增38门国家级一流本科课程,培育本科教学成果"揭榜挂帅"项目20项,获批32支市级研究生导师团队。国家级教学成果获奖数量及等级取得新的突破,以第一完成单位获国家级教学成果奖一等奖1项、二等奖7项,与兄弟高校联合申报的"新工科教育"荣获国家级教学成果奖特等奖。李百战教授荣获第四届杰出教学奖。

2.实施有组织的科研,为科技强国建设贡献"重大"力量

学校聚焦先进制造等重点领域,高质量建设重庆大学科学中心,持续推进量子材料与器件等前沿交叉学科建设,布局新能源及储能科学与工程等新兴交叉学科。开展超瞬态电子显微镜核心技术预研,加快推进国家野外科学观测研究站、空间电能变换与无线传输关键核心技术教育部集成攻关大平台建设。牵头获批高端装备机械传动、输变电装备技术、煤矿灾害动力学与控制3个全国重点实验室,获批共建高端装备铸造技术、特种化学电源2个全国重要实验室,获批国家自然科学基金委西南理论物理中心(全国仅6个)以及非线性分析数学与应用教育部重点实验室。新增化学学科进入ESI全球前1‰、新增2个学科进入ESI全球前1%。3个教育评价改革案例入选教育部、重庆市教育评价改革典型案例。牵头荣获(教育部)高等学

校自然科学奖一等奖 1 项、二等奖 1 项,科学技术进步奖一等奖 1 项、二等奖 1 项;牵头荣获重庆市科学技术奖一等奖 10 项。刘汉龙教授荣获重庆市科技突出贡献奖。

大力加快高水平文科科研创新发展体系建设,获得研究阐释党的二十大精神国家社会科学基金重大项目 1 项、重点项目 1 项,2 个文科实验室申报重庆市哲学社会科学重点实验室已通过初评和现场考察。成立智能社会治理研究院,积极谋划建设数字人文研究院。城乡建设与发展研究院获批首批住建部智库(全国高校4 家)。《镁合金学报(英文)》蝉联全球同类期刊第一,影响因子从 2022 年的 11.86 提升至 17.60。

3.优化人才队伍建设机制,为人才强国建设汇聚"重大"资源

学校启动"一院一策"人才人事制度改革,持续推动教师队伍高质量发展。建立海外顶尖高校工作联络站,切实提升海外顶尖人才供给能力。通过"目标牵引、任务驱动、人岗匹配"的绩效评价机制,突出学科差异和基础学科特点。修订国防科研系列和科技成果转化系列专业技术职务基本申报条件,进一步激活教师科研创造力。今年学校人才工作领导小组会议审议通过引进师资岗位 195 人。

(四)为民造福取得新进展

1.践行办学宗旨,积极回馈服务社会

学校强化有组织服务国家和区域经济社会发展,做好国内合作、定点帮扶与校友服务等工作。与重庆市两江新区、江津区、铜梁区及江苏常州市签订合作协议,与酉阳县共建地外生态系统模拟科学实验装置,推进与云南省战略合作,做好对口支援云南省绿春县、重庆市巫山县工作。举办校友总会理事会会议暨全球校友创新发展大会,进一步提升服务国家和区域经济社会发展能力。主办教育部高校消费帮扶联盟帮扶县农特产品展销会,获人民网等近 30 家媒体报道。

2.全力帮扶困难学生,力争不让一个学子掉队

学校针对经济困难学生、少数民族学生、残疾学生分别建立就业帮扶台账,加大就业帮扶力度。针对心理困难学生深入开展心理健康促进行动,不断完善心理危机干预体系;中国大学生在线首页报道了学校小橘灯心理协会帮扶学生事迹。针对经济困难学生,制定标准化家庭经济困难认定流程,建立隐形资助力度动态调整机制,筹集"圆梦计划"资金 100 余万元用于资助优困生境外访学。针对学习困难学生,组织相应教学资源,安排额外教学时间进行针对性教学,帮助学生克服学习困难,缓解学习压力。

3.关怀离退休教职工,真心解忧帮困

学校建立校内高龄空巢双居或独居老人台账,精准掌握情况。建立"一对一"联系工作机制,为困难离退休教职工提供个性化服务。针对校内高龄空巢老人提供夕阳红志愿者结对服务。切实用好退休人员重大疾病医疗帮困基金和离退休帮困经费,发放高龄补贴 2 467 人次,发放困难补助、重疾补助 220 余人次。

4.加快民生工程建设,提升师生员工幸福感

学校加快基础工程建设进度,在建工程项目得到大力推进,A 区九教改造进入收尾阶段,风洞实验室建设完成主体预验收,C 区图书馆改造实体工程基本完成,教学科研条件得到进一步改善。经过艰苦努力,"重

大花园"C、D栋所涉及的两类住户完成选房工作,6栋D级危房有序妥善拆除。实施住宅区电力增容,正式上线智慧医院便民服务平台,开通临床心理门诊,使师生员工工作、生活条件得到进一步提升。

(五)清正之风得到新弘扬

1.提高政治站位,进一步纯洁教师队伍

印发《重庆大学教职工准入查询实施办法》《重庆大学关于开展师德集中学习教育的实施方案》,为教师努力成为塑造学生品格、品行、品味的"大先生"营造良好政治生态,打下坚实制度基础。

2.紧盯关键少数,进一步纯洁干部队伍

将整改整治与干部队伍建设、干部监督管理有机结合,逐级开展党员干部廉政谈话,认真检视干部队伍中存在的突出问题,及时整治权力运行中的风险隐患。严格落实中央八项规定精神及其实施细则,用好巡视成果,不断强化党员、干部纪律规矩意识。

3.推进教育整顿,进一步纯洁纪检监察干部队伍

制定完善《重庆大学领导干部插手干预重大事项记录报告暂行办法》《关于加强纪检监察干部监督工作的实施办法》等制度文件,不断提升纪检监察工作规范化、法治化、正规化水平。组织纪检监察专职干部现场旁听职务犯罪案件庭审、参观重庆市党风廉政教育基地,通过情景化的教育方式,使铁的纪律转化为纪检监察干部的日常习惯和自觉遵循。

同志们,总的来讲,学校主题教育把理论学习、调查研究、推动发展、检视整改相贯通,在以学铸魂、以学增智、以学正风、以学促干方面取得了实实在在的成效,努力实现了"五方面"目标。

一是凝心铸魂筑牢根本。广大党员、干部全面系统深入学习习近平新时代中国特色社会主义思想,切实做到真学真懂真信真用,筑牢信仰之基、补足精神之钙、把稳思想之舵。

二是锤炼品格强化忠诚。广大党员、干部深刻领悟"两个确立"的决定性意义,忠诚核心、拥戴核心、维护核心、捍卫核心,思想上高度认同、政治上坚决维护、行动上紧紧跟随,政治判断力、政治领悟力、政治执行力进一步提高。

三是实干担当促进发展。广大党员、干部紧紧围绕新时代新征程党的中心任务,胸怀"国之大者",牢固树立正确的权力观、政绩观、事业观,聚焦问题、知难而进,以新气象新作为推动高质量发展取得新成效。

四是践行宗旨为民造福。广大党员、干部坚持人民至上,紧紧抓住人民群众最关心最直接最现实的利益问题,把惠民生、暖民心、顺民意的工作做到群众心坎上,不断增强人民群众的获得感、幸福感。

五是廉洁奉公树立新风。广大党员、干部严格落实中央八项规定及其实施细则精神,持续纠治"四风",把纠治形式主义、官僚主义摆在更加突出位置,进一步弘扬了求真务实、团结奋斗的时代新风。

在肯定成绩的同时,也要清醒地看到,与党中央的要求、与师生员工的期待相比,我们的工作仍有差距。

一是理论学习成果在深化运用方面还存在不足。在实现学习成果转化深化、巩固拓展、持续用力方面还有差距,贴近师生员工实际、以文化浸润方式开展文化育人实践还不够,运用红色革命资源的方式方法创新还不够。

二是调查研究还需实现常态化制度化。开展调查研究主动性还不够,通过从个别看一般、局部看整体、苗头看趋势的能力还不足,需要进一步拓展调研渠道、丰富调研手段、创新调研方式,不断提升调查研究的科学性和实效性。

三是推动改革发展的工作能力还需持续提升。学校事业发展还需进一步坚持系统观念,创新工作理念,提升干部工作闯劲,坚决破除制约高质量发展的思想观念束缚和体制机制弊端,全面提高学校内部治理体系和治理能力现代化水平。

在此,我代表学校党委就进一步深化主题教育工作,讲几点意见。

一是持续用力深化理论学习。要坚持好"第一议题"制度,加大理论学习研讨力度,促进理论学习成果转化深化。统筹发挥校内各类智库、平台作用,提升理论研究阐释能力。进一步整合学习资源,提升优质数字资源供给能力,真正形成大学习的良好风气,使党的创新理论"飞入寻常百姓家"。

二是持续用力完善调查研究工作机制。要坚持问题导向与目标导向相结合,真正领悟、科学运用习近平总书记提出的"深、细、实、准、效"调研五字诀,常态化开展调查研究,把调查研究作为推动工作落实、解决发展难题的重要手段。

三是持续用力推动问题整改整治。进一步深化对主题教育调查研究发现的问题等整改,完善问题清单、任务清单、责任清单,加强督查回访,着力巩固主题教育成果。

四是持续用力提升推动改革发展能力。要深入学习贯彻习近平总书记关于教育、科技、人才、建设教育强国等重要论述,深化依规治党、依法治校,全面提升服务区域发展和国家战略能力,加快建设中国特色、世界一流大学和优势学科,为以中国式现代化全面推进中华民族伟大复兴提供强力支撑。

在庆祝 2023 年教师节大会上的讲话

校党委书记　舒立春

（2023 年 9 月 8 日）

尊敬的各位老师,同志们:

大家上午好! 今天,我们在这里举行 2023 年教师节庆祝大会,共同庆祝属于我们教育工作者自己的节日。在此,我代表学校,向辛勤耕耘在教学、科研、管理服务一线的广大教职员工和关心支持学校建设发展的离退休老同志致以最诚挚的问候,向所有受表彰的集体和个人表示热烈的祝贺!

一年来,学校全面贯彻落实习近平新时代中国特色社会主义思想和党的二十大精神,扎实开展学习贯彻习近平新时代中国特色社会主义思想主题教育,顺利完成第二轮"双一流"建设中期评估,优化重组 5 个全国重点实验室,国家级教学成果奖取得新突破,高水平承办第八届中国国际"互联网+"大学生创新创业大赛,稳妥解决了 6 栋 D 级危房拆除等问题。这些成绩的取得,是全校教职员工共同努力的结果,特别是今天受到表彰的先进集体和个人,你们为全校教职员工树立了榜样。在此,我代表学校再次向大家表示衷心的感谢,希望大家再接再厉,主动担当、积极作为,以实际行动为学校建设发展再立新功。

今年的教师节是党的二十大胜利召开后的第一个教师节,主题是躬耕教坛,强国有我。一直以来,以习近平同志为核心的党中央高度重视教育事业和教师队伍建设。党的二十大报告明确提出:"加强师德师风建设,培养高素质教师队伍,弘扬尊师重教社会风尚。"今年 5 月,习近平总书记在中共中央政治局第五次集体学习时明确指出,"建设教育强国,龙头是高等教育""强教必先强师。要把加强教师队伍建设作为建设教育强国最重要的基础工作来抓"。我们要积极响应时代号召,投身教育强国实践。在此,提四点希望与大家共勉。

一、坚定理想信念，胸怀"国之大者"

习近平总书记指出:"正确理想信念是教书育人、播种未来的指路明灯。"我们要努力充实精神之"钙",拧紧世界观、人生观、价值观的"总开关"。一要坚持社会主义办学方向。方向决定道路,道路决定命运。马克思主义是我们立党立国的根本指导思想,也是我国大学最鲜亮的底色。要全面贯彻党的教育方针,旗帜鲜明站稳立场,敢于亮剑、敢于斗争。二要强化建设教育强国责任担当。教育兴则国家兴,教育强则国家强。建设教育强国,是全面建成社会主义现代化强国的战略先导,是以中国式现代化全面推进中华民族伟大复兴的基础工程。要切实提高站位,心系国家事、肩扛国家责。三要坚守为党育人、为国育才使命。"培养什么人、怎样培养人、为谁培养人"是教育的根本问题,要以立德树人为根本任务,以为党育人、为国育才为根本目标,既要做学生成长成才的引路人,更要做打造中华民族"梦之队"的筑梦人。

二、陶冶道德情操,锤炼高尚品格

教师是教育之本,师德是教师之本。师德师风是评价教师队伍素质的第一标准。今年上半年,各位老师都参加了"师德集中学习教育",其中有一个板块叫"师德引领",他们的先进事迹令人感动。我们要以这些教书育人楷模为榜样,提升自我修养,锤炼高尚品格。一要以德立身。国无德不兴,人无德不立。教师是学生道德修养的镜子,"大先生"之"大"不仅在于专业领域学有所长,还在于能够以德立身,在为学、为事、为人方面都能为学生作表率。二要以德立学。学术有道,诚信为德。近年来,高校学术不端、科研失信等问题时有发生。我们要引以为戒,始终以严谨治学的态度做学问,恪守学术道德,弘扬优良学风。三要以德施教。"师者,所以传道授业解惑也。"做好老师,就要执着于教书育人,要有言为士则、行为世范的自觉,坚持言传与身教相统一,严以律己、为人师表,以模范行为引导学生,以高尚品格引领学生。

三、涵养扎实学识,提升能力本领

"学高为师,身正为范",扎实而渊博的学识是成为好老师的基础,要努力成为具有扎实的知识功底、过硬的教学能力、勤勉的教学态度、科学的教学方法的饱学之士。一要提高学习能力。自觉把学习作为精神追求和生活方式,不断更新自己的知识储备,求真理、悟道理、明事理,努力站在知识探索、科技创新、文化传承的前沿,将学习成效切实转化为提高解决实际问题的水平。二要提升创新能力。当前,新一轮科技革命和产业变革突飞猛进,学科交叉融合不断发展。近年来,学校也一直布局新兴交叉学科专业,这就要求我们广大教师要主动打破边界,踊跃投身教育改革,以创新赋能国家战略和区域经济社会发展。三是增强实践能力。实践出真知,实践长真才。各位老师、科研工作者要更多地把论文、科研成果写在祖国大地上;辅导员、管理服务人员等要围绕学校中心工作加强实践历练,聚力推动学校高质量发展。

四、勤修仁爱之心,传递真情温暖

浇花浇根,育人育心。教育是一门"仁而爱人"的事业,我们的专任教师、导师、辅导员、实验人员以及管理服务人员都时常与学生打交道,都是育人的主体。一要尊重学生。今年,大量"05后"进入校园。孔子曾言"有教无类",每一个学生都是独立的个体,我们在教育过程中要学会尊重、学会欣赏。二要理解学生。在主题教育期间,我们的党员干部深入学生中开展调查研究,取得了很好的成效。作为老师,我们要经常与学生沟通交流,多倾听学生的诉求,多了解学生的需要,保持师生间的正向互动。三要关怀学生。在干部工作中经常讲要"严管"与"厚爱",其实老师对学生也是如此,要严爱相济。涉及规矩原则的问题,要从严要求;对学生遇到的问题或困难,要用自己的言行感化他们、用科学的方法帮助他们,激励他们勇攀高峰。

目前,学校正不断加大人才引育力度,持续营造尊师重教的良好氛围,不断提高广大教师的政治地位、社会地位、职业地位。

最后,再次祝全校教职员工和离退休老同志节日快乐、身体健康、工作顺利、家庭幸福!

汇聚磅礴力量　勇担强国使命
加快建设中国特色世界一流大学和优势学科
——在学校校友总会九届五次理事会议上的讲话

校党委书记　舒立春

（2023 年 10 月 21 日）

各位理事、各位校友、各位来宾,朋友们:

大家上午好! 10 天前,我们刚刚迎来重庆大学建校 94 周年。今天,我们与来自全球的校友又相聚于鹏城深圳,召开校友总会九届五次理事会议,共叙校友情谊,共庆母校华诞,共商发展大计。在此,我谨代表重庆大学和校友总会,向长期以来关心支持重庆大学事业发展的各位理事、各位校友和来宾表示最崇高的敬意! 并通过你们向全球广大校友和社会各界朋友表示亲切的问候,致以美好的祝愿! 同时,也非常感谢深圳市委、市政府对本次会议的鼎力支持,以及深圳校友会精心、细致、周到的会务组织和安排。

星移斗转,月涌江流。94 年来,一代代重大人朝着建设"完备弘深之大学"这一宏大而富有远见的办学目标,秉承"研究学术、造就人才、佑启乡邦、振导社会"的办学宗旨,勠力同心,开拓进取,"学府宏开,济济隆隆"。校友是母校最宝贵的财富、最坚定的力量,全球 50 余万名校友就是重庆大学办学成就的集中体现。近年来,学校积极推进校友工作,基本形成了纵横交错、开放共生的校友工作体系,各项工作取得了跨越式发展。刚才,许骏秘书长就校友总会工作做了总结,7 位校友会代表汇报了相关情况,让我们倍感骄傲与自豪。大家以各自的实际行动大力支持母校发展,以各种方式积极参与学校立德树人、学科建设、队伍建设、科学研究、社会服务等工作,助力母校继续保持稳步向前、持续向好的发展态势。再次向大家表示衷心的感谢! 借此机会,与大家分享学校改革发展最新情况,特别是第二轮"双一流"建设进展情况。

学校坚持以习近平新时代中国特色社会主义思想为指导,全面贯彻落实党的二十大精神,不断加强党对学校工作的全面领导,聚焦落实立德树人根本任务,准确把握高质量发展内涵要求,抢抓成渝地区双城经济圈和西部陆海新通道建设重大机遇,加快建设中国特色、世界一流大学和优势学科,大力加强基础学科、新兴学科、交叉学科建设,持续推动学校改革发展各项事业不断取得新进展新成效,综合办学实力、育人水平和学术影响力显著提升。

一、坚持和加强党对学校工作的全面领导

坚持不懈用习近平新时代中国特色社会主义思想和党的二十大精神武装师生员工,扎实推进学习贯彻

习近平新时代中国特色社会主义思想主题教育,坚定拥护"两个确立"、坚决做到"两个维护",深刻理解党中央关于教育、科技、人才"三位一体"战略部署的重要内涵,深刻认识新时代赋予学校的职责使命。学校党委通过首批"全国党建工作示范高校"培育创建单位(全国共10个)验收,7个基层党组织顺利通过全国党建"双创"工作培育创建验收,新增4个党组织入选第三批全国党建"双创"培育创建单位。健全完善干部"能上能下"机制,着力打造忠诚干净担当并与世界一流大学建设目标相适应的高素质干部队伍。压实全面从严治党政治责任,积极营造风清气正的良好政治生态和育人环境。

二、持续推进一流优势学科建设

按照"强化工科、夯实理科、振兴文科、繁荣社科、拓展医科、提升信科、推动交叉"的总体思路,优化"3+9+N"学科综合布局,重点支持机械工程、电气工程、土木工程3个一流建设学科率先迈向世界一流前列。深入实施基础理科卓越行动计划、基础文科振兴行动计划,获批非线性分析数学与应用教育部重点实验室,大力支持国家自然科学基金委西南理论物理中心、数学中心建设;成立中国语言文学系、历史学系、哲学系,加强马克思主义理论学科建设。加快医学学科建设,促进医工交叉融合,在肿瘤学、急救与创伤医学、再生医学等方向汇聚特色优势,获批建立教育部工程研究中心、医药基础研究创新中心。大力支持新兴学科、交叉学科建设,凝练智能制造、智慧能源、智能建造等"人工智能+"学科群;布局新能源及储能科学与工程、智能无人系统科学与技术、数字设计与艺术传播等新兴交叉学科专业;持续推进量子材料与器件、跨尺度多孔材料、先进电能源化学等前沿交叉学科平台。启动建设量子物质、未来芯片、智能超算及网联计算等公共实验平台。15个学科进入ESI全球前1%,工程学、材料科学、化学进入ESI全球前1‰;9个学科进入软科世界一流学科排名前50名。

三、全面提高人才自主培养质量

全面落实立德树人根本任务,大力实施"时代新人铸魂工程"。着力打造一流本科教育,深入实施"本科教育2029行动计划",全面开展大类招生大类培养大类管理,面向大一新生开设"文明经典"通识核心课程,大力推进"通识教育+专业教育+创新创业教育"深度融合。成立弘深书院、彭桓武书院、博雅书院,深入实施"强基计划""拔尖计划",推进本硕博贯通培养。"曙光计算机拔尖班"入选教育部"基础学科拔尖学生培养计划2.0基地",大数据与软件学院入选教育部首批"特色化示范软件学院",成为"101计划"首批试点高校(全国共33所)。着力打造卓越研究生教育,持续实施"研究生教育高质量发展行动计划",获批首批国家卓越工程师学院试点建设高校(全国共10所)、国家储能技术产教融合创新平台(全国共7个),入选"国优计划"首批试点高校(全国共30所)。牵头获得2022年度国家级教学成果奖一等奖1项、二等奖7项,其中与其他高校共同完成的"新工科教育"成果获特等奖。强化创新创业教育,2021年以来参与创新创业活动超过38 000人次,获省市级及以上创新创业竞赛奖3 700余项。在第七届、第八届中国国际"互联网+"大学生创新创业大赛总决赛中共斩获金奖19项,其中第八届大赛获金奖13项(历届高校排名第一)。深入落实"高校毕业生就业创业促进行动",最近两届毕业生进入国家部委、基层选调、国防军工、世界500强、国家级科研平台等重要单位就业比例超过 60%。

四、加快提升服务高水平科技自立自强能力

高端装备机械传动、输变电装备技术、煤矿灾害动力学与控制 3 个全国重点实验室以优异成绩通过科技部优化重组，新增共建高端装备铸造技术、特种化学电源 2 个全国重点实验室，积极筹建山地土木工程安全全国重点实验室，获批能源装备安全国家野外科学观测研究站、空间电能变换与无线传输关键核心技术教育部集成攻关大平台。加快健全国防科研体制机制，在军事智能装备领域牵头建设国家实验室、国防重点实验室。加强基础研究和应用基础研究，启动实施"六大先导性大科学研究计划"以及"20 个关键科学问题""20 个卡脖子关键技术"攻关行动计划，着力开展从"0 到 1"的颠覆性、引领性研究。实施文科基地构筑计划，重点培育建设数字能源技术经济教育部重点实验室，倾力打造高端智库。实施"高水平学术期刊培育资助计划"，《镁合金学报（英文）》影响因子蝉联全球同类期刊第一（从 2022 年的 11.86 提升至 17.60）。

2021 年以来，获国家自然科学基金重大重点及国防项目 78 项、国家社会科学基金重大重点项目 11 项，牵头承担国家重点研发计划项目 35 项、国家自然科学基金委创新研究群体项目 1 项，获国家科学技术奖 2 项（牵头 1 项），牵头获教育部科学技术奖 4 项（一等奖 2 项），获省级及全国行业一等奖 55 项。2022 年科研总经费突破 30 亿元。

五、全力打造高水平师资队伍

重构人才引进体系，推进构建"弘深学者"系列人才引进和职称系列教职引进为两大主体的"双塔"型引才体系。探索建立校内人才和引进人才互通机制，启动全周期人才发展支持计划，通过建立人才特区等方式，多措并举促进人才蓬勃成长。深化教师评价改革，突出品德、能力、贡献导向，推行代表作评价和同行评价制度。2021 年以来，学校共引进人才 470 人，其中 40% 具有海外学术经历；新增国家级人才 91 人，其中国家级青年人才 67 人；新增"全国高校黄大年式教师团队"2 个，1 人获第四届杰出教学奖。目前，学校有国家级人才 277 人次，其中国家级青年人才 132 人次。

六、深入推进高水平国际合作与交流

实施"卓越大学合作计划"，推动与世界高水平大学开展实质性合作。2021 年以来，新增与 74 所国（境）外高校签署合作协议，其中 31 所为世界前 100 强高校。积极探索创新国际化人才培养新路径，持续深化辛辛那提大学-重庆大学校企联合培养（Co-op 模式），约 85% 的毕业生赴全球名校深造，其中 40% 进入 U.S.News 排名前 50 高校攻读研究生；大力支持全球前沿学科系列讲座计划、研究生全球学术课程（线上）、"强基计划"线上优质课程、全英文课程和专业等项目建设。

七、全面服务国家战略和区域经济社会发展

发挥学校综合优势，全面支撑重庆聚力构筑数智科技、生命健康、新材料、绿色低碳四大科创高地，引领新时代新征程新重庆加快建设具有全国影响力的科技创新中心。全面提速建设重庆大学科学中心、超瞬态实验大科学装置以及各类高端共享原始创新平台，大力推动科学城智能网联汽车创新中心、重庆市新型储

能材料与装备重点实验室等建设。链接地方特色资源和独特区位优势,支持组建碳中和研究院、三峡库区消落区生态修复与治理中心等交叉研究平台,共建长江生态环境联合研究生院。深化校地合作,践行"一院一地一产业"模式,共建新型校地研究院10余个,有效支撑成渝地区储能、能源装备、齿轮、锂电池等产业升级。深化校企合作,大力实施"头部企业工程",与国家电网、中建集团、中国航天科技集团等20余家龙头企业共建新型高端研发机构,持续探索"学校—市场"双向转化模式。2021年以来,学校共接受企业委托科研项目2 900项,经费到账16.9亿元,作出了"重大"贡献。

八、着力推进治理能力和治理体系现代化

全面落实《深化新时代教育评价改革总体方案》,持续深化教师评价、科研评价、学生评价等重点领域改革。探索推进"一院一策"综合改革试点,强化目标导向,细化分类建设,支持院系办学主体持续提升发展动力、激发发展活力、挖掘发展潜力。抢抓教育强国建设重大机遇,与四川大学、电子科技大学联合申报高等教育综合改革试点战略工程,争取政策支持、汇聚办学资源、突破发展瓶颈。加强各类资源优化配置,创新"基础性+竞争性"经费配置模式。积极拓宽资金筹集渠道,加强部市共建力度。2021年以来,学校获得国家和重庆市支持的各类经费,共计到账18.8亿元。

学校较好地完成了第二轮"双一流"建设中期目标任务,在关键领域实现了历史性突破,为后续发展奠定了更加坚实的基础。

在此要特别感谢各位校友长期以来的全力支持,学校也在积极构建更高质量的校友工作体系,2021年以来成立数字智能校友会、校友创新创业联合会2个一级分会以及12个二级分会,实施"互联网+校友工作"计划,基本建成"重庆大学智慧校友信息服务平台";各地校友会年均开展活动100余场次,参与校友2万余人次。我们也真诚期待"散是满天星,聚是一团火"。

当前学校发展也面临着新形势新任务新机遇。**从国际局势看**,世界百年未有之大变局加速演变,新技术革命和产业变革蓬勃发展,大国战略博弈不断加剧,科技创新在大国竞争中起关键作用。**从国内形势看**,党的二十大将高质量发展作为全面建设社会主义现代化国家的首要任务,一体部署并统筹推进教育强国、科技强国、人才强国建设。**从成渝发展看**,成渝地区双城经济圈建设是习近平总书记亲自谋划、亲自部署、亲自推动的国家重大区域发展战略,重庆市委把成渝地区双城经济圈建设作为"一号工程"和全市工作总抓手总牵引。**从高等教育发展看**,建设教育强国,龙头是高等教育,加快建设中国特色、世界一流的大学和优势学科是重中之重,大力加强基础学科、新兴学科、交叉学科建设。

面向未来,我们要持续将学习贯彻习近平新时代中国特色社会主义思想引向深入,切实提高站位定位,增强"国家队"意识,勇担"国家队"使命,聚焦"双一流"建设,全力应答"强国建设,教育何为?""教育强国,重大何为?"这一时代命题。下一步,学校将侧重抓好三个方面具有带动性、根本性、引领性的工作。

一是抓根本:为党育人、为国育才。大力实施"时代新人铸魂工程",一体化构建培根铸魂育人体系。更新人才培养理念,创新人才培养模式,高标准建好建强国家卓越工程师学院和国家储能技术产教融合创新

平台,引领带动加快构建高质量教育体系。

二是抓龙头:加快建设一流学科。推动大能源、大制造、大建筑、大人文等学科加快转型发展步伐,巩固提升自身优势特色;加快发展大信息、大健康领域学科专业,培育学科增长点;加强基础学科、新兴学科、交叉学科建设,补齐短板弱项;推动机械工程、电气工程、土木工程等一流建设学科纳入国家一流学科培优行动。

三是抓未来:全面深化综合改革。以高等教育综合改革试点战略工程为契机,深入开展两个先行先试,围绕"三个有组织"深化改革创新,重塑教育教学体系、科技创新体系和社会服务体系;全面落实"一院一策"综合改革,持续激发内驱力和创造力。

各位理事、各位校友,面向"百年新重大"高质量发展目标,站在新的历史起点上,学校将进一步凝聚校友、依靠校友、服务校友,营造校友和母校情感共鸣、事业共创、使命共担的良好局面。邀请广大校友与母校一道,勇担强国使命,以更加开阔的视野和格局,在携手服务国家战略、推动人类文明进步的实践中成就个人发展新高度和一流大学建设新辉煌,为以中国式现代化全面推进中华民族伟大复兴作出积极贡献。邀请广大校友与母校一道,携手共创一流,在培养拔尖人才、培育重大项目、打造重大平台、深化社会服务、推动产学合作等方面继续为母校献计献策、牵线搭桥,将爱校荣校的赤诚情怀转化为助推母校加快建设中国特色、世界一流大学和优势学科的强大合力。邀请广大校友与母校一道,彰显重大风采,不断增强身为重大校友的自豪感和荣誉感,讲好重大故事,传播好重大声音,提升母校的美誉度和影响力,让"前锋旗帜"高高飘扬。学校将全力为各位校友"扎起",重庆大学是大家永远的精神港湾!

最后,预祝本次大会取得圆满成功!衷心祝愿各位校友身体健康、事业兴旺、阖家幸福!欢迎大家常回母校看看。

在共青团重庆大学第十六次代表大会
开幕会上的讲话

校党委书记　舒立春

（2023 年 12 月 17 日）

各位领导、各位来宾、各位代表，青年朋友们、同志们：

大家上午好！今天，我们在这里隆重举行共青团重庆大学第十六次代表大会，这是全校团员青年政治生活中的一件大事。在此，谨代表学校党委、行政，向大会的胜利召开表示热烈的祝贺！向莅临本次大会的各位领导以及兄弟院校团委同志表示诚挚的欢迎！向长期以来关心、支持重庆大学共青团事业发展的各级部门、各位领导、各界朋友表示衷心的感谢！向出席大会的全体代表，并通过你们，向全校青年和广大青年工作者致以亲切问候和美好祝愿！

党的十八大以来，以习近平同志为核心的党中央高度重视、亲切关怀青年一代，全方位加强党对青年工作的领导，推动新时代青年工作取得历史性成就、发生历史性变革。重庆大学党委认真落实党建带团建制度机制，积极推动学校各级团组织和广大团员青年在上级团组织的领导、指导下，全面学习贯彻落实习近平新时代中国特色社会主义思想，深入贯彻落实习近平总书记关于青年工作的重要思想，不断增进团员青年对党的创新理论的政治认同、思想认同、理论认同、情感认同，不断增强共青团的政治性、先进性、群众性，不断提升团组织的引领力、组织力、服务力。广大团员青年听从党和人民的召唤，在经济建设主战场担当作为，助力乡村振兴投身一线；在科技创新最前沿勇攀高峰，聚焦未来赛道抢占先机；在文化发展大舞台引领风尚，传承优秀文化展示特色；在社会实践大熔炉中攻坚克难，扎根基层沃土服务人民，以实际行动和优异成绩切实践行"让青春在全面建设社会主义现代化国家的火热实践中绽放绚丽之花"的铮铮誓言。

党的二十大擘画了全面建成社会主义现代化强国、以中国式现代化全面推进中华民族伟大复兴的宏伟蓝图，吹响了奋进新征程的时代号角。广大团员青年要时刻牢记习近平总书记殷殷嘱托，坚定不移听党话、跟党走，努力成长为堪当民族复兴重任的时代新人，继续创造无愧于时代、无愧于人民、无愧于历史的新的青春业绩。

各位代表、青年朋友们、同志们！习近平总书记指出："青年人有理想、敢担当、能吃苦、肯奋斗，中国青年才会有力量，党和国家事业发展才能充满希望。"新时代是追梦者的时代，是广大青年成就梦想的时代，当代中国青年生逢盛世、重任在肩。借此机会,我想对全校青年提出三点希望。

一要坚定理想信念,在深学笃行习近平新时代中国特色社会主义思想中把牢与党同心、跟党奋斗的青春航向。一是认真学习习近平新时代中国特色社会主义思想这一当代中国马克思主义、二十一世纪马克思主义,深入领会贯穿其中的世界观和方法论,真学、真懂、真信、真用,自觉学深悟透党的创新理论,树立正确的世界观、人生观、价值观。二是以思想引领为先导,以科学理论做武装,传承重大人"复兴民族,誓作前锋"的理想信念与宏大追求,在中国式现代化的伟大征程中挺膺担当。三是将思想付诸行动,以理论指导实践,善于用党的创新理论分析问题、解决问题,深刻把握作为强国一代中流砥柱的历史使命和时代责任,着力成长为德智体美劳全面发展的社会主义建设者和接班人。

二要勇于担当尽责,在强国建设、民族复兴壮丽征程中书写敢想敢为、善作善成的青春华章。一是读万卷书,努力学习知识、练就本领,肩负起时代赋予的重任。"国势之强由于人,人材之成出于学",学习是第一位的,也是提升综合能力、解决实际问题的必要条件,必须常学常新、常悟常进、常践常得。二是行万里路,抓住青年人生黄金期,既要埋头拉车,也要抬头看路,在勤学苦练中增加见识、增强本领、增长才干,以过硬的实力打牢基础、积累经验。三是知行合一,扎根实践沃土成为"实干家",勇做新时代"筑梦人"。"人才自古要养成,放使干霄战风雨",青年要成长成才,必须学以致用,敢于直面任何困难、挑战、阻力和变数,在实践中锤炼,在"石上磨""事上练"中逆势而为。

三要矢志艰苦奋斗,在"百年新重大"发展新征程中展现斗志昂扬、朝气蓬勃的青春风貌。一是保持坚定心态、树立正确观念。蓝图不可能一挥而就,目标不可能一步登天。要不懈奋斗,矢志不移,走好绵绵用力的步履,做好久久为功的准备,坚信行则将至、做则必成。二是发扬斗争精神、增强斗争本领,面对艰难险阻敢于动真逗硬,既要胸怀远大抱负,又要脚踏实地前行,敢于斗争、善于斗争,摒弃娇气、傲气,增进志气、骨气,坚决与不正之风作斗争,把以红岩精神为底色的重大青年精神气质凸显得更加鲜亮。三是一以贯之用力,以钉钉子精神抓落实,淡泊名利、敢于坐冷板凳,保持"明知山有虎,偏向虎山行"的冲劲俯首躬行,把人生理想融入为实现中华民族伟大复兴的中国梦的奋斗中。

重庆大学共青团作为学校党委领导下的先进青年的群团组织,肩负着团结带领重大青年拼搏奋斗的时代重任。一要坚持不懈用习近平新时代中国特色社会主义思想凝心铸魂,团结青年、引领青年、服务青年,既要帮助青年解决急难愁盼问题,服务青年成长成才,又要坚持立德树人,帮助青年坚定理想信念,凝聚更为磅礴、更有朝气的青春力量。二要坚持不懈围绕中心服务大局,牢牢把握党旗所指就是团旗所向的工作方向,深入实施"时代新人铸魂工程",健全思想政治教育长效机制,强化青年理想信念教育、爱国主义教育,积极引导青年进一步深刻领悟"两个确立"的决定性意义,增强"四个意识"、坚定"四个自信"、切实做到"两个维护",发挥生力军和突击队作用。三要贯彻落实从严治团要求,明晰主责主业、畅通工作机制、加强制度建设、健全自我规范,持续增强团组织对青年学生的组织力、引领力、服务力,把团组织的进步本色熔炼锻造得更加光彩鲜明。

广大团干部是追求进步、清澈纯粹的鲜明旗帜，也是党的青年工作在重庆大学开展的先锋力量和坚实基础。希望各位团干部牢记习近平总书记谆谆教诲，争做青年友，不做青年"官"，多为青年计，少为自己谋，以开展面向广大团员和青年的主题教育为契机，在学习贯彻习近平新时代中国特色社会主义思想上学深一步、走深一层，围绕落实立德树人根本任务，服务加快建设中国特色、世界一流大学和优势学科，主动担当作为、真抓实干，以一域之光为全局添彩。

94 年前，重庆大学从一群来自巴渝大地的青年才俊们建立"完备弘深之大学"的愿景中诞生。今天，各位青年拼搏奋进的蓬勃朝气和日新月异的奋斗热情仍然是新时代"百年新重大"建设新征程中生生不息的动力。党和人民的事业寄托在青年身上，学校发展的希望寄托在青年身上。学校党委将一如既往地着眼于为党育人、为国育才这个根本大计，高度重视共青团和青年工作，坚定不移把青年工作作为战略性工作来抓，为青年成长成才、建功立业创造良好发展环境。

各位代表、青年朋友们、同志们！蓝图已绘就，奋进正当时。希望在上级团组织的领导、指导下，学校各级团组织团结带领全校团员青年坚持以习近平新时代中国特色社会主义思想为指导，踔厉奋发、勇毅前行，自觉担负起强国建设、民族复兴的神圣职责与伟大使命，奋力谱写好属于新时代重大青年的灿烂篇章！最后，预祝大会取得圆满成功！

聚焦高质量　奋进"双一流"
学习贯彻二十大　建设"百年新重大"
——在 2023 年春季学期开学干部大会上的报告

校长　王树新

（2023 年 2 月 27 日）

同志们：

在刚才的"一报告两评议"会上，舒书记代表班子向大家作了年度述职，全面报告了 2022 年学校的工作。过去一年，尽管新冠疫情多次反复对学校工作推进带来影响，但在全校干部师生团结奋斗、共同努力下，学校各项事业发展都取得了新进展新成效，其中不乏很多亮点，由于时间关系，我就不再赘述。

开学第一周，学校组织召开了春季学期党政联席会议，结合学习贯彻党的二十大精神和重庆市委六届二次全会精神，深入研讨了学校下一步发展的主要思路和 2023 年的重点工作。根据今天干部大会议程，下面我代表班子向大家做一个汇报，着重是对今年学校工作进行安排部署，主要讲三个方面的内容。

一、深刻学习领会党的二十大精神，切实增强高质量推进中国特色、世界一流大学建设的责任感紧迫感

党的二十大是在全党全国各族人民迈上全面建设社会主义现代化国家新征程、向第二个百年奋斗目标进军的关键时刻召开的一次十分重要的大会。党的二十大报告深刻阐释了新时代坚持和发展中国特色社会主义的一系列重大理论和实践问题，描绘了全面建设社会主义现代化国家、全面推进中华民族伟大复兴的宏伟蓝图。学习宣传贯彻党的二十大精神是当前和今后一个时期的首要政治任务，大会召开以来，学校组织开展了多种形式的学习研讨，我们要深刻学习领会，着力学深悟透，不断拓宽工作的视野和格局，切实把学校改革发展各项事业放在中华民族伟大复兴历史大进程中、放在中国式现代化大场景中、放在世界百年未有之大变局中去理解、谋划和推进，不断增强高质量推进中国特色、世界一流大学建设的使命担当，确保党的二十大精神在重庆大学落地生根、开花结果。

（一）深刻领会中国式现代化的中国特色和本质要求

党的二十大报告明确提出："从现在起，中国共产党的中心任务就是团结带领全国各族人民全面建成社会主义现代化强国、实现第二个百年奋斗目标，**以中国式现代化全面推进中华民族伟大复兴**。"中国式现代化是党的二十大的一个重大理论创新,是我们党领导全国各族人民在长期探索和实践中历经千辛万苦、付出巨大代价取得的重大成果。教育现代化是中国式现代化的重要组成部分,实现中国式现代化必须率先实现中国式教育现代化,实现中国式教育现代化的高等教育必须发挥龙头作用。

报告指出,"世界上既不存在定于一尊的现代化模式,也不存在放之四海而皆准的现代化标准"。中国式现代化是中国共产党领导的社会主义现代化,既有各国现代化的共同特征,更有基于自己国情的中国特色,即中国式现代化是人口规模巨大的现代化、是全体人民共同富裕的现代化、是物质文明和精神文明相协调的现代化、是人与自然和谐共生的现代化、是走和平发展道路的现代化。这既是理论概括,也是实践要求,深刻揭示了中国式现代化的科学内涵。作为"双一流"建设高校,我们要大胆探索,把这些中国特色转化为推动学校高质量发展的成功实践和独特优势。

报告提出中国式现代化的本质要求是:坚持中国共产党领导,坚持中国特色社会主义,实现高质量发展,发展全过程人民民主,丰富人民精神世界,实现全体人民共同富裕,促进人与自然和谐共生,推动构建人类命运共同体,创造人类文明新形态。这9个本质要求紧密联系、内在贯通,蕴含了新时代10年党治国理政的成功经验,是推进中国式现代化的根本遵循,打破了"现代化=西方化"的迷思,展现了现代化的另一幅图景,为全球提供了一种全新的现代化模式。作为"双一流"建设高校,我们要坚定自信,坚持扎根中国大地,积极探索中国式高等教育现代化之路,努力为全球高等教育整体迈向现代化提供中国方案。

(二)深刻领会关于教育、科技、人才的新部署新要求

教育、科技、人才是国家兴旺发达的基础性因素,是决定国家实力的战略性资源,是塑造世界竞争格局的决定性力量。纵观人类文明发展历程,世界高等教育中心的转移,总是与世界人才中心的转移、世界科学中心的转移相生相伴的。当前,世界正经历百年未有之大变局,人类已全面进入知识经济时代,高质量发展越来越依靠教育、科技、人才共同驱动的知识和创新。党的二十大报告,围绕实施科教兴国战略、强化现代化建设人才支撑,首次通过专章对教育、科技、人才进行统筹安排、一体部署,强调指出"教育、科技、人才是全面建设社会主义现代化国家的基础性、战略性支撑。必须坚持科技是第一生产力、人才是第一资源、创新是第一动力""开辟发展新领域新赛道,不断塑造发展新动能新优势""坚持教育优先发展、科技自立自强、人才引领驱动,加快建设教育强国、科技强国、人才强国",并从办好人民满意教育、完善科技创新体系、加快实施创新驱动发展战略、深入实施人才强国战略4个方面进行了具体展开。将教育、科技、人才提至前所未有的战略高度,共同服务于社会主义现代化强国建设,具有重要现实意义和深远战略考量,充分体现了以习近平同志为核心的党中央对强国崛起规律、对当今新技术革命和产业变革的时代特征、对未来世界发展大势的深刻洞察和把握。

教育、科技、人才"三位一体",在本质上有着非常密切的内在关系:教育是人才涌现的基础和科技发展的先导,教育支撑人才,人才支撑创新,创新服务于国家经济建设和综合国力提升。以创新驱动高质量发展,必须靠科技进步,而科技进步必须靠人才,人才必须依靠高质量的教育。只有将教育、科技、人才视为一个整体,深刻认识和科学把握三者之间的相互作用规律,以及它们与高质量发展之间的相互作用规律,才能更好地助力中国式现代化的发展与实现。作为"双一流"建设高校,我们要注重从加快建设教育强国、科技强国、人才强国的战略高度和部署要求去领悟,自觉将教育、科技、人才"三位一体"发展理念贯彻到学校发展各个层面、各个环节,高质量推进建设中国特色、世界一流的大学和优势学科。

（三）深刻领会新时代新征程我国高等教育的新使命

党的二十大首次将"**教育是国之大计、党之大计**"写入党代会报告,并再次强调"**要坚持教育优先发展**",这充分体现了我们党对教育事业优先发展的一贯重视和长期坚持。党的十八大以来,习近平总书记先后20余次到高校视察并发表重要讲话,20余次给高教领域师生回信,作出了统筹推进世界一流大学和一流学科建设的重大决策部署,在以习近平同志为核心的党中央坚强领导下,我国高等教育成功走过跨越、奋进、开拓的10年,已建成世界最大规模的高等教育体系,接受高等教育的人口达到2.4亿人,在学总人数超过4 430万人,高等教育毛入学率从2012年的30%,提高至2021年的57.8%,已从以数量规模为追求的外延式发展,进入了聚焦高质量的内涵式发展阶段。

习近平总书记指出,高等教育发展水平是一个国家发展水平和发展潜力的重要标志。我们对高等教育的需要比以往任何时候都更加迫切,对科学知识和卓越人才的渴求比以往任何时候都更加强烈。高等教育处于整个教育体系的塔尖位置,是科技第一生产力、人才第一资源、创新第一动力的深度结合点,是推动实施科教兴国战略、人才强国战略、创新驱动发展战略的主战场、主阵地,这也决定了我国高等教育在实现中国式现代化中有着举足轻重的战略分量,必须发挥不可替代的战略作用。"双一流"建设高校作为中国高等教育的"国家队"成员,学习好贯彻好落实好党的二十大精神,关键是要切实提高政治站位和战略定位,始终心系"国之大者"、坚定"四个自信"、坚持"四个面向"、践行"四个服务",想国家之所想,急国家之所急,应国家之所需,与时俱进加快中国特色、世界一流大学建设步伐,以更高质量的办学实绩和育人成效,更好地服务支撑教育强国、科技强国、人才强国建设,为推进中国式现代化作出新的更大贡献。

二、准确把握学校发展面临的主要问题和挑战，切实增强高质量推进中国特色、世界一流大学建设的方位感方向感

重庆大学是党和国家部署在西部唯一的直辖市重庆的"双一流"建设高校,在全国尤其是西南地区高等教育布局中有着十分重要的地位,承载着十分重要的使命。近年来,尤其是"双一流"建设以来,学校抢抓历史机遇,加快改革发展步伐,各项事业不断取得新突破、实现新跨越,一直呈现出快速向上向好的发展势头,全球学术影响力持续提升,为加快迈入世界一流大学行列奠定了坚实基础。最新数据显示:学校在ESI整体机构排名中,从2016年初的1 121名提升至目前的399名;在软科世界大学学术排名中,从2016年的584名提升至目前的272名;在U.S. News世界大学排名中,从2016年的676名提升至目前的379名;在QS世界大学排名中,从2016年的1 100名提升至目前的692名;在泰晤士高等教育(THE)世界大学排名中,从2016年的816名提升至目前的634名。学校现有12个学科进入ESI全球前1%,其中工程学、材料科学位列全球前

1‰；在软科 2022 中国最好学科排名中，学校土木工程、工商管理、机械工程、城乡规划学 4 个学科进入前 5%。学校全面完成首轮"双一流"建设各项任务，成功实现"三步走"战略的第一步目标，顺利入选第二轮"双一流"建设高校及建设学科（机械、电气、土木），已经全面进入新的发展阶段，正处于聚焦高质量、奋进"双一流"的关键时期。

面向未来，世界高等教育格局加速调整，竞争更加激烈，学校发展如逆水行舟，不进则退，慢进也是退，必须继续加快追赶步伐。对此，我们要清醒认识到，对标中央要求、对比重庆需要、对照学校愿景，尤其是从第五轮学科评估诊断结果和有关调研分析来看，相较于同类兄弟高校，我们还存在很大的差距，仍面临着不少突出的问题和挑战。

一是学科建设整体水平不高。高峰学科和优势学科仍偏少，首轮 36 所世界一流大学建设高校（A 类）横向对比，入选第二轮一流建设学科平均有 8 个，我校仅有 3 个；ESI 前 1‰学科平均有 4 个，我校仅有 2 个；软科国内前 2%学科平均有 3 个，我校为 0 个。学科结构性问题十分突出，发展水平层级差异大，优势学科主要集中在传统工科领域，基础文科、基础理科以及生命、医学、信息等前沿学科实力仍不强。新兴学科和交叉学科培育缓慢、布局滞后，缺乏新的增长点。现有教师规模、博士生指标、办学经费、重大平台、重大项目等对学科建设的支撑明显偏弱。

二是培养造就拔尖创新人才的能力不强。本科升学率较低，2021 届毕业生升学率为 45.27%，远低于世界一流大学建设高校（A 类）平均水平。研究生优质生源吸引不足，2023 年推免生中"双一流"高校生源占比仅有 57.6%，与兄弟高校差距明显，研究生培养质量不高，制约学校整体发展。

三是高质量的科技创新和服务供给不足。全国重点实验室、大科学装置等高能级科研创新平台总量偏少，科技攻关总体能力不足。优势科研领域偏窄（传统工学科研项目经费占全校高达 68%），国家实施的重大科技专项、重大科学工程、重大科学计划、重大国防科研和重大建设工程等五大科研高峰参与度较低。基础研究和应用基础研究实力较弱（基础学科科研项目经费仅占全校 12%），"从 0 到 1"的原创性、引领性科研成果缺乏。对接国家和区域重大需求的主动性不够，科技创新成果转化水平不高，服务国家和地方经济社会发展能力不强。

四是高层次人才和优秀青年人才缺乏。国家级人才数量仍较少，在专任教师中的占比偏低，目前仅为 7.88%。杰出人才增长速度慢，人才储备基础薄弱，人才"蓄水池"还需加快做大。人才培育力度不够，有关机制有待完善、政策有待创新、环境有待优化。人才引进待遇、资源配置等综合竞争力不足，国家级领军人才和优秀青年人才引进困难，与同类兄弟高校差距明显，申报入选率靠后。

五是国际合作与交流能力较弱。学校中外合作办学项目较少，目前正常执行的仅 2 项，中外合作办学机构仍未获突破。学生出国境学习交流比例低于同类高校，2022 年仅为 2.37%，受疫情影响较大。对教师国际化能力的培养力度不够，教师开展国际学术交流和科研合作积极性较低。来华留学生规模仍较小，学历留学生比例不高，生源结构、专业分布还较为局限。外籍教师尤其是从事非语言专业的教学和科研的外籍师资规模偏小。具有较高学术背景、较好外语交流和较强管理能力的复合型国际化人才匮乏。

以上这些问题都是制约学校高质量发展的关键核心因素，我们要切实增强工作的系统性、整体性、协同性，深入研究分析问题本质，深化办学基本规律认识，尤其要厘清背后的治理逻辑与发展链条，找准改革的关键突破口，注重从办学理念、体制机制、本领能力等根本性方面统筹推动解决。

三、加强战略实施，加快重点突破，在新时代新征程奋力谱写"百年新重大"高质量发展崭新篇章

重庆大学在建校之初就确立了建设"完备弘深之大学"这一宏大而富有远见的办学目标，94 年来一代代重大人始终初心不改、奋斗不止、弦歌不辍，积淀了深厚的办学基础、文化和底蕴。2017 年入选国家首轮"双一流"建设高校后，围绕建设中国特色、世界一流大学总体目标，学校明确提出"三步走"发展战略，并在"十三五"时期顺利实现第一步目标。在此基础上，2022 年初学校第十四次党代会综合新的形势要求，对后两个阶段的目标任务作了进一步优化，提出到 2029 年建校 100 周年之前，进入世界一流大学行列；到 2049 年中华人民共和国成立 100 周年、建校 120 周年，力争进入世界一流大学前列。同时明确了到"十四五"末，要建成特色鲜明、国内一流、国际知名的高水平研究型综合性大学。我们要科学处理好顶层设计与实践探索、战略与策略、守正与创新、效率与公平、活力与秩序、自立自强与对外开放等六大关系，提高战略定位，增强战略定力，抢抓战略机遇，深化战略谋划，加强战略实施，坚定主攻方向，加快重点突破，不断强化办学的质量、内涵和特色。

根据党中央要求，按照教育部部署，对接重庆市需求，结合我校具体实际，学校制定了 2023 年工作要点，对全年工作作了安排。这里，我结合有关内容，主要围绕学习贯彻党的二十大精神，聚焦推动"百年新重大"高质量发展，再强调 9 个方面的重点工作。

（一）持续深化学科内涵建设

习近平总书记 2021 年到清华大学考察时强调，"要把学科建设作为发展根基"，在党的二十大报告中又明确提出，"要加强基础学科、新兴学科、交叉学科建设，加快建设中国特色、世界一流的大学和优势学科"，把学科建设的重要性摆到极端重要的位置，并指明了学科建设的重点领域和方向。世界一流大学关键在于有若干一流的优势学科，我们要进一步强化学科建设的龙头地位，按照"强化工科、夯实理科、振兴文科、繁荣社科、拓展医科、提升信科、推动交叉"的总体思路，加快构建特色优势明显、结构合理、相互支撑、协同发展的学科体系，为中国特色、世界一流大学建设提供根本支撑。一要根据第五轮学科评估诊断结果和新的学科专业目录调整情况，加快推进学科动态调整。二要聚焦质量、内涵、特色，在加快机械、电气、土木打造一流学科尖峰的基础上，持续强化学科分类发展，高水平做强存量，高质量做大增量。三要精准对接和服务国家战略，大力推动学科交叉融合，高起点培育布局支撑原始创新、核心技术攻关和可持续发展能力的基础与前沿交叉学科专业。四要优化资源配置，强化绩效管理、动态监测、数字治理和战略研究，着力提升学科治理能力，充分激发学科建设内生动力，引领保障学科高质量建设。

（二）全面提高人才自主培养质量

党的二十大报告强调："培养造就大批德才兼备的高素质人才，是国家和民族长远发展大计。"立德树人是高校生存和发展之本，全面提高人才自主培养质量，为实现中国式现代化培养造就更多拔尖创新人才，是新时代新征程"双一流"建设高校责无旁贷的首要任务。我们要坚持为党育人、为国育才，将学校所有工作都聚焦到提高学生培养质量上来，全面贯彻党的教育方针，主动适应新形势新技术带来的新要求新挑战，不断更新人才培养理念，创新人才培养模式，从专业、课程、教材、平台、团队、招生等着手，着力打造一流本科教育和卓越研究生教育，加快建设高质量教育体系。一要高质量建好国家（重庆）卓越工程师学院、国家储能技术产教融合创新平台、学生交叉创新中心，持续深化产教融合和产学研协同育人，以全新理念和模式打造具有重大特色的新工科教育，引领带动学校人才培养质量整体提升。二要聚焦国家急需领域的人才培养，深入实施"强基计划""拔尖计划"，推进本硕博贯通培养，探索基础学科拔尖人才长周期一体化培养模式。三要持续深化大类招生大类培养改革，加快建立以人才培养质量为导向的专业动态调整机制。四要加强研究生培养改革顶层设计，深入实施"学位与研究生教育333行动计划"，全面提升研究生培养质量与学位论文质量。五要深入落实"高校毕业生就业创业促进行动"，促进高校毕业生高质量充分就业。六要全力办好第八届中国国际"互联网+"大学生创新创业大赛冠军争夺赛。

（三）加快提升服务高水平科技自立自强能力

党的二十大报告指出："以国家战略需求为导向，集聚力量进行原创性引领性科技攻关，坚决打赢关键核心技术攻坚战。"习近平总书记在中共中央政治局第三次集体学习时强调，切实加强基础研究，夯实科技自立自强根基。高水平研究型大学是国家战略科技力量的重要组成部分，是基础研究的主力军和重大科技突破的策源地，必须在加快实现高水平科技自立自强中勇挑重担。我们要主动对接国家安全和经济社会发展面临的重大现实问题和紧迫需求，围绕优势学科谋划科研主攻方向，加强有组织科研攻关，持续推进科研范式和组织模式变革，以先进体制机制促进更多原创性引领性科技成果产出，加快提升自主创新能力。一要不断强化各类高能级科研平台建设，深入推进全国重点实验室实体化运行，加快推动超瞬态实验大科学装置、教育部集成攻关大平台等取得实质性建设进展，高质量建设重庆大学科学中心，着力打造国家战略科技力量。二要深化科研体制机制改革，深入探索构建有组织科研体系，依托大平台、大项目、大团队，产出大成果。重点健全国防科研体制机制，推进与有关区县深度合作，打造国防科技创新特区。三要深入实施四大科技研究计划，瞄准国家战略性先导性关键领域、重大科技和重大工程，集聚力量开展原创性引领性科技攻关，推动实现关键核心技术突破，切实解决"卡脖子"问题。四要加强有组织的高水平基础研究，推进基础理科卓越发展，支持开展长周期创新实践，产出更多"从0到1"的重大原创成果。五要不断深化产学研协同创新，持续加强与头部企业合作，共建更多实体新型高端研发机构。六要积极筹建服务国家战略、前沿引领的哲学社会科学实验室和文科实验室，强化跨学科交叉研究平台和新型高端智库建设，支撑引领人文社科研究高水平发展。七要全面实施文科"重大研究项目培育计划"，组织开展重大咨政研究，强化马克思主义理论研究,深化习近平新时代中国特色社会主义思想和党的二十大精神研究阐释。八要继续实施"高水平学术期刊培育资助计划",加快建设若干一流学术期刊。

(四)大力加强高素质教师队伍建设

党的二十大报告强调:"加强师德师风建设,培养高素质教师队伍,弘扬尊师重教社会风尚。"教师是立教之本、兴教之源,没有一流的教师就没有一流的大学。我们要深入实施人才强校核心战略,全面贯彻"大人才观",遵循人才工作规律和人才发展规律,着力强化"近悦远来"的人才发展生态,全方位引进、培养、用好人才,大力塑造新时代"经师"和"人师"相统一的"大先生",建设高素质专业化创新型教师队伍,努力服务支撑世界重要人才中心和创新高地建设。一要重构人才引育体系,深化建立"弘深学者系列"与"常规师资系列"为主体的"双塔"体系。二要做细做精人才引育政策,完善校院人才引育工作联动机制,强化学院人才引育主体责任,建立人才成长全过程跟踪、反馈、培育机制。三要持续加大引才力度,用好国家和地方各类各层次人才计划,充分发挥校企、校地科研平台作用,强化"以才引才""以会引才",加大"柔性引才",探索"就地引才",加快各类高层次人才精准引进。四要以绩效工资和职称评审改革为牵引,深化人才发展体制机制改革,突出创新、价值、能力、贡献导向,细化人才分类评价,建立人才特区,促进各类人才更好发挥作用和成长发展。五要依托大平台、大项目、大团队,加快打造高素质专职科研队伍,切实提升服务国家重大任务的能力。六要加强顶层设计,做好教辅、管理队伍建设规划,建立多渠道解决缺员问题的用人制度。

(五)积极拓展高水平开放办学格局

党的二十大报告明确提出,要"推进高水平对外开放",教育对外开放是我国改革开放事业的重要组成部分。面对新形势新阶段对外开放新格局,我们要以党的二十大精神为指引,大力实施高水平对外开放,以开放新格局构筑学校高质量发展新优势,为促进世界高等教育发展,构建人类命运共同体作出更大贡献。一要全力推动中外合作办学,全面总结 UC 联合学院 10 年办学经验,力争与美国辛辛那提大学中外合作办学机构申报成功。二要贯彻落实教育部高水平教育对外开放推进行动,推动构建高水平国际合作网络,新增与若干世界高水平大学建立实质性合作关系,共建国际联合科研平台,着力提升国际交流合作层次和水平。三要建立多元化人才培养国际化体系,积极推进全球研究生学术课程项目、全球前沿学科系列讲座计划以及国家外专项目,加快引进优质海外师资力量,大力支持师生赴外访学交流,拓宽师生海外学习渠道。四要持续打造"留学重大"品牌,推动来华留学工作提质增效,不断扩大学历留学生规模。五要积极探索依托中新(重庆)战略性互联互通示范项目,推动促成与新加坡国立大学或南洋理工大学在渝共建具有独立法人资格的中外合作办学高校。六要全面提升学校国际交流合作能力,积极参与全球高等教育治理,发出中国声音,发挥中国智慧,提供中国方案。

(六)不断强化办学资源条件保障

强有力的资源条件保障是建设世界一流大学的坚实物质基础。我们要聚焦更好支撑保障学校高质量推进"双一流"建设,以增强广大师生获得感、幸福感、安全感为目标和追求,全面提升办学资源条件保障能力。一要持续开拓多渠道筹资通道,健全校院两级筹资机制,着力构建多元化筹资体系,推动学校可自主支配财力持续快速增长。二要持续推进全面预算绩效管理改革,提高预算编制科学水平,优化资金配置结构,加强国拨专项资金执行率和使用效益监督审计。三要持续推进校办企业体制改革工作,不断提升学校经营性资产管理水平和效益。四要大力推动公房管理改革,加快建立"基础免费、超额收费、成果等效、有效使用"的公房资源配置机制,提升公房利用效益。五要统筹推进各类基本建设项目按质按时完成,全面推进校园规划落地与校区功能调整。六要不断强化食堂、医疗、图情、档案、网络等服务保障,加快美丽校园建设,充分发挥大学校园育人功能。七要持续推进平安校园建设,加强各类风险隐患防范治理,坚决维护校园和谐稳定。

(七)高质量服务新时代新征程新重庆建设

习近平总书记多次强调,世界一流大学都是在服务自己国家发展中成长起来的,勉励高校教师要把论文写在祖国大地上。2月22日,重庆市委书记袁家军同志来校视察并为广大师生宣讲党的二十大精神,**希望重庆大学发挥优势,加快建设特色鲜明、世界知名的一流大学,自立自强、引领发展的创新策源地,人才荟萃、英才辈出的人才摇篮,党建统领、整体智治的高校改革领头雁,在新重庆建设中展现新作为**。我们要认真贯彻袁家军书记重要指示要求,坚持扎根巴渝大地办学,全面对标落实市委六届二次全会关于推进社会主义现代化新重庆建设的各项目标任务,着力以贡献求支持、以服务求发展,努力在服务新重庆高质量发展中加快世界一流大学建设。一要以新一轮部市共建为契机,进一步健全完善校地联动机制,抢抓西部大开发、长江经济带、"一带一路"、成渝地区双城经济圈、西部陆海新通道、乡村振兴等系列国家重大战略机遇,谋划推动在更高水平更广领域深化校地合作。二要充分发挥高水平研究型综合性大学优势,用好国家和地方有关政策,大力吸引汇聚一批海内外优秀人才,精心培养造就更多拔尖创新人才,加快改善重庆高端人才配置,切实增强城市创新活力和发展动力。三要深度融入西部(重庆)科学城建设,谋划布局建设更多高水平创新平台,聚力打造支撑引领新重庆高质量发展和西部科技创新中心建设的核心力量。四要加快完善科技成果转化工作体系,持续打造环重庆大学创新生态圈,推动高质量创新成果在渝转化落地,助力重庆产业转型升级和经济高质量发展。

(八)着力推进治理体系和治理能力现代化

教育治理体系和治理能力现代化是国家治理体系和治理能力现代化的重要组成部分,推进大学治理体系和治理能力现代化是建设中国特色、世界一流大学的根本保证。我们要坚持向改革要动力、以创新求突破,聚焦落实立德树人根本任务,加强统筹谋划和顶层设计,通过深化大学综合改革破解制约学校高质量发展的深层次体制机制障碍,推动学校整体发展水平、可持续发展能力和成长提升程度持续跃升。一要坚持质量为先,强化目标导向,探索推进"一院一策"综合改革试点,加大"放管服"力度,将人才引进、职称评审、岗位设置、绩效考核、经费使用等自主权赋予学院,充分激发学校高质量发展生机活力。二要坚持破立并举、以立为本,突出学术导向,以学生评价、教师评价、科研评价等重点领域改革为突破口,持续深入推进新时代教育评价改革,加快探索建立符合中国实际、彰显重大特色、具有先进水平的多元多维教育评价体系,引领学校高质量发展。三要深入推进依法治校,适应大学改革发展新形势新要求,加强以大学章程为核心的制度体系建设,持续深化内部治理改革,不断优化完善大学治理结构和治理体系,保障学校高质量发展。四要积极融入"数字中国""数字重庆""数字教育"建设,以师生为中心,强化数字治理,加快推进"数字重大"建设和教育数字化转型,着力打造学校治理"数据湖",以大数据应用促进治理能力提升,赋能学校高质量发展。

(九)坚定不移加强党对学校工作的全面领导

坚持党的全面领导,是中国特色社会主义教育的灵魂和根基,是高校坚持社会主义办学方向的根本保证。我们要认真贯彻落实习近平总书记关于加强高校党建工作的重要论述,着力健全抓党建带全局的工作体系,完善坚决拥护"两个确立"、坚决做到"两个维护"的政治铸魂体系和推进落实机制,为实施科教兴国战略、强化现代化建设人才支撑奠定坚实基础。一要坚持不懈用习近平新时代中国特色社会主义思想凝心铸魂,将学习贯彻落实党的二十大精神放在学校工作的中心位置,坚决落实党委全委会会议、党委常委会会议、校长办公会议等重要会议"第一议题"制度,严格执行党委领导下的校长负责制,把党的全面领导各项制度安排融入学校治理体系和管理运行机制,确保习近平总书记重要指示批示精神和党中央重大决策部署不折不扣落到实处。二要切实增强党组织政治功能和组织功能,深入贯彻落实新时代党的组织路线,持续贯彻执行普通高等学校基层组织工作条例,纵深推进新时代高校党建示范创建和质量创优("双创")工作,充分发挥基层党组织战斗堡垒作用,为学校高质量发展提供坚强组织保障。三要着力打造忠诚干净担当的高素质干部队伍,健全"能上能下"的选人用人机制,适时启动机关处级领导干部交流调整和学院行政领导班子换届工作,加快推进干部队伍年轻化,增强干部队伍活力,激发干事创业热情。四要扎实做好思想政治和意识形态工作,完善思想政治工作体系,持续凸显"三全育人"综合改革成效,推进马克思主义学科和思政课程建设,完善师德师风建设体制机制,加强师生知校爱校兴校宣传引导,大力繁荣校园文化,塑造良好校风学风。五要坚定不移推进全面从严治党纵深发展,贯彻落实二十届中央纪委二次全会、六届市纪委二次全会和全国教育系统全面从严治党工作会议精神,深入开展党风廉政建设和反腐败斗争,持续深化一体推进"三不腐",持续深化落实中央八项规定精神,从严从实打造高素质纪检监察、巡视干部队伍,深入推进纪检监察、巡视工作高质量发展。

同志们,今年是全面贯彻落实党的二十大精神的开局之年,是"十四五"发展承上启下的关键一年。面对新形势新任务新要求,我们要主动提高站位定位,不忘初心、牢记使命,心系"国之大者",胸怀"两个大局",增强"国家队"意识,勇担"国家队"使命,深入学习贯彻习近平总书记关于教育、科技、人才的重要论述和党的二十大精神,聚焦立德树人根本任务,全方位落实好学校第十四次党代会精神,高水平实施"十四五"规划,高质量推进新一轮"双一流"建设,让学校各项事业发展与国家和地方经济社会建设同频共振、同舟共济,奋力谱写"百年新重大"高质量发展崭新篇章。

谢谢大家!

聚焦高质量 奋进"双一流"
同心谱写新时代新征程"百年新重大"崭新篇章

——在重庆大学第十届教职工代表大会暨
第十五届工会会员代表大会第二次会议上的工作报告

校长 王树新

（2023 年 4 月 20 日）

各位代表：

现在，我代表学校，向大会报告学校工作，请予审议。

一、2022 年以来主要工作回顾

2022 年是党的二十大召开之年，是"十四五"规划承上启下的重要一年，也是我们进入全面建设社会主义现代化国家、向第二个百年奋斗目标进军新征程的关键一年。一年来，学校高举中国特色社会主义伟大旗帜，坚持以习近平新时代中国特色社会主义思想为指导，喜迎党的二十大胜利召开，深入学习宣传贯彻党的二十大精神，认真贯彻落实习近平总书记关于教育、科技、人才的重要论述和对重庆工作的重要指示批示精神，深刻领悟"两个确立"的决定性意义，增强"四个意识"、坚定"四个自信"、坚决做到"两个维护"，带领全校师生员工切实把思想和行动统一到党中央决策部署上来，全面贯彻党的教育方针，落实立德树人根本任务，胜利召开学校第十四次党代会，深度融入成渝地区双城经济圈、西部陆海新通道等国家战略，高质量推进新一轮"双一流"建设，统筹抓好学校事业发展和疫情防控，各项工作取得新进展新成效，综合办学实力和育人水平持续快速提升。

（一）深入学习宣传贯彻党的二十大精神

把喜迎党的二十大胜利召开和学习宣传贯彻党的二十大精神作为引领学校事业发展的核心工作，全面推动党的二十大精神落地落实，团结带领全校师生员工持续增强忠诚拥护"两个确立"的思想自觉、政治自觉和行动自觉，不断提高政治判断力、政治领悟力和政治执行力。党的二十大胜利召开后，第一时间召开党委常委会会议和传达报告会专题传达学习党的二十大精神，印发《中共重庆大学委员会关于深入学习宣传贯彻党的二十大精神的通知》，对全校学习宣传贯彻党的二十大精神进行部署，迅速在全校范围内掀起学习宣传贯彻党的二十大精神热潮。严格落实党委常委会会议、校长办公会议"第一议题"学习制度，将学习宣传贯彻习近平新时代中国特色社会主义思想与党的二十大精神贯通起来,2022 年及时跟进学习习近平总书记最新重要讲话指示批示和贺信贺电精神共计 136 项,校党委理论学习中心组开展有关专题学习 10 次。成立学校学习贯彻党的二十大精神宣讲队,推动党的二十大精神宣讲全覆盖。加强对党的最新理论的阐释工作,组织专家学者在国内主流媒体发表系列理论文章。《光明日报》整版宣传报道学校深入学习贯彻党的二十大精神的生动实践,展示学校以科技创新服务国家重大需求的举措和成果。

(二)坚持和加强党对学校工作的全面领导

始终把党的政治建设摆在首位,坚持马克思主义指导地位,全面贯彻党的教育方针,落实立德树人根本任务,深入领会把握"国之大者"的深刻内涵,坚决把牢社会主义办学正确方向。胜利召开学校第十四次党代会,选举产生新一届学校党委和纪委领导班子,通过了《胸怀两个大局,践行初心使命,与时俱进建设中国特色、世界一流大学》的报告,擘画了学校未来发展蓝图。严格执行党委领导下的校长负责制,持续完善党委常委会会议和校长办公会议对接协调机制,坚持科学决策、民主决策、依法决策,2022 年共召开党委常委会会议 46 次,研究议题事项 286 件,召开校长办公会议 40 次,研究议题事项 321 件,决策水平和治理效能进一步提高。把牢意识形态工作领导权,2022 年党委常委会召开 8 次会议研究意识形态工作(含 2 次专题会议),意识形态工作领导小组召开 7 次研判会,制定 12 项重点任务分工方案,推动 7 项机制落地,不断健全完善网络意识形态工作闭环机制和意识形态领域风险隐患防范化解常态化机制。《重庆大学党委守好意识形态工作责任田》经验做法获中共中央宣传部工作动态单篇采用。加强党的组织建设,深入开展党建"双创"工作,4 个党组织入选第三批全国党建"双创"培育创建单位,2 个党组织通过全国高校党建"双创"工作培育创建验收,10 个党组织通过重庆市首批高校党建"双创"工作培育创建验收。持续加强干部队伍建设,落实落细中层领导人员政治把关和政治素质考察实施办法,修订完善科级管理干部选拔任用工作办法。2022 年新选拔中层领导人员 58 人,交流轮岗 64 人,退出中层领导岗位 16 人,补充外国语学院等 8 个学院院长岗位。不折不扣推动全面从严治党向纵深发展,全面深化中央巡视整改落实,2022 年研究巡视整改相关议题的党委常委会会议和巡视整改领导小组会议共计 22 次,421 条整改措施已取得阶段性整改成效,推动建立和完善了"管长远"的制度机制。制定新一届党委五年巡视工作规划,已完成新一届党委两轮巡视,马上启动第三轮巡视工作。落实学校纪检监察机构改革方案,配齐配强纪检监察队伍。持续整治形式主义、官僚主义,严肃查处享乐主义、奢靡之风。

(三)深度融入成渝地区双城经济圈建设

坚持把服务国家战略和重庆发展作为学校的重要职责使命,深度融入成渝地区双城经济圈建设,依托学校的人才、学科、平台等综合优势,高水平支撑新时代新征程新重庆加快建设具有全国影响力的科技创新中心。依托全国重点实验室、国家工程中心等,高质量建设重庆大学科学中心,已完成项目前期准备并开工建设。依托材料、物理、化学、电镜中心等学科和平台,加快培育建设超瞬态实验大科学装置。面向学科国际前沿领域和未来发展方向,高标准规划高端公共实验平台,立项建设量子物质科学研究平台、未来芯片研究与试验平台、智能超算及网联计算中心。积极参与成渝两地的全面合作,与四川省举办省校合作工作对接会,与德阳市政府合作打造"中国西部智能机器人及传感器制造基地",重庆大学锂电及新材料遂宁研究院获评 2022 年四川省新型研发机构。依托成渝地区双城经济圈高校联盟,推动与成渝各"双一流"建设高校深度合作,服务成渝地区高等教育协同发展。深化与重庆地方合作,与高新区和沙坪坝区共建环重庆大学创新生态圈,与高新区共同打造产业技术研究院升级版,与璧山区共建先进技术研究院,与武隆区共建微波输能与空天太阳能电站试验基地,与两江新区共建国家(重庆)卓越工程师学院,共建重庆新型储能材料与装备研究院,规划投资不少于 50 亿元。

(四)持续推进一流学科体系建设

坚持把学科建设作为学校发展根基,按照"强化工科、夯实理科、振兴文科、繁荣社科、拓展医科、提升信科、推动交叉"的总体思路,优化学科综合布局,深化学科内涵建设,打造一流学科高峰。持续推进传统工科方向凝练和现代化改造,加快极端环境高端装备研发与试验平台、多功能大气边界层风洞试验系统等学科重点建设项目实施,支持机械工程、电气工程、土木工程 3 个一流建设学科率先迈向世界一流行列。深入实施"基础理科卓越行动计划""基础文科振兴行动计划",投入 1 000 万元专项支持重庆大学数学中心建设,设立中国语言文学系、历史学系和哲学系,新增中国语言文学一级学科博士学位点。加快医学学科建设,临床医学本科首届招生实现开门红,新增临床医学一级学科博士学位点,高质量构建本硕博一体化的新医科人才培养体系。大力支持新兴学科、交叉学科建设,凝练智能制造、智慧能源、智能建造等"人工智能+"学科群,促进传统学科与人工智能学科融合发展;布局新能源及储能科学与工程、智能无人系统科学与技术、数字设计与艺术传播等新兴交叉专业;持续推进量子材料与器件、跨尺度多孔材料、先进电能源化学等前沿交叉学科平台,着力培育新的学科增长点。加强学科公共平台建设,大力推进分析测试中心、电镜中心等大型仪器设备共享服务平台扩能提质,加快建设医学公共实验中心、实验动物中心。第五轮学科评估 A+学科实现了突破,高峰学科得到了增强,高原学科范围进一步扩大,很多学科具备冲击 A 类学科的潜力。目前,学校 12 个学科进入 ESI 全球前 1%;工程学、材料科学、化学(2023 年 3 月新进)进入全球前 1‰,其中工程学正在逼近前万分之一。9 个学科进入软科世界一流学科排名前 50 名。

(五)全面提高人才自主培养质量

坚持为党育人、为国育才,全面落实立德树人根本任务,不断更新人才培养理念,大胆创新人才培养模式,"五育并举"培养造就更多中国式现代化建设急需的拔尖创新人才。不断完善思想政治工作体系,持续深化"三全育人"综合改革,科学统筹各领域育人资源和育人力量,创新思想政治工作模式,成功申报教育部高校"一站式"学生社区综合管理模式建设试点并入选高校"一站式"学生社区风采展示活动优秀案例。

着力打造一流本科教育,深入实施"本科教育 2029 行动计划",持续完善大类招生大类培养大类管理,普通类新生专业志愿满足率达到 97.72%,生源质量持续提高。推动成立弘深书院、彭桓武书院和博雅书院,聚焦国家急需领域的人才培养,深入实施"强基计划""拔尖计划",推进本硕博贯通培养,探索基础学科拔尖人才长周期一体化培养模式。成功获批国家储能技术产教融合创新平台,获国家 1.5 亿元现金支持,并争取到重庆市 1∶1 配套资金和企业配套资金 1.5 亿元支持。新增 18 个国家一流本科专业建设点(总数达到 61 个),新增 38 个国家一流本科课程(总数达到 68 个)。

着力打造卓越研究生教育,深入实施"研究生教育高质量发展行动计划",制定实施"学位与研究生教育 333 行动计划",不断深化研究生培养体制机制改革,制定 8 个工程专业学位创新成果标准,全面提高研究生培养质量。2022 年录取博士研究生 1 129 人(增长近 7%),录取硕士研究生 6 389 人,研究生新生规模超过本科生。强化科教融合、产教协同育人,促进创新链、产业链、人才链、资金链深度融合,着力培养未来产业发展急需的高素质创新人才。成功入选首批国家卓越工程师学院建设高校(全国共 10 所),获批储能技术国家急需高层次人才培养专项(全国共 10 所)、生物医疗器械国家急需高层次人才培养专项(全国共 18 所)试点建设高校。

深入落实"高校毕业生就业创业促进行动",促进高校毕业生高质量充分就业。截至 2022 年底,2022 届毕业生去向落实率达到 92.42%,本科生升学率达到 48%,升学比例和质量进一步提高。获批教育部国际组织青年人才培养项目高校。《重庆大学强化"四个保障"积极推进毕业生就业工作》典型经验在教育部网站刊登。全力筹办第八届中国国际"互联网+"大学生创新创业大赛,共有来自 111 个国家和地区、4 554 所院校的 340 万个项目、1 450 万名学生报名参赛。学校共获得 13 项金奖,位居全国高校第一;首次荣获"青年红色筑梦之旅"赛道乡村振兴奖;冠军争夺赛及同期活动在本月上旬成功举办,得到上级部门和领导的高度评价与肯定。

(六)加快提升服务高水平科技自立自强能力

持续深化科研管理改革,优化打造"1+5"科技创新体系 2.0 版,着力提升有组织科研创新能力。加快构筑国家级研究基地集群,牵头的高端装备机械传动、输变电装备技术、煤矿灾害动力学与控制 3 个全国重点实验室和参与共建的高端装备铸造技术、特种化学电源 2 个全国重点实验室通过科技部重组认定,积极筹建山地城市智慧建设与更新全国重点实验室;获批空间电能变换与无线传输关键核心技术教育部集成攻关大平台、非线性分析数学与应用教育部重点实验室、肿瘤与病菌靶向新药创制教育部工程研究中心。加强基础研究和应用基础研究,聚焦"四个面向",深入实施"六大先导性大科学研究计划"以及"20 个关键科学问题""20 个卡脖子关键技术"攻关行动计划,着力开展"从 0 到 1"的颠覆性、引领性研究。2022 年学校科技总经费突破 30 亿元,科研项目到校经费 12.82 亿元,比 2021 年增长 18%;立项国家自然科学基金项目 288 项,直接经费 1.87 亿元,比 2021 年增长 16.7%;发表高水平论文 8 727 篇。成立技术转移研究院,获权发明专利 1 224 件、实用新型专利 244 件,签订科技成果转化项目 65 项,合同金额 5 400 万元。

贯彻落实中共中央宣传部、教育部《面向 2035 高校哲学社会科学高质量发展行动计划》,着力构建高水平人文社科研究创新发展体系。对标培育 6 个跨学科交叉研究平台,促进学科交叉融合发展。深入实施"重大项目引领计划""高质量成果培育计划"和"基础文科振兴研究专项",强化基础文科领域国家层面重大项目布局谋划、前期培育。2022年获批国家级项目70项,比2021年增长12.9%;人文社科及软科学研究到校经费7 095万元;发表A级及以上期刊论文247篇,比2021年增长60.39%。首次获得张培刚发展经济学优秀成果奖1项(全国共6项)、薛暮桥价格研究奖著作奖1项(全国共5项)、国家民族事务委员会社科优秀成果奖优秀奖1项。优化智库建设机制,提升咨政服务能力,全年组织报送中办选题62个,向中共中央办公厅、教育部、重庆市报送咨政报告213篇,培育高端智库成果8项。

推动实施"高水平学术期刊培育资助计划",《镁合金学报(英文)》入选国家卓越期刊行动计划首批领军期刊(全国22本),影响力指标跃居全球冶金与冶金工程类80种SCI收录期刊的第1位。2022年首批创办5种高起点新刊,其中《自动化与人工智能(英文)》入选2022年度中国科技期刊卓越行动计划高起点新刊项目(全国50种),《纳米材料科学(英文)》首次入选ESCI,两刊同时入选2022年"中国最具国际影响力学术期刊"榜单。

(七)全力打造高水平人才队伍

坚持把人才作为学校发展的核心战略资源,深入贯彻落实中央人才工作会议精神,大力实施人才强校核心战略,持续深化人事人才体制机制改革,着力打造"近悦远来、人才辈出"的环境和氛围,加快建设一支政治素质过硬、业务能力一流的教师队伍,为学校高质量发展奠定坚实的人才基础。持续完善人才引进体系,全面启动"弘深启航学者"招聘,探索建立"弘深学者"系列人才引进和职称系列教职引进为两大主体的"双塔"型引才体系,不断创新人才引进经费使用及管理模式。探索开展"一院一策"综合改革,加强用人主体自主权,将人才引进、职称评审、岗位设置、绩效考核、经费使用等自主权赋予学院,激发学院工作积极性创造性。打通人才发展壁垒,探索建立校内人才和引进人才互通机制,启动实施全周期人才发展支持计划,通过加强柔性引进力度、建立人才特区等方式,多措并举促进各类人才踊跃发展。深化教师评价改革,坚决破除"五唯"倾向,突出品德、能力、业绩导向,实行师德师风"一票否决"制,推行代表作评价和同行评价制度,不再将国(境)外学习经历作为职称评聘的限制性条件,细化分类评价、多元评价,引导教师潜心学术研究和人才培养,争做新时代教书育人的"大先生"。加大人才引进和培育力度,2022年共引进教师161人,其中"弘深杰出学者"3人、"弘深优秀学者"5人、"弘深青年学者"8人,教授(含准聘)7人、副教授(含准聘)34人;新增国家高层次人才28人次,其中国家级青年人才23人次。

(八)深入推进高水平国际国内合作

坚持走出去、引进来相结合,深入实施国际化发展十年规划,以全球视野谋划和推动"双一流"建设。理顺国际化管理体制机制,成立留学生事务管理中心,将原国际学院管理服务职能统一纳入国际处。加快推动与世界高水平大学开展实质性合作,与59所国(境)外高校签署合作协议,其中22所为世界前100强高校。立项建设全球研究生学术课程85门,外方授课教师65%来自世界排名前100院校。创新实施全球前沿学科系列讲座计划,立项建设19项,项目团队含56位外国国家院士。2022年新招收长期留学生264人,其中学历生218人,占比83%。

持续深化国内合作,深入推进"一院一地一产业"合作模式,与重庆市沙坪坝区、永川区、綦江区签订校地战略合作协议,与贵州省、云南省、山西省深化战略合作。大力实施"头部企业工程",先后与中国兵装、国家电网等 20 家头部企业达成战略合作意向,已签订战略合作协议 12 家,共建 20 余个新型高端研发平台。加强校友服务工作,打造校友与母校"发展共同体",新成立澳门、深圳电气等 6 个分会,完成 5 个校友会理事会换届。2022 年教育基金会筹集捐赠到账收入 8 158 万元。统筹推进乡村教育振兴和教育振兴乡村,全面完成定点帮扶、对口支援及"县中托管"等帮扶任务,获中央单位定点帮扶年度考核最高等次。

(九)不断强化办学条件保障和治理能力建设

持续巩固"增收、节支、提效"长效机制,加快建设多渠道筹资体系。2022 年校级收入预算 35.03 亿元,增长 7.11%;校级支出预算 39.58 亿元,比 2021 年增长 8.31%。基本建设加快推进,虎溪校区体育中心、信息技术科研楼、学生交叉创新中心顺利完工投入使用,其中虎溪体育中心荣获"中国钢结构金奖"。国家(重庆)卓越工程师学院(一期)顺利完工入住,超瞬态实验大科学装置、科学中心实验大楼、工科实验大楼、风洞实验室、长江生态环境学院等工程项目进展顺利。加强后勤保障,积极推进平安校园、绿色校园建设,稳步推进校区燃气管网改造工程。加强房屋管理,积极推进 6 栋 D 级楼房住户避险搬迁过渡(搬离)工作,办理 416 套教职工住房产权证。加强社区建设和管理,扎实推进老旧小区住宅增设电梯工作,松林坡社区已被列入今年沙坪坝区老旧小区改造计划项目。优化大型仪器设备共享平台管理模式,在科技部考核中排名第 17 名(共 82 所高校)。积极争取并用好国家大额贴息贷款(总额 6 亿元),大力推进科研创新平台建设和教学实验平台改善,完成 149 台(套)、3.04 亿元大型仪器设备的购前技术论证。加强图书文献支撑保障,全年订购并入藏实体图书6.5万册,新增珍贵特藏文献 2.5 万份,在保持原有数字资源基础上新增 11 个数据库。做好档案管理服务,持续推进电子文件单套归档管理,构建建校至今校友基础数据库,建设重庆大学数字记忆安全保管中心。成立数字校园建设工作专班,加大智慧校园建设统筹推进力度,编制完成《重庆大学教育大数据总体规划》,深入完善智慧校园总体规划与设计方案;完成校园智能通行系统、智慧学工平台(一期)建设,启动智慧消防、智慧后勤建设;持续增加网上服务大厅接入应用,推进智慧身份服务平台建设。

加快推进治理体系和治理能力现代化,完成新一轮学校章程修订工作,深化新时代教育评价改革取得新进展。不断完善内部治理结构和治理体系,完成党办校办、纪检监察、党委巡视、科研创新、决策咨询、国际化、继续教育、基础教育等 15 个单位机构编制调整和职能优化。加强学术委员会组织建设,更好发挥学术委员会在学校重大学术事务中的作用。强化内控体系建设,加大党务、校务公开力度,加强巡视、审计结果运用,2022 年共开展审计项目 315 项,审计总金额 101.81 亿元。支持工会、教代会、共青团、学生会等群团组织加强自身建设,发挥联系服务师生员工的桥梁纽带作用。隆重举行"光荣在党 50 年"纪念章颁发仪式、纪念干部离退休制度建立 40 周年座谈会,2022 年慰问离退休人员 8 700 余人次,发放健康休养费 1.2 亿余元。注重发挥各民主党派校内基层组织、统战团体建言献智、民主监督作用,完成各民主党派市级以上组织班子换届和全国人大代表、政协委员以及重庆市人大代表、政协委员、市级统战团体班子等人选的推荐工作,大力支持党外代表人士履职尽责和各级人大代表、政协委员参政议政、建言献策。

（十）全力做好学校安全稳定和疫情防控工作

贯彻落实总体国家安全观，把维护学校安全稳定作为第一位的工作，切实做好党的二十大等重要敏感节点的安全稳定工作，牢牢掌握工作主动权。修订完善突发公共事件应急预案。深入推进"月初安全稳定工作例会研判、月末现场检查督办、签订安全稳定工作责任书"工作机制。2022年组织召开安全稳定工作例会10次，部署研讨安全稳定工作事项48项，校领导带队开展现场安全督查18次，挂单督办隐患整改事项32项。制定实验室安全分类分级管理办法，完成教育部实验室安全现场检查及隐患整改工作，开展危险化学品排查、实验室生物安全检查等专项行动。强化保密管理，部署建设保密管理系统，升级改造内部工作网络，督促落实军工保密资格认定各项整改要求。

坚持人民至上、生命至上，牢牢把握战"疫"主动权，实现了疫情要防住、发展要稳住的战略目标。畅通校地联防联控机制，制定"1+1+16"疫情防控应急处置工作预案，平稳快速处置学校"822疫情""1103疫情"，守住了校园不发生规模性疫情的底线。在疫情期间，组织召开学校疫情防控工作领导小组会议26次，发布疫情防控通知32个；储备发放防疫物资近百万件，协调开展核酸检测超一百万人次，日清日结处理"接诉即办"300余件，组织学生有序返校和自愿返乡，高质量完成数据报送、信息撰写、重点人群排查转运等工作，最大程度保障了师生员工和社区居民生命安全和身体健康，最大程度保障了学校的平稳发展。

各位代表！回顾2022年以来的工作，学校在"双一流"建设多项关键指标上不断取得新的进展和突破，继续保持加速发展的良好势头，为建设中国特色、世界一流大学奠定了更加坚实的基础。这些工作的推进和成绩的取得，是党中央坚强领导和全校师生员工共同努力的结果，是大家齐心协力、共克难关、实干巧干、笃定前行的成果，也是学校老领导、老同志多年打基础、建平台、引人才、作奉献的结果。在此过程中，工会、教代会通过推进民主监督管理、联系群众、服务教职工等，发挥了重要的桥梁纽带作用，作出了积极贡献。在此，我代表学校向老领导、老同志，向全校师生员工，向工会、教代会全体代表表示衷心的感谢！

各位代表！在总结成绩的同时，我们也清醒地看到学校发展仍面临很多困难和短板，存在不少问题和挑战，主要表现在**尖峰学科和优势学科仍偏少，培养造就拔尖创新人才的综合能力还不强，基础性、原创性、引领性的高质量科技创新和服务供给不足，高层次人才和优秀青年人才缺乏，高水平开放办学格局尚未真正形成**等方面。这些问题都是制约学校高质量发展的关键核心因素，需要我们深入研究分析问题本质，深化办学规律认识，厘清背后的治理逻辑与发展链条，找准改革的关键突破口，从办学理念、体制机制、本领能力等根本性方面，持续下大力气统筹推动解决。

二、下一步工作的主要考虑

2023年是全面贯彻落实党的二十大精神的开局之年，也是学校抢抓战略机遇、实现高质量发展的关键之年。党的二十大科学谋划了未来一个时期党和国家事业发展的目标任务和大政方针，擘画了以中国式现代化全面推进中华民族伟大复兴的宏伟蓝图，明确提出了教育、科技、人才是全面建设社会主义现代化国家的基础性、战略性支撑的重要论断,并首次对教育、科技、人才进行一体化部署。高等教育作为科技第一生产力、人才第一资源、创新第一动力的深度结合点,责任重大、使命光荣。今年2月22日,重庆市委书记袁家军同志亲临学校考察调研,并为干部师生宣讲党的二十大精神,勉励**重庆大学发挥优势,加快建设特色鲜明、世界知名的一流大学,自立自强、引领发展的创新策源地,人才荟萃、英才辈出的人才摇篮,党建统领、整体智治的高校改革领头雁,在新重庆建设中展现新作为**。在刚刚结束的第八届中国国际"互联网+"大学生创新创业大赛冠军争夺赛上,袁家军书记和怀进鹏部长对学校发展再次提出新的期盼。对标党中央对高等教育事业新的要求,按照教育部新的部署,对接重庆市新的需求,我们要进一步提高定位站位,以舍我其谁的使命感、主动担当的责任感、时不我待的紧迫感,持续深化改革创新,与时俱进加快"双一流"建设步伐,推动实现学校高质量发展再上新台阶。

（一）扎实开展学习贯彻习近平新时代中国特色社会主义思想主题教育

深入学习贯彻习近平总书记在学习贯彻习近平新时代中国特色社会主义思想主题教育工作会议上的重要讲话精神,全面落实《中共中央关于在全党深入开展学习贯彻习近平新时代中国特色社会主义思想主题教育的意见》和《关于在全党大兴调查研究的工作方案》,把学习贯彻习近平新时代中国特色社会主义思想主题教育作为贯彻落实党的二十大精神的生动实践,扎实推进《重庆大学开展学习贯彻习近平新时代中国特色社会主义思想主题教育的实施方案》落实落地。严格落实"学思想、强党性、重实践、建新功"的总要求,准确把握主题教育目标任务,提高政治意识和政治站位,加强主题教育组织领导和统筹实施,迅速在全校掀起开展主题教育和大兴调查研究的热潮,把理论学习、调查研究、推动发展、检视整改等贯通起来,增强开展主题教育的自觉性、主动性和坚定性,切实把学习成果转化为推动学校高质量发展的实际行动。

（二）高质量推进中国特色、世界一流大学和优势学科建设

持续强化学科分类发展,推进学科专业结构适应新发展格局要求,加快构建相互支撑、交叉融合、协同发展的一流学科生态,着力打造一流学科高峰。全面落实立德树人根本任务,主动适应新形势新技术带来的新要求新挑战,持续深化教育教学改革,创新人才培养理念和模式,高标准建设国家（重庆）卓越工程师学院、国家储能技术产教融合创新平台,引领带动全面提高人才自主培养质量。主动对接国家安全和经济社会发展面临的重大现实问题和紧迫需求,围绕优势学科谋划科研主攻方向,以大平台、大团队、大任务、大成果为牵引,着力强化有组织、体系化科研创新,加快提升服务高水平科技自立自强能力。全面落实新时代人才工作的新理念新战略新举措,做细做精人才引育政策,持续加大人才引育力度,不断做大做强人才"蓄水池",加快打造高素质人才队伍。大力实施高水平对外开放,深度融入西部陆海新通道和"一带一路"建设,全面提升国际交流和合作能力,以开放办学新格局构筑学校高质量发展新优势。

（三）全面提升服务国家和地方重大需求的能力

协同四川大学、电子科技大学紧密对接国家区域重大战略,联合实施高等教育综合改革,全面提升学校自主创新能力和高质量发展能力,更好服务成渝地区双城经济圈建设,助力成渝地区加快建设世界重要人才中心和创新高地,打造高质量发展重要增长极。全面提速建设重庆大学科学中心、超瞬态实验大科学装置以及未来芯片、量子物质等高端共享原始创新平台,大力推动科学城智能网联汽车创新中心、重庆市新型储能材料与装备重点实验室等建设,在军事智能装备领域谋划建设国家实验室、国防重点实验室,着力打造高能级创新平台。继续实施"头部企业工程",深化校企战略合作,推动联合共建新型研发机构实质性落户西部(重庆)科学城。充分发挥高水平研究型综合性大学优势,大力吸引汇聚一批海内外优秀人才、精心培养造就更多拔尖创新人才落户科学城,不断改善重庆高端人才配置。加快完善科技成果转化工作体系,持续打造环重庆大学创新生态圈,推动高质量创新成果在渝转化落地,助力重庆产业转型升级和经济高质量发展。

(四)着力推进治理体系和治理能力现代化

坚持向改革要动力、以创新求突破,加强统筹谋划和顶层设计,通过深化大学综合改革破解制约学校高质量发展的深层次体制机制障碍,推动学校整体发展水平、可持续发展能力和成长提升程度持续跃升。坚持质量为先、目标导向,稳步推进"一院一策"综合改革试点建设,加大"放管服"力度,充分激发学校高质量发展生机活力。坚持破立并举、以立为本,持续深入推进新时代教育评价改革,加快探索建立符合中国实际、彰显重大特色、具有先进水平的多元多维教育评价体系,引领学校高质量发展。深入推进依法治校,加强以大学章程为核心的制度体系建设,持续深化内部治理改革,不断优化完善大学治理结构和治理体系,保障学校高质量发展。积极融入"数字中国""数字重庆""数字教育"建设,以师生为中心,强化数字治理,加快推进"数字重大"建设和教育数字化转型,以大数据应用促进治理能力提升,赋能学校高质量发展。

(五)努力办好广大师生关心关注的各项民生实事

牢固树立以人民为中心的办学思想,聚焦师生发展需求和学校发展需要,结合学习贯彻习近平新时代中国特色社会主义思想主题教育,加快推动解决师生急难愁盼问题和制约学校发展的瓶颈问题,全力办好人民满意的教育。加快推进智慧校园、绿色校园、平安校园建设,不断提升财务、资产、后勤、基建、社区等管理水平和保障能力,努力为师生营造更加舒适的学习工作生活环境。持续强化校园文化建设,丰富师生校园文化生活。积极拓展强化附中、附小、幼儿园办学资源,提高办学质量,着力解决教职工后顾之忧。关心关爱师生身心健康,支持青年教师成长发展,帮助离退休老同志解决实际问题,及时精准帮扶困难师生。指导支持各类群团组织建设,保障师生依法参与学校管理、实施民主监督,激励广大师生关心支持学校改革发展,切实做到发展依靠师生、发展为了师生,让广大师生共享学校事业发展成果。

(六)坚定不移加强党的全面领导和党的建设

坚持不懈用习近平新时代中国特色社会主义思想凝心铸魂,持续推进学习宣传贯彻党的二十大精神走深走实,引领广大干部师生深刻领悟"两个确立"的决定性意义,坚决做到"两个维护"。落实新时代党的建设总要求,不折不扣推动习近平总书记重要指示批示精神和党中央决策部署落实落地。纵深推进党建示范创建和质量创优工作,进一步推动学校党建与事业发展深度融合。打造忠诚干净担当的高素质干部队伍,健全"能上能下"的选人用人机制,加快机关处级领导干部交流调整和学院行政领导班子换届工作。压实全面从严治党政治责任,高质量推进新一届党委校内巡视工作,毫不松懈正风肃纪,持之以恒落实中央八项规定及其实施细则精神。统筹改革发展稳定,坚决维护政治安全、意识形态安全和校园稳定,认真落实"乙类乙管"下疫情防控各项举措,最大程度保障师生健康。

各位代表! 工会、教代会是现代大学制度建设的重要组成部分,是推动学校民主管理、民主决策、民主监督的重要力量,在学校内部治理体系中有着十分重要的地位和作用。学校将进一步加强工会、教代会建设,支持工会、教代会创造性地开展工作,大力营造民主、和谐的办学环境和氛围。

各位代表! 历史的车轮总是在砥砺中前行,幸福的画卷总是在奋斗中绘就。让我们更加紧密地团结在以习近平同志为核心的党中央周围,认真学习贯彻习近平新时代中国特色社会主义思想和党的二十大精神,增强"国家队"意识,勇担"国家队"使命,聚焦"双一流"建设,用比学赶超的精神状态,以拼争抢创的干事激情,同心谱写新时代新征程"百年新重大"高质量发展崭新篇章,为全面建设社会主义现代化国家、全面推进中华民族伟大复兴作出新的更大贡献。

谢谢大家!

在主题教育读书班总结大会上的讲话

校长　王树新

（2023 年 5 月 6 日）

尊敬的席茹副组长，中央第五十八指导组各位领导，同志们：

大家下午好！今天，我们在这里召开全校主题教育读书班总结大会，回顾总结学校主题教育读书班开展情况，并对今后一段时期主题教育工作进行再部署、再强调。

主题教育工作开展以来，学校党委迅速行动，及时传达学习习近平总书记重要讲话精神和中央重要会议、重要文件精神，成立领导小组和办公室并下设 4 个工作组，制定一揽子工作方案，通过召开全校动员大会、二级党组织书记例会、支部书记例会等将各项具体工作部署到基层党组织、传达到全体党员，形成一级抓一级、层层抓落实的良好局面。

按照中央部署，学校党委举办了为期 7 天的主题教育读书班，制定了专门的学习方案，设置了合理的学习进度，要求中层及以上干部原原本本学、逐字逐句学，做到全面学习、全面把握、全面落实，做到学习时间、学习内容、学习效果、学习资料"四个不打折扣"。学校各级党组织围绕中心工作采取各种方式深化学习效果，机关党委组织相关职能部门领导班子开展集中联学联动，突出党建与业务双融合双促进；院系党组织结合学习内容，围绕有组织科研、拔尖创新人才培养等专题组织学习研讨，把理论学习和业务发展紧密结合；学校为援疆援藏干部寄送了相关学习书籍，确保学习全覆盖。

整体来看，此次读书班组织安排科学、学习系统深入、联系实际紧密，达到了预期目的。学校党委及各级党组织要把学懂弄通做实习近平新时代中国特色社会主义思想作为首要政治任务，采取集体学习和个人自学相结合、读书班学习和中心组学习相结合的方式，推动学习走深走实。通过读书班的学习，我们更加深刻领悟了"两个确立"的决定性意义，**深化了对习近平总书记关于开展主题教育系列重要讲话精神的理解**，增强了深入开展主题教育的思想自觉和行动自觉；**深化了对习近平新时代中国特色社会主义思想科学体系、核心要义和实践要求的理解**，促进了马克思主义理论素养提升；**深化了对中国式现代化理论体系和实践要求的理解**，强化了学校在推进中国式现代化进程中的责任和担当；**深化了对党的自我革命战略思想和全面从严治党战略部署的理解**，增强了推动学校全面从严治党向纵深发展的自觉性和坚定性。

同志们，习近平总书记指出，"学习贯彻新时代中国特色社会主义思想是新时代新征程开创事业发展新局面的**根本要求**"。坚持用马克思主义中国化时代化最新成果武装全党、指导实践、推动工作,是我们党创造历史、成就辉煌的一条**重要经验**。新时代新征程,面对错综复杂的国际国内形势、艰巨繁重的改革发展稳定任务、各种不确定难预料的风险挑战,要实现党的二十大确定的战略目标,迫切需要广大党员、干部特别是各级领导干部进一步深入学习贯彻习近平新时代中国特色社会主义思想,这是党中央确定在全党开展这次主题教育的**主要考量**。习近平新时代中国特色社会主义思想内容涵盖改革发展稳定、内政外交国防、治党治国治军等方方面面,构成一个完整的**科学体系**。党的二十大报告明确指出,"十个明确""十四个坚持""十三个方面成就"概括了这一思想的主要内容。我们既要全面系统地学习掌握这些主要内容,又要整体把握这一思想的科学体系,做到融会贯通,对各领域提出的**新理念、新思想、新战略**,对各方面工作提出的具体要求,都要放在整个科学体系中来认识和把握,避免碎片化、片面性,不能只见树木、不见森林。

学深悟透习近平新时代中国特色社会主义思想,必须把握这一思想的世界观、方法论和贯穿其中的立场观点方法。党的二十大报告提出了"**六个必须坚持**":必须坚持人民至上、必须坚持自信自立、必须坚持守正创新、必须坚持问题导向、必须坚持系统观念、必须坚持胸怀天下。习近平总书记指出:"只有准确把握包括'六个必须坚持'在内的新时代中国特色社会主义思想的立场观点方法,才能更好领会这一思想的精髓要义,才能把思想方法搞对头,认识问题才站得高,分析问题才看得深,开展工作也才能把得准,确保张弛有度、收放自如。"因此,我们需要与时俱进把握"六个必须坚持",不断增进对党的创新理论的政治认同、思想认同、理论认同、情感认同,真正把马克思主义看家本领学到手,自觉用习近平新时代中国特色社会主义思想武装师生员工头脑、指导实践,推动学校取得新发展。

下面,结合学校读书班学习研讨情况,就全校进一步学习贯彻习近平新时代中国特色社会主义思想谈几点意见。

一是必须坚持党是最高政治领导力量,不断加强党对学校工作的全面领导。习近平总书记指出,"我们全面加强党的领导,明确中国特色社会主义最本质的特征是中国共产党领导,中国特色社会主义制度的最大优势是中国共产党领导"。党政军民学,东西南北中,党是领导一切的,党的领导是全面的、系统的、整体的,必须全面、系统、整体加以落实。**坚持党中央集中统一领导是最高政治原则**,要完善党的领导制度体系,增强"四个意识"、坚定"四个自信"、做到"两个维护",自觉在思想上政治上行动上同党中央保持高度一致,不断提高政治判断力、政治领悟力、政治执行力,确保党中央权威和集中统一领导,确保党发挥总揽全局、协调各方的领导核心作用,形成强大的凝聚力和战斗力。

我们要坚持和加强党的集中统一领导,**认真落实党委领导下的校长负责制**,坚决贯彻落实党中央决策部署,确保在政治立场、政治方向、政治原则、政治道路上同党中央保持高度一致。**要旗帜鲜明加强党的政治建设**,严明政治纪律和政治规矩,落实各级党组织主体责任。**坚持依法治校**,贯彻民主集中制,提高党把方向、谋大局、定政策、促改革能力,调动各方面积极性。增强党内政治生活政治性、时代性、原则性、战斗性,用好批评和自我批评武器,**持续净化党内政治生态**,确保学校始终成为坚持党的全面领导的坚强阵地。

二是必须坚持系统观念，深入贯彻教育、科技、人才"三位一体"发展理念。习近平总书记指出："系统观念是具有基础性的思想和工作方法。"党的十八大以来，以习近平同志为核心的党中央坚持系统观念，在正确处理一系列重大关系中推动高质量发展。比如，**正确处理顶层设计与实践探索的关系**，以科学的顶层设计指引扎实的实践探索，以实践探索的丰富经验进一步完善顶层设计。**正确处理战略与策略的关系**，把战略的原则性和策略的灵活性有机结合起来，在因地制宜、因势而动、顺势而为中把握战略主动。**正确处理效率与公平的关系**，既把"蛋糕"做大做好，以效率支撑公平，又把"蛋糕"切实分好，以公平促进效率，更好实现效率与公平相兼顾、相促进、相统一。**正确处理活力与秩序的关系**，在激发活力中保持秩序，实现活而不乱、活跃有序。

党的二十大报告指出："教育、科技、人才是全面建设社会主义现代化国家的基础性、战略性支撑。必须坚持科技是第一生产力、人才是第一资源、创新是第一动力，深入实施科教兴国战略、人才强国战略、创新驱动发展战略。"我们要从加快建设教育强国、科技强国、人才强国的战略高度去领悟，自觉将教育、科技、人才"三位一体"发展理念贯彻到学校发展全过程，**处理好要素与系统、内部与外部、局部与整体、当前和长远、主要和次要等方面的关系**，不断提高战略思维、历史思维、辩证思维、系统思维能力，前瞻性思考、全局性谋划、整体性推进学校高质量发展。

三是必须坚持自信自立，着力培养党和国家急需的拔尖创新人才。习近平总书记指出："人类历史上，没有一个民族、没有一个国家可以通过依赖外部力量、跟在他人后面亦步亦趋实现强大和振兴。"人才兴则国兴，人才强则国强。人才资源是第一资源，是兴邦富国之本，是推进国家富强、民族振兴的强大动力，是实现中华民族伟大复兴的重要保障。办好中国的事情，关键在党，关键在人，关键在人才。**培养什么人、怎样培养人、为谁培养人**是教育的根本问题，人才培养是高等教育的核心使命和根本任务，我们重任在肩。

我们要建立的高质量人才培养体系，是一个有着十四亿人口国家的人才培养体系，是一个由中国共产党领导的社会主义人才培养体系，是一个有着几千年优秀文化和教育传统底蕴的人才培养体系，是一个培养德智体美劳全面发展的社会主义建设者和接班人的人才培养体系。建设这样的人才培养体系，我们不可能从别的国家移植或克隆过来，更不应该脱离我们自己独特的政治优势、制度优势和文化底蕴。我们坚决落实立德树人根本任务，坚持为党育人、为国育才，就要按照习近平总书记的要求，全面贯彻党的教育方针，从中国基本国情、教情和学情出发，引导教育学生坚持对马克思主义的坚定信仰、对中国特色社会主义的坚定信念，坚定道路自信、理论自信、制度自信、文化自信，努力培养造就党和国家需要的**大师**、**战略科学家**、一流科技领军人才和创新团队、青年科技人才、卓越工程师、大国工匠、高技能人才。

四是必须坚持守正创新，加快建设中国特色、世界一流大学和优势学科。习近平总书记指出："我们从事的是前无古人的伟大事业，守正才能不迷失方向、不犯颠覆性错误，创新才能把握时代、引领时代。"坚持守正创新，是我们党坚持和发展马克思主义，不断推进理论创新、进行理论创造的必然要求，是新时代推进中国特色社会主义理论和实践发展的必然选择，也是推进中国式现代化的科学方法。"双一流"建设是以习近平同志为核心的党中央在新时代关于高等教育所作出的重大战略部署,各高校要力争**在世界高等教育格局中发挥关键竞争力**,要与国家战略和民族复兴同频共振、同向同行,要在区域高等教育体系中起到引领示范带动作用,支撑地方经济、社会、科技、教育等高质量发展。

立足"两个大局",我们要加强基础学科、新兴学科、交叉学科建设,加快建设中国特色、世界一流大学和优势学科,就必须牢牢把握习近平总书记在2018年全国教育大会上提出的"**九个坚持**":坚持党对教育事业的全面领导,坚持把立德树人作为根本任务,坚持优先发展教育事业,坚持社会主义办学方向,坚持扎根中国大地办教育,坚持以人民为中心发展教育,坚持深化教育改革创新,坚持把服务中华民族伟大复兴作为教育的重要使命,坚持把教师队伍建设作为基础工作。在继承办学传统和实践的基础上,与时俱进开拓创新,努力走出一条建设中国特色、世界一流大学的新路。

五是必须坚持人民至上,以问题为导向努力满足师生员工美好新期盼。习近平总书记指出:"现代化道路最终能否走得通、行得稳,关键要看是否坚持以人民为中心。"坚持人民至上,深刻体现了唯物史观关于人民群众创造历史的基本观点。党的十八大以来,我们党团结带领全国各族人民打赢了人类历史上规模最大的脱贫攻坚战,建成了世界上规模最大的教育体系、社会保障体系、医疗卫生体系,人民群众获得感、幸福感、安全感不断增强。实践证明,只有坚持人民至上,坚持发展为了人民、发展依靠人民,才会有正确的发展观、现代化观,才能推动中国式现代化行稳致远。

习近平总书记强调:"问题是时代的声音,回答并指导解决问题是理论的根本任务。"我们坚持人民至上,就必须敢于直面问题,越往前发展,面临问题的复杂程度、解决问题的艰巨程度明显加大,这就要求我们强化问题意识,践行一线规则,**梳理出抑制教育活力、影响教育质量和公平、降低师生员工获得感满意度的基本问题、重大问题和前沿问题**,并对这些问题做深入系统的研究,**集中力量打歼灭战,挂图作战打持久战**,在不断解决师生员工急难愁盼问题和制约学校发展瓶颈问题的过程中推动学校各项事业健康有序发展。

六是必须坚持胸怀天下,为构建人类命运共同体贡献智慧力量。习近平总书记强调:"中国式现代化既基于自身国情、又借鉴各国经验,既传承历史文化、又融合现代文明,既造福中国人民、又促进世界共同发展。"当今世界百年未有之大变局加速演进,在世界之变、时代之变、历史之变中,各种不确定难预料因素明显增多,世界迫切需要更多更强大的确定性力量。中国高举和平、发展、合作、共赢旗帜,奉行独立自主的和平外交政策,坚持走和平发展道路,推动落实全球发展倡议、全球安全倡议、全球文明倡议,推动构建人类命运共同体,努力增强现代化成果的普惠性。

我们必须坚持胸怀天下,尤其在加快建设中国特色、世界一流大学进程中,绝不能故步自封、作茧自缚,要持续推进高水平对外开放,始终以海纳百川的宽阔胸襟借鉴吸收世界科技学术优秀成果,主动与国内外高水平大学、科研院所等加强交流与合作,共建高层次办学机构和学术科研平台,不断提高学校学术实力和国际影响力;要对国内外形势和教育科技发展前景进行深刻分析和精准把握,培育学生新的文明观和文明价值观,尊重世界文明多样性,以文明交流超越文明隔阂、文明互鉴超越文明冲突、文明共存超越文明优越,为推动人类可持续发展、构建人类文明新形态、建设更加美好的世界作出新贡献。

同志们，今天我们在这里举办读书班总结会，并不意味着理论学习的结束，决不能把理论学习当成主题教育的一个工作环节。习近平总书记指出："学习新时代中国特色社会主义思想的目的全在于运用。"我们要坚持学思用贯通、知信行统一，简而言之，就是做到理论与实践互相促进，要通过理论学习指导工作实践，在工作实践中深化理论认识，再次以理论推动工作进步，循环往复，推动工作迭代升级。全校广大党员、干部要紧紧围绕高质量发展这个全面建设社会主义现代化国家的首要任务，以强化理论学习指导发展实践，以深化调查研究推动解决发展难题，把学习和调研落实到完成党的二十大部署的各项任务中去，以推动高质量发展的新成效检验主题教育成果。就下阶段工作，我再强调几点。

一、抓实理论学习

学习贯彻习近平新时代中国特色社会主义思想是新时代新征程开创事业发展新局面的根本要求。一要"第一议题"系统学，通过党委常委会（党委会）会议、中心组学习会、党团支部活动、教育培训等与时俱进学习习近平新时代中国特色社会主义思想和习近平总书记关于教育的重要论述，融入专题党课、形势政策课之中。二要联系实际全面学，大力弘扬马克思主义学风，结合实际、立足岗位，聚焦本职工作领域的学习内容，从事什么工作就重点学什么，吃透精神、理清脉络，知其言更知其义，知其然更知其所以然，带头形成学用结合的新风气。三要创新方式深入学，充分运用重庆市、学校红色资源，用好网络学习平台，通过参观革命博物馆、廉政教育基地、校史馆等，强化思想引领，增强党性修养。

二、大兴调查研究

正确的决策离不开调查研究，正确的贯彻落实也离不开调查研究。一要科学合理抓调研，深刻把握好习近平新时代中国特色社会主义思想的世界观、方法论和贯穿其中的立场观点方法，处理好内部和外部、全局和局部、当前和长远、宏观和微观、主要和次要、特殊和一般的关系。二要聚焦发展搞调研，紧紧围绕高质量发展这个首要任务，聚焦落实党中央重大决策部署、贯彻新发展理念、坚持党对学校工作的全面领导、发挥高校在教育科技人才重要结合点作用、统筹发展和安全等9个方面，广泛开展调查研究，掌握真情况、了解真问题、听取真建议。三要成果转化促调研，将"深、实、细、准、效"要求贯穿全过程，组织交流研讨，运用党的创新理论研究新情况、解决新问题、总结新经验、探索新规律，与建章立制相结合，使调查研究的过程成为理论学习向实践运用转化再深化理论创新的过程。

三、深化整治整改

要牢固树立以人民为中心的发展思想，自觉问计于师生、问需于师生。一要践行一线规则，落实党员干部联系师生员工制度，主动深入教室、实验室、图书馆、宿舍、食堂、网络等，真诚倾听师生员工呼声，开展问题大梳理、难题大排查，切实将工作中的堵点淤点难点卡点摸清楚、搞明白。二要着力解决急难愁盼问题，在掌握第一手资料的基础上，与中央巡视问题整改、党史学习教育常态化长效化等相结合，针对师生员工反映强烈的问题，可以马上解决的要即知即改、立行立改，不能马上解决的，也要及时做好有关政策宣传和阐释,努力为师生办实事、做好事、解难事。三要下大力气解决制约发展瓶颈问题,统筹发展和安全,坚持辩证思维、系统思维、战略思维、法治思维、底线思维、精准思维,深化"一院一策"综合改革,列清单、建台账、项目化、数据化,明确责任、要求、节点,分类施策、动真碰硬、务求实效。

四、全面推动发展

我们要在以学铸魂、以学增智、以学正风、以学促干方面取得实实在在的成效,最终的落脚点在于学用结合、推动发展。一要坚持和加强党的全面领导,全面深入学习贯彻落实习近平新时代中国特色社会主义思想和党的二十大精神,持之以恒加强党的建设,坚定不移全面从严治党,着力营造良好育人生态和发展氛围。二要落实立德树人根本任务,高标准建设国家(重庆)卓越工程师学院、国家储能技术产教融合创新平台等,带动全面提高人才自主培养质量,着力培养国家和重庆急需的拔尖创新人才。三要加快"双一流"建设,坚持"四个面向",持续强化学科分类发展,强化有组织、体系化科研创新,着力打造一流学科高峰,打造国家战略科技力量,大力推动高水平师资队伍建设,积极拓展高水平开放办学格局。四要积极服务国家战略和区域发展,深度融入成渝地区双城经济圈、西部陆海新通道和"一带一路"建设,支撑服务新时代新征程新重庆高质量发展,在中国式现代化建设中贡献重大的"重大"力量。

同志们,今年是全面贯彻落实党的二十大精神的开局之年,是"十四五"发展承上启下的关键一年。面对新形势新任务新要求,我们要主动提高政治站位,切实增强"国家队"意识,勇担"国家队"使命,以开展学习贯彻习近平新时代中国特色社会主义思想主题教育为契机,进一步聚焦立德树人根本任务,全方位落实好学校第十四次党代会精神,高水平实施"十四五"规划,高质量推进第二轮"双一流"建设,奋力谱写新时代新征程"百年新重大"高质量发展崭新篇章。

谢谢大家!

在重庆大学国家卓越工程师学院
揭牌仪式上的讲话

校长　王树新

（2023 年 6 月 19 日）

尊敬的各位领导、各位嘉宾,老师们、同学们:

大家上午好! 非常高兴今天我们相聚在此,隆重举行重庆大学国家卓越工程师学院揭牌仪式。首先,我谨代表学校,对各位领导和嘉宾的莅临表示诚挚欢迎! 向关心支持重庆大学国家卓越工程师学院建设发展的各级领导、各合作企业、有关兄弟高校和社会各界朋友表示衷心感谢!

重庆大学创办于 1929 年,是党和国家布局在西部唯一直辖市重庆的"211 工程""985 工程"和"双一流"建设 A 类高校,有着悠久的办学历史、深厚的办学底蕴、鲜明的办学特色、雄厚的办学实力。在建校之初就确立了建设"完备弘深之大学"这一宏大而富有远见的办学目标,提出了"研究学术、造就人才、佑启乡邦、振导社会"的办学宗旨。经过 94 年的办学积淀,学校在**大能源、大制造、大建筑、大人文**等学科领域拥有明显优势。现有 13 个学科进入 ESI 世界前 1%,其中**工程学、材料科学、化学**进入 ESI 世界前 1‰学科。当前,学校围绕总体办学目标定位,正提速推进**大信息、大健康**相关学科的建设发展。在校学生 50 000 余人,专任教师 3 300 余人,其中包括 8 位院士在内的国家级人才 250 余人。拥有高端装备机械传动、输配电装备及系统安全与新技术、煤矿灾害动力学与控制、高端装备铸造技术(共建)、特种化学电源(共建)5 个全国重点实验室和雪峰山能源装备安全国家野外科学观测研究站,以及镁合金材料国家工程技术研究中心等国家级科研平台 18 个。2022 年以来,先后入选首批国家卓越工程师学院试点建设高校、国家储能技术产教融合创新平台,获批空间电能变换与无线传输关键核心技术教育部集成攻关大平台、国家基金委西南理论物理中心、非线性分析数学与应用教育部重点实验室以及教育部智能肿瘤学医药基础研究创新中心。截至目前,学校已累计为国家培养输送了 40 余万名高层次人才,其中培养的本科生有超过 45%来自我国西南五省市,毕业的学生有超过 50%留在我国西南五省市就业,在我国西部高等教育布局中具有十分重要的战略地位,承担着不可替代的重要使命。

近年来,在党中央的坚强领导下,学校充分发挥地处直辖市重庆的独特区位和政策优势,抢抓成渝地区双城经济圈、西部陆海新通道建设等重大战略机遇,坚持"四个面向",加快建设超瞬态实验大科学装置,高质量建设重庆大学科学中心,高标准立项建设量子物质科学研究平台、未来芯片研究与试验平台、智能超算及网联计算中心等高端公共实验平台,以及量子材料与器件研究中心、跨尺度多孔材料研究中心、先进电能源化学研究中心、智能机器人研究院、军事智能装备实验室等前沿交叉创新平台,积极汇聚各类高质量创新资源,深度融入西部(重庆)科学城建设,聚力打造服务高水平科技自立自强的战略科技力量。目前,学校研究型综合性大学学科布局基本形成,拔尖创新人才培养体系加快构建,原创性引领性成果产出不断增多,师资队伍可持续发展能力明显增强,办学资源条件保障水平持续提升,现代大学管理体制机制逐步健全完善,综合办学实力、育人水平和学术声誉不断提升,正奋力谱写"百年新重大"高质量发展崭新篇章。

党的二十大报告提出以中国式现代化全面推进中华民族伟大复兴,明确教育、科技、人才是全面建设社会主义现代化国家的基础性、战略性支撑,将教育、科技、人才提至前所未有的战略高度进行"三位一体"统筹部署,共同服务于社会主义现代化强国建设。工程科技是改变世界的重要力量,工程教育与历次科技革命及产业变革根脉相连。习近平总书记强调,**培养大批卓越工程师是加快建设国家战略人才力量的重要任务,要把建设战略人才力量作为重中之重来抓,"要探索形成中国特色、世界水平的工程师培养体系"**,为深化我国高等工程教育改革,走好战略人才自主培养之路指明了前进方向、提供了根本遵循。我们一定要深刻认识卓越工程师培养的极端重要性,围绕国家战略需求,聚焦产教融合、协同育人目标,高起点、高标准、高质量建设好国家卓越工程师学院。

重庆大学是一所以工科见长的高水平研究型综合性大学,一直以来高度重视工程科技发展和工程教育改革,不断探索工程教育新路径新模式。1985 年,成为首批招收"工程型"研究生试点高校。1997 年,成为首批开展工程硕士专业学位教育的 11 所高校之一。2011 年,成为首批工程博士授权单位。2013 年,创建 UC 联合学院,依托自身突出的工科优势,在中国首次引进辛辛那提大学先进的校企联合培养(Co-op)教学模式,10 年办学取得显著成效。2020 年,与两江新区、明月湖国际智能产业基地联合创办明月科创实验班,在国内率先打破传统学科分类界限,实施以项目为驱动的教学模式改革试点,构建一流的新工科教育和科创平台,并以此为基础,在重庆市委、市政府大力支持下,于 2022 年共同成立国家(重庆)卓越工程师学院,聚焦"智能化+新能源"产业方向的卓越工程师人才培养。在多年的工程教育探索与实践中,不仅先后打造了全国知名的西昌航天工程教育、长安汽车工程教育"重大"模式,更是逐步形成了新工科建设"重大经验",培养了一大批卓越工程师人才,学校"新工科教育"成果与天津大学、电子科技大学、北京大学、华南理工大学、上海交通大学、哈尔滨工业大学共享 2022 年国家教学成果奖特等奖。

入选首批国家卓越工程师学院试点建设高校,为学校持续深化新工科教育改革提供了更高的平台和更为广阔的空间。今天的正式揭牌也标志着学院各项建设工作的全面启动。借此机会,我代表学校就推进国家卓越工程师学院建设提出三点希望。**一是要提高办学站位定位。**作为全国首批试点学院,必须增强"国家队"意识,勇担"国家队"使命,坚持高起点、高标准、高质量,在理念更新、机制革新、模式创新上狠下功夫,积极探索具有中国特色的新工科教育和工程硕博士培养新范式的先行特区。**二是要创新协同共赢机制。**

围绕重点攻关领域,通过共建高水平实体化产教融合创新平台,真正落实校企共同招生、共同培养、共同选题、共享成果和师资互通、课程打通、平台融通、政策畅通的"四共""四通"机制,做实校企联合、产教融合人才培养共同体。**三是要发挥引领带动作用**。期待国家卓越工程师学院通过试点改革,真正成为引领发展的创新策源地和卓越英才制造者,不仅带动全校教育教学深层次改革,更要用"重大"实践为走好我国人才自主培养之路,服务加快建设世界重要人才中心和创新高地,贡献"重大"智慧、提供"重大"方案。

最后,再次感谢各位领导、各位嘉宾!祝同学们学业有成!祝大家身体健康、工作顺利!谢谢大家!

相 信

——在 2023 年毕业典礼暨学位授予仪式上的讲话

校长 王树新

（2023 年 6 月 28 日）

亲爱的同学们：

大家上午好！又是一年悠悠盛夏，又是一年硕果累累。今天，学校在此隆重举行 2023 年毕业典礼暨学位授予仪式，共同见证你们人生中弥足珍贵的"重（zhòng）大"时刻和"重（chóng）大"时刻。首先，我谨代表学校及全体师生员工向同学们顺利毕业表示热烈的祝贺和美好的祝愿！同时，也请你们和我一道向所有关心支持你们的亲友、师长致以崇高的敬意和衷心的感谢！

同学们，今天你们即将带着新的希望和梦想重新出发。站在新起点，回首求学路，一定会有不一样的感受。这些年，你们伴随着中华人民共和国成立 70 周年、中国共产党成立 100 周年、党的二十大胜利召开等历史时刻，见证了脱贫攻坚千年梦圆、全面建成小康社会等伟大成就，目睹了"神舟"飞天、"嫦娥"奔月、"蛟龙"潜海等强国壮举，内心澎湃着"请党放心，强国有我"的热血心声。这些年，你们和学校共历九秩华诞迈向百年的关键时刻，共担"双一流"建设的时代使命，共创第八届中国国际"互联网+"大学生创新创业大赛的优异成绩，你们以青春之光为重大添彩，重大以渊博厚重为你们赋能，师生共赴"复兴民族，誓作前锋"的创校之约。

在重大，无数个酣畅学习的白天，无数个默默耕耘的夜晚，你们清澈坚定的眼神总让我看到一种力量，那就是相信的力量。**因为相信风雨终将过去**，你们勇毅向前，从容面对疫情之变，不断解锁学习生活新的打开方式，课堂跨时空、宿舍马拉松、线上研讨会、云端招聘会，乐观走过这段有些波折的求学旅程，成功实现人生进阶。**因为相信青春无限可能**，你们逐光而上，珍惜美好大学时光，在图书馆遨游书海，在实验室反复推演，在团队里相互激励，在体育场挥汗如雨，在充实忙碌中不断丰富提升自己。**因为相信团结就是力量**，你们挺膺担当，众志成城共克时艰，守望相助共护家园，争先冲锋在抗疫情、战高温、斗山火等"大战大考"最前线，让"重大蓝"因你们而更加绚丽。

同学们，当今世界正经历深刻变革，未来唯一确定的就是不确定。有一种英雄主义叫作"始终保持希望"。**面对不确定和未知，我们更需要相信的力量**。临别之际，我希望大家将相信的力量装入行囊，相信时代、相信自己、相信时间,用相信的力量绘就属于你们的青春华章。

首先,要相信时代,乘势而进,会当水击三千里。

任何时候,个人命运都跟时代紧密相连。所谓时势造人,古往今来,所有英雄人物的出现,所有丰功伟绩的写就,都是在与时代同频共振中顺势而为、利势而成的结果。正如 94 年来,重大人始终高举"前锋旗帜",与国家强盛、民族复兴休戚与共,在参与和创造历史的过程中锻造了无数属于重大人的突出成就。今天来到现场的张宝兰校友就是我们这个时代重大人的杰出代表,她带领团队历经千次实验,坚守荒岛 7 年,深钻海工高性能混凝土研究,创造了港珠澳大桥海底沉管隧道"120 年使用寿命、百万立方混凝土无裂缝"的建造奇迹,用无我奉献在大国重器建设的时代步伐中收获了独一无二的精彩人生,彰显了重大人的使命担当。

党的二十大报告指出:"当代中国青年生逢其时,施展才干的舞台无比广阔,实现梦想的前景无比光明。"同学们,你们所处的是一个伟大的时代,中华民族伟大复兴进入了不可逆转的历史进程,国家综合国力迈入世界前列。无论是物质发展环境,还是精神成长空间,新时代为中国青年成长成才、出众出彩创造了优越的条件,你们有更多机遇探索世界的深奥奇妙,有更多可能挖掘自身的无限潜能。同学们,生逢盛世当不负盛世,生逢其时当奋斗其时。从新的起点出发,希望大家怀抱对时代的坚定信心,乘势而进,会当水击三千里,在和时代的同向而行中实现个人与时代的共同成就,用热血青春铸就强国之路,书写无悔人生。

其次,要相信自己,阔步前行,天下谁人不识君。

人生的航船必须鼓满自信的风帆,才能乘风破浪、一往无前。身为新时代的重大学子,你们理应充满自信。在兴学强国的征程上,重大人始终铭记"佑启乡邦、振导社会"的宗旨,立于"国家队",争当"排头兵",奋斗在各个年代和各个行业的前列,用"重大"智慧和"重大"力量引领风尚,**你们当有这份自信的豪气。**一直以来母校始终把"研究学术、造就人才"作为发展的使命,为你们的成长成才创造条件,将"考四海而为俊,障百川而之东"的校歌传唱践行 90 年;你们作为同龄人中的佼佼者步入重大,与优异的伙伴并肩求学,向一流的师长虚心求教,在通识课上博闻强识,在专业课上获取真知,在实践课上探索创新,在这里滋养学识、启迪智慧、陶冶情操、增长才干,已然积厚成器、学有所成,**你们当有这份自信的底气。**

今年,学校评选了首届"重庆大学学生年度人物"。他们中有勤奋好学,获得多个创新创业大赛金奖的李坤荦同学;有发表多篇高水平论文,并将自主研发技术应用于实际,获多家主流媒体报道的吴建发同学;还有不仅成绩优异,同时热衷志愿公益活动,志愿服务长达 800 余小时的牛天一同学……他们作为今年毕业生的优秀代表,身上自信自强、追求卓越的精神状态是你们这一届毕业生的整体映照。身为重大学子,大家要相信自己有足够的实力和出众的能力应答好人生和时代给出的题卷。未来无论是坦途还是险滩,无论是顺境还是逆境,希望大家都带着重大人的自信和自励,带着天下谁人不识君的豪迈,大胆往前走,不必常常回望,因为"重大"早已融入你们的血脉。

最后,要相信时间,不懈奋斗,直挂云帆济沧海。

时间见证成长,奋斗成就梦想。历史长河中,所有成就的取得都是关于时间的故事。我们要学会做时间的朋友,不好高骛远,保持进取之心,坚持锲而不舍,终会实现超越。水滴石穿、绳锯木断的道理大家自小便知;司马迁忍辱负重13载著史家之绝唱,李时珍采访四方27年集本草之大成,这些典故大家也都耳熟能详。当今世界节奏更快、信息更多、竞争更大,机遇与挑战并存,更需要我们从这些中华优秀传统文化故事中汲取善于沉淀、积累和坚守的智慧力量。

重庆大学创校宣言写道:"不计久远之成功,惟是当前之戮力;不期一驾之企及,惟是十驾之不休。"环境与生态学院杨永川教授就是秉持这样的信念,带领团队数十年如一日埋头国家生态建设与生物多样性保护研究,建立了涵盖中国1 925个区县,包含1 580个树种的近180万株古树的数据库,用坚韧的毅力为生物多样性保护贡献了"重大"智慧和"重大"方案。"青松寒不落,碧海阔逾澄",熬得过山重水复,岁月自会赠你柳暗花明,这是时间蕴藏的成功密码。希望大家无论是继续在学海耕耘,还是走向社会历练,都要永远相信时间,相信雨后彩虹,相信天道酬勤,用"自律专注"向时间要效率,用"积蓄沉淀"向时间要智慧,用"执着坚守"向时间要未来。请相信,只要付出时间的灌溉,终会有一天能乘风破浪几万里,直挂云帆济沧海。

同学们,几天前第31届世界大学生夏季运动会火炬传递在我校举行,重大的火炬手接力跑出了属于新时代、属于重大人的熠熠光彩。在即将开启的人生新赛道新征程上,你们都是自己人生的火炬手;同时,作为党的二十大后的第一届毕业生,你们也是新时代的火炬手,是历史的见证者,更是历史的创造者。

亲爱的同学们,时代的号角已经吹响,看着整装待发的你们,我倍感骄傲、信心满怀,坚定相信新时代的重大青年拥有无限可能,必将以满腔热血奔赴强国之约,用青春奋斗实现复兴梦想!

"鹰击天风壮,鹏飞海浪春。"此去一别,山高路远,愿大家永远充满相信的力量,永葆希望和热爱奔向美好未来。重大是我们共同的家,欢迎大家常回家看看!

祝贺同学们,祝福同学们,再见!

在学校党委十四届三中全会上作
关于第二轮"双一流"建设中期进展情况的报告

校长　王树新

（2023 年 7 月 17 日）

各位委员,同志们:

　　受常委会委托,下面由我向全委会报告学校第二轮"双一流"建设中期进展情况,请予审议。

　　进入第二轮"双一流"建设以来,学校党委团结带领全校干部师生,坚持以习近平新时代中国特色社会主义思想为指导,全面贯彻习近平总书记关于教育、科技、人才的重要论述和党的二十大精神,不断加强党对学校工作的全面领导,坚持社会主义办学方向,聚焦落实立德树人根本任务,准确把握高质量发展内涵要求,始终秉承"研究学术、造就人才、佑启乡邦、振导社会"的办学宗旨,立足新发展阶段、贯彻新发展理念、服务构建新发展格局,抢抓成渝地区双城经济圈和西部陆海新通道建设重大机遇,深度融入西部(重庆)科学城建设,统筹推进学校第十四次党代会各项目标任务、"十四五"规划和第二轮"双一流"建设方案全面实施,与时俱进加快中国特色、世界一流大学和优势学科建设步伐,持续推动学校改革发展各项事业不断取得新进展新成效,综合办学实力、育人水平和学术影响力显著提升。

一、坚持和加强党对学校工作的全面领导

　　全面落实新时代党的建设总要求,持续深入开展党史学习教育和学习贯彻习近平新时代中国特色社会主义思想主题教育,坚持不懈用习近平新时代中国特色社会主义思想和党的二十大精神武装干部师生,深刻领悟"两个确立"的决定性意义,深刻理解党的二十大对教育、科技、人才"三位一体"战略部署的深刻内涵,深刻认识新时代赋予学校的职责使命。不折不扣落实习近平总书记重要指示批示精神和党中央决策部署,始终将党的领导贯穿落实到管党治党、办学治校、教书育人全过程。纵深推进党建示范创建和质量创优工作,持续推动学校党建与事业发展深度融合,学校党委通过"全国党建工作示范高校"培育创建单位验收,7 个基层党组织顺利通过全国党建"双创"工作培育创建单位验收,新增 4 个党组织入选第三批全国党建"双创"培育创建单位。坚持新时代好干部标准,健全完善干部"能上能下"机制,有序开展机关处级领导干部交流调整和学院行政领导班子换届工作,着力打造忠诚干净担当的高素质干部队伍。压实全面从严治党政治责任,扎实推进中央巡视整改和校内巡视工作,毫不松懈正风肃纪,持之以恒落实中央八项规定及其实施细

则精神,积极营造良好政治生态和育人环境。统筹改革发展稳定,坚定不移维护政治安全、意识形态安全和校园和谐稳定,慎终如始做好疫情防控各项工作,最大程度保障师生健康。

二、持续推进一流优势学科建设

坚持把学科建设作为学校发展根基,按照"强化工科、夯实理科、振兴文科、繁荣社科、拓展医科、提升信科、推动交叉"的总体思路,不断优化"3+9+N"学科综合布局,尊重学科发展规律,深化学科内涵建设,打造一流学科高峰。持续推进传统工科方向凝练和现代化改造,加快极端环境高端装备研发与试验平台、多功能大气边界层风洞试验系统等学科重点建设项目实施,重点支持机械工程、电气工程、土木工程3个一流建设学科率先迈向世界一流前列。深入实施"基础理科卓越行动计划""基础文科振兴行动计划",新增投入1 000万元专项支持重庆大学数学中心建设,获批非线性分析数学与应用教育部重点实验室,大力支持国家自然科学基金委西南理论物理中心建设;稳步推进文、史、哲等基础文科布局建设,加强马克思主义理论学科建设,发挥大人文学科综合优势,链接重庆市的红色资源、基因和基地,在全校学科建设中注入文化自信和理论自信。加快医学学科建设,促进医工交叉融合,在肿瘤学、急救与创伤医学、再生医学等方向汇聚起学科特色与优势,获批肿瘤与病菌靶向新药创制教育部工程研究中心、智能肿瘤学医药基础研究创新中心,服务人民群众生命健康的能力持续增强。大力支持新兴学科、交叉学科建设,凝练智能制造、智慧能源、智能建造等"人工智能+"学科群,推动传统学科与人工智能学科融合发展;布局新能源及储能科学与工程、智能无人系统科学与技术、数字设计与艺术传播等新兴交叉学科专业;持续推进量子材料与器件、跨尺度多孔材料、先进电能源化学等前沿交叉学科平台建设,着力培育新的学科增长点。加强学科公共平台建设,大力推进分析测试中心、电镜中心扩能提质,启动建设量子物质、未来芯片、智能超算及网联计算等高端公共实验平台,更好服务学科高质量发展。截至目前,学校共有14个学科进入ESI全球前1%,工程学、材料科学、化学进入ESI全球前1‰;其中本轮新增地球科学、药理学与毒理学、分子生物与遗传学进入ESI全球前1%,工程学正加快逼近前1‰。共有7个学科进入软科中国最好学科排名前10%,其中4个进入前5%;共有9个学科进入软科世界一流学科排名前50名。

三、全面提高人才自主培养质量

坚持为党育人、为国育才,全面落实立德树人根本任务,主动适应新形势新技术带来的新要求新挑战,不断更新人才培养理念,大胆创新人才培养模式,"五育并举"造就更多中国式现代化建设急需的拔尖创新人才。不断完善思想政治工作体系,持续深化"三全育人"综合改革,科学统筹育人资源和育人力量,全面推进课程思政进教材、进课堂、进头脑,夯实铸魂育人实效。着力打造一流本科教育,深入实施"本科教育2029行动计划",全面开展大类招生大类培养大类管理,面向全体大一新生开设"文明经典"通识核心课程,大力推进"通识教育+专业教育+创新创业教育"深度融合。成立弘深书院、彭桓武书院、博雅书院,深入实施"强基计划""拔尖计划",推进本硕博贯通培养,探索基础学科拔尖人才长周期一体化培养模式。"曙光计算机拔尖班"入选教育部"基础学科拔尖学生培养计划2.0基地",大数据与软件学院入选教育部首批"特色化示范软件学院"。着力打造卓越研究生教育,持续实施"研究生教育高质量发展行动计划",制定实施"学位与研究生教育333行动计划",全面提高研究生培养质量。强化科教融合、产教协同育人,获批国家首批卓越工程师学院试点建设高校、国家储能技术产教融合创新平台,入选储能技术国家急需高层次人才培养专项、生物医疗器械国家急需高层次人才培养专项试点高校。持续深化教育教学改革,新工科人才培养理念与实践得到教育部和国内外同行高度评价,被誉为我国新工科教育的"重大"经验。获2022年度国家级教学成果奖17项(已公示结束),其中与7所"双一流"建设高校共同完成的"新工科教育"成果获特等奖(排名第三),牵头完成的"'双向驱动、跨界融合'创新创业教育体系的构建与实践"成果获一等奖。强化创新创业教育,学生创新创业成绩显著,2021年以来参与创新创业活动超过38 000人次,获省市级及以上创新创业竞赛奖3 700余项,其中国际级特等奖2项、特等奖提名14项、国家级一等奖84项、二等奖410余项。在第七届、第八届中国国际"互联网+"大学生创新创业大赛总决赛中斩获金奖19项,位居前列。深入落实"高校毕业生就业创业促进行动",促进毕业生高质量充分就业,最近两届毕业生进入国家部委、基层选调、国防军工、世界500强、国家级科研平台等重要单位就业比例超过60%,入选外交部外交人才重点生源院校,获批教育部国际组织青年人才培养项目高校。以"复兴民族,誓作前锋"的重大精神为引领,积极支持毕业生投身国家重点地区、重大工程、重大项目,到祖国最需要的地方去建功立业已成为重大学子就业选择的主旋律。

四、加快提升服务高水平科技自立自强能力

坚持创新引领,聚焦"四个面向",加强科研创新顶层设计和战略布局,大力推进科研模式和创新范式变革,以建设大平台、打造大团队、承担大任务、产出大成果为牵引,着力提升有组织、体系化的科研创新能力。积极探索创新平台管理体制和运行机制改革,深入推进全国重点实验室、教育部集成攻关大平台等国家级平台实体化运行,加快构筑高能级研究基地集群。高端装备机械传动、输变电装备技术、煤矿灾害动力学与控制3个全国重点实验室以优异成绩通过科技部优化重组,新增共建高端装备铸造技术、特种化学电源2个全国重点实验室,积极筹建山地土木工程安全全国重点实验室,获批能源装备安全国家野外科学观测研究站、空间电能变换与无线传输关键核心技术教育部集成攻关大平台。加快健全国防科研体制机制,推进与重庆有关区县深度合作,在军事智能装备领域牵头建设国家实验室、国防重点实验室,打造国防科技创新特区。加强基础研究和应用基础研究。发挥"双一流"建设高校作为基础研究主阵地和原始创新策源地的重要作用,启动实施"六大先导性大科学研究计划"以及"20个关键科学问题""20个卡脖子关键技术"攻关行动计划,着力开展从"0到1"的颠覆性、引领性研究,为战略性技术和产品攻关提供原动力。实施文科基地构筑计划,重点培育建设数字能源技术经济教育部重点实验室,倾力打造教育部战略研究基地、区域经济与科教战略研究中心、中国工程科技发展战略重庆研究院、城市化与区域创新极发展研究中心等新型高端智库,在国家区域发展中积极贡献"重大"智慧。实施"高水平学术期刊培育资助计划",加快建设世界一流期刊方阵,《镁合金学报(英文)》入选国家卓越科技期刊行动计划首批领军期刊(全国22本),《纳米材料科学(英文)》影响力不断提升。2022年创办5种高起点新刊,其中《自动化与人工智能(英文)》入选"2022年度

国家卓越科技期刊行动计划高起点新刊项目"(全国 50 种)。

2021 年以来,学校牵头获国家自然科学基金重大重点及国防项目 78 项、国家社会科学基金重大重点项目 11 项,牵头承担国家重点研发计划项目 35 项、国家自然科学基金委创新研究群体项目 1 项,获国家科学技术奖 2 项(牵头 1 项),牵头获教育部科学技术奖 4 项(一等奖 2 项),获省级政府及全国行业一等奖 55 项;首次获得张培刚发展经济学优秀成果奖 1 项(全国共 6 项)、薛暮桥价格研究奖著作奖 1 项(全国共 5 项)。2022 年科研总经费突破 30 亿元。高质量原创成果不断涌现:原创发明的"线面啮合对构齿轮传动",保障中国空间站对日定向机构在轨稳定运行;自主研发的严寒山区复杂地形下大面积高容量临时设施安全运维监测系统,助力冬奥会成功举办;首创大容量高轮毂风电机组的预应力钢管混凝土格构式塔架结构并研发应用,解决了我国陆上低风速区风资源开发中的"卡脖子"问题;自主试制成功全球最大镁合金超大汽车压铸件,以科技赋能重点产业转型升级;自主研发的工业高温高含尘烟气余热深度回收及净化一体化技术,为工业节能减排提供了中国方案;自主研制的智能融冰装置,实现电网防冰减灾由"停电被动防御"向"不停电主动智能防御"技术变革;自主开发成功碳基通用功能型 AI 芯片,为碳基芯片在国家特种领域应用奠定坚实基础。

五、全力打造高水平师资队伍

坚持把人才作为学校发展的核心战略资源,深入贯彻落实中央人才工作会议精神,大力实施人才强校核心战略,持续深化人事人才体制机制改革,着力打造"近悦远来、人才辈出"的环境和氛围,做大人才发现"蓄水池",做强人才聚集"磁力场",加快建设一支政治素质过硬、业务能力一流的教师队伍,为学校高质量发展奠定坚实的人才基础。重构人才引进体系,推进构建"弘深学者"系列人才引进和职称系列教职引进为两大主体的"双塔"型引才体系。打通人才发展壁垒,探索建立校内人才和引进人才互通机制,启动全周期人才发展支持计划,通过柔性引进、建立人才特区等方式,多措并举促进各类人才蓬勃成长。深化教师评价改革,坚决破除"五唯"倾向,突出品德、能力、贡献导向,推行代表作评价和同行评价制度,细化分类评价、多元评价,引导教师心怀"国之大者",潜心学术研究和人才培养,争做新时代教书育人的"大先生"。良好的体制机制激发了人才踊跃发展的内生动力,汇聚起了一批活跃在国际学术前沿和国家重大战略需求领域的高层次人才和极具发展潜力的优秀青年学者。2021 年以来,学校共引进人才 424 人,其中 40% 具有海外学术经历;新增国家级人才 91 人,其中国家级青年人才 67 人,人才数量实现倍增,质量显著提升,西部人才高地正加速形成。

六、深入推进高水平国际合作与交流

坚持开放办学,深入实施国际化发展战略,积极融入"一带一路"和西部陆海新通道发展,以全球视野谋划和推动"双一流"建设。实施"卓越大学合作计划",推动与世界高水平大学开展实质性合作,加快构建全方位、高层次、有重点的国际合作网络。2021 年以来,新增与 74 所国(境)外高校签署合作协议,其中 31 所为世界前 100 强高校。积极探索创新国际化人才培养新路径,持续深化辛辛那提大学-重庆大学校企联合培养(Co-op 模式);大力支持全球前沿学科系列讲座计划、研究生全球学术课程(线上)、"强基计划"线上优质课程、全英文课程和专业等项目建设,约35%的学生进入 U.S.News 排名前 50 的高校攻读研究生。持续打造"留学重大"品牌,统筹做好疫情下境内外国际学生线上线下教学培养工作,组织留学生开展丰富多彩的文化实践和国情教育活动,留学生在中华经典诵读大赛、"汉语桥"线上视频演讲比赛等活动多次荣获全国奖项。积极推动来华留学生创新创业工作,连续两年参加"创业西部 留在双城——成渝地区双城经济圈外国留学生创新创业大赛"并获奖。

七、全面服务国家和区域发展重大战略需求

坚持把服务国家战略和重庆发展作为学校的重要职责使命,深度融入成渝地区双城经济圈和西部陆海新通道建设,发挥学校的人才、学科、平台等综合优势,全面支撑重庆聚力构筑数智科技、生命健康、新材料、绿色低碳四大科创高地,引领新时代新征程新重庆加快建设具有全国影响力的科技创新中心。全面提速建设重庆大学科学中心、超瞬态实验大科学装置以及量子物质、未来芯片等高端共享原始创新平台,大力推动科学城智能网联汽车创新中心、重庆市新型储能材料与装备重点实验室等建设,着力打造西部(重庆)科学城核心阵地。链接地方特色资源和独特区位优势,支持组建碳中和研究院、乡村振兴研究院、智能肿瘤学研究院、三峡库区消落区生态修复与治理中心等交叉研究平台,共建长江生态环境联合研究生院,积极服务"双碳"、乡村振兴、健康中国、长江经济带绿色发展等国家战略。深化校地合作,践行"一院一地一产业"模式,共建新型校地研究院 10 余个,有效支撑了成渝地区储能、能源装备、机器人与传感器、齿轮、锂电池、健康等产业升级,目前已依托上述机构实施转化案例 10 项,总评估价值 9 800 余万元,聚集产业投资超过 60 亿元,形成了产业聚集效应,带动地方产业经济增值超过百亿元。深化校企合作,大力实施"头部企业工程",探索"学校—市场"双向转化模式,推动共建高水平实体化产教融合创新平台。2021—2022 年学校共接受企业委托科研项目 2 900 项,经费到账 16.9 亿元,在解决产业"卡脖子"关键核心技术中作出了"重大"贡献。

八、着力推进治理能力和治理体系现代化

坚持向改革要动力、以创新促发展,不断优化内部治理结构,系统构建和完善以大学章程为统领的中国特色现代大学制度体系。全面落实《深化新时代教育评价改革总体方案》,持续深化教师评价、科研评价、学生评价等重点领域改革,积极探索建立符合中国实际、彰显重大特色、具有先进水平的多元多维教育评价体系,引领学校各项事业高质量发展。探索推进"一院一策"综合改革试点建设,坚持质量为先,强化目标导向,细化分类建设,支持院系办学主体持续提升发展动力、激发发展活力、挖掘发展潜力。抢抓教育强国建设重大机遇,与四川大学、电子科技大学联合申报高等教育综合改革试点战略工程,争取政策支持、汇聚办学资源、突破发展瓶颈。加强各类资源优化配置,创新学科经费配置模式,采取"基础性+竞争性"经费配置模式,基础性经费保障各学科稳定、可持续发展,竞争性经费引导各学科进行超常规、引领性、跨越式发展,进一步激发学科发展原动力。积极拓宽资金筹集渠道,大力拓展办学空间,加强部市共建力度,深化校地、校企合作,争取更多政府专项和社会资金投入,基本形成了多元化投入"双一流"建设的新格局。大力实

育人环境提升工程和校园文化提升工程。2021 年以来,学校获得国家和重庆市支持的各类"双一流"建设相关经费,共计到账 18.8 亿元。

最新数据显示,2021 年以来,学校在 ESI 全球机构排名中,从 565 名上升至目前的 348 名,提升 217 名;在 ARWU 世界大学学术排行榜中,从 324 名上升至目前的 272 名,提升 52 名;在 QS 世界大学排行榜中,从 786 名上升至目前的 561 名,提升 225 名;在 U.S.News 世界大学排行榜中,从 499 名上升至 379 名,提升 120 名。与加州大学伯克利分校、慕尼黑工业大学、佐治亚理工学院等世界一流对标高校在可比体系下,名次差距进一步缩小,发展的加速度比上一轮更大。总体看,学校较好地完成了第二轮"双一流"建设中期各项目标任务,在一些关键领域实现了历史性突破,为后续高质量发展奠定了更加坚实的基础。

各位委员、同志们,回顾总结第二轮"双一流"建设两年半来的进展情况,尽管取得了非常好的成效,但对标党的二十大关于教育、科技、人才"三位一体"的新战略新部署,对标对表新时代党中央对"双一流"建设高校的新要求新期待,我们也深刻认识到学校工作仍存在不少问题和差距。主要表现在:以服务知识创新、技术创新、产业创新和重大战略需求为导向的拔尖创新人才培养长效机制还有待进一步完善;瞄准世界科技前沿和国家重大战略需求,集聚力量进行原创性引领性科技攻关还有待进一步加强;服务国家和区域高质量发展的支撑力、贡献力还有待进一步提升等方面。面向未来,我们要持续将学习贯彻习近平新时代中国特色社会主义思想引向深入,切实提高站位定位,增强"国家队"意识,勇担"国家队"使命,聚焦"双一流"建设,超前识变、积极应变、主动求变,突出目标导向、需求导向、问题导向,进一步总结规律、深化改革、破解难题,集中力量做好"三个有组织"系列工作,全力应答"强国建设,教育何为?""教育强国,高校何为?"这一时代命题,奋力谱写"百年新重大"高质量发展新篇章,不断以更高质量的办学实绩和育人水平,更好地服务支撑教育强国、科技强国、人才强国建设,为以中国式现代化全面推进中华民族伟大复兴作出新的更大贡献。

一要着力强化有组织拔尖创新人才培养,筑牢"人才第一资源"的蓄水池。党的二十大报告再次强调:"培养造就大批德才兼备的高素质人才,是国家和民族长远发展大计。"新时代新征程,为实现中国式现代化培养造就更多拔尖创新人才是"双一流"建设高校责无旁贷的首要任务。我们要坚持为党育人、为国育才,始终把立德树人作为第一使命,全面贯彻党的教育方针,主动适应新形势新技术带来的新要求新挑战,持续推进新工科、新文科、新医科建设,深入实施"强基计划""拔尖计划",不断更新人才培养理念,创新人才培养模式,从专业、课程、教材、平台、团队、招生等着手,体系化打造一流本科教育和卓越研究生教育。进一步聚焦国家急需领域的人才培养,高起点、高标准、高质量建好建强国家卓越工程师学院和国家储能技术产教融合创新平台,引领带动学校加快构建高质量教育体系,全面提升人才自主培养质量。

二要着力强化有组织科研创新,打造"科技第一生产力"的策源地。党的二十大报告指出:"以国家战略需求为导向,集聚力量进行原创性引领性科技攻关,坚决打赢关键核心技术攻坚战。"高水平研究型大学是国家战略科技力量的重要组成部分,是基础研究和重大科技突破的主力军,必须在加快实现高水平科技自立自强中勇挑重担。要进一步聚焦"四个面向",不断加强基础研究和应用基础研究,着力开展"从 0 到 1"

的颠覆性、引领性研究，勇于攻克"卡脖子"的关键核心技术。进一步以国家级大平台、大团队、大项目、大成果为牵引，围绕国家战略安全和经济社会发展面临的重大现实问题和紧迫需求，依托优势学科谋划科研主攻方向，加强有组织科研攻关，持续推进科研范式和组织模式变革，以先进体制机制促进更多原创性引领性科技成果产出，不断提升有组织、体系化的科研创新能力。

三要着力强化有组织服务国家和地方重大需求，建设"创新第一动力"的强引擎。习近平总书记多次强调，世界一流大学都是在服务自己国家发展中成长起来的。要坚持扎根中国大地办学，始终秉承"以贡献求支持、以服务求发展"的理念，积极探索"学校—市场"科技成果双向转化模式，大力推进"创新链—产业链—资金链—人才链"深度融合，真正做通做实做强科技成果转化，全力服务国家和地方高质量发展。充分发挥高水平研究型综合性大学优势，进一步提速建设重庆大学科学中心、超瞬态实验大科学装置以及未来芯片、量子物质等高端共享原始创新平台，打造高能级交叉创新平台，更好服务、引领成渝地区双城经济圈和西部陆海新通道建设，高水平支撑新时代新征程新重庆加快建设具有全国影响力的科技创新中心，全面助力成渝地区加快建设世界重要人才中心和创新高地，打造高质量发展重要增长极。

汇报完毕。谢谢大家！

深化主题教育学习　共担教育强国使命

纵深推进第二轮"双一流"高质量建设

——在 2023 年秋季学期开学干部大会上的报告

校长　王树新

（2023 年 9 月 1 日）

同志们：

今年上半年，在全校干部师生的共同努力下，学校各项工作稳步推进，改革发展各项事业取得新进展新成效，其中不乏很多亮点。比如：圆满完成学习贯彻习近平新时代中国特色社会主义思想主题教育各项目标任务。顺利完成第二轮"双一流"建设中期评估和教育部高等教育综合改革试点战略工程首批申报工作。新增化学进入 ESI 全球前 1‰，药理学与毒理学、分子生物学与遗传学进入 ESI 全球前 1%。通过优化重组，获批高端装备机械传动、输变电装备技术、煤矿灾害动力学与控制、高端装备铸造技术（共建）、特种化学电源（共建）等 5 个全国重点实验室。牵头获教育部科学技术奖 4 项（其中一等奖 2 项）、重庆市科学技术奖一等奖 10 项。牵头获得国家级教学成果奖一等奖 1 项、二等奖 7 项，"新工科教育"成果共同获国家级教学成果特等奖（排名第三）。新增 38 门国家级一流本科课程（累计 68 门）。蒋兴良教授团队入选第三批"全国高校黄大年式教师团队"，李百战教授荣获第四届杰出教学奖。高水平承办第八届国际"互联网+"大学生创新创业大赛，获金奖 13 项（位列全国第一）。稳妥解决了"重大花园"C、D 栋建设安置、校内 D 级危房拆除等历史遗留问题。

上周，学校组织召开了秋季学期党政联席会议，重点结合学校上半年工作推进和第二轮"双一流"建设中期评估情况，深入研讨了教育强国建设背景下学校发展面临的形势任务、问题挑战、关键机遇，以及下一步深化改革发展的主要思路和核心任务。根据今天会议安排，下面我代表学校班子向大家做一个汇报，主要包括 4 个方面的内容。

一、学校第二轮"双一流"中期建设进展情况

（一）取得的主要进展及成效

进入第二轮"双一流"建设以来，学校坚持以习近平新时代中国特色社会主义思想为指导，全面贯彻党的教育方针，深入落实党的二十大精神，坚持社会主义办学方向，聚焦落实立德树人根本任务，准确把握高

质量发展内涵要求,始终秉承"研究学术、造就人才、佑启乡邦、振导社会"的办学宗旨,立足新发展阶段,贯彻新发展理念,服务构建新发展格局,抢抓成渝地区双城经济圈和西部陆海新通道建设重大机遇,统筹推进学校第十四次党代会各项目标任务、"十四五"规划和第二轮"双一流"建设方案全面实施,加强基础学科、新兴学科、交叉学科建设,加快建设中国特色、世界一流的大学和优势学科,与时俱进推动学校改革发展各项事业不断取得新进展新成效,综合办学实力、育人水平和学术影响力显著提升。

1.党的全面领导不断加强。持续深入开展党史学习教育和学习贯彻习近平新时代中国特色社会主义思想主题教育,坚定拥护"两个确立"、坚决做到"两个维护",不折不扣落实习近平总书记重要指示批示精神和党中央决策部署。纵深推进党建示范创建和质量创优工作,学校党委通过首批"全国党建工作示范高校"培育创建单位(全国共10个)验收,7个基层党组织顺利通过全国党建"双创"工作培育创建验收,新增4个党组织入选第三批全国党建"双创"培育创建单位。健全完善干部"能上能下"机制,着力打造忠诚干净担当并与世界一流大学建设目标要求相适应的高素质干部队伍。压实全面从严治党政治责任,毫不松懈正风肃纪,持之以恒落实中央八项规定精神,扎实推进中央巡视整改和校内巡视工作,坚定不移维护政治安全、意识形态安全和校园和谐稳定,积极营造良好政治生态和育人环境。

2.一流学科建设实现突破。持续推进传统工科方向凝练和现代化改造,机械工程、电气工程、土木工程3个一流学科建设正加速迈向世界一流前列。深入实施"基础理科卓越行动计划""基础文科振兴行动计划",获批非线性分析数学与应用教育部重点实验室、国家自然科学基金委西南理论物理中心;成立中国语言文学系、历史学系、哲学系,稳步推进文学、历史学、哲学等基础文科高水平建设。加快新医科建设,获批肿瘤与病菌靶向新药创制教育部工程研究中心、智能肿瘤学医药基础研究创新中心。大力支持新兴学科、交叉学科建设,着力培育新的学科增长点。加强学科公共平台建设,更好服务学科高质量发展。截至目前,学校共有14个学科进入ESI全球前1%,工程学、材料科学、化学进入ESI全球前1‰;其中本轮新增地球科学、药理学与毒理学、分子生物与遗传学进入ESI全球前1%,工程学加快逼近前1‰。共有9个学科进入软科世界一流学科排名前50名。

3.人才培养质量持续提升。大力实施"时代新人铸魂工程",全面推进党的创新理论进教材、进课堂、进头脑。深入实施"本科教育2029行动计划",打造一流本科教育。"曙光计算机拔尖班"入选教育部"基础学科拔尖学生培养计划2.0基地",大数据与软件学院入选教育部首批"特色化示范软件学院"。国家一流本科专业建设点总数达到61个(列全国第17位),国家级一流课程总数达到68门(列全国第28位)。制定实施"学位与研究生教育333行动计划",打造卓越研究生教育。获批首批国家卓越工程师学院试点建设高校(全国共10个)、国家储能技术产教融合创新平台(全国共7个)。持续深化教育教学改革,国家级教学成果奖取得突破。学生创新创业成绩显著,就业质量不断提高,入选外交部外交人才重点生源院校,获批教育部国际组织青年人才培养项目高校。

4.自主创新能力显著增强。聚焦"四个面向",着力推进有组织、体系化的科研攻关,加快构筑高能级研究基地集群,通过优化重组获批 5 个全国重点实验室,获批能源装备安全国家野外科学观测研究站、空间电能变换与无线传输关键核心技术教育部集成攻关大平台。2023 年学校自然指数全球年度排名第 92 位,第二轮建设以来提升 138 位。大力实施"头部企业工程",2021 年至 2022 年共接受企业委托科研项目 2 900 项,经费到账 16.9 亿元。大力推进成果转移转化,第二轮建设以来,全校新增专利 3 600 余件,转化科技成果 300 余项,转化金额 1.5 亿元,吸引投资超 3 亿元。实施文科基地构筑计划,《关于加快成渝地区双城经济圈电子信息产业高质量发展的建议》等一批决策咨询成果获政府采纳应用。

5.高水平人才加快涌现。重构人才引进体系,构建"双塔"型引才体系。打通人才发展壁垒,建立校内人才和引进人才互通机制,启动全周期人才发展支持计划,通过柔性引进、建立人才特区等方式,多措并举促进各类人才蓬勃成长。深化教师评价改革,推行代表作评价和同行评价制度,细化分类评价、多元评价。第二轮建设以来,学校共引进专任教师 470 人(其中 40%具有海外学术经历),新增各类国家级人才 91 人(其中青年人才 67 人),新增"全国高校黄大年式教师团队"2 个,1 人获第四届杰出教学奖,44 位学者入选 2022 年爱思唯尔"中国高被引学者"榜单,人才数量实现倍增、质量显著提升。

6.国际合作交流不断深化。实施"卓越大学合作计划",第二轮建设以来新增与 31 所世界前 100 强高校签署实质性合作协议。持续深化辛辛那提大学-重庆大学校企联合培养(Co-op 模式),大力支持全球前沿学科系列讲座计划、研究生全球学术课程(线上)、"强基计划"线上优质课程等项目建设。实施"高水平学术期刊培育资助计划",《镁合金学报(英文)》入选国家卓越科技期刊行动计划首批领军期刊(全国 22 本);《纳米材料科学(英文)》获评 2022 年中国最具国际影响力学术期刊榜单(TOP5%);《自动化与人工智能(英文)》入选 2022 年度国家卓越科技期刊行动计划高起点新刊项目(全国 50 种)。

7.社会服务能力全面提升。深度融入成渝地区双城经济圈和西部陆海新通道建设,全面提速重庆大学科学中心建设,持续打造环重庆大学创新生态圈,共建重庆新型储能材料与装备研究院(规划投资 50 亿元)、长江生态环境联合研究生院(占地 531 亩,规划投资 23 亿元)等平台。深化校地合作,在储能、能源装备、机器人与传感器、齿轮、锂电池、健康、生态治理等领域共建新型校地研究院 10 余个,实施转化案例 10 项,总评估价值 9 800 余万元,聚集产业投资超过 60 亿元,带动地方产业经济增值超过百亿元。

国际可比评价体系显示:第二轮建设以来,学校在 ESI 全球机构排名中,从 580 名上升至目前的 348 名,提升 232 名;在 ARWU 世界大学学术排行榜中,从 324 名上升至目前的 217 名,提升 107 名;在 QS 世界大学排行榜中,从 784 名上升至目前的 561 名,提升 223 名;在 U.S.News 世界大学排行榜中,从 499 名上升至 379 名,提升 120 名。与加州大学伯克利分校、佐治亚理工学院等世界一流对标高校在可比体系下,名次差距进一步缩小,发展的加速度比上一轮更大。总体看,学校以显著的成效全面完成了第二轮建设中期各项目标任务,在一些关键领域实现了历史性突破,为后续高质量发展奠定了更加坚实的基础。

(二)存在的关键问题及短板

第二轮建设以来,尽管学校各项事业发展取得显著成效,国际排名大幅提升,但从软科监测数据看,我校整体发展水平得分仅为"985"高校中位数水平的81.5%，与国内同类兄弟高校相比，仍存在较大差距。具体表现在：

一是学科建设整体水平不优。 高峰学科缺乏，学科精度不足，横向对比部分"双一流"建设高校学科情况，我校入选第二轮"双一流"建设学科仅有3个(学科精度5.9%)，中位数为6个(学科精度11.4%)。软科国内前2%学科数0个，中位数为3个，软科国内前10%学科数7个(学科精度13.7%)，中位数15个(学科精度33.3%)。学科布局不优，结构性问题依然突出，学科发展水平层级差异大，横向对标"985"高校中位数水平，我校整体水平低于基准线，重大成果、高端人才、国际竞争力、办学资源等支撑学科发展的关键指标表现明显偏弱。面向国家重点急需领域新增新兴交叉学科博士学位授权点尚未实现"零的突破"。

二是拔尖创新人才培养能力不强。 本科招生高分生源吸引力不足，生源质量基本盘面临巨大挑战。理工类省排位前500名以内的仅1人，文史类省排位前300名以内的仅2人。一流课程支撑一流专业建设能力不够，三分之一左右的国家级一流专业无一流课程，数字教育形态课程以及支撑新工科、"拔尖计划"、"强基计划"的一流核心课程数量均较少，国家教材奖项等有待突破。研究生招生生源质量提升速度较缓慢，推免生比例、直博生比例、"双一流"生源比例低，与兄弟高校有较大差距。高层次人才培养专项特色不突出，课程对高质量人才培养支撑不足，面向培养过程的质量监督责任落实急需加强。

三是高质量科技供给能力不足。 基础研究整体实力有较大差距，近3年牵头承担国家自然科学基金重大项目仅有1项，青年基金申报数量逐年下降，基础科学中心亟待实现"零的突破"。医工融合不够，承担国家自然科学基金委医学部项目数量未突破30项，与四川大学、华中科技大学年均200项差距明显，2022年医学部全年科研经费总计6 847万元，仅占全校科研经费的9%。聚焦大平台、大项目、大成果、大团队，有组织的科研体制机制急需加快创新完善，科研管理整体质量和效能较低，科技服务能力水平有待进一步提升。

四是师资队伍建设总体水平不高。 国家级人才数量仍然较少，目前仅有270人，占专任教师数的比例偏低，仅为8.44%。横向对比，杰出人才增速低，近3年院士培育未实现新增长，青年人才增长77人，与同类高校相比差距仍然明显。2019年实施"弘深青年学者支持计划"以来，各学院共上报人选216人，评审通过91人(通过率42%)，入职41人(入职率45%)，入职率偏低，申请数量和质量都亟待提升。学院引才主体责任压实不够，服务人才的意识和质量不高，对人才发展综合支持不够，人才引进竞争力不强。

五是国际化办学程度仍然偏低。 中外合作办学尚未突破，国家重点研发计划政府间国际科技创新合作项目较少、与高水平大学合作建设联合研究平台较少，在建111引智基地仅4个；国际科研合作意识仍然不够强，国际合作论文数量少，2022年仅有1 787篇，同年华中科技大学有2 963篇，与兄弟高校仍有较大差距。留学生规模与质量有待提高，来华留学生规模总人数仅750人。

从以上对标比较看，推动学校高质量发展和系统性跃升，犹如逆水行舟，不进则退，慢进也是退，必须继续加快追赶步伐。全校上下要进一步凝心聚力，遵循办学规律，抢抓战略机遇，聚焦内涵建设，系统性解决学校发展中存在的关键短板，加快建设中国特色、世界一流的大学和优势学科。

二、学校发展面临的新形势新任务新机遇

从国际局势看:世界百年未有之大变局加速演变,国际格局与秩序深刻调整,大国战略博弈不断加剧,地区冲突和局部战争持续不断,全球安全形势恶化,不确定性加剧;世界经济低迷,能源短缺、环境污染、气候异常等全球问题日益突出;新技术革命和产业变革蓬勃发展,技术与经济深度融合,科技创新在大国竞争中起关键作用;逆全球化思潮抬头,全球供应链重构,产业链供应链再塑,转型挑战与机遇共存。面对当前纷繁复杂的世界局势,重庆大学作为"国家队"中的一员,必须积极应对、主动担当,在新技术革命中"挑大梁",在科技竞争中"当主角",想国家之所想、急国家之所急、应国家之所需,成为提升综合国力与核心竞争力的重要战略力量,为赢得我国在世界格局变化中的主动权提供有力支撑。

从国内形势看:我国已进入全面建设社会主义现代化国家、向第二个百年奋斗目标进军的新发展阶段,正经历有史以来最为广泛而深刻的社会变革,正在推进中国式现代化这个人类历史上非常宏大而独特的实践创新。党的二十大将高质量发展作为全面建设社会主义现代化国家的首要任务,加快经济结构优化升级、科技创新赋能、扩大开放、加快绿色发展,一体部署统筹推进教育强国、科技强国、人才强国建设。作为党和国家重点建设的世界一流大学,重庆大学要树牢"国家队"意识,勇担"国家队"使命,不断提升原始创新能力,增强人才自主培养能力,打造一流人才方阵,积极应答"教育强国,高校何为"的时代之问,全面服务和融入以中国式现代化全面推进中华民族伟大复兴的历史进程。

从成渝发展看:成渝地区双城经济圈建设是习近平总书记亲自谋划、亲自部署、亲自推动的国家重大区域发展战略。今年7月27日,习近平总书记在四川考察时强调,要坚持"川渝一盘棋",加强成渝区域协同发展,构筑向西开放战略高地和参与国际竞争新基地,尽快成为带动西部高质量发展的重要增长极和新的动力源。立足国家发展大局,对成渝地区双城经济圈建设提出了新要求。重庆新一届市委把推动成渝地区双城经济圈建设作为全市"一号工程"和工作总抓手总牵引,今年以来先后召开系列重要会议,密集出台系列重要文件,与四川省携手一道,全力推动成渝地区双城经济圈建设走深走实,合力打造国家战略产业备份基地,共建中国经济增长"第四极",努力打造区域协调发展"第四极"。世界一流大学都是在服务自己国家发展中成长起来的,重庆大学作为国家布局在西部唯一直辖市的"双一流"建设高校,必须坚持扎根巴渝大地办学,深度融入成渝地区双城经济圈建设,全面支撑服务重庆聚力构筑数智科技、生命健康、新材料、绿色低碳4大科创高地,全力打造"33618"现代制造业集群体系,努力以服务现代化新重庆建设的新贡献彰显学校高质量发展的新成效。

从高等教育发展看:教育兴则国家兴,教育强则国家强。我国已建成世界最大规模的教育体系,整体教育现代化水平位列世界中上行列,处于由教育大国向教育强国的关键转变阶段,《教育强国建设规划纲要》即将出台。习近平总书记在主持中共中央政治局第五次集体学习时强调,建设教育强国,龙头是高等教育,要把加快建设中国特色、世界一流的大学和优势学科作为重中之重,大力加强基础学科、新兴学科、交叉学科建设,瞄准世界科技前沿和国家重大战略需求推进科研创新,不断提升原始创新能力和人才培养质量。

高等教育综合改革试点战略工程、一流学科培优行动等重大战略举措相继启动。重庆大学作为一所高水平研究型大学,要在开展拔尖创新人才培养、优化结构布局两个方面先行先试,聚焦有组织人才培养、有组织科研、有组织服务国家战略和区域经济社会发展等开展改革探索,不断提高服务高质量发展的战略支撑能力。

面对以上新形势新任务新机遇,我们必须进一步增强竞争意识、危机意识、责任意识,坚持需求导向、问题导向、目标导向,以内涵式超常规的发展手段,推动学校实现高质量跨越式发展。

三、学校下一步改革发展的主要思路和核心任务

重庆大学在建校之初就确立了建"完备弘深之大学"这一宏大而富有远见的办学目标,经过 94 年的建设和发展,已经积淀了深厚的办学基础、育人实力和文化底蕴。尤其近年来在"双一流"建设支持下,学校各项事业发展更是持续呈现快速向上向好态势,很多关键核心指标实现大幅跃升,迈入全新发展阶段。下一步,按照学校"三步走"总体战略,结合面临的形势任务和机遇挑战,**我们的主要思路是**:聚焦全面实现第二步战略目标,抢抓新机遇,担当新使命,展现新面貌,推动新发展,作出新贡献,**高质量建设"百年新重大"**。为此,核心之核心,需要侧重抓好以下 3 个方面具有带动性、根本性、引领性的工作。

(一)抓龙头:加快一流学科建设

学科在学校发展中处于龙头地位,没有一流的学科,就不可能有真正的一流大学。龙头就是纲,纲举则目张。近年来,学校按照"强化工科、夯实理科、振兴文科、繁荣社科、提升信科、拓展医科、推动交叉"的总体思路,持续推进学科布局优化和水平提升,做了大量卓有成效的工作。接下来要继续发挥学科龙头作用,牵引带动学校各项工作全面提升。一要推动大能源、大制造、大建筑、大人文等学科抢抓数字化、智能化、绿色化发展机遇,加快转型发展步伐,巩固提升自身优势特色。二要加快发展大信息、大健康领域学科专业,大力培育新的学科增长点。三要加强基础学科、新兴学科、交叉学科建设,下决心补齐短板弱项,提升服务国家战略的综合能力。四要全力争取机械工程、电气工程、土木工程 3 个一流建设学科纳入国家一流学科培优行动,支持率先达到世界顶尖学科水平,尽快成为应对国际竞争的重要力量。

(二)抓根本:全面深化综合改革

深化改革是学校事业发展的根本动力。学校现阶段发展面临的主要问题大多都是体制机制层面的问题,必须向改革要动力,以创新求突破。只有通过深化改革,才能真正从根本上推动问题解决,不断消除制约学校高质量发展的各种藩篱和瓶颈。**一要深入推进新时代教育评价改革**,坚持德智体美劳"五育并举",强化学习成长过程性评价,不断深化学生评价改革;进一步做细做实分类评价、同行评价、长周期评价等,不断深化学术评价改革;聚焦教书育人成效和人才培养质量,不断深化教学评价改革;突出价值、能力、贡献,不断深化人才评价改革。**二要全力争取纳入高等教育综合改革试点战略工程范围**,聚焦提升自主创新能力,深入开展两个先行先试,围绕"三个有组织"深化改革创新,重塑教育教学体系、科技创新体系和社会服务体系,更好赋能国家和区域创新发展。**三要全面推进落实"一院一策"综合改革**,坚持质量为先、突出内涵

特色,强化目标导向、聚焦关键指标,尊重学科规律、细化分类建设,持续激发学院办学的内驱力和创造力。

（三）抓未来:强化学校战略研究

战略研究是一项全局性、长远性、根本性的工作。一年多来,在工作推进和调研了解中,我深刻感受到学校一些工作开展缺乏前瞻性、系统性,这在很大程度上反映出我们办学过程中的战略研究、思考和谋划还不够。习近平总书记强调:"要善于进行战略思维,善于从战略上看问题、想问题。"建设世界一流大学必须强化战略研究,不仅学校层面,**各个职能部门、各学院、各学科都要深入开展战略研究**。**一要做细信息研究**,重点面向国内外高等教育发展新变化新趋势,有针对性地开展跟踪研究,保证学校改革发展"入主流、上水平"。**二要做精政策研究**,重点围绕新时代我国高等教育新特征新使命,追踪研究国外、国家和地方高等教育改革、科技创新发展、人才引进培育等重大方针政策,跟踪研究权威的第三方机构评价,结合学校实际,及时对接并提出政策实施建议。**三要做实校本研究**,重点聚焦新阶段学校"双一流"建设面临的新问题新挑战,抓住发展重点、难点、堵点和痛点,组织专门力量,深入开展专题研究,找准着力点,精准施策,精准施治。**四要做深学理研究**,重点加强学校改革发展理念和政策举措的学理性研究,凝练总结和积极推介学校办学治校的"重大"经验。

四、学校本学期重点工作

本学期,我们要继续深入学习贯彻习近平新时代中国特色社会主义思想和党的二十大精神,全面对标落实教育、科技、人才"三位一体"战略部署,按照年度工作要点和新的形势要求,着力抓好以下各项重点工作。

（一）党的建设方面

一要加快完善坚定拥护"两个确立"、坚决做到"两个维护"的政治铸魂体系和推进落实机制。二要持续深入抓好学习贯彻习近平新时代中国特色社会主义思想主题教育,加强问题整治整改,深化成果转化运用,建立常态化长效化推进机制。三要持之以恒加强党的建设和干部组织工作,进一步健全完善干部全方位管理和经常性监督机制,切实提高党的领导力和组织力。四要着力推动全面从严治党向纵深发展,继续推进"一校一策"解决突出问题,深化有关问题集中整治工作;扎实推进学校党委第四轮常规巡视和专项巡视,强化中央巡视整改与校内巡视整改、成果运用贯通融合。

（二）人才培养方面

一要优化大类招生大类培养大类管理,细化招生工作方案,重塑本科人才培养体系。二要高标准高质量建设国家卓越工程师学院、国家储能技术产教融合创新平台,引领加快建设高质量教育体系。三要扎实推进"强基计划""拔尖计划""101计划"等实施,加强专业、教材、课程、团队等建设,深化书院建设,为2024年本科教学审核评估做好各项准备工作。四要加快构建全方位、全流程的研究生人才质量保障机制。五要加快交叉学科学位授权点布局建设,持续优化学位授权点结构。六要认真实施好各类高层次人才培养专项,做好首届卓越工程师培养国际论坛筹备工作,大力培养国家战略高层次人才。

(三)科研创新方面

一要持续推进打造高能级创新平台集群,加快细化落实全国重点实验室实体化建设方案,进一步提速超瞬态实验大科学装置、重庆大学科学中心、教育部集成攻关大平台建设,布局建设 AI 机器人、医工融合等前沿交叉研究平台。二要重塑科研组织体系,强化项目、成果、人才、平台一体化服务与管理,建立重点重大任务"主动谋划、主动对接"机制,统筹头部企业等优势资源,提升有组织服务国家重大战略和区域创新发展能力。三要深化落实国防科研管理体制改革,加快筹建空间科学研究院、嘉陵江实验室,下决心做大做强国防科研。四要全力做好川渝"一带一路"科技交流大会校长圆桌会议承办工作。五要深化人文社科科研资源配置、绩效评价改革,突出做好重大项目申报、重点平台建设工作,着力提升咨政服务能力。六要深入推动高起点新刊创办工作,继续实施好"高水平学术期刊培育资助计划"项目。

(四)队伍建设方面

一要加快修订完善《重庆大学绩效考核办法》,认真做好 2023 年绩效考核工作。二要扎实做好国家级高层次人才增选及培育工作。三要进一步用足用活用好重庆市各项人才支持政策,与学校政策形成叠加效应,努力开创高层次人才引进新局面。四要加强全球招聘宣讲,推动构建优秀人才联络网。五要组织召开学校人才高质量发展大会,举办 2023 年海内外优秀青年学者论坛(秋季)。六要分类精准做好职称、职员、专业技术分级等晋升评审工作。

(五)国际合作与交流方面

一要突出重点,加快推进中外合作办学机构取得实质性进展。二要多点突破,推动共建更多国际联合研究平台。三要积极支持师生走出去开展访学交流。四要有针对性地加大基础学科领域外籍教师和专家引进力度。五要持续打造"留学重大"品牌,进一步做大留学生规模,稳步提升留学生质量。六要加强国际传播能力建设,加大海外宣传力度,提升学校国际影响力。

(六)社会服务方面

一要积极发挥大学学科、科研、人才等综合优势,深度融入、全力支撑服务成渝地区双城经济圈和西部陆海新通道建设。二要继续推进与重点产业、头部企业深化实质性合作,共建高水平实体化产教融合创新平台,大力探索"学校—市场"双向转化模式,做通做实做强科技成果转化,以高质量成果转化更好服务区域经济社会发展。三要创新模式用心用情做好校友联络与服务工作。四要持续做好对口支援云南省绿春县、重庆市巫山县等工作。

(七)资源保障方面

一要多途径加强办学资源筹集,创新机制提升经营性资产造血能力,确保学校可自主支配财力稳步增长。二要启动专项资金预算管理模式改革试点,改革优化学校资金、公房等资源配置机制,提高办学投入产出效益。三要加快各重点工程项目建设,稳步推进校区功能优化调整。四要系统实施育人环境提升工程和校园文化提升工程,持续推进美丽校园建设。五要启动实施"智慧重大行动计划",加快智慧校园建设,全面推进教育数字化转型。六要加快建成一站式师生服务中心,大力支持附中、附小建设,切实解决好师生急难愁盼问题。

借此机会,我最后再特别强调一下安全稳定工作。 大家都关注到,最近一个时期全国校园安全事故频发多发,给人民群众带来巨大灾难和痛苦,也给国家和社会造成严重的负面影响。就在暑假放假前一天,我校有关实验室也发生一起严重安全事故,给我们敲响了警钟。然而,从随机暗访检查的情况看,校内各种安全风险和隐患仍然大量存在,有的甚至让人触目惊心,形势非常严峻。这充分反映出我们的工作责任并未真正压实,制度规范尚未执行到位,综合治理和源头治理效果还不突出,部分师生安全意识薄弱等等问题,务必高度重视,全面整改。安全是民生之本、和谐之基,保持校园安全稳定是推动学校事业高质量发展的根本保证,也是全校每一位干部师生的共同责任。安全无小事,一失全失、一损俱损、一毁都毁,我们一定要高度重视、时刻警醒,进一步提高政治站位、强化思想认识,坚持总体国家安全观,加强综合施策、系统治理、重典治乱,统筹做好实验室、食品、消防、交通、施工以及保密、意识形态等各领域安全工作,坚决维护校园安全和谐稳定。

同志们,面对新形势新任务新要求,我们要持续将学习贯彻习近平新时代中国特色社会主义思想引向深入,切实提高站位定位,增强"国家队"意识,勇担"国家队"使命,超前识变、积极应变、主动求变,进一步突出目标导向、需求导向、问题导向,不断总结规律、深化改革、破解难题,纵深推进第二轮"双一流"高质量建设,全力应答"强国建设,教育何为?""教育强国,高校何为?"这一时代命题,奋力谱写"百年新重大"高质量发展新篇章,更好地服务支撑教育强国、科技强国、人才强国建设,为以中国式现代化全面推进中华民族伟大复兴作出新的更大贡献。

谢谢大家!

知常明变　驭势创新

——在重庆大学2023级研究生开学典礼上的讲话

校长　王树新

（2023年9月1日）

亲爱的同学们：

大家上午好！一生中最美好的场景就是相遇。今天，沐浴着秋日阳光，我们在重大相遇，共同见证你们开启人生的崭新篇章。首先，我谨代表全校师生员工，向同学们实现求学之路的再次"进阶"表示热烈祝贺！感谢大家选择重大，欢迎大家加入重大。

重庆大学自1948年开始招收研究生，是我国最早开展研究生教育的院校之一。1978年成为国家首批恢复研究生招生并具有博士和硕士学位授权点的高校。2004年正式成立研究生院，成为国家高层次人才培养和解决国家重大科技问题的重要基地。2019年成为全国31所可开展学位授权自主审核的高校之一。经过70余年的建设发展，已经建立起较为完备的学位与研究生教育体系。近年来，学校不断深化研究生培养体制机制改革，先后制定实施"研究生教育高质量发展行动计划"和"学位与研究生教育333行动计划"，着力打造卓越研究生教育。高标准推进国家卓越工程师学院建设，高水平实施国家急需高层次人才培养专项计划，聚焦国家重大战略需求，重点在工业母机、智慧能源、人工智能、储能技术等10余个关键领域大力培养国家急需的高层次技术领军人才，努力为破解我国关键领域"卡脖子"技术难题提供"重大"方案。与此同时，学校抢抓成渝地区双城经济圈建设机遇，全面提速建设重庆大学科学中心、超瞬态实验大科学装置、教育部集成攻关大平台等高能级创新平台集群，着力打造国家战略科技力量，全力支撑重庆构筑四大科创高地，共同服务加快实现高水平科技自立自强。这些都给同学们成长发展创造了更好的条件、提供了更多的机遇。

同学们，历史大潮，浩浩汤汤；时代车轮，滚滚向前。人类社会正处在一个大发展大变革大调整的时代，世界竞争格局在变，国家发展进程在变，个人成长环境也在变。生长变化既是万物的运行规律，也是事物得以适应发展的最好方法。古语有云"知常明变"，知万物本性之自然，感事物变化之发展。正所谓知常明变者赢，驭势创新者进，作为新时代的研究生，超前识变、积极应变、主动求变，无疑是大家开局制胜、成就精彩人生的关键。要洞悉世界之变。当前，世界百年未有之大变局加速演进，新一轮科技革命和产业变革蓬勃发展,国际格局和秩序深刻调整,人类社会生产生活和思维方式深刻变化,科技创新已成为大国战略博弈的主战场。要读懂国家之变。我国已进入全面建设社会主义现代化国家、向第二个百年奋斗目标进军的新发展阶段,正经历有史以来最为广泛而深刻的社会变革,正在推进中国式现代化这一人类历史上极其宏大而独特的实践创新,对科学知识和卓越人才的渴求比以往任何时候都更加迫切、更加强烈。要认识个人之变。研究生是教育体系"金字塔尖"的杰出群体,是未来科技创新的生力军和国家战略人才的后备军,成为研究生不仅意味着身份角色的转变,更意味着使命责任的变化,需要大家主动担当起"科技创新、强国有我"的时代使命。

世界上唯一不变的就是变化本身。究竟该如何应对变化?《周易》有云"穷则变,变则通,通则久",《礼记》中说"苟日新,日日新,又日新"。其实,答案早已蕴含在中华优秀文化的价值理念之中。处于研究生阶段的你们,无论就读于哪一个学科专业,无论是理论研究还是实践探索,都既要善于识变应变求变,又要善于积势蓄势谋势,把握更多时代发展变量,创造更多科技创新增量,释放更多个人成长能量,厚积而薄发,驭势而有为。借此机会,我分享几点建议,与同学们共勉。

一要勇攀科学之峰,志存高远乘势而上。个体的发展,只有融入实现中华民族伟大复兴的时代洪流中,把为人民谋幸福、为民族谋复兴作为不变情怀和毕生追求,才能真正勇攀高峰、实现价值。我们国家,从"两弹一星"到"神舟飞天",从"高铁飞驰"到"墨子传信",从"北斗巡天"到"嫦娥奔月"……一次次技术飞跃都令神州大地焕发新的生机。我们重大人,无论是抗战时期主持修建我国第一座短波电台,向世界传递"中国之声"的冯简先生,还是如今带领团队研发出工业高温高含尘烟气余热深度回收及净化一体化技术,为工业节能减排提供国际领先方案的廖强教授,他们都心怀"国之大者",为国家和民族进步贡献了"重大"智慧。希望同学们都能站在人类和国家发展的高度定位个人的学术追求,勇敢在"卡脖子"关键技术、"从 0 到 1"原始创新等领域寻找自己感兴趣的研究方向,多做解决国家急需、推动社会进步、促进人类发展的基础性、前沿性、引领性研究,坚持把论文写在祖国大地上,把科研做到国家最需要的地方,乘势而上,矢志报国。

二要集聚创新之力,博采众长借势而进。现代科技的突破、创新和发展越来越依赖多学科交叉与融合,特别是随着新一代网络信息技术的迅速发展和大量应用,科学研究范式正发生深刻变革。任何一个科学发现或技术突破,几乎都需要用到跨学科的思维和知识,甚至需要跨领域、跨国别多个团队的协同攻关和共同努力。统计显示,在近百年的 300 多项诺贝尔自然科学奖中,近半数是多学科交叉融合的成果。近年来,学校大力推动多学科交叉融合发展,打造"人工智能+"学科群,布局新兴交叉学科专业,已在化学、力学等基础学科与电气、机械等工程学科,以及量子物理与信息科学等多个交叉融合领域取得前瞻性创新性成果。希望同学们充分利用学校提供的良好条件,在导师团队的指导下提出新观点、研究新问题,在与不同专业背景伙伴的合作中开拓新视野、启迪新思维,博采众长、兼容并蓄,不断突破领域壁垒、跨越创新边界,成长为宽口径、厚基础、高素质的复合型创新人才。

三要坚守研究之道,心坚步稳逆势而行。"水之积也不厚,则其负大舟也无力。"科学研究是一个大胆假设、小心求证、反复实践、探索进取的过程，布满荆棘、充满艰辛，不可能一蹴而就。我校鲁迅文学奖获得者李永毅教授深耕国内研究基础薄弱的拉丁语诗歌领域，数十年如一日潜心翻译，先后译成500余万字的古拉丁文《贺拉斯诗全集》《奥维德诗全集》等著作。今年获得首届"重庆大学学生年度人物"的2019级博士生韩亮，耗费两年时间专研一篇论文，通过无数次实验和演算，仔细弄懂每一个复杂公式，在科研上专心致志、奋力前行，目前已发表8篇SCI论文。他们都是大家身边的榜样，执着专注、知难而进无疑是他们的成功经验，也将是你们的成长秘诀。同学们，做科研就得有股"咬定青山不放松"的韧劲、"不破楼兰终不还"的钻劲、"敢教日月换新天"的闯劲，要能在爬坡上坎中不惧失败、逆行而上，在深耕细研中经得起挫折、守得住底线，摒弃浮躁心态，杜绝急功近利，将科学精神和学术道德真正内化于心、外化于行。唯有坚守这样的研究之道，才能达到创新的理想高度。

亲爱的同学们，《重庆大学宣言》开篇写道："人类之文野，国家之理乱，悉以人才为其主要之因。"无论哪个时代，人才都是国家发展的重要基石。"善战者，求之于势"，在科技引领发展、创新制胜未来的大背景下，希望大家牢固树立科技报国的远大理想，潜心研究、深耕学术、敢闯会创，在青春的赛道上乘势而上、借势而进、逆势而行，将个人发展的"小趋势"汇入时代发展的"大潮流"，努力在强国建设、民族复兴伟业的接续奋斗中成为创新之栋梁。

谢谢大家！

启兹重大　奋楫争先

——在重庆大学 2023 级本科生开学典礼上的讲话

校长　王树新

（2023 年 9 月 3 日）

亲爱的同学们：

大家上午好！很高兴在这叠翠流金、丹桂飘香的美好时节，和大家相聚在美丽的虎溪校园，共同见证你们人生的重要时刻和全新的梦想旅程。在此，我谨代表学校向 2023 级全体本科新同学表示热烈的欢迎！祝贺同学们以优异的成绩圆梦重大，交出了奋斗其时、不负华年的满意答卷。

虎溪校园的后山顶有一座"启兹亭"。"启兹"二字，源于第二任校长胡庶华先生题写的校歌歌词"启兹天府，积健为雄。复兴民族兮，誓作前锋"。自 1929 年建校以来，重庆大学始终坚守"研究学术、造就人才"的初心使命，秉持"不计久远之成功，惟是当前之戮力；不期一驾之企及，惟是十驾之不休"的执着精神，坚韧顽强、孜孜不倦，育栋梁拄长天，兴教育佑乡邦，致力于为社会提供优质的人才供给和智力支持。同学们的到来，为学校注入了新鲜血液、增添了青春活力，也让我们深刻感受到"得天下英才而育之"的光荣与责任。

近年来，学校聚焦"双一流"建设，深度对接成渝地区双城经济圈、西部陆海新通道建设等国家和区域重大战略，在造就学术英才、兴业良才、治国贤才上勇当先锋，努力为大家的成长成才创造最好条件。学校推动成立本科生院，实行大类招生大类培养大类管理，面向全体大一新生开设"文明经典"通识核心课程，打造博雅书院、弘深书院、彭桓武书院等一流人才培养"样板间"，帮助同学们既夯实专业基础，更涵育综合素养，铺就长远发展基石，持续擦亮全面发展的育人底色。学校高标准建设国家卓越工程师学院、国家储能技术产教融合创新平台、明月科创实验班等创新人才培养"示范区"，让同学们在校企联合、产教融合、科教融汇的多场景学习与实践中，以知促行、以行求知，着力彰显知行合一的育人本色。学校大力实施"时代新人铸魂工程"，依托教育部高校思想政治工作创新发展中心（文化育人）、中华优秀传统文化（川剧）传承基地等育人平台，广泛汇聚各方面优质教育资源，构筑卓越人才培养"共同体"，让同学们都能找到丰富自我、展现自我的赛道和舞台，不断提升内外兼修的育人成色。未来几年，你们将在这里茁壮成长，为学校带来新的希望；学校也将作为你们脱颖而出的"梦想主场"，始终为大家保驾护航。

同学们，党的二十大擘画了全面建设社会主义现代化国家的宏伟蓝图，开启了以中国式现代化全面推进中华民族伟大复兴的崭新征程。作为党的二十大召开后升入大学的第一批本科新生,你们肩负的使命无比光荣、担当的责任艰巨繁重。面对世界百年未有之大变局和中华民族伟大复兴战略全局,面对成长道路上不期而至的新机遇新挑战,面对大学校园里自主独立而又丰富充实的学习生活,此时此刻,你们可能有忐忑与紧张,但更多满怀激动与期待。启兹重大,不仅意味着你们成了最年轻的重大人,更意味着你们要时刻奋楫争先,担负起强国建设、民族复兴的责任与使命,争当伟大理想的追梦人、争做伟大事业的生力军。借此机会,我想与同学们分享3点建议和希望。

启兹重大,要坚持理想当先,挺膺担当共赴时代。

世界文明的传承迭代,历次工业革命的突破飞跃,中华上下五千年的发展延续……人类前进的每一步都必然高举着理想的火把。94年来,正是怀着建"完备弘深之大学"的远大理想,一代代重大人传承弘扬"复兴民族、誓作前锋"的重大精神,披荆斩棘、笃行不怠,始终奔赴在教育救国、兴学强国的最前线,为国家发展民族复兴作出了重大贡献。新中国最美奋斗者、我校资安学院鲜学福院士,在1955年毕业分配登记表的志愿栏里写下"终身献身煤矿事业",自此几十年如一日潜心科研,成为煤层瓦斯基础研究的开拓者,用实际行动践行了治学为国、科技兴国的理想信仰,彰显了矢志奋斗报国的责任担当。

大学是人生的关键阶段,同学们在此期间作出的每一个选择、付出的每一份努力都将对你们的成长和发展产生深远的影响,而理想的确立则是至关重要的前提。有了理想,青春才有航向。置身于"两个一百年"奋斗目标的大背景下,大家人生发展的黄金期与社会主义现代化强国建设历程高度重合,作为"强国一代",你们将亲身创造和见证历史,自当胸怀家国、志存高远,在强国建设、民族复兴的时代潮流中树立坚定的理想信念,凝聚驱动中华民族加速迈向伟大复兴的磅礴力量,让青春在为祖国、为民族、为人民、为人类的不懈奋斗中绽放绚丽之花。

启兹重大,要坚持学业为先,乐学笃行共勉成长。

"自古圣贤盛德大业,未有不由学而成者也。"学习是重塑自我、收获成长、实现理想最根本的途径。大学阶段,学习仍是你们的本职任务。有别于中学,大学的学习需要更加主动和自觉,要不断增强学习内驱力,让自己真正成为学习的主人;大学学习的高阶目标并不在于掌握知识本身,而在于培养和提高自我学习能力。要善于探究式学习,在勤思细研中涵育批判思维和创新意识;要注重跨界型学习,在交叉融合中跨越知识边界和本领壁障;要坚持实践性学习,在躬身实践中锤炼专业特长和能力素质。

环境与生态学院胡亚惊同学坚定学术志向,本科阶段即发表SCI高水平论文,从实验"小白"成长为科研达人,获评首届"重庆大学学生年度人物"。公共管理学院陈欣弘宇同学怀揣"双创"梦想,在与工程、信息等学科的跨界融合中不断实现"1+1>N"的超越,收获"互联网+""挑战杯""创青春"国奖大满贯。管理科学与房地产学院付彦博同学坚持学以致用,积极参与山区支教实践,以优异表现获评"中国大学生自强之星",被选为成都大运会开幕式火炬手,在世界舞台绽放重大青年风采。你们身边的优秀学长学姐,尽管各有不同却各自精彩。希望大家以他们为榜样,珍惜美好大学时光,把握当下,乐学笃行,切实打牢适应和驾驭未来的本领能力。

启兹重大,要坚持立德在先,向善尚美共创未来。

才者,德之资也;德者,才之帅也。如果说本领能力决定一个人能攀多高,心性德行则决定一个人能走多远。作为大学生,勤勉务实、诚实守信、感恩有礼、谦逊恭谨等等都是你们应当具备的优良品质。唯有保持善良本性向上向善,涵养美好品行尚德尚美,才能真正行稳致远。进入大学,你们将感受来自全国乃至世界各地不同民族思维模式、生活习惯、个性爱好的相互碰撞,首先就要学会与人相处,尤其在集体生活中要懂得尊重、善于倾听、兼容并包、博采众长,努力做到各美其美、美美与共。

《人民日报》曾报道我校同一宿舍的曾琴、陈逸虹、方卓雅、吉宇4位同学,她们取长补短、共同成长,最终全员保研。和谐的集体氛围让她们"不仅仅是室友,更是成就彼此的家人"。2019级机自实验班32名同学"拧成一股绳",他们并肩奋斗、共同进步,学年班级平均绩点3.61,最终25人推免研究生、2人留学深造,升学率超过84%。德不孤,必有邻。无论是寝室小集体,还是班级大集体,正是大家见贤思齐、团结友爱,共同创造了破浪前行的精彩旅途,获得了乘风并进的美好体验。希望同学们也能收获这样的"神仙友谊",与同伴一道,在学习中互勉,在生活中互助,无惧未知风雨挑战,携手共创美好未来。

亲爱的同学们,时代各有不同,青春一脉相承。重大百年潮将至,重大青年起而行。今天,你们一身戎装正式开启了大学生活,希望大家追随理想之光、担起学习之职、永怀崇德之心,踔厉奋发、勇毅前行,昂首唱响新征程激扬澎湃的青春之歌,努力续写重大人奋楫争先的精彩华章!

谢谢大家!

在共建重庆大学附属人民医院签约暨挂牌仪式上的讲话

校长 王树新

（2023 年 11 月 8 日）

尊敬的但市长、徐涛院士，各位领导、各位来宾，同志们：

大家上午好！非常高兴今天我们齐聚一堂，共同见证重庆大学附属人民医院共建签约和正式挂牌。在此，我谨代表重庆大学向莅临会议的各位领导和嘉宾表示热烈的欢迎，衷心感谢市委、市政府以及各位领导、嘉宾长期以来对重庆大学的关心支持。

重庆大学创办于 1929 年，是党和国家布局在西部唯一直辖市重庆的"双一流"建设高校，有着悠久的办学历史、深厚的办学底蕴、鲜明的办学特色、雄厚的办学实力。学校在建校之初就确立了建"完备弘深之大学"这一宏大而富有远见的办学目标，提出了"研究学术、造就人才、佑启乡邦、振导社会"的办学宗旨，经过长期的办学积淀，在大能源、大制造、大建筑、大人文等学科领域拥有明显优势，正加快大信息、大健康等领域学科的布局建设。学校工程学、材料科学、化学先后进入 ESI 世界前 1‰学科，临床医学等 15 个学科进入 ESI 世界前 1%，现有包括 5 个全国重点实验室在内的各类国家级科研平台 18 个。建校以来，学校已累计培养 50 余万名高层次人才，其中超过 50%留在我国西南五省市就业，为我国西部尤其是西南地区经济社会发展提供了重要支撑，作出了独特贡献。

党的十八大以来，以习近平同志为核心的党中央高度重视人民健康，全面推进健康中国建设。党的二十大报告指出："人民健康是民族昌盛和国家强盛的重要标志。把保障人民健康放在优先发展的战略位置，完善人民健康促进政策。"近年来，重庆大学认真贯彻落实党中央决策部署，面向人民生命健康重大需求，坚持"高起点、研究型、入主流、有特色"的定位，加快医学学科布局建设，2018 年 6 月恢复成立医学院，2019 年 6 月成立医学部并开始临床医学硕士招生，2022 年开始临床医学本科招生，2023 年开始临床医学博士招生，已基本构建起本硕博一体化的新医科人才培养体系。现有在籍本科生 59 人（两届，广受社会关注和考生青睐，以重庆为例，录取考生的全市排位均在 2 000 位以内，较一本线高出 150 分以上。其中，2022 年计划 6 人，录取考生为学校在重庆的前 6 名；2023 年计划 7 人，录取考生为学校在重庆的前 8 名）、硕士生 287 人、博士生 24 人（首届）。截至目前，医学院及附属医院共有正高职称专业技术人员 453 人，博士生导师 66 人，其中国家级人才 14 人。已建成神经智能研究中心、精准医学研究中心、创伤急救研究中心等多个前沿交叉研究平台,并在神经生物学、肿瘤学、急救与创伤医学、分子医学和再生医学等研究领域形成了一定的学科特色。成功获批肿瘤与病菌靶向新药创制教育部工程研究中心、教育部智能肿瘤学医药基础研究中心,牵头创办的《智能肿瘤学(英文)》成功入选 2023 年度中国科技期刊卓越行动计划高起点新刊项目。学校医学学科发展取得显著进展和成效,呈现出加速向上的良好态势。

重庆市人民医院历史悠久、文化底蕴深厚、医技实力雄厚,是重庆市首批三级甲等综合性医院,具有很强的医疗服务辐射力和影响力,在临床技术应用、临床人才培养、临床带教工作、临床科学研究等方面有着良好基础和综合优势。今天,附属人民医院的共建签约和正式揭牌,是对重庆大学附属医院体系的极大补充和完善,必将更好地支撑和促进学校医学学科内涵式高质量发展。与此同时,相信随着各项共建工作的不断深入,随着学校医学学科的快速发展和综合办学实力的持续提升,重庆大学附属人民医院也必将迎来更多机遇,取得更好发展。

借此机会,我代表学校就做好共建工作、推动共赢发展提 3 点建议:一是要走实医教研深度融合的全面共建之路。要增强"共同体"意识,对标世界一流,加强顶层谋划,积极探索创新合作共建的先进理念、有效机制和典型模式,大力推进队伍、平台等共建共享,持续深化医教研协同改革,着力构建医学院、附属医院、医学研究中心一体化的医教研融合体系,加快研究型医院建设步伐。二是要走出医工交叉创新的特色发展之路。医工交叉是世界医学发展的新动力和新引擎,要充分发挥校院各自优势,全面融入重庆四大科创高地建设,以医工交叉为突破和引领,促进医工理文全面融合,聚焦医学领域"卡脖子"难题,着力构建新型医学科技创新体系,加快打造临床医学特色高峰和科研成果转化高地。三是要走好以高层次复合型医学人才培养为核心的新医科建设之路。要遵循医学教育规律和医学人才成长规律,积极探索与实践新医科的创新发展路径,加快新医科建设步伐,共同打造具有世界水平的高质量新医科人才自主培养体系,不断推动"医学+X"多学科背景的复合型拔尖创新人才培养,为健康中国建设提供强有力的人才保障。

面向未来,重庆大学将继续加大医学学科建设力度,加快构建医工理文融通、医教研协同体系,充分利用学科、平台、人才等综合优势,更好发挥高水平研究型大学对医院发展的引领带动作用,促进医院学科水平、科研能力和综合实力的整体提升。我们坚信,在重庆市委、市政府以及相关部门的关心指导和大力支持下,校院双方一定能够实现强强联合、优势互补、共赢发展,共同打造高水平医学人才培养和医疗服务体系,全面支撑重庆加快建成全国医学高地,为推进健康中国建设和促进全民健康作出新的更大贡献。

最后,预祝今天的签约和挂牌仪式圆满成功! 衷心祝愿重庆大学附属人民医院越办越好!

谢谢大家!

在 2023 重庆大学海内外优秀青年学者
论坛(秋季)开幕式上的致辞

校长 王树新

(2023 年 12 月 15 日)

各位海内外优秀青年学者:

大家上午好!非常高兴通过线上+线下的方式,与大家相聚在美丽的重庆大学虎溪校区,共同参加 2023 重庆大学海内外优秀青年学者论坛。首先,我谨代表重庆大学对各位嘉宾、各位青年才俊表示热烈欢迎和衷心感谢!

重庆是中国著名的历史文化名城,有文字记载的历史达 3 000 多年。巴渝文化、三峡文化、抗战文化、革命文化、统战文化、移民文化等交织形成独具特色的地域文化。重庆也是中国中西部地区唯一的直辖市,是西部大开发重要战略支点,处在"一带一路"和长江经济带联结点上,在国家区域发展和对外开放格局中具有独特而重要的作用。"两点"定位、"两地""两高"目标和发挥"三个作用",是党中央和习近平总书记在新时代赋予重庆的重大使命,交给重庆的战略任务。2020 年,成渝地区双城经济圈建设上升为国家战略,在习近平总书记亲自谋划、亲自部署、亲自推动下,成渝两地正在合力打造国家战略产业备份基地,共建中国经济增长"第四极"。重庆新一届市委把推动成渝地区双城经济圈建设作为全市"一号工程"和工作总抓手总牵引,全面实施科技创新和人才强市首位战略,谋划推动"416"科技创新战略布局,着力打造"33618"现代制造业集群体系,高质量推进现代化新重庆建设。当前,重庆政治生态持续向好、经济高质量发展动能持续增强、社会和谐稳定局面持续巩固,是青年干事创业的热土和安居乐业的福地。选择重庆,必将大有可为,必定大有作为。

城市孕育大学,大学滋养城市。一所好的大学往往决定一座城市的发展高度。重庆大学创办于 1929 年,与重庆正式建市同年,始终相生相伴、融合共生。学校在建校之初就确立了建"完备弘深之大学"这一宏大而富有远见的办学目标,提出了"研究学术、造就人才、佑启乡邦、振导社会"的办学宗旨,形成了"耐劳苦、尚俭朴、勤学业、爱国家"的育人传统,淬炼了"复兴民族、誓作前锋"的重大精神。建校以来,学校已累计为国家培养输送了 50 余万名高层次人才,涌现出一大批杰出科学家、文化大师和各行各业的精英翘楚,为我国西部尤其是西南地区经济社会发展提供了重要支撑,作出了独特贡献。重庆市委、市政府一直高度重视、全力支持重庆大学,市委书记袁家军自 2022 年 12 月到任重庆后,已先后 3 次来校视察调研,看望专家学者,为师生作报告,关心指导学校发展。

进入新一轮"双一流"建设以来,重庆大学坚持以习近平新时代中国特色社会主义思想为指导,全面贯彻党的二十大精神和党中央关于教育、科技、人才"三位一体"战略部署,不断加强党对学校工作的全面领导,聚焦落实立德树人根本任务,准确把握高质量发展内涵要求,抢抓成渝地区双城经济圈和西部陆海新通道建设重大机遇,深度融入西部(重庆)科学城建设,与时俱进加快中国特色、世界一流大学和优势学科建设步伐,持续推动学校改革发展各项事业不断取得新进展新成效,综合办学实力、育人水平和学术影响力显著提升。

一、在学科建设方面

经过长期办学积淀,学校在大能源、大制造、大建筑、大人文等学科领域已形成鲜明的特色和优势,正大力推进大信息、大健康等领域学科建设。医学学科自 2018 年恢复建设以来成效明显,已拥有 8 家直属附属医院,形成了本科、硕士、博士、博士后人才培养完整链条,医学部新院区的布局谋划即将取得实质性进展。大力支持新兴学科、交叉学科建设,凝练智能制造、智慧能源、智能建造等"人工智能+"学科群;布局建设量子材料与器件、先进电能源化学、流体与趋化数学、植物功能基因组与合成生物学、AI for Science 等前沿交叉学科平台,培育新的学科增长点。高度重视基础学科建设,深入实施"基础理科卓越行动计划""基础文科振兴行动计划",支持建设重庆大学数学中心,成立中国语言文学系、历史学系、哲学系。获批国家自然科学基金委西南理论物理中心、非线性分析数学与应用教育部重点实验室。目前,学校工程学、材料科学、化学进入 ESI 世界前 1‰,15 个学科进入 ESI 世界前 1%;14 个学科进入软科世界一流学科排名前 100 名,其中 9 个学科进入世界前 50 名。

二、在人才培养方面

全面落实立德树人根本任务,主动适应新形势新技术带来的新要求新挑战,不断更新人才培养理念,大胆创新人才培养模式,"五育并举"造就更多中国式现代化建设急需的拔尖创新人才。持续落实"本科教育 2029 行动计划",全面开展大类招生大类培养大类管理,深入实施"强基计划""拔尖计划",试点推进本研贯通培养。"曙光计算机拔尖班"入选教育部"基础学科拔尖学生培养计划 2.0 基地",大数据与软件学院入选教育部首批"特色化示范软件学院"。制定实施"学位与研究生教育 333 行动计划",全面提高研究生培养质量。强化科教融合、产教协同育人,获批首批国家卓越工程师学院试点建设高校(全国共 10 个)、国家储能技术产教融合创新平台(全国共 7 个)。学校现有国家一流本科专业建设点 61 个(列全国第 17 位)、国家级一流课程 68 门(列全国第 28 位)。牵头获得 2022 年度国家级教学成果奖一等奖 1 项、二等奖 7 项,其中与其他高校共同完成的"新工科教育"成果获特等奖。

三、在科研创新方面

坚持"四个面向",以大平台、大团队、大任务、大成果为牵引,大力开展有组织科研,不断强化基础研究和应用基础研究,着力打造国家战略科技力量。学校现拥有各类国家级科研平台19个,包括高端装备机械传动、输变电装备技术、煤矿灾害动力学与控制、高端装备铸造技术、特种化学电源5个全国重点实验室,以及能源装备安全国家野外科学观测研究站、空间电能变换与无线传输关键核心技术教育部集成攻关大平台等。正高质量建设重庆大学科学中心、超瞬态实验大科学装置,积极筹建山地土木工程安全全国重点实验室、嘉陵江实验室(面向国防领域),布局建设量子物质、未来芯片、智能超算及网联计算等高端公共共享平台,支持打造中国工程科技发展战略重庆研究院、城市化与区域创新极发展研究中心等新型高端智库,加快构筑高能级创新平台集群。近年来,学校科研经费快速增长,科研总经费在2022年突破30亿元。高质量原创成果不断涌现,例如:周绪红院士团队成功安装全球首台165米级预应力钢管混凝土格构式塔架,解决了我国陆上低风速区风资源开发中的"卡脖子"问题;潘复生院士团队试制成功全球最大镁合金超大汽车压铸件,以科技赋能重点产业转型升级;陈兵奎教授团队原创发明的"线面啮合对构齿轮传动",保障中国空间站对日定向机构在轨稳定运行;黄晓旭教授团队依托自主研发的三维透射电镜技术在纳米金属研究领域取得突破,成果刚在 *Science* 正刊发表。

四、在师资队伍方面

坚持把人才作为学校发展的核心战略资源,推进构建"弘深学者"系列人才引进和职称系列教职引进为两大主体的"双塔"型引才体系。打通人才发展壁垒,探索建立校内人才和引进人才互通机制,启动全周期人才发展支持计划,通过柔性引进、建立人才特区等方式,多措并举促进各类人才蓬勃成长。深化教师评价改革,坚决破除"五唯"倾向,突出品德、能力、贡献导向,推行代表作评价和同行评价制度,细化分类评价、多元评价,引导教师潜心学术研究和人才培养。近年来,高层次人才快速增长,现有包括9位全职院士在内的各类国家级人才298人次(231人),其中国家级青年人才149人次(144人)。2023年,新增中国工程院院士1人;获批国家优秀青年科学基金项目(海外)17人(列全国第16位);12人入选科睿唯安"全球高被引科学家"榜单。

最新数据显示,2021年以来,学校在ARWU世界大学学术排行榜中,从324名上升至217名,提升107名;在ESI全球机构排名中,从580名上升至339名,提升241名;在泰晤士高等教育(THE)世界大学排行榜中,从695名上升至378名,提升317名;在U.S.News世界大学排行榜中,从499名上升至379名,提升120名;在QS世界大学排行榜中,从784名上升至561名,提升223名。学校全球学术影响力持续提升,整体呈现出快速向上向好的发展势头。

面向未来,我们将继续深入学习贯彻习近平新时代中国特色社会主义思想,不断提高站位定位,增强"国家队"意识,勇担"国家队"使命,聚焦"双一流"建设,以高质量建设"百年新重大"为总牵引,全力应答好"强国建设,教育何为?""教育强国,高校何为?"这一时代命题。

各位青年才俊,1929年《重庆大学宣言》开篇云,"人类之文野,国家之理乱,悉以人才为其主要之因。必人才日出,然后事业日新;必事业日新,然后生机永畅",从建校的第一天起,重庆大学就把人才放在最重要的位置,把培养人才、汇聚人才作为学校最核心的职能。2023 年 8 月以来,重庆市出台了系列引才聚才行动计划,明天也将隆重举行 2023 重庆国际人才交流大会。我们今天的论坛活动,也是国际人才交流大会的专场活动之一,得到重庆市教育委员会、人力资源和社会保障局等部门的大力支持。活动旨在通过海内海外联动、线下线上协同,集聚更多战略科学家、科技领军人才和创新团队、青年科技人才,为"百年新重大"高质量发展和现代化新重庆建设注入新的活力。

新时代新征程,重庆大学将在重庆市委、市政府及相关部门的指导支持下,深入实施人才强校核心战略,扎实推进"一院一策"综合改革,积极探索人才多元成长路径与多维支持政策,持续优化真心爱才、悉心育才、倾心引才、精心用才的人才发展体制机制,着力营造"近悦远来"的发展环境和氛围,聚厚德笃行之英才,建完备弘深之大学。

"江山代有才人出,各领风骚数百年。"我们诚挚邀请海内外优秀英才持续关注重大、深入了解重大、坚定加盟重大,与我们携手坚守育人初心、勇攀科学高峰,共同续写"百年新重大"壮丽华章,在奋进中国式现代化、推动人类文明进步的全新实践和时代进程中,成就个人发展新高度和一流大学建设新辉煌。

最后,预祝本次论坛取得圆满成功! 祝愿大家在渝期间交流愉快,身体健康! 谢谢大家!

(二)年度工作要点与总结

中共重庆大学委员会　重庆大学2023年工作要点

2023年是全面贯彻落实党的二十大精神的开局之年,是"十四五"发展承上启下的重要一年。2023年学校工作的总体要求是:以习近平新时代中国特色社会主义思想为指导,紧紧围绕深入学习贯彻党的二十大精神这条主线,认真贯彻落实习近平总书记关于教育的重要论述,深刻领悟"两个确立"的决定性意义,增强"四个意识"、坚定"四个自信"、做到"两个维护",坚持稳中求进工作总基调,坚持和加强党对学校的全面领导,全面贯彻党的教育方针,落实立德树人根本任务,以加快建设中国特色世界一流大学为目标,以全面提高人才自主培养质量为重点,以打造国家战略科技力量和战略人才力量为支撑,着力深化"双一流"建设重点工作改革,不断塑造发展新动能新优势,强化教育、科技、人才的基础性战略性支撑作用,为推动新时代新征程"百年新重大"高质量发展,加快建设教育强国、科技强国、人才强国作出新贡献。

一、以政治建设为统领,坚持和加强党对学校的全面领导

1.始终把政治建设摆在首位

完善坚决拥护"两个确立"、坚决做到"两个维护"的政治铸魂体系和推进落实机制,健全抓党建带全局的工作体系。坚持把习近平总书记重要指示批示作为政治要件,作为党委全委会会议、党委常委会会议、校长办公会议等重要会议"第一议题",加强统筹协调,健全对标对表、校准偏差、狠抓落实长效机制,确保习近平总书记重要指示批示精神和党中央重大决策部署不折不扣落到实处。严格执行党委领导下的校长负责制,把党的全面领导各项制度安排融入学校治理体系和管理运行机制。完善统战、群团、教代会、学术组织等工作体系,提升党组织在师生中的凝聚力、影响力和向心力。准确把握和防范政治安全新风险,统筹做好政治安全、意识形态安全等重点领域国家安全工作,守牢意识形态阵地,防范化解突出风险隐患。持续深化保密宣传教育培训,加快推进保密体系能力建设,深入开展保密监督检查,确保各项保密工作任务落到实处。(责任单位:党办校办、组织部、宣传部、统战部、学工部、研工部、校工会、校团委、保卫部、保密办、纪检监察机构)

2.抓实理论武装和宣传文化工作

坚持不懈用习近平新时代中国特色社会主义思想凝心铸魂,持续掀起学习贯彻党的二十大精神热潮。坚持集中学习、专题读书、专家讲解,统筹安排"读原著学原文、悟原理知原义"大学习,抓实校院两级党委理论学习中心组学习。大力支持马克思主义学院和思政课程建设,推进党的创新理论进教材、进课堂、进头脑。加大主流媒体宣传力度,做好时代楷模典型和教书育人优秀代表选树宣传工作,讲好重大故事,营造良好舆论氛围。巩固深化"全国文明校园"创建成果,做好复查工作。深入挖掘校史中的红色资源,传承红色

基因,打造精品文艺活动。深入开展"书香校园"建设,广泛开展读书行动,繁荣校园文化,塑造良好校风学风。加强师德师风建设,开展教育家精神、科学家精神教育引导,压实二级党组织教师思想政治及师德师风建设主体责任。(责任单位:宣传部、教工部、学工部、研工部、党办校办、马克思主义学院、校团委、图书馆)

3.增强党组织政治功能和组织功能

深入贯彻落实新时代党的组织路线,持续贯彻执行普通高等学校基层组织工作条例,坚持大抓基层的鲜明导向。修订党建考核相关制度,纵深推进新时代高校党建示范创建和质量创优("双创")工作,逐级压实党建工作责任,建强上下贯通执行有力的组织体系。严格按照党中央统一部署,以处级以上领导干部为重点,深入开展党内主题教育。进一步激发党员队伍活力,切实发挥"双创"示范引领作用,注重从青年教师、少数民族学生中发展党员。从严从实抓好党员队伍建设,组织动员基层党组织和党员在学校事业发展中奋勇争先、建功立业。进一步细化党管人才工作,落细落实对人才的关心服务,充分发挥党组织对人才的政治引领和政治吸纳作用。(责任单位:组织部)

4.锻造高素质干部人才队伍

落深落实新时代好干部标准,树立选人用人正确导向,建设适应学校改革发展需要、忠诚干净担当的高素质干部队伍。深入开展干部队伍建设调研,适时启动机关处级领导干部交流调整和学院行政领导班子换届工作。大力推动干部在校内外挂职。优化科级干部选拔程序。建好干部队伍"蓄水池",抓实"选育管用"各环节工作,加快形成有利于干部成长成才、脱颖而出的良好氛围和体制机制。制定实施2023—2027年学校干部教育培训规划。加强对干部全方位管理和经常性监督,不断增强管理监督实效。(责任单位:组织部、党校)

5.推进立德树人根本任务落地落实

加强学生政治引领和价值塑造,全面实施"时代新人铸魂工程",深化"三全育人"综合改革成效,健全"五育并举"育人体系,优化学生综合评价体系,促进学生德智体美劳全面发展。统筹推进体育、美育、劳动教育,深入实施"晨曦计划",举办"重大杯"系列体育赛事,实施美育浸润计划,开展"小我融入大我　青春献给祖国"社会实践。扎实做好社会主义核心价值观教育、国防教育和中华民族共同体意识教育。深入开展心理健康促进行动,完善精准资助育人体系。建设智慧学工系统,做好"一站式"学生社区综合管理模式建设试点工作。加强辅导员队伍建设,畅通辅导员职业发展通道。深化共青团改革,抓实关心下一代工作。[责任单位:学工部(心理中心)、研工部、宣传部、统战部、本科生院、研究生院、虎溪党工委、虎溪管委会、人事处、校团委、关工委]

6.坚定不移推进全面从严治党纵深发展

坚持内容上全涵盖、对象上全覆盖、责任上全链条、制度上全贯通,进一步健全学校全面从严治党体系。紧紧围绕落实党的二十大战略部署和习近平总书记重要指示批示精神,加强对"一把手"和领导班子监督等,推进政治监督具体化、精准化、常态化。以中央巡视长期整改任务为重点,进一步巩固深化"一校一策"

成果。把党的纪律建设摆在更加突出位置,进一步强化党员干部纪律意识、规矩意识。紧盯招生考试、基建工程、后勤保障、科研经费、招标采购、附属医院、校属企业、合作办学(培训班)等重点领域加强日常监督。持续深化落实中央八项规定精神,纠树并举严防"四风"反弹回潮。加强新时代廉洁文化建设,开展校园廉洁文化活动。坚决打好反腐败斗争攻坚战持久战,深化以案为鉴、以案促改、以案促治,推动"三不腐"同时发力、同向发力、综合发力。扎实推进校内巡视工作,有序推进对16个二级党组织常规巡视和专项巡视。制定巡视整改成效评估办法,综合运用好巡视成果,切实做好巡视整改"后半篇文章"。持续落实中管高校纪检监察体制改革要求,完善党内监督、纪检监察专责监督、各类监督贯通协调机制,形成监督合力,实现监督全覆盖、高质量。(责任单位:纪检监察机构、党办校办、巡视办)

二、以学科建设为引擎,深化内涵建设实现高质量发展

7.全力推进"十四五"规划落地实施

全面贯彻党的二十大精神,进一步推进"十四五"规划实施,发挥"1+10+X+Y"规划体系合力。以促进高质量内涵式发展为导向,围绕学校改革发展和关键性问题,开展"十四五"规划中期评估,加强校内外调研和政策研究,提前谋划"十五五"战略规划。推进"长江生态环境联合研究生院"建设。(责任单位:发规处、"双一流"办)

8.全力推进第二轮"双一流"建设

贯彻落实教育部"'双一流'建设攻坚战略工程",突出培养一流人才、服务国家战略需求、争创世界一流的导向,不断优化调整学科结构,提升学科发展韧性,着力打造世界一流学科高峰。实施教育部"基础学科深化建设行动",实施一流学科培优行动,加快推动"双一流"主干学科、支撑学科互动建设、融合建设,提升学科整体水平。依托学科重点建设项目、校级公共平台、产教融合平台、新型学院等载体,大力推进新兴交叉学科发展,培育新的学科增长点。加强学科建设过程管理、绩效评价,按照"基本性+竞争性"原则优化学科资源配置,强化学科治理手段,提升学科建设实效。(责任单位:"双一流"办)

三、以深化教育教学改革为抓手,全面提高人才自主培养质量

9.打造一流本科培养体系

扎实推进专业结构优化调整,以项目制资源配置机制,加速本科教学基本条件和实验教学条件提档升级,激励各学院及时更新、完善培养方案。做好校内专业评估、工程教育专业认证(7个专业以上)工作和2024年新一轮本科教学审核评估各项准备工作。扎实推进强基计划、拔尖计划,完成2所书院建设。围绕招生选拔、人才培养、成长发展等全链条协同联动,深化课程思政,夯实学业指导,深入实施"启航计划"。落实教育部"加强教材建设和管理三年行动(2023—2025年)",设立优秀教材建设专项,规划出版优秀教材50本。加强数字化学习环境和数字化教学建设,推进新一代课程平台系统建设。以"揭榜挂帅"方式设立重大教改项目10项,进一步培育和凝练教学成果,力争本年度获得国家级教学成果奖5项以上。全面推进大型仪器设备开放共享,新增院级公共服务平台1个,确保50万元以上教学科研类大型仪器设备的终端控制安

装率达 100%。持续加强实验室安全专项行动。积极筹备办好第八届中国国际"互联网+"大学生创新创业大赛冠军争夺赛及系列同期活动。(责任单位:本科生院、实设处、学工部、研工部、大赛筹备办)

10.加快国家储能技术产教融合创新平台和国家(重庆)卓越工程师学院建设

高质量建好国家储能技术产教融合创新平台,在电化学储能、氢储能、储能系统三个方向与合作企业协同开展储能技术领域关键技术攻关、高层次人才培养和一流学科建设,打造服务于国家能源结构调整和产业结构调整战略的国际一流综合性创新平台,与储能技术相关的本科人才培养规模实现 300 人/年以上。积极推进"新工科、新医科、新农科、新文科"建设,促进专业学科之间的交叉融合,突破以专业为背景的人才培养模式,加快学生交叉创新中心建设。着力推进"人才链—创新链—产业链"深度融合,集聚创新资源,激发创新活力,打造人才培养新生态,培育"教育+科创+产业"融合示范区,国家(重庆)卓越工程师学院在校本科生不少于 350 人、在校研究生不少于 150 人。(责任单位:本科生院、研究生院、科发院、人事处、工程师学院)

11.启动学位授权点建设质量工程

落实好学位授权点周期评估,实施学位授权点建设质量动态监测。结合学位授权点合格评估、第五轮学科评估、专业学位水平评估结果,实施学位点质量提升对标计划,3 年内完成排名后 30%学位授权点的结构调整。推进储能技术、人工智能等交叉(一级)学科和"传统学科+""基础学科+"等二级(交叉)学科建设,探索交叉学科学位授权点建设模式。(责任单位:研究生院)

12.全面建设研究生培养质量保障体系

严格落实学位论文质量提升要求,确保顺利通过整改考核。启动生源质量提升行动,完善研究生招生计划动态管理机制。创建"重大特色"研究生导师学校,建立健全导师学校培训体系与管理制度,加强研究生导师团队建设,提高研究生导师指导与履职能力。根据国务院学位委员会及各领域教指委的指导意见,开展培养方案修订,完成本研一体化课程规范与质量标准建设。启动研究生教育优质数字资源与教学成果奖培育项目,推进在线课程数字资源、优秀案例、校级教学成果奖等 5 类校级培育项目,年度建设覆盖的核心课程不少于 30%。推进 MIS3.0 系统建设,通过过程数据完善研究生培养质量评价体系。(责任单位:研究生院)

13.加强毕业生就业工作

落实教育部"高校毕业生就业创业促进行动",完善高质量就业指导服务体系,加强就业指导,用心用情促进毕业生高质量充分就业。大力开展"书记校长访企　拓岗促就业"专项行动,做好政策性岗位招录工作,千方百计为毕业生提供优质充足的岗位资源。深入推进就业育人主题教育,加强分类指导,精准开展重点毕业生群体就业帮扶,引导毕业生到重点领域建功立业。建立毕业生去向落实率定期通报机制,稳妥有序推动取消就业报到证,落实毕业生去向登记制度。持续开展教育部"宏志助航计划"就业能力培训项目和教育部国际组织青年人才培养项目。(责任单位:职就中心、学工部、研工部、国际处)

四、以服务国家需求为引领，不断加强战略性支撑能力建设

14.强化打造国家战略科技力量

加强项目、平台、团队一体化培育部署，做好国家重点实验室优化重组，高质量建设重庆大学科学中心，打造引领西部（重庆）科学城创新发展的核心力量。积极推进超瞬态装置预研工作，加快开展核心技术攻关和关键部件研发。推进国家野外科学观测研究站和空间电能传输与无线能量传输教育部集成攻关大平台建设。谋划布局新的前沿科学中心和交叉研究院。（责任单位：科发院、国防院、基建处、前沿院、超瞬态实验室）

15.大力推动有组织科技创新

坚持"四个面向"，深入实施"六大先导性大科学研究计划"，培育实施具有战略性、前瞻性、引领性的重大科研项目，集聚力量开展原创性引领性科技攻关，推动实现关键核心技术突破。继续实施"基础理科卓越行动计划"，建设西南理论物理中心、非线性分析数学实验室、量子物理基础学科研究平台。健全国防科研体制机制，打造国防科技创新特区。聚焦关键核心技术领域推进军民协同创新联合体建设，高质量推进国防基地平台和深空中心建设。（责任单位：科发院、国防院、前沿院、璧山研究院）

16.深化产学研协同创新

突出产业需求和市场应用指向，大力实施"头部企业"工程，与重点行业和龙头企业共建实体新型高端研发机构，协同攻关，共育人才，打造产学研合作联合体。修订《重庆大学成果转化办法》，启动"高质量科技成果转化项目培育计划"，探索建立先转后补模式，建立结构合理、功能完善、体制健全、运行高效的技术转移体系，打造从培育、孵化到产业化全链条的三级联动服务体系。做好大学科技园绩效评估各项工作。着力打造"金沙科创园"，助力沙坪坝区打造滨江产业带。规范地方研究院运行管理，推动校地合作，共建校地技术转移分中心。（责任单位：科发院、转移院、产研院、璧山研究院）

17.加快构建高水平文科科研创新发展体系

全面落实哲学社会科学创新工程战略和教育部"哲学社会科学知识体系建构和高校咨政服务能力提升工程"，推进知识创新、理论创新、方法创新。强化马克思主义理论研究，深化习近平新时代中国特色社会主义思想和党的二十大精神研究阐释。优化实施基础文科振兴研究专项，统筹推进基础研究、应用研究、对策研究和国际传播能力建设。深化重大研究项目培育机制，提升重大项目竞争能力。组织好教育部第九届高校人文社科奖申报工作。推进跨学科交叉研究平台建设。聚焦党中央治国理政和国家重大战略、重庆"一号工程"，提升咨政服务能力。优化科研评价体系。大力推进"走出去"行动计划。（责任单位：社科处、宣传部、马克思主义学院）

18.着力打造一流学术期刊集群发展体系

持续实施高水平学术期刊培育资助计划，加快推进现刊提升、高起点新刊培育、平台建设项目落实，分类分层建设"国际一流、国内一流、行业领先"高品质学术期刊。加强办刊政策支持和资源统筹配置，创新办

刊管理体制机制。加强学术出版与传播能力建设,汇聚专家资源,以期刊为纽带打造一流学术交流平台,推动期刊与学院、科研机构、智库等联动发展。加强专业化办刊队伍建设,选育高水平办刊人才。(责任单位:期刊社、"双一流"办)

五、以人才强校为根本,引育并举全力打造高水平人才队伍

19.重构人才师资引育体系

深化建立"弘深学者系列"与"常规师资系列"协调发展的新格局,着力加强高层次人才精准引进,探索建立领军人才猎聘工作机制。优化完善"3+7"人事人才政策,启动"弘深启航学者"计划,多措并举扩大博士后(专职科研队伍)规模。做好重点人才计划的遴选、申报和后续服务工作。深化破除"五唯",启动弘深学者岗位校内遴选,在国家重大战略领域,提前布局、分类谋划、重点培养一批具有学术发展潜力的领军人才。推动人才服务中心建设,建立人才成长全过程跟踪、反馈、培育机制。优化人才引进工作制度与流程,以国家和地方各类各层次人才计划为牵引,完善并突出"以才引才""以会引才"模式,充分发挥校企、校地科研平台作用,提高人才引进吸引力。深入挖掘大数据全球人才系统及学者榜单等数据资源,绘制高层次人才图谱,提高引才实效。2023年,拟引进讲师及以上师资岗位100人,新增国家级高层次人才45～50人次。(责任单位:人事处)

20.全面推动"一院一策"改革

落实教育部"高质量教师队伍建设战略工程",召开学校人才工作会议,探索建立以人才发展为核心的资源配置机制,实施"一院一策"。改革绩效工资实施和考核办法,以"双一流"建设核心指标为目标,设置多元化岗位体系,完善分类评价,优化薪酬体系和突出高质量的激励机制。强化聘期考核,推动承担国家重大任务的使命担当。深化以职称晋升制度为引领的人才分类评价改革,根据学科建立职称综合评价条件和高水平期刊目录。完善教辅人员聘用管理体系,探索建立多渠道解决缺员问题的用人制度。(责任单位:人事处)

六、以共谋发展为依托,全面推动国际国内开放合作

21.构建高水平国际合作网络

贯彻落实教育部"高水平教育对外开放推进行动",推动更大范围、更宽领域、更深层次、更为主动灵活的开放合作,提升国际交流合作层次和水平。新增与若干世界高水平大学建立实质性合作关系,加快推进与新加坡国立大学、澳大利亚蒙纳士大学和英国华威大学等一流大学的深入合作,推动国际联合科研平台建设,拓展学生国际化培养途径。积极探索独立法人中外合作大学建设,全力推进与美国辛辛那提大学中外合作办学机构申报工作。继续推进研究生全球学术课程项目和全球前沿学科系列讲座项目,加快国际学习中心平台搭建。支持教师参加高层次国际学术会议、开展高水平国际科研合作、主动出国(境)进修学习,提升教师国际合作论文比例和质量。完善留学生管理规章制度和工作机制体系,全方位提升来华留学生规模和质量。大力推进海外宣传和校园国际化氛围建设。加强外事管理体制和能力建设。[责任单位:国际处(港澳台办)(留学中心)]

22.做好国内合作、定点帮扶与校友服务等工作

提升国内合作统筹协调力度,丰富校地合作内容,全方位融入成渝地区双城经济圈建设,持续推进定点帮扶地区云南省绿春县和重庆市巫山县竹贤乡乡村振兴工作,助力绿春县建成茶产业"一县一业"示范县。进一步做好对口支援工作,全面提升受援学校办学水平。紧贴"双一流"建设谋划校友工作新内涵,积极打造校友与母校发展共同体。完善非学历教育管理制度,推动新阶段非学历教育创新发展。做好高等学历继续教育、网络教育停止招生后学生的后续培养及相关善后工作。协调地方优质教育资源,逐步解决好教职工子女基础教育"上好学"问题。(责任单位:国合办、校友会秘书处、基金会秘书处、继教基教处、继教学院、网络学院)

七、以强化办学条件支撑为重点,着力提升服务保障能力

23.着力提升现代化治理能力

贯彻落实教育部"高等教育综合改革战略工程",坚持问题导向、目标导向,进一步深化新时代教育评价改革,全面推动、深化学校综合改革。深入实施教育数字化战略行动,加大智慧校园建设统筹推进力度,加强教育数字资源建设,打造学校治理"数据湖",以大数据应用推动治理能力提升。完善网上办事大厅,进一步深化"一网通办"。强化督查抓好落实,推动重要工作安排、重要决议事项落实见效。健全学校公务用车管理机制。加强总值班制度建设,进一步发挥总值班室"重要情况总入口,紧急信息总枢纽"功能。贯彻落实《信访工作条例》,加强信访法治宣传,畅通信访渠道,从源头上预防和减少矛盾问题产生,推动信访问题及时就地解决。健全法律事务管理制度,切实维护师生权益,完善风险防控机制,深入开展法治宣传教育,做好新时代依法治校示范校创建工作。健全完善各类突发事件应急预案,开展相关应急预案演练,不断健全和完善应急管理长效机制,统筹防范并精准化解安全风险。结合校区功能调整,进一步完善多校区管理体制机制。(责任单位:发规处、信息化办、党办校办、信访办、法制办、保卫处、虎溪管委会)

24.着力筹措和用好办学经费

进一步拓展办学经费筹措渠道,实现全口径收入稳定增长,全年学校总收入力争突破56亿元。通过紧盯重大建设项目配套资金落实和大力提升培训、捐赠等业务收入,积极构建多元化筹资体系。全年力争培训业务总收入突破1亿元。提高科学预算编制水平,持续推进全面预算绩效管理改革,实施预算管理一体化。围绕科研体制改革,从管理理念和信息技术上进一步落实科研经费"放管服"。强化管理审计效能,围绕重大重点资金和重点热点领域,深入开展重大政策落实情况跟踪审计和专项资金绩效审计,重点加强对西部(重庆)科学城重大科学基础设施虎溪建设项目的全过程跟踪审计。持续推进校办企业体制改革工作,进一步完善校办企业经营业绩考核评价制度,制定企业负责人薪酬管理制度,推动校办企业创新转型和健康持续高质量发展。(责任单位:计财处、校友会秘书处、基金会秘书处、继教基教处、审计处、资产公司)

25.着力推进校园建设和公房管理

优化完善校区功能布局,完成《重庆大学校园总体规划修编(2020—2030)》报批报备,启动校区功能调

整工作。深入推进校园环境文化建设,在校园建设中进一步彰显大学精神和文化。全力推动科学中心实验大楼、工科实验大楼和超瞬态实验装置预研项目等10个在建项目建设任务,实现科学中心实验大楼、工科实验大楼主体结构封顶,超瞬态实验装置科研楼竣工,启动虎溪校区第四期学生公寓等11个新建项目建设。积极谋划储能平台、校医院等拟启动新建项目和相关改造项目前期工作,推动医学院、工程师学院开展二期规划及建设。推进公房管理体制机制改革,提高资源配置和使用绩效,统筹推进学校用房保障体系建设。探索公有住房管理新模式,持续推进与建融公司的合作。完成D级危房处置和"重大花园"C、D栋所涉及的两类住户的选房和安置工作。持续推动清水溪旧城改造项目征收学校柑园村片区、内环拓宽项目征收学校土地的资产置换工作。[责任单位:基建处(指挥部)、房管处、虎溪管委会、资产公司]

26.着力提升后勤和社区管理服务水平

持续推进后勤信息化建设,优化打造"智慧后勤"管理体系,提升后勤保障能力和服务质量。高效推进A、B校区老旧管网综合更新改造,做好燃气管理整体移交相关工作,稳步推进学生宿舍老旧计量设施改造。兼顾服务质量和运营成本,探索并试运行虎溪校区体育中心管理模式。强化社区建设和管理,推动老旧小区改造,积极建设数字化小区,推动政府公共服务功能向社区延伸。(责任单位:后勤处、虎溪管委会、社区办)

27.着力提高文献、档案服务能力

继续深化图书馆特色服务与管理,加强阅读推广品牌建设,积极开展精准优质的情报服务,创建"未来学习中心",推动文献服务高质量数字化转型。加强常规档案收集,丰富特色档案资源,以数字化助推档案工作提质增效。持续打造校史舞台剧,创新形式多渠道发挥档案文化育人作用。(责任单位:图书馆、档案馆)

28.着力做好校园安全、医疗卫生和离退休管理服务工作

贯彻总体国家安全观,全面落实新安全格局战略部署。深化科技赋能构建"互联网+"校园安全治理新模式,构建立体化安全管理责任体系,优化安防信息化系统,加快推进"智慧消防"建设,推进更高水平"平安重大"建设。严格落实国务院联防联控机制和教育部"学校新冠病毒感染防控专项行动"要求,对标对表属地疫情防控政策,按照《普通高校健康驿站管理指引(试行)》要求,做好健康驿站建设和管理工作,更加科学、精准、有效地抓好校园疫情防控工作。不断加强医疗卫生工作,推动虎溪校区社区卫生服务中心和医院建设,加强两江校区医务室建设,完成智慧医院便民服务平台项目建设,合作开设心理咨询门诊,开展医体融合相关医疗服务,促进医疗服务水平及校园健康建设迈上新台阶。做好老年教职工和离退休教职工服务工作,精准施策做好困难老同志帮扶工作。(责任单位:保卫处、防控办、校医院、离退休处)

中共重庆大学委员会　重庆大学2023年工作总结

2023年是全面贯彻落实党的二十大精神的开局之年，是实施"十四五"规划承前启后的关键一年。学校领导班子坚持以习近平新时代中国特色社会主义思想为指导，深入贯彻落实党的二十大和二十届二中全会精神，认真贯彻落实习近平总书记关于教育的重要论述和对重庆所作重要讲话、重要指示批示精神，把开展学习贯彻习近平新时代中国特色社会主义思想主题教育作为重大政治任务，坚持和加强党对学校工作的全面领导，全面贯彻党的教育方针，坚决落实立德树人根本任务，加快建设中国特色、世界一流的大学和优势学科，深度融入成渝地区双城经济圈建设，团结带领全校师生员工，不断增强"国家队"意识，勇担"国家队"使命，全力应答"强国建设，重大何为"的时代命题，以昂扬姿态迈向"百年新重大"高质量发展新征程，各项事业取得新成效新突破。

一、认真学习贯彻落实习近平总书记重要讲话指示批示精神，强化落实党中央决策部署政治责任

学校领导班子始终把贯彻落实习近平总书记重要讲话指示批示精神作为最重要的政治任务和最根本的政治纪律，持续完善坚定拥护"两个确立"、坚决做到"两个维护"的政治铸魂体系和推进落实机制，确保"总书记有号令、党中央有部署，重大见行动"。严格落实"第一议题"学习制度，党委常委会会议、校长办公会议等及时跟进学习习近平总书记重要讲话指示批示精神等共140项，研究制定学习宣传贯彻习近平总书记在中央政治局集体学习时关于加快建设教育强国、开辟马克思主义时代化现代化新境界等重要讲话精神实施方案。以落实党中央决策部署为督查工作重点，完善督查工作体系，升级督查数字化系统，常态化开展贯彻落实习近平总书记重要讲话指示批示精神"回头看"，清单化、事项化、动态化抓好工作落实，确保落实习近平总书记重要讲话指示批示精神和党中央决策部署挂图作战、打表推进、闭环落实、对账销号。聚焦重大战略任务，制定加快推进学校重大工程和重点项目落实工作机制，围绕实施高等教育综合改革试点战略工程等10项重点工作，以"四项机制"（专班推进、挂图作战、协调调度、服务落实）统领目标管控、引领项目推进，推动重大决策部署落地生根。

二、以旗帜鲜明加强政治建设为统领，与时俱进提高政治判断力、政治领悟力和政治执行力

学校领导班子认真贯彻落实习近平总书记关于加强党的政治建设的重要论述，坚持不懈用党的创新理论凝心铸魂,围绕党章、习近平法治思想、习近平文化思想、党的教育方针等主题,召开11次理论中心组学习会,切实把党的创新理论转化为实践力量,不断提高政治判断力、政治领悟力和政治执行力。认真贯彻落实习近平总书记关于巡视工作的重要论述和党中央关于巡视工作的决策部署,聚焦习近平总书记指出的"六个不足"共性问题和中央巡视反馈意见建议,召开党委常委会会议、巡视整改领导小组会议17次专题研究部署巡视整改工作,对整改措施逐一复查,推动整改任务有效办结,102项整改任务完成99项,421条整改措施完成414条,剩余任务措施正有序加快推进。严格执行党委领导下的校长负责制,坚持科学决策、民主决策、依法决策,召开党委常委会会议39次,研究议题事项237件;召开校长办公会议33次,研究议题事项282件,决策水平和治理效能进一步提高。把牢意识形态工作领导权,党委常委会召开5次会议研究意识形态工作(含2次专题会议),细化落实5大类13项重点任务,持续推动7项机制落地生根,制定完善网络舆情制度文件,完善风险隐患防范化解常态化机制、网络意识形态工作闭环机制,健全阵地联防联控管理体系,严格落实哲社类讲座论坛审批制度。

三、凝心聚力奋楫笃行，推动学校各项事业高质量发展

（一）坚决落实立德树人根本任务

1.坚持以习近平新时代中国特色社会主义思想铸魂育人

全面实施"时代新人铸魂工程",扎实推进习近平新时代中国特色社会主义思想"三进",制定实施《贯彻落实教育部〈普通高等学校马克思主义学院建设标准(2023年版)〉工作任务表》,讲好"习近平新时代中国特色社会主义思想概论"课程。构建"大思政"工作格局,完善思政工作队伍选拔培训管理机制,建好重庆高校思想政治工作队伍培训研修基地暨辅导员队伍创新发展中心,获评教育部高校思想政治工作质量提升综合改革与精品建设项目5项(位)。聚焦思想引领,一体推进铸牢中华民族共同体意识教育、爱国主义教育、民族团结进步教育、社会主义核心价值观教育,开展"读懂中国"等主题教育活动。坚持五育并举,统筹推进体育、美育、劳动教育,强化心理健康"五级联动"机制,加强学业指导,积极培育优良校风学风。落实党建带团建,顺利召开共青团重庆大学第十六次代表大会。承办第31届世界大学生夏季运动会重庆站火炬传递活动,3名志愿者担任开幕式执旗手、火炬手;学生跑团获高校百英里接力赛冠军并打破总决赛纪录。大力弘扬教育家精神,开展师德集中学习教育,深化教师思想政治与师德师风建设,蒋兴良教授团队入选第三批"全国高校黄大年式教师团队"。

2.强化本科教育教学改革

围绕培养党和国家急需的拔尖创新人才,推进专业结构优化调整,完成26个专业校内评估;采矿工程、核工程与核技术专业通过工程教育认证,城乡规划、建筑环境与能源应用工程专业通过住建部评估;车辆工程、光电信息科学与工程、自动化、材料科学与工程、冶金工程等专业接受工程教育认证联合考查。全力准备2024年教育部本科教育教学审核评估,对照指标体系制定评建方案,并推进落实各项任务。推进一流课程建设,新增国家级一流课程38门(总数达68门)。深化基础学科拔尖学生培养计划2.0建设,入选计算机

领域本科教育教学改革试点工作计划（"101计划"）首批高校（全国共33所）。统筹做好大类招生,优化大类培养、大类管理,做好教师教育培训,"重庆大学教师教学智能评价与咨询案例"入选教育部高校教师发展中心建设优秀案例,李百战教授获评第四届杰出教学奖（全国共9人）。积极培育教育教学成果,牵头获国家级教学成果奖一等奖1项、二等奖5项（前两届共获二等奖7项）,与兄弟高校共同完成的新工科教育成果获特等奖。推进教材建设,完善教材选用管理制度,完成近3 000种教材审核,与高等教育出版社合作设立"高校工科教材研究基地"。着力改善实验教学条件,立项本科教学实验条件升级项目30项共计2.7亿元。高水准承办第八届中国国际"互联网+"大学生创新创业大赛冠军争夺赛及同期活动,组织参加届中国国际"互联网+"大学生创新创业大赛（2023）总决赛。在2023年中国大学改革创新指数评价中,学校首次获评A+（全国共10所）,其中教学改革创新指数为A+（全国共10所）。

3.深化学位与研究生教育改革

深入实施"研究生教育高质量发展行动计划",顺利通过教育部博士学位论文抽检问题整改"回头看"检查。入选首批"国优计划"试点建设高校（全国共30所）并新招收研究生87人。完成首批国际产学研用专项招生,承办"国际产学研用合作会议（重庆）"。新增风景园林博士专业学位授权点,撤销心理学等5个硕士学位授权点,启动培育智能建造技术等交叉学科学位授权点,组织完成20个学位点专项核验。持续推进招生制度改革创新,招收博士研究生1 218人,同比增长8.4%;招收硕士研究生6 521人;推免研究生招生2 310人,同比增长13.8%,优质生源率创历史新高。制定研究生教育督导工作办法,建立面向招生—培养—授位全过程的督导与评价机制,完善研究生教育质量保障体系。以推进工程硕博士培养改革专项为抓手,深化专业学位研究生培养,牵头制定并发布智慧能源领域卓越工程师培养能力标准;建设国家级主题案例项目12个（全国第11位）,入选中国专业学位案例中心案例库45个,获教育部中国研究生创新实践系列大赛十年发展重要贡献单位表彰。牵头获国家级教学成果奖二等奖2项。

4.全力促进高质量就业创业

实施就业优先战略,落实党中央、国务院"稳就业""保就业"决策部署,持续深耕升学深造、国防军工、重要国企民企、国家党政机关、国际组织5个毕业生引领方向和西部地区1个重点区域,优化毕业生人才布局。2023届毕业生去向落实率达到90.3%,本科生升学率达到47.8%,升学至国内"双一流"大学和世界排名前100名大学的比例进一步提高;毕业生服务西部、国防单位和科研院所、中央企业和世界500强企业以及进入国际组织实习比例均达到历史新高。学校荣获重庆市就业创业工作先进集体。在"挑战杯""创青春"大赛中,学校连续捧得"优胜杯"2个,喜获特等奖2项、金奖3项、累进创新奖,首次斩获"创青春"大赛乡村振兴金奖和"挑战杯"竞赛红色活动特等奖,创造重庆历史最好成绩。

（二）加快高水平科技自立自强

1.强化国家战略科技力量

推进科研范式和组织模式变革,积极推进打造高能级创新平台集群,在高标准优化重组3个全国重点实验室基础上,新增 2 个共建全国重点实验室,持续完善全国重点实验室实体化建设运行机制;新增非线性分析数学与应用教育部重点实验室、教育部智能肿瘤学医药基础研究创新中心、自主无人系统安全与控制教育部国际联合实验室 3 个教育部创新平台,学校教育部理科重点实验室实现零的突破;获批国家自然科学基金委西南理论物理中心(全国仅 6 个);首次获批"空间电能变换与无线传输关键核心技术"教育部集成攻关大平台;新增三峡库区库岸滑坡灾害和三峡库区河湖生态系统 2 个重庆市野外科学观测研究站。深入实施"头部企业工程",积极推进与中国商用飞机公司、华润集团等企业深度合作,与南方电网等 8 家企业签署战略合作协议,新建联合研究院等高端研究平台 5 个,协议总经费 2.5 亿元。自然科学类科研项目到校经费14.29 亿元,同比增长 21.1%,其中国防科研项目到校经费 3 亿元,同比增长 12%。获准国家自然科学基金项目 319 项,资助率 24.3%,远高于全国平均水平,总数首次突破 300 项;直接经费达 1.79 亿元。科技成果转化签订合同 57 项,金额 7 466.97 万元,同比增长 38.3%;牵头获教育部科技奖一等奖 2 项、重庆市科学技术奖一等奖 10 项,首次获国防科学技术发明奖一等奖。高水平论文持续增长,发表 SCI 论文 7 890 篇,其中一区论文 4 789 篇,同比增长 8.3%;首次以第一完成单位和第一通讯作者单位在 *Science* 正刊发表论文。

2.持续推动人文社科繁荣发展

着力提升文科科研创新发展质量,构建高水平科研创新发展体系,突出创新质量和学科贡献,坚持追求卓越,体现学科特色,尊重学科差异,遵循科研规律,完善分类多元综合性评价体系。承接重要科研任务能力不断增强,新增国家级项目 63 项,包括国家社会科学基金重大项目 2 项、重点项目 5 项,其中获研究阐释党的二十大精神国家社会科学基金重大项目 1 项(全市 2 项);国家自然科学基金管理学部项目 22 项,创历史新高;人文社科及软科学研究活动到校经费 9 500 万元,同比增长 14.3%;发表高质量期刊论文 581 篇,同比增长 16%,其中 A 类期刊论文 293 篇,同比增长 19.1%。获重庆市第十一次社科优秀成果奖一等奖 7 项,较上届增加 600%;发展研究奖一等奖 2 项(全市第 1),较上届增加 100%;一等奖总数并列全市第 1 位,取得历史最好成绩。智库平台建设持续提能增效,培育高端智库成果 18 项(国家级 1 项);城乡建设与发展研究院获批首批住建部智库(全国高校 4 家),获批首批重庆市研究阐释习近平新时代中国特色社会主义思想研究院 1 个(全市 2 个)、研究基地 1 个(全市 10 个)。

3.分层分类建设一流学术期刊

深入推进"高水平学术期刊培育资助计划",《镁合金学报(英文)》影响因子连续 3 年位列 SCIE 收录的全球同类期刊第 1 位(从 2022 年的 11.86 提升至 17.60),《纳米材料科学(英文)》CiteScore 位列 Scopus 收录的全球同类期刊第 3 位,《重庆大学学报(社会科学版)》复合影响因子居全国 611 种综合性人文社科期刊第 4 位(从 2022 年的 5.71 提升至 6.45)。《智能肿瘤学(英文)》入选中国科技期刊卓越行动计划高起点新刊项目(全国 49 种),学校连续两年入选该类项目,实现高起点新刊建设的重大突破。

(三)加强高水平人才引育工作

落实党管人才,遵循人才发展规律和人才工作规律,深化绩效评价改革、职称评价改革、人才发展体制机制改革,着力强化"近悦远来"的人才发展生态,建设高素质专业化创新型教师队伍。重构人才师资引育体系,探索构建以"一院一策"为实施路径、以人才队伍高质量发展为目标的"321"人才引进工作新机制,以及"弘深学者"与现有师资体系协调发展的双塔人才岗位体系。设置"弘深启航学者计划"岗位,优化弘深青年教师支持计划,扩充专职科研队伍。围绕国家级人才计划推荐工作,开展高质量人才发展系列培训。梳理未来三年国家战略人才储备人选,建立人才发展跟踪培育机制。加强博士后流动站及队伍建设,获批新设 6 个博士后流动站,其中新闻传播学、软件工程和公共管理学均为重庆市首个博士后流动站;录用博士后 378 人,博士后基金项目获准数列全国第 18 位。全年引进教师 171 人,其中"弘深杰出学者"2 人、"弘深优秀学者"6 人、"弘深青年学者"45 人。全年新增国家级人才 52 人,其中,刘汉龙教授当选中国工程院院士;海外高层次人才引进计划 2 人、海外优青 17 人,入选人数列全国高校第 16 位;长江学者 14 人,入选人数列全国高校第 15 位;入选国家杰青 2 人、优青 6 人,万人计划科技创新领军人才 1 人、青年拔尖人才 7 人,国防卓青 1 人,"全国高校黄大年式教师团队"1 个。

(四)全面拓展国际合作与交流

积极拓展合作网络和领域,开拓合作办学伙伴和项目,推动与 18 个国家和地区的 72 所国(境)外高校(其中 29 所为世界排名前 100 名的高校)签署合作协议,持续推进中外合作办学机构建设。学生出国(境)交流 1 927 人次,同比增长 92.3%。推广实施全球前沿学科系列讲座 G-Seminar 项目,立项建设 19 项。获评 1 个教育部国际联合实验室,举办"2023 全球教育交流周",承办第 28 届华夏园丁大联欢活动等。制定国际学生管理等相关制度,新招收长期来华留学生 443 人,同比增长 81.6%,其中学历生 359 人,同比增长71.8%;在校留学生中,学历生规模达 821 人。加强国际化管理能力建设,开展学校管理服务队伍国际化建设培训,获重庆市来华留学工作先进集体,8 名老师获重庆市来华留学工作先进个人。

(五)提升管理服务保障能级

1.打造标杆性智慧校园

认真落实国家教育数字化战略行动,积极抢抓数字重庆建设机遇,推动教育数字化转型。与华为深度合作,聚焦"双一流"核心要素,推进数字技术赋能"教育模式、评价方式、治理体系"三大改革。制定智慧重大总体规划设计方案,构建智慧重大"3573"整体构架,有序推进智能计算、新型网络、大数据等基础能力平台及示范应用项目建设。推进网上服务建设,促进"一网通办",升级网上办事大厅,并开发上线移动 App 版、微信小程序版。持续增加网上服务大厅应用,网上服务大厅总计上线应用 250 余个。完成沙坪坝校区学生宿舍光网络改造,进一步提升服务体验。

2.着力提升现代化治理能力

深化教育综合改革,修改完善《重庆大学章程》,做好"十四五"发展规划中期检查,推动专项规划、学院规划和专题规划等自查问效。持续优化内部治理体系,完成学工部、全国重点实验室等 10 余个机构编制调整和职能优化。深入推进依法治校,不断健全领导机制,全面开展规章制度清理,着力构建系统完备的规章制度体系,打造"法治重大"精准普法品牌,健全师生权益保护救济机制,学校获评首批"重庆市新时代依法治校示范校",法治工作进展成效在教育部官网刊发。加大内控体制建设,不断加强审计结果运用和审计整改效能,共计开展审计项目322项,审计总金额94.74亿元。发挥好工会、教代会桥梁纽带作用,新建成10个职工小家,获评重庆市模范职工小家1个、先进职工小家6个。发挥各民主党派校内基层组织、统战团体建言献智、民主监督作用,积极支持党外代表人士履职尽责,支持各级人大代表、政协委员参政议政、建言献策,党外人士提案议案及建言获得中央领导肯定性批示。

3.持续改善基本办学条件

多渠道积极筹措办学经费,总收入达到50.8亿元,同比增长8.1%;总支出52.7亿元,同比增长24%。校友会、基金会捐赠协议金额9 702.94万元,非学历教育培训总收入1.1亿元;校办企业营业收入9.85亿元,净利润4 089万元,同比增长45.2%。推进校区功能调整,初步形成学生宿舍、公共教学、公共实验、院系楼栋落位、文景一体化校园景观设计等专项方案。推进实施项目41个,总建筑面积约60万平方米,计划总投资超30亿元。建成完工改善办学条件项目11个,总建筑面积约5万平方米。重点科研平台基础设施建设取得重大进展,风洞实验室整体完工,超瞬态大科学装置预研项目科学研究楼、科学中心实验大楼、工科实验大楼、空间太阳能电站地面实验基地科研楼主体结构完成封顶。国家文物保护建筑文字斋维修工程获得国家文物局立项批准。积极拓展办学空间,推动医学部在高新区落地。规范公房管理,提升空间布局利用效率。加快推进大型科研仪器开放共享,科技部考核排名第14名,首次获"优秀";完成75台(套)、9 327万元大型仪器设备的购前技术论证。增强文献资源保障能力,图书入藏量32.6万册,完成60个数据库续订和新增,学科核心资源保障率提升至76.5%,其中优势学科核心资源保障率超过85%。推进档案数字化转型和智能升级,顺利通过"国家级数字档案馆测评",启动电子文件归档公共服务平台建设。

4.加速推进民心工程

坚持以人民为中心,启动推进虎溪校区第四期学生公寓、师生服务中心等建设。按期完成"重大花园"C、D栋项目建设,办理137套教职工住房产权证。大力推进老旧小区住宅电梯增设、家属区燃气改造等,松林坡社区完成老旧小区改造。加强后勤保障,推进沙坪坝校区快递驿站建设,新增沙坪坝校区穿梭车接送服务。全年慰问离退休人员8 700余人次,自筹发放健康疗养费1.2亿元;发放高龄补贴4 950人次,金额233万元;重大疾病医疗帮困基金补助347人次,金额201万元。智慧医院便民服务平台正式运行,设置3个临床心理门诊诊室(A区、B区、虎溪校区各1个)。

5.加快推进平安校园建设

贯彻总体国家安全观,统筹发展和安全,全面加强国家安全教育,开展校内安全工作专项巡视,组织召开安全稳定工作例会11次,传达研讨部署安全稳定工作事项46项,校领导班子带队开展校级层面现场安全督查20次,纳入挂单督办隐患整改事项28项。学校荣获"重庆市国家安全人民防线建设工作突出贡献集体"(全市共20个)。认真落实党管保密、依法治密要求,不断健全完善学校保密管理体系,"保密宣传教育高校行"活动获国家保密局通报表扬。

四、聚焦"国之大者"，全方位服务国家战略和区域协调发展

（一）加快建设中国特色、世界一流的大学和优势学科

始终将加快建设中国特色、世界一流的大学和优势学科作为推动学校高质量发展的重中之重，持续推进"十四五"规划落实落细。以"建设世界一流大学"目标为牵引，以"十四五"发展规划指标为基础，综合"双一流"动态监测指标及第三方平台监测指标，构建形成"百年新重大"高质量发展关键指标体系。与四川大学、电子科技大学联合向教育部申报实施高等教育综合改革战略工程。3个教育评价改革案例入选教育部、重庆市教育评价改革典型案例。全面完成第二轮"双一流"建设中期各项目标任务，顺利完成第二轮"双一流"中期自评工作，土木工程学科被纳入教育部一流学科培优视野，世界一流大学建设实现新跃升。加强基础学科、新兴学科、交叉学科建设，投入1 000万元支持建设重庆大学数学中心，新增基本科研业务经费1 000万元支持人文社科发展，布局流体与生物数学、量子材料与器件、先进电能源化学、植物功能基因与合成生物学、生物建造技术、人工智能+六大重点前沿科技领域，筹建"6+X"创新中心，培育新的学科增长点。新增重庆市人民医院为学校附属医院。国家储能技术产教融合创新平台正式揭牌，同步成立重庆新型储能产业技术研究院、学校储能技术产教联盟。国家卓越工程师学院正式揭牌，牵头成立智慧能源领域卓越工程师培养联合体，主持制定领域通用能力国家标准，承办教育部智慧能源领域卓越工程师培养国际会议。一流学科建设再上新台阶，新增3个学科（共15个）进入ESI全球前1%，工程学、材料科学、化学（新增）3个学科进入全球前1‰，其中工程学加快逼近前1‱；9个学科进入软科世界一流学科排名前50名。学校影响力、竞争力实现新突破，在主流世界大学排行榜上排名快速提升，THE世界大学排名提升超200名，QS世界大学排名提升超100名，软科世界大学学术排名快速逼近TOP200。

（二）深度服务国家战略和区域协调发展重大战略

加快融入成渝地区双城经济圈、西部陆海新通道建设等，整合高质量创新资源，加快高端创新平台集群建设，高水平支撑重庆加快建设具有全球影响力的科技创新中心。坚持"四个面向"，围绕服务重庆聚力构建"416"科技创新战略布局和"33618"现代制造业集群体系，高起点谋划建设嘉陵江实验室、明月湖实验室，全面提速建设学校科学中心、超瞬态大科学装置以及未来芯片、量子物质等高端共享原始创新平台，大力推动西部科学城智能网联汽车创新中心、重庆市新型储能材料与装备重点实验室等建设，支撑成渝地区合力打造国家战略腹地；与重庆市加快共建长江生态环境联合研究生院，服务长江经济带绿色高质量发展。持续推进与重庆市内区县全面深化合作，与沙坪坝区、两江新区、璧山区、铜梁区、武隆区、江津区等共建高端创新平台，推进人才交流合作。持续强化川渝高校联动，多次交流互访、开展深度合作，推进成渝地区高等教育协同发展。主动服务"一带一路"倡议，承办首届"一带一路"科技交流大会校长圆桌会议，共同探讨"一带一路"高校科技创新合作工作的新思路；发起成立"一带一路"全球大学科技合作联盟（iUNRC），促进全球大学间分享信息、知识与资源，加强科研合作的互联互通，为推动共建"一带一路"进入高质量发展新阶段持

续增动力、添活力。

此外,学校深入贯彻落实乡村振兴战略总体要求,校领导班子成员赴定点帮扶地实地对接、推进帮扶工作7人次,相关部门、专家团队、干部师生共150余人实地开展帮扶项目建设,持续深化巩固拓展脱贫攻坚成果同乡村振兴有效衔接。全年直接投入帮扶资金462万元,引进帮扶资金1 328万元,培训基层干部1 306人次,培训技术人员1 817人次,直接购买农产品465万元,帮助销售农产品3 320万元,圆满完成各项帮扶任务指标。与云南省签署省校战略合作协议,助推云南省高质量跨越式发展;与红河学院签署对口帮扶合作协议,构建起重庆大学帮扶红河学院、红河学院帮扶绿春县的"传导式"帮扶新模式。获教育部直属高校精准帮扶典型项目3项,入选数在63所申报高校中排名第一。连续3年获中央单位定点帮扶工作成效考核最高等次。

五、攻坚克难善作善成,大力发扬担当作为的实干精神

学校领导班子深入学习习近平总书记关于担当作为的重要论述,深刻认识、勇毅担起新时代赋予"双一流"建设高校的职责使命,聚焦主责主业,带头履职尽责、担当作为、攻坚克难,以咬定青山不放松的执着、行百里者半九十的清醒,大力推进改革创新,敢闯"深水区"、敢啃"硬骨头",全面推动学校学科建设、人才培养、科学研究、队伍建设、对外合作等高质量发展。敢于直面困难和问题,持续巩固深化中央巡视整改,以"钉钉子"精神推动办结2条难度大、困难多的逾期整改措施;结合"一校一策"推动解决学校突出问题,明确8个方面问题、21项重点任务;学校层面查摆问题13个,在规定时限内全部整改到位,后续持续巩固深化。立足系统观念,坚持底线思维,建立健全风险预警和应对机制,带头在重要保障期和敏感期带班值班,有效防范和化解在校园安全、意识形态、保密工作、基建工程等环节可能出现的"黑天鹅""灰犀牛"事件,克服诸多困难,顺利完成存在严重安全隐患的6栋D级危房住户搬离与楼栋拆除,妥善做好"重大花园"C、D栋住户选房;积极推进校园摩托车、电动自行车专项整治等工作。坚持斗争精神敢管敢严,摒弃"高校特殊论""专家特殊论"思想,对触犯纪律的"零容忍",严格监督、严肃问责,向不担当、不作为者"亮剑";严管厚爱、弘扬正气,为干事者撑腰、为成事者鼓劲,匡正干的导向、增强干的动力、形成干的合力,营造竞相干事创业的良好生态和浓厚氛围,带领广大干部师生奋进新时代、争创"双一流"。

六、持之以恒正风肃纪,加强作风建设和党风廉政建设

学校领导班子深刻认识到加强作风建设的极端重要性,深入学习贯彻习近平总书记关于作风建设的重要论述,带头落实中央八项规定精神,坚决抵制和反对"四风",不断推动将作风建设要求全面完整准确贯穿推进工作全过程,形成抓作风促工作、抓工作强作风的良性循环。严格执行上级关于领导干部作风建设有关规定,以上级通报的反面案例为警示,带头树牢政绩观、权力观、利益观,恪守纪律红线、法律底线和道德标线,积极营造风清气正的政治生态和良好的党风政风校风。践行全心全意为人民服务的宗旨,始终把师生员工的利益作为想问题、作决策、办事情的出发点,通过校领导信箱来信、校领导接待日、统一战线双月座谈会、青年师生座谈会、辅导员代表座谈会等,常态化与一线教师、青年学生等面对面交流,主动深入开展调查研究。主题教育期间明确9个方面调研重点,确定6大调研环节和10个调研步骤,带头开展调研近170

次,推动解决相关问题 75 个,形成成果 171 项,推动解决师生员工急难愁盼问题和制约学校发展瓶颈问题。践行"一线规则",全体校领导讲授形势与政策课共计 44 课时;带队开展教学检查,深入教研室集体备课、到教室听课 104 课时,每月开展一次校园安全检查,主动深入部门、学院、教室、实验室、图书馆、食堂、宿舍、工地等开展调研,基本实现"身在一线"全覆盖。

七、坚定不移加强党的全面领导,抓深抓细抓实党建工作

(一)扎实推进学习贯彻习近平新时代中国特色社会主义思想主题教育

深刻认识开展学习贯彻习近平新时代中国特色社会主义思想主题教育的重大意义,牢牢把握"学思想、强党性、重实践、建新功"总要求,把理论学习、调查研究、推动发展、检视整改相贯通,与贯彻落实党的二十大精神相联通,同落实立德树人根本任务、加快推进第二轮"双一流"建设相融通。第一时间召开主题教育动员部署会,建立组织机构和工作机制,将工作部署到各基层党组织、传达到全体党员干部,形成一级抓一级、层层抓落实的工作局面。多形式、分层次、全覆盖强化理论武装,校领导班子带头举办集中读书班,校院两级高标准开展党委理论学习中心组学习,累计开展"三会一课"近 6 000 次。充分运用重庆市及学校红色资源,教育引导师生员工大力弘扬红色传统,强化党性修养,对党的创新理论深入开展体系化研究和理论性阐释。把调查研究作为谋事之基、成事之道,校领导班子成员率先示范,校内各单位围绕党的建设、人才培养、学科建设、队伍建设、科学研究、管理服务保障等问题广泛开展调研。凝聚共识推动发展,围绕学科内涵建设、人才队伍建设、服务国家战略等 10 个方面重点任务加强顶层设计、统筹谋划,通过项目制方式推进重点任务实施,通过信息平台督促主题教育各项任务实施,通过制定修订制度保障各项工作有力推进。主题教育开展情况获新华社、《光明日报》、教育部官微等专门报道。

(二)切实做好新时代宣传思想文化工作

深入贯彻习近平文化思想,联合举办的红岩革命故事展演入选国家文物局、教育部"大思政课"优质资源示范项目(全国共 10 项),教育部高校思想政治工作创新发展中心(重庆大学)首轮建设周期获评"优秀"(全国共 7 个)。举办 50 余所高校参加的"深入学习贯彻习近平文化思想"2023 西南地区高校宣传思想文化工作研讨会。出版《文化育人:中国文化数字化战略前沿研究》。巩固深化"全国文明校园"创建成果,深入开展书香校园建设,原创话剧《何鲁》入选教育部 2024 年度高校原创文化精品项目。打造立体化宣传格局,全年全网"重庆大学"正面信息 1.5 万余条,各平台涉重庆大学正面报道的互动总量超 10.4 亿次。获人民网高校优秀校园新闻作品、重庆市高校党建"十大新闻"等新闻类奖项 7 项。《人民日报》《光明日报》等中央主流媒体头版及重点报道学校 20 余次。

(三)强化基层党组织政治功能和组织功能

深入贯彻落实习近平总书记对党的建设和组织工作的重要指示精神,扎实推进高校党建示范创建和质量创优工作,9 个基层党委(支部)进入全国党建"双创"遴选范围,10 个基层党委(支部)入选市级党建"双创"培育创建单位,总数均创学校历史新高。聚焦二级组织体系建设和治理能力提升,构建党建统领基层

智治新格局,1个案例入选重庆市高校党建"十大案例"。有序推进党组织改建和换届,优化师生党支部设置。严格落实党的组织生活制度,抓好党员经常性教育,培训入党积极分子、发展对象 6 900 余人,发展党员 2 247 人。1 名教师入选全国教书育人楷模,1 名教师获重庆市担当作为好干部,3 个党组织和 8 名党员获重庆市教育系统"两优一先"表彰。

(四)持续加强高素质干部队伍建设

坚持忠诚、干净、担当的好干部标准,集中开展机关处级领导干部交流调整和学院行政领导班子换届工作,全年新提拔中层领导人员 65 人、平级调整 78 人、退出领导岗位 50 人,干部队伍结构在年龄、学历、职称等方面进一步优化。深入摸底调研,配合完成中组部、市委组织部开展年轻干部专项调研工作,建好优秀年轻干部"蓄水池"。着力推动干部能上能下机制建设,优化考核体系,细化考核对象分类,拓宽考核测评维度,强化考核结果运用。强化政治监督,严格规范领导干部配偶、子女及其配偶经商办企业和领导干部涉外行为等,切实做好领导干部个人事项填报、因私出国(境)、社会兼职审查等管理工作。落实干部教育培训工作条例和规划,在常态化开展网络培训基础上,全年举办 10 个培训班,300 余名干部赴外研学。完善干部担当作为激励保护机制,遴选优秀年轻干部挂职锻炼,让干部政治上有奔头、干事上有劲头。

(五)持续推动全面从严治党向纵深发展

认真贯彻党的二十大关于全面从严治党的战略部署,不折不扣落实全面从严治党主体责任,将全面从严治党工作纳入学校各项工作统筹谋划,党委常委会召开 2 次专题会议研究部署推进相关工作,听取校领导班子成员落实"一岗双责"情况汇报。切实贯彻落实中央纪委国家监委"一校一策"方案,学校有关做法得到党和国家领导人肯定性批示;统筹抓好纪检监察干部队伍教育整顿,聚焦纯洁思想、纯洁组织主题主线,锻造高素质专业化纪检监察干部队伍。持续强化日常监督,紧盯重点领域,加强廉政风险防控;开展医药领域腐败问题和不正之风集中整治、后勤领域专项治理、基建工程领域廉政风险防控体系自查自纠。用好案件查办结果,强化警示教育,一体推进"三不腐",点名道姓开展警示教育,突出震慑作用。开展校园廉洁文化建设,入选教育部第八届高校廉洁教育系列活动优秀作品 5 件,在 241 所参赛高校中位列第一。党委常委会10 次研究校内巡视工作,制定实施学校党委巡视工作领导小组工作规则、十四届重庆大学党委巡视工作规划,完成对 16 个二级党组织常规巡视和专项巡视,听取 10 个被巡视党组织整改综合情况汇报,推动制定整改措施 819 项,完成整改措施 770 项,持续加强巡视整改和成果运用。

2024 年是中华人民共和国成立 75 周年,是全面贯彻落实党的二十大精神的关键之年,是"十四五"规划实施的攻坚之年,也是重庆大学建校 95 周年,是抢抓重大战略机遇、实现高质量发展的重要之年。全校上下要更加紧密地团结在以习近平同志为核心的党中央周围,高举中国特色社会主义伟大旗帜,与时俱进贯彻落实习近平新时代中国特色社会主义思想和党的二十大精神,坚持和加强党的全面领导,加快建设中国特色、世界一流的大学和优势学科,奋力推动办教育、兴科技、育人才,全力开创"百年新重大"建设新局面,为以中国式现代化全面推进强国建设、民族复兴作出"重大"的重大贡献!

机构设置及负责人

学校党政领导及有关负责人

党委书记	舒立春
校　　长	王树新
常务副校长	刘汉龙
党委常务副书记	王时龙
党委副书记、纪委书记	陶举虎
国家监委驻重庆大学监察专员	陶举虎
党委副书记	王树新　冯业栋
副　校　长	邓绍江　卢义玉　李　剑　刘贵文　杨　俊(四月任)
党委常委	舒立春　王树新　刘汉龙　王时龙
	陶举虎　冯业栋　邓绍江　卢义玉
	李　剑　刘贵文　杨　俊(六月任)
	李学静　胡学斌(七月免)
校长助理	饶劲松　朱才朝　李英民

管理服务机构

党委办公室、校长办公室	主　　任	陈　林
	副　主　任	蒋华林(六月免)　陶孟欢　关　慧　周建林(七月任)
		肖俊夫(兼)　崔志强(兼,六月免)　李　想(兼)
		李建宏(兼)　胡友强(兼,二月任,六月免)
		谢昭明(兼,六月任)　李雪松(兼,七月任)
(党委保密委员会办公室)	主　　任	陈　林(兼)
	专职副主任	张建平
(综合调研办公室)	主　　任	陈　林(兼)
(信访工作办公室)	主　　任	崔志强(六月免)　李雪松(七月任)

（法律与制度管理办公室）	主　　任	金建增（副处级）
（督查办公室）	主　　任	李　想
校党委书记副处级秘书		李建宏
校长副处级秘书		肖俊夫
党委组织部	部　　长	李学静（六月免）　李成祥（六月任）
	副 部 长	胡　佳　孙江林　李永海（兼）　彭守建（兼）
（党委党校）	校　　长	王时龙
	副 校 长	李学静（兼,六月免）　李成祥（兼,六月任）　彭守建
校党委副处级组织员		魏群义（七月免）
党委宣传部	部　　长	胡学斌（六月免）　冯业栋（兼,六月任）
	常务副部长	杨新涯（正处级,六月任）
	副 部 长	蒋研川（七月免）　周　辉（十一月免）　徐方正
		赵深艳（十月任）　姚　璐（十一月任）
（党委教师工作部）	部　　长	胡学斌（兼,六月免）　杨新涯（兼,六月任）
	副 部 长	彭述娟
（校史办）	主　　任	王　琰
党委统战部	部　　长	王时龙（兼,六月免）　李学静（六月任）
	常务副部长	高扬元（六月免）
	副 部 长	黄　萍（七月免）　陈西东（七月任）
纪　　委	副 书 记	章锋云　李　利
纪检监察机构	办公室主任	李　利（兼）
	副 主 任	应　佳
综合业务室	主　　任	夏　松（副处级,九月任）
第一纪检监察室	主　　任	杨　许（副处级）
第二纪检监察室	主　　任	毕春伟（副处级）
党委巡视办	主　　任	何　栎
	副 主 任	李丞杰
党委学生工作部（武装部、学生处）（2024年6月,机构调整）		
	部长（处长）	李成祥（六月免）　陈东（六月任）
	副部长（副处长）	郑恒毅（六月任）　胡小华（六月任）
		吴　昊（六月任,七月免）　林鉴军（六月任）

		余　涛(六月任)　樊玮(七月任)
(心理健康教育与咨询中心)	主　　任	吕　敏(副处级)
党委研究生工作部(2024年6月,机构调整)		
	部　　长	陈　东(六月免)
	副　部　长	林鉴军(六月免)　余　涛(六月免)
党委保卫部(处)	部长(处长)	尹国华
	副部长(副处长)	姚渝春　崔晓奎　王　伟
(政治稳定办公室)	主　　任	贺　兵(副处级)
机关党委	书　　记	郭兴明(七月免)　张邦辉(七月任)
	副　书　记	何　栎(兼)
	纪委书记	何　栎(兼)
虎溪校区党工委	书　　记	吴丙山
	副　书　记	余　涛
	纪工委书记	余　涛
工　　会	主　　席	张　军
	副　主　席	陈泽晖　于新党
团　　委	书　　记	于佳佳(副处级)
	副　书　记	姚　璐　陈　洁　王鹏飞
发展规划处	处　　长	蔡珍红(六月免)
	副　处　长	谭　进(七月免)　冉　戎　贾云健(六月任)
		王　睿(七月任)
("双一流"建设办公室)	主　　任	蔡珍红(兼,六月免)
	副　主　任	郭劲松(七月免)
人事处	处　　长	吕学伟(六月任)
	代　处　长	吕学伟(六月免)
	副　处　长	廖　冰　孟繁琦　田　辉　王小铭
(人才引进办公室)	主　　任	王小铭(兼,副处级)
本科生院(2024年3月本科生院党总支改建为党委)		
	党总支书记	奉　飞(四月免)
	党总支副书记	杨媛媛(四月免)
	党委书记	奉　飞(四月任)

党委副书记	杨媛媛（四月任）	
纪委书记	杨媛媛（四月任）	
院长兼教务处处长	李正良（七月免）	刘 猛（七月任）
副 院 长	李成祥（兼,正处级,六月免）	

弘深学院院长、本科生院副院长

　　　　　　　　张永祥

副院长兼教务处副处长

　　　　　　　　李 楠

综合管理办公室主任	付红桥（副处级）

副院长兼质量管理与评估中心主任

　　　　　　　　袁云松（副处级）

招生办公室主任兼副院长

　　　　　　　　杨国梁（副处级）

交叉创新中心主任兼副院长

　　　　　　　　罗远新（副处级）

副院长兼新生学业指导与管理中心主任

　　　　　　　　吴小志（副处级）

教师教学发展中心	主 任	黄 璐（副处级）	
弘深学院	副 院 长	张 雄	

（东西部高校课程共享联盟秘书处）

	副秘书长	周建林（七月免）	曹跃群（八月任,十月免）
科学技术发展研究院	院 长	朱才朝（六月免）	曹华军（六月任）
	副 院 长	许 果（七月免） 谢卫东（七月免） 姜永东	
		谢 辉（七月任） 余 年（七月任）	
科协秘书处	秘 书 长	周 斌（副处级）	
前沿交叉学科研究院	院 长	朱才朝（六月免） 曹华军（六月任）	
	行政副院长	康治平（六月免） 丁 炜	
国防科学技术研究院	院 长	谢更新	
	副 院 长	熊 辉 杨小俊（九月免） 叶春晓（十月任）	
		温 勤（十一月任）	

教育部深空探测联合研究中心重庆大学工作办公室

	主　任	谢更新（九月免）
	副主任	熊　辉（九月免）　杨小俊（九月免）
技术转移研究院	院　长	吕学伟（六月免）　陈　结（六月任）
	副院长	曹　阳（七月任）
大学科技园办公室	主　任	陈　结（七月任）
	副主任	王永宁（七月免）　曹　阳（七月任）
社会科学研究处	处　长	袁文全
	副处长	张　蕾（七月免）　杨　华　韦春霞（七月任）
期刊社	社　长	袁文全（兼）
	总　编	袁文全（兼）
	副社长	曾　忠（七月免）　王维朗（十月任）
	副总编	游　滨（副处级,六月免）　钟小伟（副处级,七月任）
研究生院	院　长	杨　帆
	副院长	陈　东（六月免）　秦　鹏（七月免）　刘作华
		张育新（七月任）　李小玲（七月任）
（招生办公室）	主　任	李　宏（副处级）
国际合作与交流处	处　长	黄　河（九月免）　张志清（九月任）
	副处长	叶　蕾　高　翔　杨　波
（港澳台办公室）	主　任	黄　河（兼,九月免）　张志清（兼,九月任）
	副主任	叶　蕾（兼）
（留学生事务管理中心）	主　任	黄　河（兼,九月免）　张志清（兼,九月任）
	副主任	陈　颖　陈　锐
计划财务处	处　长	辛清泉
	副处长	陈　茸　杨　涛（六月免）　孙志华
（国有资产管理办公室）	主　任	辛清泉（兼）
	副主任	王立新（七月免）　谭　璐（七月任）　高　春（兼）
（政府采购与招标管理中心）	主　任	王立新（兼,副处级,七月免）
		谭　璐（兼,副处级,七月任）
审计处	处　长	冉茂盛（六月免）　杨　涛（六月任）

	副处长	何海涛(七月免) 黄英(七月免) 王策(七月任)
		张梦(七月任)
后勤管理处	党委书记	谢心灵
	党委副书记	李纾
	纪委书记	李纾
	处长	谢心灵(三月免) 徐宋兵(三月任)
	副处长	廖琪(七月免) 林勇 彭晓东
		徐宋兵(三月免) 许果(七月任) 黄萍(七月任)
(节能办)	主任	彭晓东(兼)
房地产管理处	处长	邱荣富
	副处长	周德里(七月免) 陈欣(七月免) 杨海华(七月免)
		聂会元(七月任) 李广治(七月任) 王永宁(七月任)
(教职工住房流转服务中心)	主任	杨海华(兼,七月免) 王永宁(兼,七月任)
实验室及设备管理处	处长	钟代笛
	副处长	何敏 袁昌武
基建规划处	副处长	聂会元(七月免) 杨柳 夏洪流 阎波
		孔明亮(八月任)

[西部(重庆)科学城重大科学基础设施虎溪建设项目指挥部]

	指挥长	刘汉龙(兼,三月免) 刘贵文(兼,三月任)
	副指挥长	彭华明 杨柳(兼,三月任) 阎波(兼)
离退休工作处	党委书记	李永海
	党委副书记	何杨
	处长	王宇红
	副处长	贾源(七月免) 刘志成 杨海华(七月任)
虎溪校区管理委员会	主任	饶劲松
	办公室主任	姜林(副处级)
	学生工作办公室主任	余涛
	后勤与资产管理办公室主任	
		陈欣(副处级,七月免) 石琴(副处级,七月任)
	网络信息中心主任	方蔚涛(副处级,七月免) 汪培术(副处级,七月任)

国内合作办公室、校友工作办公室

| | 主　　任 | 胡友强（二月免） |
| | 副 主 任 | 雷　达（二月免）　夏　天（二月免）　何德忠（二月免） |

国内合作办公室（2023年2月，机构调整）

	主　　任	胡友强（二月任,六月免）　谢昭明（六月任）
	副 主 任	雷　达（二月任,七月免）　夏　天（二月任）
		唐红琴（七月任）

继续教育与基础教育处	处　　长	罗晓梅
	副 处 长	胡显芝　何荣山
工程科教战略研究中心	主　　任	袁文全（七月任）
	副 主 任	林　勇　王　睿（七月免）　陈　欣（七月任）
图书馆	党总支书记	赵　彬（六月免）　罗　滁（六月任）
	党总支副书记	李　炜
	馆　　长	杨新涯（七月免）　魏群义（七月任）
	副 馆 长	唐孝云　李卫红（七月免）　陈　文（七月任）
档案馆	馆　　长	杨　艳
	副 馆 长	喻　玲
信息化办公室	主　　任	唐蓉君
	副 主 任	汪培术（七月免）　郑洪英（七月任）
社区工作办公室	主　　任	李艾冬（六月免）　崔志强（六月任）
	副 主 任	伍百洲（七月免）　吴　炯（七月任）
产业党委	书　　记	陈科（六月免）　高扬元（六月任）
	副 书 记	李广治（七月免）　贾　源（七月任）
	纪委书记	李广治（七月免）　贾　源（七月任）
资产经营有限责任公司	总 经 理	李嘉明（七月免）　胡雪松（七月任）
	副总经理	曾　上
	财务总监	高　春（副处级）
出版社	党总支书记	柏子康（六月免）　姚　飞（六月任）
	社　　长	饶帮华（六月免）　陈晓阳（六月任）
	总　　编	陈晓阳（六月免）　游　滨（六月任）
	副 社 长	柏子康（兼,六月免）　石　琴（七月免）

		谭　进(七月任)
	副　总　编	马　宁
校医院	党总支书记	蒋明伦(七月免)　李　华(七月任)
	院　　　长	张　毅(六月免)　孙安龙(七月任)
	副　院　长	蒋明伦(七月免)　张亚辉(八月免)　冉玖宏(八月免)
		向传明(八月任)　贾红莲(八月任)
教育基金会秘书处	秘　书　长	许　骏(二月免)
	副秘书长	廖元亮(二月免)

校友总会秘书处、教育基金会秘书处(2023 年 2 月,机构调整)

	秘　书　长	许　骏(二月任)
	副秘书长	廖元亮(二月任)　何德忠(二月任)
学生职业发展与就业指导中心	主　　　任	张红春
	副　主　任	刘卫红　李雪松(七月免)　李卫红(七月任)
继续教育学院、网络教育学院	党委书记	黄世荣
	党委副书记	李兴国
	纪委书记	李兴国
	院　　　长	杨成云
	副　院　长	冯清平　刘敢新　张　忠

教学科研机构

人文学部	主　　　任	李　剑(兼,十月任)
	副　主　任	蔡珍红(兼,六月免)
	综合办公室主任	曹跃群(副处级,十月免)　刘　淳(副处级,十月任)
外国语学院	党委书记	欧　玲
	党委副书记	魏世平
	纪委书记	魏世平
	院　　　长	莫启扬(聘任制)
	副　院　长	李小辉　杨小虎　王　江(三月任)　刘　扬(三月任)
艺术学院	党委书记	张承康(六月免)　蒋华林(六月任)
	党委副书记	王　琦

	纪委书记	王　琦
	院　　长	雒三桂（六月免）　张楠木（六月任）
	副院长	夏进军　张楠木（六月免）　彭小希
体育学院	党委书记	明兴建
	党委副书记	李　永
	纪委书记	李　永
	院　　长	刘　斌（聘任制，九月任）
	副院长	落云柯　潘建华
美视电影学院	党委书记	李阳模
	党委副书记	赵　华
	纪委书记	赵　华
	院　　长	张国立（十一月免）
	常务副院长	范　蓓（正处级，七月任）
	副院长	马　欣　范　蓓（七月免）　黄　鹏（十月任）
博雅学院	党委书记	曾佐伶
	党委副书记	姜雪峰
	纪委书记	姜雪峰
	副院长	唐　杰　李广益（十月任）
人文社会科学高等研究院	副院长	姚　飞（主持工作，六月免）
	副院长	李广益　唐　杰（十月任）
社会科学学部	主　　任	杨　俊（兼，十月任）
	副主任	姚树洁
	综合办公室主任	韦春霞（副处级，七月免）　张　蕾（副处级，七月任）
公共管理学院	党委书记	张　玲
	党委副书记	袁晓浩（十一月免）　周余斌（十一月任）
	纪委书记	袁晓浩（十一月免）　周余斌（十一月任）
	院　　长	刘炳胜（委任制，七月免）
	副院长	张　鹏（七月免）　刘渝琳（七月免）　李　志（七月免）
		汪　涛（七月任）　丁从明（七月任）　王　辉（十月任）
经济与工商管理学院	党委书记	严太华
	党委副书记	张　燕

	纪委书记	张　燕
	院　　长	杨　俊(六月免)　黄　河(六月任)
	副 院 长	但　斌(七月免)　刘　辛　陈逢文　郁培文
		钱丽萍(七月任)
新闻学院	党委书记	凌晓明
	党委副书记	陈　娜
	纪委书记	陈　娜
	院　　长	董天策(四月免)　郭小安(六月任)
	副 院 长	郭小安(六月免)　龙　伟
法学院	党委书记	刘西蓉(四月免)　蒋研川(七月任)
	党委副书记	刘　淳(十月免)　杨志杰(十月任)
	纪委书记	刘　淳(十月免)　杨志杰(十月任)
	院　　长	黄锡生(六月免)　靳文辉(六月任)
	副 院 长	靳文辉(六月免)　杜　辉　秦　鹏(七月任)
马克思主义学院	党委书记	罗　滌(六月免)　陈　科(六月任)
	院　　长	张邦辉(七月免)　冯颜利(聘任制,十一月任)
	党委副书记	温健琳(七月免)　袁　利(七月任)
	纪委书记	温健琳(七月免)　袁　利(七月任)
	副 院 长	徐　鲲　吕　进
理学部	综合办公室主任	曹　阳(副处级,七月免)　颜　可(副处级,七月任)
数学与统计学院	党委书记	谭英双
	党委副书记	何建华
	纪委书记	何建华
	院　　长	穆春来
	副 院 长	李　东　黄小军
物理学院	党委书记	韩　忠
	党委副书记	余　涛(七月免)　林　玮(七月任)
	纪委书记	余　涛(七月免)　林　玮(七月任)
	院　　长	吴兴刚
	副 院 长	钟小伟(七月免)　胡自翔　陈世建　王　锐(七月任)
化学化工学院	党委书记	张云怀

	党委副书记	李泽全
	纪委书记	李泽全
	院　　长	韩永生(聘任制,九月任)
	副院长	谢昭明(六月免)　胡宝山　范　兴(七月任)
		李　军(七月任)
生命科学学院	党委书记	卓光俊
	党委副书记	夏　松(九月免)　袁晓浩(九月任)
	纪委书记	夏　松(九月免)　袁晓浩(九月任)
	院　　长	李正国(六月免)
	副院长	罗　忠　邓　伟
工程学部	主　　任	卢义玉(兼,十月任)
	综合办公室主任	廖　全(副处级)
	学术事务办公室主任	任　明(副处级)
机械与运载工程学院	党委书记	陈晓慧
	党委副书记	樊　玮(七月免)　李雪梅　吴　昊(七月任)
	纪委书记	樊　玮(七月免)　吴　昊(七月任)
	院　　长	罗　均
	副院长	汤宝平　曹华军(六月免)　刘　飞(二月免)　褚志刚
机械传动国家重点实验室	主　　任	罗　均
	副主任	邵毅敏(一月去世)　胡建军　刘　飞(二月任)
电气工程学院	党委书记	胡建林
	党委副书记	胡雪松(七月免)　吴　嘉　王晓静(十一月任)
	纪委书记	胡雪松(七月免)　王晓静(十一月任)
	院　　长	谢开贵
	副院长	王晓静(十一月免)　杜　雄　张淮清(九月免)
		余　年　杨　鸣(十一月任)
输配电装备及系统安全与新技术国家重点实验室		
	主　　任	谢开贵
	副主任	李　辉　曾礼强
湖南雪峰山能源装备安全国家野外科学观测研究站		
	专职副站长	张志劲

能源与动力工程学院	党委书记	冉景煜
	党委副书记	邓扶平
	纪委书记	邓扶平
	院　　长	廖　强
	副 院 长	李　俊　孙　宽　赵良举
资源与安全学院	党委书记	陈大勇
	党委副书记	刘志国
	纪委书记	刘志国
	院　　长	聂百胜
	副 院 长	刘　莉　陈　结（六月免）　葛兆龙　周　雷（七月任）
煤矿灾害动力学与控制国家重点实验室		
	主　　任	卢义玉
	副 主 任	王开成　梁运培（七月免）　夏彬伟（七月任）
材料科学与工程学院	党委书记	王敬丰
	党委副书记	邱贵宝　陈　洁
	纪委书记	陈　洁
	院　　长	黄晓旭（三月免）　陈先华（六月任）
	副 院 长	郑　忠（四月免）　陈先华（六月免）　陈泽军　陈厚文
		谢卫东（七月任）　龙木军（七月任）
（国家镁合金材料工程技术研究中心）		
	专职副主任	蒋　斌（副处级）
航空航天学院	党委书记	万　玲
	党委副书记	程　乐
	纪委书记	程　乐
	副 院 长	李卫国（主持工作）　刘占芳（七月免）　姚建尧
		曾　忠（七月任）　陈立明（七月任）
重庆大学-辛辛那提大学联合学院		
	院　　长	张志清
	副 院 长	江　燕
建筑学部	主　　任	刘汉龙（兼）
	副 主 任	胡学斌（兼,六月免）　李英民（兼,六月免）

	综合办公室主任	郭秀荣(副处级)
建筑城规学院	党委书记	李和平
	党委副书记	葛毛毛
	纪委书记	葛毛毛
	院　　长	杜春兰
	副院长	谢　辉(七月免)　翁　季　李云燕(七月任)
		冯　驰(七月任)
土木工程学院	党委书记	华建民
	党委副书记	马　骥
	纪委书记	马　骥
	院　　长	杨庆山
	副院长	刘　猛(七月免)　谢　强　仇文岗　王宇航
山地城镇建设与新技术教育部重点实验室		
	副主任	龙渝川
环境与生态学院	党委书记	蒲清平
	党委副书记	高　微
	纪委书记	高　微
	院　　长	何　强
	副院长	阳　春　宋福忠(八月免)　吴正松(八月免)
		杨永川　陈　一(十一月任)
管理科学与房地产学院	党委书记	严　薇
	党委副书记	陈　兰
	纪委书记	陈　兰
	院　　长	叶堃晖
	副院长	向鹏成　周　滔(七月免)　毛　超　洪竞科(七月任)
信息学部	主　任	王时龙(兼)
	副主任	廖晓峰(兼,七月免)　朱　涛(兼,十月任)
	综合办公室主任	郑洪英(副处级,七月免)　方蔚涛(副处级,七月任)
	学术事务办公室主任	叶春晓(副处级,十月免)
光电工程学院	党委书记	秦　岚
	党委副书记	刘　俊

	纪委书记	刘　俊
	院　　长	郭永彩(五月免)　朱　涛(六月任)
	副 院 长	叶俊勇(十月免)　刘嘉敏(十月免)
		朱　涛(六月免)　韦　玮(十月任)
微电子与通信工程学院	党委书记	周喜川
	党委副书记	余　嘉
	纪委书记	余　嘉
	院　　长	谭晓衡
	副 院 长	刘　敏　曾　浩　唐明春(七月任)
计算机学院	党委书记	杨守鸿
	党委副书记	秦四齐
	纪委书记	秦四齐
	院　　长	廖晓峰(六月免)
	副 院 长	郭松涛　钟　将　向　涛
自动化学院	党委书记	林景栋
	党委副书记	袁　利(七月免)　温健琳(七月任)
	纪委书记	袁　利(七月免)　温健琳(七月任)
	院　　长	苏晓杰
	副 院 长	尹宏鹏　戴　欣　赵　敏(七月任)
大数据与软件学院	党委书记	文俊浩
	院　　长	张洪宇
	党委副书记	萧　倩
	纪委书记	萧　倩
	副 院 长	张小洪　蔡　斌　刘　铎
医学部	主　　任	刘国祥
	综合办公室副主任	张　赛(副处级)
医学院(2023年3月医学院直属党支部改建为党总支)		
	直属党支部书记	王亚洲(副处级,六月免)
	党总支书记	王亚洲(六月任)
	党总支副书记	高泉涌(七月任)
	院　　长	刘国祥(兼,九月免)

	副 院 长	王亚洲 周 舟(七月任)
药学院	党委书记	凌 明(八月免) 周 辉(十一月任)
	党委副书记	周余斌(十一月免) 陈才烈(十一月任)
	纪委书记	周余斌(十一月免) 陈才烈(十一月任)
	院 长	闫海龙
	副 院 长	张 敏 李亦舟
创新药物研究中心	行政副主任	周余斌(副处级,十一月免)
生物工程学院	党委书记	王贵学(四月免) 胡友强(六月任)
	党委副书记	刘庆庆
	纪委书记	刘庆庆
	院 长	蔡开勇
	副 院 长	侯文生 张吉喜
附属肿瘤医院	党委书记	吴永忠
	党委副书记	张 维
	纪委书记	李 华(七月免)
	院 长	徐 波
	副 院 长	孙安龙(七月免) 周 宏 王 颖
	总会计师	张 维(四月任)
附属三峡医院	党委书记	杨德清
	党委副书记	张先祥 牟华明
	纪委书记	杨 峰
	工会主席	王豫屏
	院 长	张先祥
	副 院 长	牟华明 李 风 徐立新 巫贵成 刘华文 张俭荣
	总会计师	赵明祥
附属涪陵医院	党委书记	王朝永
	党委副书记	范德庆 邓 江
	纪委书记	廖 华
	院 长	范德庆
	副 院 长	隆腾波 李 鱼 罗 晓(四月任) 廖秀清(四月任)
	工会主席	罗 晓(四月免)

超瞬态装置实验室　　　　主　任　　　　　唐文新

　　　　　　　　　　　　副主任　　　　　唐红琴(七月免)　李　雯(七月任)

重庆大学国家卓越工程师学院(重庆卓越工程师学院)

　　　　　　　　　　　　院　长　　　　　刘汉龙(兼)

　　　　　　　　　　　　党总支书记　　　韦迎春

　　　　　　　　　　　　党总支副书记　　郭坤银

　　　　　　　　　　　　执行院长　　　　罗远新

　　　　　　　　　　　　副院长　　　　　胡晓松(兼)　宋朝省　刘　凯　吴映波

(重庆自主品牌汽车协同创新中心)

　　　　　　　　　　　　常务副主任　　　罗远新(兼)

　　　　　　　　　　　　专职副主任　　　胡晓松(副处级)

　　　　　　　　　　　　副主任　　　　　刘　凯(兼)

城市科技学院(2020年12月,经教育部批准转设为重庆城市科技学院,不再作为学校二级机构)

　　　　　　　　　　　　图书馆馆长　　　张旭东(副处级)

　　　　　　　　　　　　人文学院院长　　邓仕伦(副处级)

　　　　　　　　　　　　副处级干部　　　黎　静(孔子学院中方院长)

2023年常设委员会或专项工作机构

博士学位论文质量整改工作领导小组

(重大校发〔2023〕3号　2023年1月6日成立)

组　长:王树新

副组长:刘汉龙　王时龙　邓绍江　李英民

成　员:组织部、研工部、人事处、研究生院、纪检监察机构等部门主要负责人,各二级学院主要负责人

　　　　领导小组秘书处设在研究生院。

智能超算及网联计算平台建设领导小组及工作小组

(重大校发〔2023〕26号　2023年2月10日成立)

一、领导小组

组　长:王树新

副组长:王时龙　卢义玉　李　剑　刘贵文

成　　员:发规处("双一流"办)、科发院、房管处、计财处、实设处、国合办等单位主要负责人

二、工作小组

组　　长:廖晓峰(召集人)

常务副组长:郭松涛(责任人)

副组长:蔡珍红　郭劲松　贾云健

成　　员:

(一)技术组

　　(信息学部)叶春晓

　　(计算机学院)郑林江　李　佳　冯　亮

　　(通信学院)周喜川

　　(软件学院)张小洪　付春雷

　　(自动化学院)戴　欣

(二)应用组

　　(卓越工程师学院)罗远新

　　(量子物质平台)孙　阳

　　(未来芯片平台)朱　涛

　　(分析测试中心)周小元

　　(电镜中心)黄天林

　　(机械学院)胡晓松

　　(电气学院)李　辉

　　(土木学院)刘界鹏

　　(能动学院)李　俊

　　(药学院)闫海龙

　　(化工学院)李　军

　　(肿瘤医院)徐　波

秘　　书:(计算机学院)黎　勇　王　翊

　　　　(软件学院)易华玲

体育工作委员会

(重大办发〔2023〕9 号　2023 年 3 月 13 日调整)

主　　任:冯业栋

副主任:党办校办、体育学院、学工部、研工部、校工会、校团委、本科生院主要负责人

成　　员:宣传部、保卫处、机关党委、人事处、计财处、后勤处、离退休处、虎溪管委会、校医院等单位代表

委员会下设办公室,挂靠体育学院,体育学院院长兼任办公室主任。

党的建设和全面从严治党工作领导小组

(重大委发〔2023〕12 号　2023 年 4 月 3 日调整)

组　　长:舒立春

副组长:王树新　王时龙　陶举虎　冯业栋

成　　员:党办校办、组织部、宣传部、统战部、巡视办、学工部、研工部、保卫部、机关党委等部门主要负责人及纪检监察机构负责人

领导小组办公室设在党办校办,王时龙任领导小组办公室主任,党办校办、组织部主要负责人及纪检监察机构负责人任领导小组办公室副主任。

财经领导小组

(重大办发〔2023〕42 号　2023 年 6 月 19 日调整)

组　　长:王树新　舒立春

副组长:杨　俊

成　　员:刘汉龙　王时龙　邓绍江　卢义玉　李　剑　刘贵文

校工会、发规处、人事处、计财处、审计处、基建处主要负责人,纪检监察机构负责人

秘　　书:计财处主要负责人

学位论文质量整改工作领导小组

(重大校发〔2023〕92 号　2023 年 7 月 4 日成立)

组　　长:王树新

副组长:刘汉龙　王时龙　邓绍江　李英民

成　　员:组织部、研工部、人事处、研究生院等部门主要负责人,纪检监察机构负责人,各二级学院主要负责人

领导小组秘书处设在研究生院。

教育数字化领导小组

(重大校发〔2023〕104 号　2023 年 7 月 25 日成立)

一、领导小组

组　　长:校党委书记、校长

副组长:分管党办校办和信息化办的校领导

成　　员:其他校领导、党委常委、校长助理

二、领导小组办公室

主　　任:饶劲松

副主任:党办校办和信息化办主要负责人

成　　员:党办校办、信息化办、组织部、宣传部、计财处相关负责人

　　大数据学院张小洪、计算机学院周庆、教发中心李珩,以及根据工作推进情况抽调有关人员。

研究生招生工作领导小组

(重大办发〔2023〕55 号　2023 年 8 月 28 日调整)

组　　长:王树新

副组长:刘汉龙　冯业栋　卢义玉　李英民

成　　员:研究生院、本科生院、学工部主要负责人,纪检监察机构相关负责人

　　领导小组办公室设在研究生院,研究生院院长任主任,负责领导小组日常工作。

意识形态工作领导小组

(重大办发〔2023〕64 号　2023 年 9 月 7 日调整)

一、意识形态工作领导小组

组　　长:校党委书记、校长

成　　员:全体校领导、党委常委

　　领导小组下设办公室,挂靠宣传部。

二、意识形态工作领导小组办公室

主　　任:宣传部主要负责人

成　　员:党办校办、组织部、宣传部、教工部、统战部、巡视办、学工部、保卫部、虎溪党工委、校工会、校团委、离退休党委、人事处、本科生院党委、社科处、期刊社、研究生院、国际处、计财处、后勤处、继教基教处、图书馆、信息化办、出版社、基金会秘书处、外语学院党委、艺术学院党委、电影学院党委、博雅学院党委、公管学院党委、经管学院党委、新闻学院党委、法学院党委、马克思主义学院党委、管科学院党委等部门和二级党组织分管意识形态工作的负责人和纪检监察机构相关负责人

党委巡视工作领导小组

(重大委发〔2023〕50 号　2023 年 9 月 18 日调整)

组　　长:舒立春　王树新

副组长:王时龙　陶举虎　冯业栋

成　员:党委组织部、党委宣传部、党委巡视办等部门主要负责人及纪检监察机构负责人

党委巡视办承担巡视工作,领导小组日常工作。

知识产权与科技成果转化工作领导小组

（重大办发〔2023〕72 号　2023 年 9 月 22 日调整）

组　长:校长

副组长:分管成果转化、科研的副校长

成　员:转移院、国资办、人事处、科发院、资产公司、计财处、法制办主要负责人

秘　书:转移院分管负责人

就业工作领导小组

（重大办发〔2023〕76 号　2023 年 10 月 9 日调整）

组　长:舒立春　王树新

副组长:刘汉龙　冯业栋　卢义玉

成　员:学工部(武装部)、校团委、人事处、本科生院、科发院、社科处、研究生院、国际处、计财处、职就中心
主要负责人

领导小组办公室设在职就中心。

研究生国家奖学金评审领导小组

（重大办发〔2023〕82 号　2023 年 10 月 18 日调整）

组　长:刘汉龙

副组长:冯业栋

成　员:学工部、研究生院、纪检监察机构、法制办、计财处负责人,研究生导师代表 2 名

实验室技术安全工作委员会

（重大办发〔2023〕84 号　2023 年 10 月 23 日调整）

主　任:王树新

副主任:卢义玉　李　剑　杨　俊

成　员:人事处、本科生院、科发院、国防院、研究生院、计财处、保卫处、后勤处、房管处、实设处、基建处、虎
溪管委会主要负责人

实验室技术安全工作委员会下设实验室技术安全办公室,办公室设在实设处,由实设处处长兼任办公室主任。

资源配置工作领导小组

(重大办发〔2023〕86 号 2023 年 10 月 30 日调整)

组　　长:王树新

副组长:邓绍江　卢义玉　刘贵文　杨　俊

成　　员:发规处("双一流"办)、人事处、研究生院、计财处、房管处、实设处、基建处、虎溪管委会等部门负责人

领导小组秘书处设在发规处("双一流"办)。

"国优计划"专项领导小组

(重大校发〔2023〕136 号 2023 年 11 月 1 日成立)

一、专项领导小组

组　　长:王树新

副组长:刘汉龙

成　　员:邓绍江　卢义玉　李　剑　刘贵文　杨　俊　李英民

秘　　书:杨　帆

领导小组秘书处设在研究生院。

二、专项工作组

组　　长:刘汉龙

副组长:卢义玉　李英民

成　　员:研究生院、本科生院、继教基教处、人事处、计财处、附属中学、附属小学、相关学院等单位主要负责人

内部控制领导小组、工作小组和监督检查小组

(重大办发〔2023〕87 号 2023 年 11 月 2 日调整)

一、内部控制领导小组

组　　长:王树新

成　　员:刘汉龙　陶举虎　邓绍江　卢义玉　李　剑　刘贵文　杨　俊

二、内部控制工作小组

组　　长:杨　俊

成　员：党办校办、发规处、人事处、本科生院、科发院、社科处、研究生院、计财处、审计处、后勤处、房管处、实设处、基建处、信息化办、资产经营公司等单位主要负责人

三、内部控制监督检查小组

组　长：陶举虎

成　员：纪检监察机构、党委巡视办、审计处主要负责人

"超瞬态实验装置"领导小组

（重大办发〔2023〕89 号　2023 年 11 月 27 日调整）

组　长：王树新

副组长：刘汉龙　邓绍江　李　剑　刘贵文　杨　俊　朱才朝

成　员：党办校办、发规处（"双一流"办）、人事处、科发院、研究生院、计财处、审计处、房管处、实设处、基建处、超瞬态实验室等单位主要负责人

工程硕博士培养改革专项工作委员会

（重大校发〔2023〕159 号　2023 年 12 月 21 日成立）

一、工程硕博士培养改革专项工作委员会

主　任：刘汉龙

副主任：李英民　杨　帆　罗远新

成　员：蔡开勇　陈先华　韩永生　廖　强　刘　铎　罗　均　苏晓杰　谭晓衡　谢开贵　向　涛
　　　　闫海龙　朱　涛

二、相关领域工作组

（一）智慧能源领域工作组

建设学院：电气工程学院（牵头学院）、能源与动力工程学院、自动化学院

组　长：谢开贵

副组长：杨　鸣　孙　宽　赵　敏

成　员：廖瑞金　李　辉　胡　博　郝　建　丰　昊　徐　征　吴春梅　杨仲卿　付　乾　李夔宁
　　　　王智慧　陈家伟　李期斌　姜　慧　李显东　肖冬萍　成　立　赖　伟　杨知方　方斯顿
　　　　王　锋　张卢腾　黄　鑫　杨　扬　李　猛

秘　书：邹　琳　曾　理　万益羽

（二）工业母机领域工作组

建设学院：机械与运载工程学院（牵头学院）、国家卓越工程师学院

组　长:罗　均

副组长:汤宝平　宋朝省

成　员:褚志刚　李国龙　李　坤　李聪波　何　彦　王四宝　冉　琰　肖贵坚　马　驰　王　见

秘　书:孙跃芳　陈宏英

(三)半导体领域工作组

建设学院:光电工程学院(牵头学院)、微电子与通信工程学院

组　长:朱　涛

副组长:韦　玮　刘　敏

成　员:余　华　贺学锋　臧志刚　温　泉　胡盛东　胡　伟　唐　枋　石　匆　林　智

秘　书:夏知姿　张文婷

(四)新材料领域工作组

建设学院:材料科学与工程学院(牵头学院)、化学化工学院

组　长:陈先华

副组长:陈泽军　胡宝山

成　员:王　冲　李　谦　栾佰峰　张生富　杨　艳　孟　毅　刘渝萍　佘　加　李哲峰　周才龙

秘　书:周　燕　罗　平

(五)关键软件领域工作组

建设学院:大数据与软件学院(牵头学院)、国家卓越工程师学院、计算机学院

组　长:刘　铎

副组长:吴映波　向　涛

成　员:萧　倩　钟　将　文俊浩　冯　亮　刘　凯　蔡　斌　曾　骏　杨梦宁　雷　晏　周　魏
　　　　汪成亮

秘　书:罗　西　陈宏英　伍　玲

(六)人工智能领域工作组

建设学院:计算机学院(牵头学院)、国家卓越工程师学院、自动化学院、大数据与软件学院

组　长:向　涛

副组长:苏晓杰　刘　凯　刘　铎

成　员:文俊浩　钟　将　蔡　斌　冯　亮　田羽锋　孙家宁　李楚照　杨梦宁　曾　骏　雷　晏

秘　书:伍　玲　陈宏英　万益羽　罗　西

(七)生物医药与高端医疗装备领域工作组

建设学院:生物工程学院(牵头学院)、药学院

组　　长:蔡开勇

副组长:张吉喜　李亦舟

成　　员:侯文生　季　忠　崔海涛　吉　维　郝石磊　李杨峰　刘　翠

秘　　书:石轶松　陈　雪

(八)新一代信息通信技术领域工作组

建设学院:微电子与通信工程学院

组　　长:谭晓衡

副组长:刘　敏

成　　员:冯文江　吴玉成　简　鑫　于彦涛

秘　　书:张文婷　肖　磊

综合管理

办公室工作

【综述】

2023 年,党委办公室、校长办公室深入学习贯彻习近平总书记关于新时代办公厅工作的重要指示精神,紧密围绕学校第二轮"双一流"建设目标任务和重要工作部署,认真落实"快、稳、严、准、细、实"工作要求,有效发挥统筹协调、参谋助手、督促检查、服务保障等职能作用,着力提高"三服务"工作能力水平,在推动学校各项事业高质量发展中展现新气象、实现新作为。

【落实重要工作部署】

1.推进学习贯彻习近平新时代中国特色社会主义思想主题教育走深走实

加强主题教育工作的组织协调,牵头落实主题教育调查研究工作,印发《关于在全校大兴调查研究的实施方案》;开发 OA 系统调查研究专题模块,以信息化手段推动过程可视化管理;协调校领导开展调研近 170 次,细化问题清单相关问题 130 余个,推动中层以上领导干部结合实际工作开展调研,形成问题清单及成果转化清单近 400 份;加强调研成果跟踪问效,推动问题解决和成果转化。学校调查研究工作特色做法获《人民日报》《重庆日报》等媒体宣传报道。

2.深入贯彻落实习近平总书记关于新时代办公厅工作的重要指示精神

把习近平总书记关于新时代办公厅工作的重要指示作为做好办公室工作的根本遵循,研究制定《党委办公室、校长办公室落实习近平总书记关于新时代办公厅工作重要指示的实施方案》,明确学习贯彻要求,加强研讨交流;坚持党建工作与业务工作同向推进,不断深化"学习型研究型办公室"建设;加强与兄弟高校业务工作研讨交流,承办教育部直属部分高校第三十七次办公室主任会议,不断提升办公室整体效能。

3.统筹做好学校重大会议、重大活动组织协调工作

高标准完成重庆市委主要负责同志来校开展党的二十大精神宣讲、专题工作会议、考察调研等 3 次重大活动的组织保障工作;高质量做好第八届中国国际"互联网+"大学生创新创业大赛冠军争夺赛组织协调工作;高水平完成第 31 届世界大学生夏季运动会重庆站火炬传递组织协调工作,为各类会议及活动提供了有力保障,充分展示了学校风采。

【发挥中心枢纽职能】

1.以文辅政,参谋有道

充分发挥"智囊""智库"作用,加强调查研究,牵头完成学校主题教育、年度工作要点、开学典礼、毕业典

礼和干部大会等重要文字材料150余份,超60万字。进一步优化升级OA系统,新增"综合统计"发文板块,推进电子印章在线办理,实现培训证书等规范材料用印电子化;全年印发公文、处理校外来文、校内签报近5 700份,处理机要文件750余份,受理印章、法人证件等申请2万余件。

2. 服务决策,统筹有方

推动党委领导下的校长负责制落地落细,严格执行党委常委会会议、校长办公会议议事规则,统筹做好会议安排和议题谋划,不断完善议题审查规程,优化议题收集系统和无纸会议系统功能,推动学校会议决策能力和效率提升。全年组织筹办党委全委会会议、党委常委会会议、校长办公会议、二级党组织书记例会、院长工作例会等重要会议80余次,审校党委常委会会议及校长办公会议议题共计440余项。

3. 服务保障,高效有序

不断提升规范化管理水平,制定会议服务工作方案和重大活动接待手册;高质量完成"一带一路"科技交流大会等重要会议、重大活动和重要来访40余次;组织指导校内各项会议130余次;举办6期全校办公室系统业务培训会。加快推进师生服务中心建设,形成《师生服务中心建设方案》,完成中心选址查勘,收集梳理服务事项490余项;修订《重庆大学公务用车管理办法》。

4. 信息工作,趋时有质

落实大成集智工作理念,对接重庆市8次更新报送学校工作模块。信息工作保持教育部、重庆市排名前列,组稿报送3篇经验信息获教育部简报或战线联播采用。刊发《重大要情》177期、《重庆大学简报》12期。修订印发《信息写作指南(2023年版)》;持续完善党务公开和信息公开工作机制,起草发布学校信息公开工作年度报告;高质量完成学校教育事业统计数据填报及《重庆大学年鉴2023》《重庆大学宣传画册2023》编撰工作。

5. 狠抓落实,督查有力

始终把深入学习贯彻习近平总书记关于高等教育事业发展的重要讲话指示批示精神作为督查工作头等大事;持续做好中央巡视整改"后半篇文章",按要求向教育部报送4期巡视整改工作情况报告;打造"1357"督查工作体系,修订《重庆大学督查工作办法》,优化完善督查系统功能;立项督办党委常委会会议、校长办公会议议定事项410余项;聚焦学校10项重点工作,牵头制定加快推进学校重大工程和重点项目落实"四项机制"。

【筑牢发展稳定基石】

1. 统筹安全稳定,防范化解风险

贯彻落实总体国家安全观,构建"365天　24小时"时刻在岗应急值班机制,紧扣全国两会等风险点、敏感点,加强风险预判预警预处,强化应急值守;制定"突发事件直报快响"协同处置机制,加强突发事件和紧急情况信息收集,确保"较大"以上事件信息1小时内报送。

2.畅通信访渠道,关切师生需求

坚持"阳光信访、责任信访、法治信访",全年接访 60 余件次,有效处置新华村 109、110 号住户安置问题,D 级危房未搬迁住户搬离工作;办理"互联网+督查"平台交办事项 140 余件、重庆市信访信息系统信访件 30 余件,处理校领导信箱信件 680 余封。

3.加强保密管理,严防泄密风险

不断健全完善学校保密管理体系;开展保密宣传月活动,集中接受保密教育培训 1 600 余人次,"保密宣传教育高校行"活动被国家保密局通报表扬;扎实推进保密归口管理,编制保密工作任务清单和保密管理指导手册;强化日常保密监管,办理各类保密审查备案 1 900 余项;完成内网办公自动化系统升级改造和保密管理信息系统开发建设工作;组织开展 5 次全校性保密检查和专项检查。全年无失泄密事件发生。

4.推动依法治校,构筑法治校园

统筹规章制度建设,首次对现行有效规范性文件进行梳理,形成《重庆大学规范性文件汇编》;开展"法治体检",梳理排查各领域法律风险,审核重要重大等合同 340 余份;做好学校重要事项决策、涉校纠纷等法律服务保障;实施精准普法,开展 6 场"法治重大"品牌讲座,发放普法手册 1.3 万余册;积极开展"12·4"国家宪法日宣传活动,获第八届全国学生"学宪法讲宪法"活动重庆市决赛团体一等奖;学校获评首批"重庆市新时代依法治校示范校",《重庆大学以"五个强化"深入推进依法治校工作》被教育部战线联播单篇采用并在教育部官网刊发。

(撰稿人:郭世杰)

发展战略与规划

【综述】

2023年,发展规划处("双一流"建设办公室)坚持以习近平新时代中国特色社会主义思想为指导,深入贯彻落实党的二十大精神,紧紧围绕学校第二轮"双一流"建设部署,旗帜鲜明讲政治,扎实推进各项工作任务,高效达成各项工作目标。

【党建工作】

与学校党委"上下同题",切实推动学习贯彻习近平新时代中国特色社会主义思想主题教育走深走实,按规定开展读书班、调查研究和民主生活会等,高质量完成主题调研报告,指导推动业务工作,努力做到以学铸魂、以学增智、以学正风、以学促干。依托学习强国、学校党建信息化平台等,推动学习教育常态长效,严格落实支部主题党日和"三会一课"等制度,全年开展政治理论学习、主题党日、支部书记谈心谈话等20余次。坚持示范引领,校长带头定期以普通党员身份参加支部活动,对全体党员提出工作要求,支部高质量召开主题教育专题组织生活会,开展集体谈心谈话。坚持处务会、工作例会"第一议题"学习机制,围绕教育强国建设等主题开展学习10余次,将学习融入日常、抓在经常、保持时常,不断提高政治判断力、政治领悟力、政治执行力。严格落实党员的发展培养工作,2名同志分获学校"优秀共产党员""工会工作积极分子"荣誉称号,新发展2名同志成为中共预备党员,本单位党员比例达100%。

【发展改革工作】

认真学习贯彻习近平总书记在中共中央政治局第五次集体学习时的重要讲话精神,加快教育强国建设。推动学校战略落地,以"百年新重大"建设目标为牵引,以学校"十四五"规划内控指标为基础,综合软科360平台监测指标、"双一流"动态监测指标及其内涵要求,完成多轮系统模拟测算,和校内18个相关职能部处调研会商,研制形成"百年新重大"建设关键指标体系,助推学院关键指标分类下达工作。深化学校综合改革,凝练教育改革典型案例,组织报送7个案例参与重庆市评选,获重庆市第二批教育评价改革典型案例评选活动优秀组织奖和二等奖各1项。完成教育部教育评价改革工作进展报送3次、重庆市教委国家级教育改革试点推进情况报送2次,成功申报立项重庆市教育综合改革试点项目1项,通过中期检查1项。

【学科建设工作】

1.一流学科建设卓有成效

圆满完成学校第二轮"双一流"中期自评工作,自评报告报送教育部并积极向相关司局汇报,促成教育部党组成员、副部长翁铁慧同志来校视察并对相关工作给予肯定,推动土木工程学科纳入教育部一流学科培优视野。牵头组织 3 个"双一流"建设学科完成自评,组织 30 个二级单位完成学校整体数据和"3+9"学科数据填报工作。完成国家"双一流"引导专项资金项目 2022 年度支出绩效自评、2023 年度绩效监控、2024 年度预算申报等工作,落实重庆市第二轮"双一流"建设配套资金支持机制,精心梳理、紧密联系,本年度获得重庆市 100% 配套资金支持。

本年度学校一流学科建设再上新台阶:37 个学科上榜 2023 软科中国最好学科排名,位居全国第 21 位,其中 4 个学科居前 5%,11 个学科居前 10%,较 2022 年增加 4 个;ESI 学科建设数质并升,工程学、材料科学、化学(新增)3 个学科位居 ESI 世界前 1‰,世界前 1% 学科达 15 个,较 2022 年增加 3 个。学校国际影响力、竞争力实现新突破:主流世界大学排名快速提升,2023 年 THE 世界大学排名提升超 200 名,QS 世界大学排名提升超 100 名,软科世界大学学术排名快速逼近 TOP200。

2.学科建设机制持续优化

优化学科经费配置机制,建立健全"基本+竞争"学科建设经费配置模式,制定发布《重庆大学学科建设基础性项目管理办法》《重庆大学学科建设竞优性项目管理办法》,牵头推进土木工程一流学科培优工作。持续推进材料、动力、仪器等原学科水平提升计划和低碳科学、空间电力与无线传输等高水平学术期刊培育资助计划等,立项启动物理、分子精准合成与转化中心等项目,完成新闻传播学学科水平提升计划等 4 个项目验收和量子材料与器件研究中心项目等 11 个项目检查工作。牵头完成"十四五"市级重点学科中期检查。做好资源配置工作领导小组秘书处工作,组织召开领导小组会议 3 次,研究落实议题 13 个。完成学校第五轮学科评估结果分析,深入调研一流大学建设高校评估情况。参与校区功能调整、机构设置调整工作,广泛开展校内外调研,形成《学科优化初步构想及校区功能需求分析》等报告,提供学科视角有力支撑。

3.高能级平台建设保障完善

承担学校公共平台建设专班工作,会同相关平台报送 4 期工作简报。完成量子物质平台、未来芯片平台方案论证和首期经费划拨。广泛开展校内外调研,编制《重庆市分析检测研究中心建设方案》,纳入"2023年重庆市重大平台(基地)、重大专项征集项目和市委财经委关注及研究的重大事项"。牵头推进长江生态环境联合研究生院组建工作,多次组织校区建设会议,完成四方共建协议签订、人才培养方案制定等工作,教育部已下达 50 个博士招生指标,牵头制定管理体制、资金方案、理事会章程等制度文件。

【政策研究工作】

1.建言献策能力显著提升

制定《高等教育综合改革试点方案》,牵头申报教育部高等教育综合改革试点战略工程,有望获批试点高校。完成《重庆市人民政府　四川省人民政府关于支持四川大学、重庆大学、电子科技大学共同实施高等教育综合改革试点战略工程的若干措施》《教育部　重庆市人民政府战略合作协议(送审稿)》等重要文件。完成《推进重庆高等教育高水平对外开放的建议》《重庆市属高校"双一流"建设高质量发展的建议》等咨政报告,获2022年重庆教育发展咨政二等奖等3项,并被收录至《2022年重庆教育发展报告》,入选重庆市教育咨政决策骨干。围绕推进教育、科技、人才"三位一体"协同融合发展,承担教育部、重庆市《重庆大学高等教育突破跃升行动调研报告》和《重庆大学大类招生大类培养改革优化完善报告》《拔尖人才培养研究报告》以及学校干部大会、党政联席会议等校内外重要会议报告30余份。

2.研究服务能力明显增强

高标准做好国内外各类大学排名数据填报、审核与分析工作,开展2024年QS世界大学排名声誉调查清单采集工作。紧密联系对接40余个校内外单位,分析总结国内外大学排名、学科排名、自然指数排名、"全球高被引科学家"、"中国高被引学者"等榜单30余次。定期分析ESI学科态势,实时研判学校22个ESI学科发展潜力,完成《重庆大学ESI及高被引学者(科学家)表现》等报告10余篇。高质量完成信息报送。向中共重庆市委教育体制改革专项小组报送改革工作简报4篇、要情10条、亮点成效11条;积极回应上级紧急约稿,获《重大要情》动态信息采纳150余项,多次获校领导肯定性批示,信息工作积分居全校前列。

【学术治理工作】

落实主题教育要求,努力提高学校教育治理体系和治理能力现代化水平。严格对照教育部意见,修改完善学校章程,完成《重庆大学章程修正案(2023年核准稿)》,经校长办公会议审议、党委常委会会议审定后报教育部核准,有序推进依法治校。不断优化学术治理组织建设,系统梳理各级各类学术委员会工作制度与职责,全面分析学术委员会组织45个、委员658人次基本情况,依规依章程召开全体会议,完善议题闭环落实机制,推动学校学术治理体系和治理能力现代化。

（撰稿人：刘　瑜）

虎溪校区管理

【综述】

2023 年,虎溪管委会坚持以习近平新时代中国特色社会主义思想为指导,围绕立德树人根本任务,坚持以创新推动发展、靠奋斗创造业绩,着力提升校区管理效能,圆满完成了既定工作任务。

【安全稳定】

加强统筹,联防联动,构建完善的校区安全稳定防护体系。采取播放视频、张贴宣传画、开展讲座、组织演练和文艺表演、民警进校园等形式持续开展防诈、交通、消防、急救等安全主题宣传教育活动,1.5 万名学生参加了应急疏散演练。开展校园电动摩托车、电动自行车专项治理,加大学生宿舍违章电器清查,实施校门人脸识别门禁系统,校外人员和车辆预约进校。强化消防重点单位、部位的查、改、管,及时更换临期消防器材。拆除学生宿舍所有燃气热水器共计 5 717 台,彻底解决学生宿舍燃气安全隐患。监控系统全面升级,1 000 个视频监控点位实现了网络高清数字化,新增 50 台人脸卡口摄像机,监控影像存储时间由 30 天增加到 90 天。

【学生工作】

加强学生日常教育管理。每周开展寝室文明卫生大检查。持续开展星期日讲座、第十二届"优秀学生之家"创建、第十五届系列读书活动、"艾滋病防控"知识竞赛、"阳光 60 分"等大型活动。圆满完成 4 260 人校区间搬迁、4 400 余人校区内搬迁以及 7 200 余名新生迎新工作。推出"重大虎溪"微信公众号原创文章 110 篇(阅读量 20 万余人次),通过校区 33 套舍区多媒体系统发布信息、宣传视频 200 余条(个)。编发《信息采辑》43 期。组建 11 个勤工助学组织。推进"一站式"学生舍区综合管理模式改革,持续深化舍区教育。精心打造 22 间党团活动室和 145 间学生活动室。在舍区创建知名大学文化墙、国际视野文化走廊等富有特色的文化环境。通过"公民意识培养""内修外塑""传统文化熏陶"等几十个舍区品牌活动引领学生,拓展学生视野。

【条件保障】

为日常教学、考试、科研、生活和第八届中国国际"互联网+"大学生创新创业大赛冠军争夺赛等提供了优质物业保障服务。及时完成教室桌椅、教学设备的维修,加装教室空调 56 台、升级更换多媒体教学设备 16 套、加固升降黑板 284 块、增设教学区直饮水机 8 台。新增公寓床 709 套、洗衣机 54 台。完成 6 889 台普通空调和 52 台电梯以及 12 套中央空调的日常保养维修。完成体育中心物业招采、运管,制定体育中心场馆管理规章制度,新购运动器材 100 余件(套)。完成 34 498 单日常维修、1.3 万余人次宿舍调整,办理 4.5 万余人次水电充值及结算业务,审批 3 000 余次场地使用申请,完善导引、警示标识 1 000 余个。

加强构建筑物的维护。维修学生宿舍 2 300 平方米和生活服务中心屋面 2 615 平方米及 62 间学生宿舍房间防水,清掏管沟 1 200 米、更换排水立管 150 米。维修建筑外墙 105 处、封胶玻璃屋面 1 674 平方米,除锈维保栏杆 19 500 米、钢结构 2 720 平方米,加高栏杆 2 500 米。完成外墙砖脱落等应急抢险类零星维修 100 余项。完成年度高压预试,细化迎峰度夏节电措施,抢险 22 处地下给水管道爆管事故。

加强食材采购、加工、售卖管理,坚持留样食品日检,核价新菜品 1 000 余个。开展食品卫生安全专项检查 12 次,抽检 40 余次,组织 1 500 余名从业人员参加食品卫生安全培训。获重庆市高新区"健康食堂"荣誉称号。

加强日常监督管理,精细管护 80 余万平方米绿化区域。对景观效果受损区域进行局部调整、改造,清理或更换部分树木、应季植物。加大白蚁、红火蚁防治力度,制作植物科普知识牌 600 余个。

与 13 个驻区单位签订公房协议,调整公房 2 000 余平方米、回收 100 余平方米。完成 25 处房产和通信基站的新一轮招租、签约。校区间交通车安全运行 1.5 万班次,运送师生约 45 万人次。校区内穿梭车安全运送师生约 65 万人次。

制定《虎溪校区管理委员会工程监理服务采购实施办法》等制度 3 项,修订《重庆大学虎溪校区物业零星维修管理办法》等制度 5 项。坚持采管分离,严格依法依规开展货物、工程、服务项目招采,完成 92 项预算金额 3 万元以上的项目采购,组织招投标 28 次。

【智慧虎溪】

建设校区数字治理与决策体系。不断完善学生归寝行为分析、学生在线式选房、物业报修等 20 余个信息系统,新建虎溪校区体育中心智慧管理系统。完成理科楼和 11 栋学生公寓的光网络、理科楼和 3 个食堂的无线网络建设以及信息学部各学院网络接入、党政专网建设。升级网络核心交换机和 AC 控制器等网络核心设备、中心机房 UPS 电源以及数据中心防火墙系统。托管 250 余台服务器,为 2.2 万余名用户、第八届中国国际"互联网+"大学生创新创业大赛冠军争夺赛以及校区各单位临时线上活动提供了优质的网络服务。

(撰稿人:冯　梅)

党建与思想政治工作

组织建设

【综述】

2023 年, 党委组织部坚持以习近平新时代中国特色社会主义思想为指导, 认真学习党的二十大精神, 深刻领会习近平总书记关于党的建设的重要思想, 贯彻落实全国和重庆市组织工作会议精神, 围绕"百年新重大"建设, 扎实开展主题教育, 全力推进各项组织工作。

【主题教育工作】

主题教育领导小组办公室设在组织部, 按照学校党委工作安排, 组织部统筹制定一揽子工作方案, 先后起草《实施方案》等工作文件 9 个, 及时研学中央精神和部署要求, 结合学校实际形成工作建议 50 余条, 统筹推进各项任务有力有序开展。建立汇报沟通机制, 主动对接主题教育中央第五十八指导组; 建立校级协同机制, 组织协调会 10 余场; 建立工作提示机制, 紧盯重要任务和关键环节, 印发工作提示 7 次。按照工作要求, 有针对性地制定各类工作方案 10 余份, 撰写各类汇报、总结材料 20 余份, 累计 13 万余字。相关工作在工作会上获中央指导组高度评价(唯一高校)。主题教育中央第五十八指导组评价学校主题教育特色鲜明、氛围浓厚、组织有序、落实有力、成效显著, 达到了预期目标。

【基层党建工作】

本年度 10 个基层党委(支部)入选市级党建"双创"培育创建单位, 9 个基层党委(支部)进入全国党建双创遴选范围, 总数均创学校历史新高。学校 8 名同志、3 个基层党组织获评重庆市教育系统"两优一先"表彰。系统凝练学校党建工作特色, 组织撰写的党建文章被全国党建研究会采纳, 组织录制的微党课在新华网等权威媒体广泛展播, 组织筹划的微党课获重庆市首届高校二级院系党组织书记讲党建比赛一等奖。

聚焦党建质量提升, 线上线下调研 17 所"双一流"高校, 召开专题会 5 次, 梳理日常考核指标任务 84 项, 优化学校党建考核评价体系。深入 16 个单位围绕党建业务融合和党务规范运行开展工作交流。全面梳理部门常规工作、阶段工作, 形成二级党组织换届工作流程等系列示范文本; 指导马克思主义学院党委、机械与运载工程学院党委、国家卓越工程师学院党总支、医学院党总支、机关党委、本科生院党委、图书馆党总支、出版社有限公司党总支、校医院党总支 9 个党组织完成选举、组织改建等工作。升级学校党建信息平台, 新增完善 15 个业务功能模块, 依托 12371 系统, 实现组织关系转接、党费管理等基础服务功能。

举办党的二十大精神专题培训班, 累计完成集中培训人均超 48 学时, 在线总学时 20 000 余学时。依托前锋干部大学堂, 定期开展"党员大学习""理论大学习"等讲学活动 12 场次, 累计 30 000 余人次参加学习。

推进入党积极分子和发展对象分层培训,累计开展 5 期培训,覆盖学生 6 900 余人。

【干部选任工作】

组建 5 个调研工作组,开展二级单位全覆盖、涉及 1 300 余人次的谈话工作,形成专项调研材料 100 余份。深入摸底掌握各单位班子运行情况、干部表现情况、人才储备情况。严格工作程序,联动校内有关单位,落实"凡提四必",全年 5 人选任程序终止或暂缓。全面分析学校科级干部现状,调整选任条件,优化选任流程,实行科级干部任职意向定期发布制,共发布 5 期,涉及岗位 81 个。开展民主推荐和干部考察 98 场,听取意见 3 000 余人次。全年新提拔中层领导人员 65 人,平级调整 78 人,退出领导岗位 50 人;新提拔科级干部 46 人,交流轮岗 50 人,退出科级岗位 17 人。

【干部培养工作】

做好年轻干部推荐工作,配合完成中组部、市委组织部开展 3 批次年轻干部专项调研。做好挂职干部选派工作,派出 7 名干部人才赴新疆、云南绿春和重庆巫山、沙坪坝等地挂职锻炼。主动对接万州区委组织部、江津区委组织部等单位,积极搭建干部锻炼平台。选派 1 名干部参与中组部专项工作、2 名干部参加教育部专项工作,推荐 9 名干部作为教育部巡视工作组成员人选,选派近 70 名干部参加校内巡视工作,推荐 1 名干部参加高校中青年干部培训班学习。分层分类举办"双一流"建设、二级党组织负责人培训班等 8 个示范班次,组织 300 余名干部赴浙江大学、上海交通大学等地研学,"培训效果"等 8 个指标的满意度均超 97%,中层领导人员参训人数创历史新高,占现任中层干部人数的 1/3。依托中国干部网络学院、"人民学习"智慧教室,举办"中国式现代化"等专题学习,拓宽培训覆盖面。

【干部监督管理工作】

组织 189 名干部填报个人有关事项工作,抽查、查核 79 人有关事项。严格管理领导人员因私出国(境),全年调整备案 130 人,审批因私出国(境)证件借用事项 57 人次。加强干部社会兼职审查,全年共审批兼职 45 人次,不予以批准 1 人次。强化干部日常监督,开展针对性谈心谈话 12 人次,批评教育 5 人,诫勉 1 人。围绕改进学校中层领导班子和领导人员年度考核工作,细化考核对象分类,拓宽考核测评维度,强化考核结果运用。聚焦提升试用期考核质效,开展试用期考核 39 人,对其中 2 人作重点分析研究。针对强化任期考核准度,组织 33 个学院班子和领导人员开展任期述职和民主测评,全面掌握任期履职情况。

【机构编制工作】

注重借鉴同类高校机构编制工作经验,坚持立足自身职能定位,及时会同国合办、校友办、基金会秘书处、高端装备机械传动全国重点实验室、输变电装备技术全国重点实验室、煤矿灾害动力学与控制全国重点实验室、国防院、璧山先进技术研究院、教育部深空探测中心重庆大学办公室、航空航天学院、党委学生工作部、党委研究生工作部、审计处、国家储能技术产教融合创新平台、外国语学院完成机构、编制、职数调整设置工作,助力学校治理水平不断提升。

(撰稿人:邓　忠)

宣传思想文化工作

【综述】

2023 年,党委宣传部、党委教师工作部坚持以习近平新时代中国特色社会主义思想为指导,深入学习贯彻党的二十大精神和习近平文化思想,聚焦学习贯彻习近平新时代中国特色社会主义思想主题教育,打造立体化宣传格局,厚植校园文化底蕴,推动教师思政与师德师风建设守正创新,为学校高质量发展提供坚强思想保证、正向舆论支持、强大精神动力和有力文化支撑。

【政治理论学习】

为 35 次党委常委会会议、29 次校长办公会议学习提供"第一议题"服务保障 125 项,完成校党委理论学习中心组学习会 11 场,指导二级党组织开展理论学习中心组学习会 427 场,遴选 5 个二级党组织理论学习中心组学习示范班,申报重庆市高校党委理论学习中心组示范班。联动社会科学研究处开展重庆市中国特色社会主义理论体系研究中心重庆大学分中心建设,主办了"习近平经济思想的科学内涵与生动实践"研讨会。

【意识形态工作】

印发《关于调整重庆大学意识形态工作领导小组及办公室成员的通知》,出台《2023 年意识形态工作要点》,服务保障党委常委会会议 2 次,专题研究学校意识形态工作。巩固拓展中央巡视意识形态专项检查整改成果,健全意识形态阵地安全联防联控管理体系。统筹开展二级党组织年度意识形态专项督查和考核工作。召开 7 次意识形态工作研判会,2 次网络舆情桌面推演研判会。开展论坛活动专项清理整治。向重庆市教育委员会报送备案论坛、年会等 27 场,学校党委审批 2 395 场。制定《重庆大学网络舆情应对处置工作规程》,修订《重庆大学突发网络舆情事件应急预案》。全年制定应急预案 11 份,梳理复盘舆情事件 15 次。累计监测涉校网络信息 130 万余条,报送舆情快报等 14 篇。履行高校舆情直报点职责,全年报送综合分析稿件 1 900 余篇,承接重大题材约稿及调研任务 43 次,报送深度稿件和专家稿件 45 篇。

【宣传工作】

全媒体矩阵赋能,2023 年全网"重庆大学"正面信息总量 1.5 万条,各平台涉重庆大学报道的阅读、点赞和转载等互动总量超 10.4 亿次。学校承办的第八届中国国际"互联网+"大学生创新创业大赛海外宣传总浏览量超 21.4 亿。中央电视台《经济半小时》重点报道学校科技成果转化,《人民日报》《光明日报》《中国青年报》等媒体 10 次头版报道学校,中央电视台《新闻联播》报道学校大运会火炬传递。全媒体报道"一带一路"科技交流大会,推出主题策划"丝路画卷,重大有为",获《科技日报》《中国日报》等媒体重点报道。承办"全国主流网络媒体重庆教育行"大型融媒体采访活动,40余家主流网媒入校采访,全网发布深度宣传报道400余篇。高质量完成学校主页改版,广受师生校友好评。组织拍摄重庆大学新版宣传片,官方新媒体平台点击量达141万。学校新媒体平台全年发布量6 083条次,总阅读/播放量2.48亿,点赞量768万。与国际处合作建设海外社交平台,年累计海外传播量逾37万。组织师生参加"全国大学生网络文化节""全国高校网络教育优秀作品推选展示活动",获优秀组织奖。获人民网高校优秀校园新闻作品、重庆市高校党建"十大新闻"等新闻类奖项7项。

【文化工作】

教育部高校思想政治工作创新发展中心(重庆大学)首轮建设周期获评"优秀",顺利开启第二轮建设周期,并在教育部举办的全国会议上作经验交流。举办了50余所高校参加的2023西南地区高校宣传思想文化工作研讨会。出版《文化育人:中国文化数字化战略前沿研究》,完成思政司交办的6项任务共计4万余字。统筹各单位完成学校"十四五"规划大学文化建设专项中期检查,建立优质社会文化资源进校园协商工作机制,巩固深化"全国文明校园"创建成果。组织开展20项"双一流"文化传承与创新项目立项与结项。开展廉洁教育和礼敬中华优秀传统文化等系列活动。联合打造的红岩革命故事展演入选国家文物局、教育部的"大思政课"优质资源示范项目(全国仅10项)。原创歌曲《站稳才能飞翔》入围年度优秀原创校园歌曲,原创话剧《何鲁》入选教育部2024年度高校原创文化精品、中国科协"科学家故事舞台剧推广行动"首批名单。引进重庆市歌剧院"交响乐奇妙音"音乐会,重庆市京剧团京剧《秦良玉》《金玉奴》,邓建强中国画展,非遗进校园等优质资源近20项,共计5万余名师生参与,主流媒体报道网络浏览量超150万。

【校史工作】

启动数字校史馆建设,在全校征集数字校史资料,完成1 400余件校史馆藏品数字化工作,建设校史馆藏品数据资源库。撰写报送《成渝地区双城经济圈建设年鉴》(2023年卷)、《2022卷中国教育年鉴》和《重庆教育年鉴2023卷》重庆大学部分。建设由硕士、博士研究生组成的中英双语校史馆讲解团队,做好场馆维护,以优质服务接待校内师生员工、校友和社会各界参观。开展2023级新生入学"校史育人"工作,全覆盖2023级学生。校史馆全年累计接待预约讲解参观745场19 051人。积极参与中国高等教育学会校史研究分会相关事务。

【教师思政和师德师风建设工作】

加强教师思想政治素质建设。落实校党委书记和校长为新进教职工讲授"入职第一课"。打造数字化培训平台,组织师德网络研修、"青年教师微宣讲"、新进教职工"红岩精神"实践研学、"入职宣誓仪式"等活动,选送青年教师参加市教委党的二十大精神微宣讲比赛获第一名,学校获优秀组织奖。完善师德师风工作建设体制机制。落实每学期校党委常委会研究教师思政及师德师风建设工作,研制《师德集中学习教育实施方案》,修订《师德失范行为负面清单及处理办法》,推进相关部门"横向联动"和校院两级"纵向互动"。

典型赋能与警示教育相结合。做好时代楷模典型和教书育人优秀代表选树宣传工作,开展李四光、鲜学福院士楷模事迹宣讲。打造《师者纪录》等系列微视频40余部,拍摄《微案说法》等2部警示教育微视频,《崇德尚行　勤勉尽责》等8部作品获教育部等表彰。指导教师参加"川渝地区青年教师风采大赛"活动获二等奖。完成师德审核1 500余人次,规范查处师德失范行为。

【专项工作】

抓好学习贯彻习近平新时代中国特色社会主义思想主题教育理论学习,统筹安排"读原著学原文、悟原理知原义"大学习,抓实校院两级党委理论学习中心组学习。组织全体校领导和中层干部同步开展为期7天的主题教育读书班,配发《习近平著作选读》等主题教育学习书籍和辅导学习资料8 210册。在《人民日报》《光明日报》和新华社等主流媒体报道学校主题教育经验、进展和成效。与重庆市主题教育办公室联动策划"以学正风"深度宣传,设计主题教育海报20余幅,发布新闻336篇等。统筹做好部门党支部工作、政治理论学习、党风廉政建设、综合治理、保密、档案、离退休、语言文字、工会、日常管理等工作,确保各项工作有序推进。

(撰稿人:王　琰,姜鲁宁)

统战工作

【综述】

2023年,在市委统战部的指导和学校党委的领导下,学校统一战线深入学习贯彻习近平新时代中国特色社会主义思想和党的二十大精神,认真贯彻落实中央和重庆市委关于统一战线工作的决策部署,坚持围绕中心、服务大局、求实创新、凝心聚力,推动各项工作稳步开展,圆满完成了学校统一战线各项工作任务。

【民主党派工作】

积极引导各民主党派深入学习贯彻习近平新时代中国特色社会主义思想,指导、支持各民主党派开展"凝心铸魂强根基,团结奋进新征程"主题教育;定期召开统一战线暑期座谈会、双月座谈会等会议,围绕学校"双一流"建设、服务区域经济发展等建言献策;指导各民主党派做好组织建设。

【统战团体工作】

积极开展"五好知联会"创建工作;组织侨联班子成员开展社会调研活动;召开欧美同学会理事会,完成班子届中调整;推荐1人参加中央统战部的国情考察(重庆只有1人);推荐市知联会会员2人、市侨青会会员5人;1人获得中国侨界杰出人物提名奖(全国排名16),1人获得中国归侨侨眷先进个人。

【党外代表人士及党外干部工作】

确定了党员校领导与党外代表人士联谊交友名单;推动情况通报、征求意见、邀请党外代表人士参加重要会议和活动、联谊交友、党外干部培养选拔等制度的贯彻落实;向市委统战部推荐市级优秀年轻党外干部人选26人;向沙坪坝区推荐同心智囊团专家人选21人,推荐民主党派代表人士43人;向市委统战部推荐并落实顶岗锻炼人选2人。

【咨政献智工作】

党外人士向各级人大、政协、政府部门及民主党派中央和市委等提交提案议案及建言近300件,被采纳和立案240余件,被中央领导批示1件,被中央统战部《零讯》内参采用1件,被《光明日报》《人民日报》等主流新闻媒体报道10余件,1人参加中央统战部的国情调研,1人获民盟中央教育论坛优秀论文奖,1人获致公党中央参政议政先进个人及优秀成果表彰。

【民族宗教工作】

与市、区统战部,市民宗委建立民族宗教工作协作机制;与相关职能部门联动形成工作长效机制,做好新时代学校民族团结进步教育、中华民族共同体意识教育工作,形成中华民族共同体意识教育案例2篇;防止校园非法传教和宗教渗透;按照中央统战部、教育部党组要求,完成重庆大学民族宗教工作自查报告;统战部全体人员持续分别结对帮扶一名少数民族贫困大学生。

【服务人大、政协工作】

为各级人大代表、政协委员、民主党派基层组织负责人,统战团体负责人发放了调研工作经费;印发了《重庆大学担任各级人大代表、政协委员、民主党派和统战团体职务及市政府参事、文史馆员名单》;各二级单位为学校统一战线各界人士开展国情考察、专题调研、社会服务、学习培训,参加多党合作、政治协商、民主监督等重要会议和活动,参加统战系统的重要会议和活动,提供了时间保障和必要支持;推荐 2 人为市政协特聘信息员。

【校园统战文化建设工作】

积极参与"传承薪火、同心筑梦"首届重庆统战文化月活动,协助拍摄"寅初亭""理学院""七七抗战大礼堂"视频资料,进一步打造"统战文化走廊";接待并与天津大学、中南民族大学、华侨大学、佛山科技大学等高校进行统战文化建设交流,努力讲好"重大故事"。

【学习教育工作】

积极引导各民主党派和统战团体深入学习贯彻习近平新时代中国特色社会主义思想,向各民主党派、统战团体发放书籍 500 余册;推荐 20 余人参加中央社会主义学院、市委统战部的学习培训,举办 2 期党外人士专题培训班,选派党外代表人士骨干前往延安和瑞金市委党校学习。

【统战理论研究工作】

由学校联合市委统战部、市委教育工委成立的重庆新时代党的统一战线研究基地在学校马克思主义学院挂牌;统战基地成员所写的调研报告被市委统战部领导批示采纳,并上报中央统战部,在 CSSCI 期刊发表统战论文 2 篇。

（撰稿人：施晓妍）

纪检监察工作

【综述】

2023年,纪检监察机构在上级纪检监察机关和学校党委的坚强领导下,深入学习贯彻落实党的二十大精神,认真落实二十届中央纪委二次全会精神,按照上级机关和学校党委工作部署,坚持稳中求进工作总基调,着力推进学校纪检监察工作高质量发展,为学校落实立德树人根本任务、推进"双一流"建设提供坚强保障。

【强化政治监督】

聚焦习近平总书记重要讲话和重要指示批示精神、党的二十大战略部署等内容,推进政治监督具体化、精准化、常态化。建立"贯彻落实习近平总书记重要讲话和重要指示批示精神情况专项监督台账"。组织44名纪检干部深入思政课堂开展"三进"专项监督,随堂听课120余场。纪检监察机构"学习贯彻党的二十大精神"专题信息被中央纪委国家监委《纪检监察信息》采用。聚焦"一校一策"巩固深化中央巡视整改,贯彻落实中央纪委国家监委《关于2023年度"一校一策"推动解决中管高校突出问题的方案》,协助制定学校"一校一策"工作方案,持续通过会商研判、销号管理等方式跟踪推进,有关做法得到党和国家领导人肯定性批示。聚焦关键少数和关键岗位,主动约谈75人次,组织43名新任职处级干部集体廉政谈话。全年出具党风廉政意见199件,涉及2893人次;其中出具选人用人廉政意见139人次,提出否定性意见5人。深入宣传部、本科生院等7个职能部门督导调研,督促落实立德树人根本任务。

【做实日常监督】

牵头学校主题教育整改整治工作,认真落实工作要求,小缺口破题、全周期管理,学、查、改有效贯通。针对习近平新时代中国特色社会主义思想"三进"工作需进一步加强、教职工纪法知识宣传教育仍有不足等13个问题,督促有关责任单位在主题教育期间全部整改销号。针对学校党委确定的"师德师风"和"不合理医疗行为"2个专项整治,协助查摆发现8个问题,及时纠正工作偏差,区分"当下改"和"长久立"完成整改,整改整治成效明显。紧盯招标采购、基建工程、后勤保障、科研经费、校属企业、合作办学等重点领域,加强廉政风险防控,形成调研报告6份。全程参加本科生招生录取现场监督,深化对强基计划、研究生招生复试、特殊类型招生等现场监督。配合开展医药领域腐败问题和不正之风集中整治,深入附属肿瘤医院督导检查3次,确保党中央决策部署在学校落地见效。

【正风肃纪反腐】

召开纪检监察办公会38次,加强问题线索集体研判。建立完善"2+3"问题线索台账体系,严格办案程序流程,敢于善于运用措施手段,不断提升案件办理质效。全年处置问题线索55件,立案7件,给予党纪政务处分7人,制发9份纪检监察建议书。精准运用"四种形态"批评教育帮助和处理32人次。制定完善《纪检监察监督与审计监督贯通协同实施办法》《纪检监察机构专项监督工作实施办法》等制度,做实专责监督、贯通各类监督。落实《监督工作联席会议制度》,发挥各类监督力量的作用。深化警示教育,发放《戒尺(二)》等图书900余本,持续推动党规党纪融入理论学习中心组学习、党员干部日常教育和专题党课学习。选编身边人身边事典型案例,通过干部大会、二级党组织书记例会等开展警示教育10余次。指导二级纪检组织开展警示教育40余次,转发上级机关通报典型案例30余件,受教育师生26 000余人。推进"廉洁润初心 铸魂担使命"系列活动,综合开展"四个一"廉洁教育,征集廉洁作品273件,选送5件作品入选教育部第八届高校廉洁教育系列活动优秀作品征集,在241所参赛高校中位列第一,活动开展情况被中新网等10余家主流媒体集中报道。

【协助管党治党】

协助制定《重庆大学2023年党的建设和全面从严治党工作要点》《2023年度全面从严治党任务分工安排》,协助召开2次专题常委会会议研究全面从严治党、党风廉政建设和反腐败工作。协助学校党委动态综合分析学校政治生态状况,提出加强和改进工作建议。推动学校建章立制,针对监督执纪中发现的有关工作程序不规范、制度不完善等问题,制发纪检监察建议、工作建议,提出整改意见。协助督促主责部门推进师德师风建设,加强学术道德、科研诚信教育,督促开展博士研究生问题论文清零工作。常态化开展调查研究,结合日常监督执纪和校内巡视发现的共性问题,健全学校纪委向学校党委报告工作机制。

【加强自身建设】

明确56名教育整顿对象,聚焦"学习教育、检视整治、巩固提升"三个环节,铸就政治忠诚、增强斗争本领,15篇工作信息被上级信息平台采用。建立"第一议题"制度,集中学习25次,汇编学习资料16期,组织学习研讨9次,选派参加上级机关培训21人次;完善"五学联动"机制,组织参观廉政基地2次,撰写学习心得和党性分析报告170余篇,组织交流座谈会3场,作廉政报告46场。学校纪检监察机构"学习贯彻党的二十大精神"专题信息被中央纪委国家监委《纪检监察信息》采用。全面清仓起底问题线索,接受中央纪委国家监委第六督导组2次现场督导;开展2轮自查自纠,查摆整改非线索类问题314个,推进完成"专项整治"7个;围绕纪检监察权力运行的关键环节,出台10项内部管理监督制度,不断筑牢纪检监察工作四梁八柱。

(撰稿人:唐丽琼)

巡视工作

【综述】

2023年,党委巡视工作办公室按照党中央决策部署和学校党委的工作要求,严格履行巡视监督职责,为推动党的二十大精神在学校落地生根、奋力谱写"百年新重大"高质量发展新篇章提供有力政治保障。

【提高政治站位,扛起政治责任】

1.学思想明方向

深入开展学习贯彻习近平新时代中国特色社会主义思想主题教育,统筹校内巡视机构专题学习党的二十大、中央纪委二次全会和习近平总书记关于巡视工作的重要讲话精神,深入学习全国巡视工作会议等精神,及时掌握巡视工作新精神新要求。把"两个维护"作为根本任务,加强对落实立德树人根本任务、防范化解重大风险等方面的监督检查,分类制定教学科研类、管理服务类党组织巡视和安全工作专项巡视监督重点。

2.当参谋抓协调

协助调整巡视工作领导小组成员,梳理形成关于校内巡视的任务和要求清单,筹备完成巡视工作领导小组会、巡视动员部署会6场,向党委常委会专题汇报巡视工作10次,向中央巡视办汇报工作进度10次。起草《十四届重庆大学党委巡视工作规划》《中共重庆大学委员会巡视工作领导小组工作规则》《重庆大学党委2023年巡视工作要点》,向领导小组组长专题汇报巡视工作12次;协助领导小组副组长、分管校领导指导巡视工作,组织进驻动员、巡中指导、巡后反馈等各类会议100余场。配合做好中央巡视办调研工作,系统梳理学校加强巡视整改和成果运用的相关情况。

3.理思路抓落实

完善落实"1+8"的党委巡视办内部管理制度体系,定期召开巡视办工作例会,落实好"第一议题"和"三重一大"等决策制度,完善巡视办宣传栏和周边设施环境,做好北京大学等7所高校的来校调研交流工作。落实好意识形态工作责任制,严格执行"三审三校"制度,《重庆大学"组办一体化"提升巡视监督精准性》的经验文章在中央纪委国家监委内部工作网首页全文刊发。统筹好发展与安全,深入落实中央巡视办关于进一步加强巡视安全工作的要求。强化保密意识,与83名兼职巡视干部签订保密协议,成功接入巡视巡察工作网络平台。

【规范开展巡视，精准发现问题】

1.聚焦监督重点

建立组办同学制度，共同提升政治理论素养和专业水平。与巡视组干部一同，通过读书班学习研讨、巡前工作培训、临时党小组主题党日活动等方式，定期开展理论学习和业务学习，聚焦党中央重大决策部署和教育部、重庆市等关于被巡单位学科、所在行业的工作要求，突出巡视监督重点，分析研讨被巡单位职能职责，制定完善"一巡一策"的巡视监督方案。全年共开展巡视工作培训 28 次、集中学习 18 次、研讨交流 21 次。

2.规范开展工作

建立组办协作制度，推动巡视工作规范化开展。与巡视组一同听取纪检监察、组织、宣传、审计等 10 余个部门通报被巡单位工作情况，共同了解被巡单位情况；强化对巡视组工作的全链条跟进指导，解决实际需求，确保巡视重点聚焦、工作规范、成果有效。指导巡视组用好巡视信息系统，以信息化促进规范化；加强对巡视数据综合、统计、比对、分析，以信息化促进提高精准监督能力和服务决策水平。全年规范开展对 16 个二级党组织的常规巡视和校内安全工作专项巡视，发放调查问卷 7 799 份，调阅文件资料 16 287 份，开展个别谈话 1 836 人次。

3.精准发现问题

建立组办联审制度，推动巡视精准"政治画像"。与巡视组一同对问题线索进行会商，及时发现并推动解决突出问题，切实打通贯彻执行中的堵点难点。逐一对巡视报告、"一把手"情况专题材料、反馈意见、谈话情况报告及问题底稿"把脉问诊"，全链条跟进指导巡视组工作 170 余次，推动发现具体问题 581 个，提出意见建议 326 条，确保巡视指出问题精准有效，客观、真实、准确反映被巡单位政治生态，有效彰显巡视利剑作用；确保巡视提出意见建议精准施策，推动被巡单位深化改革、促进发展，彰显巡视利器作用。

【加强巡视整改，促进事业发展】

1.强化工作指导

坚持推动改革、促进发展这个落脚点，深入 9 个巡视组、16 个被巡二级党组织、13 所高校了解整改情况，系统梳理校内巡视整改和成果运用存在的薄弱环节，完善整改工作方案、清单和整改进展情况报告、台账等示范文本，建立巡视整改培训机制，指导被巡单位将巡视发现问题和主题教育检视问题统筹整改，推动单位工作提质增效。

2.强化跟踪督促

完善整改方案的审核会商机制，推动建立整改台账 10 份，制定整改措施 819 项；探索开展整改评估，审核集中整改进展情况，推动完成整改措施 770 项。组织 10 个被巡单位向学校巡视领导小组汇报巡视整改情况，督促反馈问题条条有整改、件件有着落。制定《上一轮校内巡察整改问卷测评表》，在十四届巡视中加强对上一轮校内巡察整改情况的监督检查。

3.强化汇总分析

深化成果运用,综合分析巡视发现的共性、普遍性问题,通过学校党政联席会议、二级党组织书记例会、教师干部大会等及时通报 6 次,推动二级党组织认真对照通报问题进行自查,提前提醒警示,做到抓早抓小、防微杜渐。深入分析巡视发现的深层次问题,向相关单位提出工作建议 5 项,不断提升治理效能。

（撰稿人:杨乾龙）

机关党建工作

【综述】

机关党委现有 33 个党支部,559 名党员,34 个工会小组,在职职工 795 人(含处聘职工)。2023 年,机关党委在学校党委的统一领导下,深入学习贯彻习近平新时代中国特色社会主义思想,坚持政治引领,聚焦学校"双一流"建设目标和"百年新重大"发展愿景,突出党建工作核心地位,切实履行政治责任,突出政治功能,稳步推进机关党委各项工作落地见效。

【政治建设和思想建设】

机关党委坚决贯彻落实党中央决策部署,认真开展好学习贯彻习近平新时代中国特色社会主义思想主题教育,督促机关党委所属 40 个单位、33 个支部主动对标主题教育总要求,圆满完成专题读书班、调查研究、民主生活会、专题组织生活会等规定动作。认真履行党委主体责任和书记第一责任人职责,不断压实机关党建工作责任,主动将主题教育整改提升和巡视整改工作相结合,推动机关党建提质增效。认真落实"第一议题"制度,强化党委理论中心组学习、机关部处领导班子学习、教职工政治理论学习,推进构建"中心组+党支部+政治理论学习小组+党员个人"学习模式,教育引导机关教职工深刻领悟"两个确立"的决定性意义,增强"四个意识"、坚定"四个自信"、做到"两个维护"。坚持党对意识形态工作的领导权,全面把控机关哲社讲座审核流程,经常性督导网络意识形态工作,全年未出现意识形态安全责任事故。

【组织建设和制度建设】

不断强化机关党组织班子建设,结合党委班子人员变更实际,完成机关党委班子增补工作。结合机关干部调整工作,选优配强支部班子,指导增补学工部、科发院等 14 个支部的支部班子成员。坚持"党的一切工作到支部"的鲜明导向,依托重庆大学党建信息化平台,推进组织生活全过程管理,通过集中通报、短信提醒、个别检查等实时督促各支部落实好支部组织生活制度。全年累计召开主题党日、"三会一课"等组织生活 937 次,党章学习、重温入党誓词等规定动作全覆盖,各支部书记和党员领导干部讲党课全覆盖。持续为党组织输入新鲜血液,全年共发展党员 8 人,转正预备党员 2 人。组织 2 批次入党积极分子和发展对象共计 11 人参加党委党校培训。强化支部日常工作保障,严格落实党费收缴使用要求,全年收缴党费 50.7 万余元,划拨工作经费 15.26 万余元,累计发放《党建》等学习资料 2 000 余册,配合组织部、宣传部发放主题教育学习资料 2 000 余份。以制度建设为抓手,持续推进党规党章的专题学习,树牢党员干部法纪意识和规矩意识。不断优化《机关党委党支部党建工作考核实施细则》,提升考核质效。

【作风建设和纪律建设】

坚决反对形式主义、官僚主义,压实作风建设工作责任。2023年下半年对机关38个管理服务单位全覆盖调研,要求各单位认真落实"一线规则",提升服务效能。督促各支部开展作风建设学习研讨,树牢服务意识,提升服务本领。在机关党委主页设置作风监督线上平台,畅通师生反馈校部机关作风通道。组织青年教职工召开作风建设研讨会,系统讨论优化机关作风的方法与策略。持续推进选树先进工作,"七一"期间,推荐表彰奖励5个先进党支部、25名先进个人。教师节期间,推荐15名教职工参加"教书育人奖"评选,推荐28名工会会员参加工会先进个人评选。全面摸排各支部党员示范岗、党员责任区情况,督促党员干部擦亮"服务名片"。推进廉洁机关建设,全面落实机关党风廉政建设工作。组织党务干部集中廉政教育2次,参观重庆市廉政教育基地1次,持续运用身边典型案例做实以案为鉴、以案促改。推进机关廉洁文化建设,累计向学校报送廉政教育作品8份。常态化推进廉政教育,及时向各支部转发《"八小时之外",也要管起来!》等学习资料,督促各支部常态化开展党风廉政专题学习研讨。紧盯春节、国庆、中秋等重要时间节点,常态化发出廉政提醒。强化拟提任干部的廉政谈话,组织集中廉政谈话1次,个别谈话10余次,累计谈话24人。

【工会与教代会工作】

始终坚持党对群团组织的领导,精心打造职工之家,及时完成机关分工会班子和工会小组长的调整工作。关注教职工合理诉求,积极向学校提交提案助力学校改革发展。及时传递学校温暖,配合学校做好职工体检、福利慰问、大病基金收缴等常态工作,帮助解决职工后顾之忧。累计收缴机关各单位大病资助基金7 920元,办理工会会员生病住院、生育、退休、节日等各类慰问款合计116万余元,发放慰问品2 553份,办理申请大病资助基金10人,成功申请资助金22万余元。丰富教职工文体活动,稳步推进教职工春秋游、观影、联欢会等常态工作。结合学校教职工篮球、气排球、田径运动会、趣味运动会等活动,大力选派队员参赛,机关分工会被评为学校工会工作先进集体。聚焦民生实事,组织开展"全民反诈 平安同行"、脊柱与身体健康、机关干部心理调适等专题讲座3场,800余人次受益。着力推动解决办公楼前停车难、厕所老旧、缺少电梯等民生问题,办公楼前停车难得到一定缓解,周边行道树得到妥善修葺,办公楼厕所寒假启动施工,电梯安装已取得经费支持,正按程序有序推进,师生满意度不断提升。

(撰稿人:赖炳根,姚 猛)

虎溪校区党建工作

【综述】

2023 年,虎溪党工委坚持以习近平新时代中国特色社会主义思想为指导,全面学习贯彻落实党的二十大精神,坚决贯彻立德树人根本任务,持续推动全面从严治党向纵深发展,坚持秉承抓党建促发展的工作理念,不断激励领导干部和师生员工担当新使命、展现新作为。

【思想政治工作】

突出政治建设,教育引导全体同志深刻领悟"两个确立"的决定性意义,自觉增强"四个意识"、坚定"四个自信"、做到"两个维护";依托"干部网络学院"等平台,采取案例展示、现场观摩、交流研讨等形式扎实开展主题党日活动,做实教职工政治理论学习;组织开展第十五届读书系列活动,以交流研讨会、线上读书会、读书团辅、书香漂流驿站等形式将青年学生的思想教育融入读书活动中,形成领导带头、党员示范、群众紧跟的浓厚学习氛围;严格执行"三会一课"、教职工政治理论学习制度,组织中心组学习 11 次、支部学习 95 次、教职工政治理论学习和团支部学习 161 次、党章专题学习 5 次。

【日常党建工作】

严格标准、规范程序,高质量发展党员 23 人;抓细日常管理,固化党员身份意识;严肃党内政治生活,常态化开展谈心谈话;围绕时代新人铸魂工程新导向,完成管委会支部设置和构成的调整、优化,构建起结构合理、战斗力强的支部班子;强化条件建设,翻新活动室,配齐图书资料,保证基层支部工作有力量、办事有经费、活动有阵地;在深化与原有 9 个党委协作的基础上,新拓展协作单位,开展"红岩党建"微宣讲比赛、支部工作交流活动;分析测试中心支部入选重庆市"新时代高校党建样板党支部"培育创建单位。

【主题教育】

主题教育期间,强化理论学习,全面落实上级主题教育部署,精心制定方案,组织 4 次工委会、7 天读书班、5 次中心组专题学习会、30 余次主题党日活动、8 场专题党课,带领大家认真学习习近平总书记关于主题教育的重要论述,及时跟进学习习近平总书记最新重要讲话、指示批示和重要文章精神,深入研读指定书目。深入开展调研,坚持目标牵引、问题导向,聚焦文化建设、保障服务、信息赋能,组织 3 个组赴复旦、华为7 家校企调研;针对师生关切,深入一线调研,梳理问题 14 项。注重成果转化,组织调研成果交流、问题研析,找寻破题思路,凝聚工作共识,最终形成制度文件 2 个、工作机制 7 项、政策建议 2 条、改革实践 15 项、经验推广 1 类。扎实开好专题会议,与班子成员交心谈心,认真开展对照检查、问题查摆、案例剖析,严肃开展批评与自我批评,精心研定整改方案;下属各支部组织生活会也按要求开出了高质量,呈现出新气象。严肃整改整治,对照清单台账,聚焦"五个紧盯",严格落实整改方案;持续在深化、内化、转化上聚力用劲,把"当下改"与"长久立"有机结合,把整改整治做扎实、做真实、落到位、有实效。

【意识形态工作】

常态化开展意识形态工作研讨,做到科学研判形势、精心制定方案、积极主动应对、快速高效处置、责任落细落实;利用信息管理系统严格对人员、场地、内容实行全时、全境、全过程管理,依托"七位一体"宣教平台,高唱主旋律、传播正能量,牢牢掌握意识形态领域斗争的主动权;强化对师生思想动态的把握、舆论舆情的监控和疏导,全年编发《信息采集》43期,报送发布各类信息文稿400余篇,公众号发文110篇,阅读量20余万次。

【全面从严治党】

严格执行民主集中制,带头落实"一岗双责"、中央八项规定,强化示范引领;坚持防控结合、教管结合,不断完善内控机制,突出强调抓细、抓小、抓常、抓规范、抓倾向、抓重点、抓责任落实、抓压力传导、抓问题整改、抓廉洁文化打造,为构建风清气正的良好政治生态、廉洁有为的管理服务生态提供坚强的组织保证、完善的制度保证、强大的队伍保证。

(撰稿人:王庆贺)

群团工作

工会工作

【概况】

校工会坚持以习近平新时代中国特色社会主义思想为指导,全面学习贯彻党的二十大精神和中国工会十八大精神,把增强政治性、先进性、群众性贯穿工作始终,紧紧围绕中心、服务大局,切实履行政治责任,聚焦主责主业,各方面工作取得明显成效。

【勇担工会政治责任】

1.持续推动理论武装走深走实

通过专题会议、网络学习、专题培训等形式,组织全校200余名工会专兼职干部认真学习宣传贯彻习近平总书记关于工人阶级和工会工作的重要论述、习近平总书记同中华全国总工会新一届领导班子成员集体谈话时的重要讲话精神,以及党的二十大精神和中国工会十八大精神等重要精神,深刻领悟"两个确立"的决定性意义,增强"四个意识"、坚定"四个自信"、做到"两个维护"。

2.强化思想政治引领

持续开展"中国梦·劳动美"主题教育活动。组织教职工参加"建功'十四五' 奋进新征程""凝心铸魂跟党走 团结奋斗新征程""团结奋斗开新局 喜迎工会十八大"等主题活动。开展青年教职工革命传统和理想信念教育培训,全校共39人参加。

【参与学校民主管理与民主监督】

1.持续完善教代会运行机制

召开学校第十届教代会暨第十五届工代会第二次会议,组织代表围绕学校工作报告等开展专题讨论、建言献策。召开第十届教代会执行委员会会议7次、教代会专门工作委员会专题会议4次,审议通过《重庆大学绩效工资实施办法(2023年修订)》《重庆大学绩效考核办法(2023年修订)》等文件,对相关工作提出意见建议。通过教代会广泛征集对涉及学校发展和教职工切身利益事项的意见建议,如《重庆大学高级专业技术职务教师延迟退休管理办法》等。针对教职工日常通过工会、教代会等渠道反映的问题,发挥桥梁纽带作用,维护和谐稳定。

2.不断改进提案工作

第十届教代会第二次会议期间,代表180余人次共提交提案45件,经审理立案提案9件(并案后8件),作为"意见建议"26件,全部完成办理反馈工作。

【福利工作】

1.切实做好普惠服务工作

开展全校教职工节日、生日慰问 7 次,发放慰问品、慰问金、生日蛋糕券,金额 1 860 万余元。不断改进教职工健康体检工作,本年度参加体检教职工 3 541 人,经费 293 万余元。

2.努力开展精准服务工作

开展教职工结婚、生育、退休、生病住院等慰问 850 余人次,金额约 74 万元;帮扶患大病或遇到临时困难的教职工 57 人次,金额约 82.3 万元。举办女教职工美丽虎溪健步行、女性权益法律知识讲座、阅读分享会等活动 5 场,参加人员 3 000 余人次。举办重庆大学单身教职工联谊活动、参加上级工会职工婚恋交友活动共 7 场次,参加人员 157 人次。举办亲子活动 4 场次,参加人员 300 余人次。

3.关注教职工职业成长

会同相关部门开展学校第九届青年教师教学基本功比赛,组织优秀青年教师参加市赛、国赛,获得第七届重庆市高校青年教师教学劳动和技能竞赛承办权,为青年教师搭建平台。会同体育学院等单位开展公共课教师教学技能竞赛。开展"玫瑰书香"女教职工主题阅读作品征集、阅读分享活动。通过竞赛活动,引导教职工在学习和奋斗中建功立业。

【文体工作】

1.举办丰富多彩的文体活动

成功举办教职工田径运动会、棋牌赛、健步行、篮球比赛、气排球比赛、趣味运动会等大型活动。每周在不同校区开设 9 个类别 15 个兴趣培训班、全年共 760 学时的课程。各分工会定期组织教职工开展形式丰富、各具特色的文体活动。全年各类文体活动参与教职工 1 万余人次。

2.参加上级工会和学校文体活动

组织教职工参加上级工会举办的"中国梦·劳动美"网络作品征集比赛、"玫瑰书香"阅读活动、职工羽毛球比赛、高校专家教授运动会等 5 场活动,取得各类奖项共计 18 个,展示重大人的风采。

3.健全工会文体团队管理制度

制定并印发《重庆大学工会文体团队管理办法(试行)》,目前 10 个文体团队陆续重新登记,新成立 1 个排球团队,全年开展训练和活动 700 余场次。

【消费帮扶】

在满足教职工实际需求的基础上,在"fupin832"平台采购脱贫地区农产品价值约 155.8 万元,采购学校对口帮扶云南省绿春县农产品价值约 106.5 万元,作为节日慰问品发放给教职工,助力乡村振兴。

【自身建设】

1.推进职工小家建设工作

深入 12 个分工会走访调研、宣传动员,新建 10 个职工小家并验收挂牌,评选校级先进职工小家 5 个,获评重庆市先进职工小家 6 个、重庆市模范职工小家 1 个。开展结对共建帮助重庆移通学院建家。中山大学等 8 所高校工会来校交流学习职工小家建设经验。

2.加强工会组织建设

开展工会专兼职干部党的二十大精神专题培训以及财务、福利、文体工作业务培训 5 场次,参加人员 250 余人次。开展工会评优表彰工作,评选先进集体 8 个、先进个人 270 人,以评促建,加强工会队伍建设。

3.提升工会财务管理水平

持续修订工会经费收支管理制度,开通银行一般结算账户开源节流,降低资金使用成本,每年新增利息收入约 8 万元。通过专题培训、线上交流、面对面咨询等方式,做好经费使用、会员福利、职工活动等政策的宣传解释工作。

（撰稿人:郝小玮）

共青团工作

【综述】

2023年,校团委深学笃用习近平新时代中国特色社会主义思想,全面落实习近平总书记关于青年工作的重要思想和关于教育的重要论述,高举伟大旗帜,聚焦主责主业,坚持从严治团,深化改革攻坚,团结带领全校广大团员青年为奋力谱写"百年新重大"高质量发展新篇章贡献青春力量。

【夯实理想信念】

1.坚持党旗铸魂领航

面向全校广大团员和青年开展学习贯彻习近平新时代中国特色社会主义思想主题教育,坚持不懈用党的创新理论统一思想、统一意志、统一行动。邀请校院党政领导定期给团员和青年讲团课,围绕"学习二十大、永远跟党走、奋进新征程"等主题开展系列实践教育活动6000余场,累计覆盖10万余人次,让思想引领广泛覆盖青年、有效凝聚青年。规范召开重庆大学第三十二次学生代表大会暨第七次研究生代表大会,严把政治关、学业关、能力关、作风关、群众关。

2.丰富青年学习体系

打造富有青年特征、彰显重大特色的六位一体学习体系,春秋两季分类开设团校"青"字班14个,轮训2200余名团员。打造"树声"理论空间,组织多支"青年讲师团"联合全国50余所高校宣讲团开展党的二十大精神宣讲活动300余场。创新重走红岩之路、红色主题观影等研学形式,就近就便开发校园红色路线获团中央报道推荐,《"红色IP"引领青少年沉浸式研学》获《中国青年报》报道,理论学习"青年味"进一步彰显。

3.创新网络思想引领

建设"六位一体"团属新媒体矩阵。打造《重大宝藏》等特色栏目,制作原创图文、短视频等网络作品,围绕思想政治引领原创网络文化作品400余件,累计阅读量超200万。组织学校1100名学生为西藏昌都高中生回信的感人故事获央视新闻、《中国青年报》等媒体深度持续报道;组织拍摄志愿者宣传片获多家主流媒体转载,浏览量超10万次;1篇原创图文推送获评"人民网高校优秀校园新闻作品";学校获评"优秀通讯站"。

【狠抓基层组织建设】

1.建强组织

坚持党建带团建,体制机制不断完善并获团中央调研组百名书记一行肯定。依托"智慧团建"平台夯实团建基础,持续推进"学社衔接",38个二级团组织100%录入信息。全面落实"三会两制一课",深入开展标杆团支部创建工作和团组织达标工作,团支部开展规范化对标定级达 100%,团员"星级"评价率为 100%。1 个团支部获评全国高校"活力团支部"。

2.管好干部

完善专兼挂职团干部选配管理机制,落实三级述职评议体系,加强考核结果运用,更好激发干事创业热情。推进寒暑期"百子挂职"品牌,选派千余名学生在基层单位挂职锻炼。定期举办团干部实践能力大比武,动员 30 余名教师团干部参加职业指导能力提升培训,强化团干部直接联系青年、竭诚服务青年的能力素养。

3.培优团员

切实抓好团前教育,严把团员入口关,先后发展团员 750 名。深入实施"青马工程",2 名学生入选"全国青马",1 名学生获评 2022 年全国"青马工程"优秀学员,青马工程高级班团支部获评全国五四红旗团支部。完善团员星级评价和激励制度,评选"五星团员""阳光团员"1.6 万余名。依托功能型团支部教育、管理、监督团员,对入团积极分子进行教育培养、开展主题团日活动等,获《中国青年报》报道。

【服务学生成长成才】

1.德育"弘深"

提亮"五节三文化"德育品牌,积极弘扬中华优秀传统文化,川渝校园书画大赛覆盖川渝百所高校、数十万青年;开展"学术启航""朗朗重大""学霸工作室""重大开讲了"等 10 余项品牌活动,展现优良学风。选树青春榜样,评选学校"向上向善好青年""最受学生欢迎的老师"等,征集"青年好网民"优秀故事,激励青年争做核心价值观践行者。

2.智育"树声"

着力优化第二课堂创新创业教育体系,做好中国高校众创空间联盟主席团单位工作,承办航空发动机"百团大战"、第十七届 iCAN 选拔赛等市级品牌活动,举办科技文化节、训练营、博硕论坛等活动 500 余场。在第十八届"挑战杯"课外学术竞赛中,捧得"优胜杯"(重庆唯一),获主体赛事特等奖 1 项、累进创新奖(重庆唯一)、专项赛事特等奖 1 项等。在第十三届"挑战杯"创业计划竞赛中,捧得"优胜杯",获金奖 2 项等。在第十届"创青春"中,获金奖 1 项(重庆唯一),实现重庆在乡村振兴专项上金奖零的突破。连续 5 年斩获全国大学生微创业行动金奖,获"科创之星"。培育 5 个项目入选团中央"全国大学生创业帮扶计划"。

3.体育"积健"

打造"重大体育"校园体育品牌,为青年强健体魄建设健康校园。推动青年健身,发展青年运动,开展"重大杯"足球、篮球等系列体育赛事 1 000 余场,吸引师生约 40 万人次。动员体育青年典型,邀请奥运冠军、世界冠军等开展体育名师大讲堂、公开课,新建并运营好"重大体育"微信公众号,《我的老师是奥运冠军》等推文获多家官媒转播,浏览量超 10 万人次,营造出浓厚的校园体育氛围。

4.美育"畅新"

持续开展"周周艺起来"、新秀大赛、舞蹈大赛、文化创意设计大赛暨绿春品牌推广大赛等10余个文化品牌活动,第三十一届校园歌手大赛总决赛观看量达85万人次,承办的第42届川渝"校园之春"吸引全市70所高校的青年师生以"线上+线下"形式参与活动,与俄罗斯留学生合作报送的作品进入"2023中俄大学生艺术联欢节"展演名单(中俄各有10个节目)。持续打造有标识度的文化精品,排演大型原创话剧《重庆往事·红色恋人》,累计观看人数3万余人。

5.劳育"启邦"

持续拓展志愿服务平台,累计9.3万余人次参与,志愿服务总时长超80万小时。承办第八届"互联网+"大赛冠军争夺赛,组织2 873名志愿者开展全过程服务;选派3名志愿者参加世界大学生运动会开幕式,与世界冠军共同担任大运会执旗手、开幕式火炬手。扎实推进寒暑期社会实践活动,万名师生投身"党的理论宣讲"等主题实践;学校获评2023年"三下乡"全国"优秀组织单位";乡村振兴实践育人项目入选第八届教育部直属高校精准帮扶典型项目。

(撰稿人:龙　敏,廖　丹)

人才培养

本科生教育

【概况】

2023 年,本科生院紧紧围绕深入学习贯彻党的二十大精神这条主线,坚持稳中求进工作总基调,全面贯彻党的教育方针,落实立德树人根本任务,以深化教育教学改革为抓手,以全面提高人才自主培养质量为重点,凝心聚力服务学校事业高质量发展。

【党组织建设】

选举了第一届学院党委和纪委,选齐配强两委成员,健全工作机制。修订三项主要管理制度,全面指导学院重点工作。开展学习习近平新时代中国特色社会主义思想主题教育,完成调研 11 项,提出具体整改措施 62 条。成果转化制度文件 3 个,工作机制 11 个,改革实践 8 个,经验推广 7 个,其他 1 个。加强党建带团建,"百人百课"之党的二十大精神青年说实践团项目、弘扬"五老"精神·凝聚青春力量实践团项目分别获评多项国家级、省部级和校级荣誉。2022 级本科生确定入党积极分子 173 人,1 524 名 2023 级本科新生递交入党申请书;发展共青团员 273 人。

【教学运行保障】

完成 12 776 个教学班、4 913 门课程、800 余门实验课程安排;组织 4 次本科学生选课和 2 次本研互选工作;组织 8 次各类课程考试、3 次四六级考试和 2 次四六级口语考试。持续对公共多媒体教室进行分批更新换代,全面升级改造标准化考场。持续完善教学管理系统功能,开发移动端程序。推进全校公共教室常态化录播建设与智慧学习环境改造,加快教育数字化转型。

【教学质量监控】

加强校院两级常态化教学检查,开展新进教师教学质量专项检查。深化毕业论文(设计)管理和质量监控,70 篇本科毕业论文(设计)获评 2023 年重庆市优秀本科毕业论文(设计)。推进质量监控数字化建设,完成重庆大学"教学质量监测平台"一期项目,实现教育质量的过程性监测与评价。

【优化大类招生】

实施大类招生与优势专业优化联合方案,优化大类招生专业数量、专业(类)设置和计划结构,稳住生源质量基本盘。新设工科试验班(新工科类)(含 6 个专业);调整工科试验班(环化健康类)、工科试验班(经济与管理类)所含专业;调整 5 个专业至专项招生;新增马克思主义理论专业、供应链管理 2 个本科专业招生;停止高水平艺术团招生;新增边防军人子女预科升本科招生类型;优化强基计划分省招生计划。

【大类学生工作】

聚焦五育并举,推进"铸魂育人"工程。依托基层团支部建成 344 个党章学习小组,组织学生参加教育部第八届高校廉洁教育系列活动,获奖 20 项,3 项作品入选作品征集单元。聚焦边防军人子女、青年学生骨干两类入党积极分子"重点群体",打造"传承戎光·重大启航""百名新生百堂课"宣讲团两项党建品牌,获评 1 个全国大学生暑期社会实践活动百强团队,1 项全国百强成果。紧扣学业核心,涵养优良学风,开展"朋辈帮扶"学业指导活动 63 场次,覆盖学生 5 000 余人次;国家级大学生创新训练项目立项 2 项,大学生科研训练计划(SRTP)立项 873 项。

【优化专业结构】

形成专业设置优化方案报告,持续开展专业结构优化调整。完成 16 个学院 37 个专业的校内专业评估;完成 2 个专业工程教育认证、2 个住建部评估。目前,学校通过国内外认证或评估的专业合计 26 个。完成申请增设新专业 1 个(运动训练)。召开卓越计划 2.0 建设工作会,持续推进卓越计划专业建设。

【教育教学改革】

深入推进"四新"建设,学校以第一完成单位获得高等教育(本科)国家级教学成果奖 6 项,其中一等奖 1 项、二等奖 5 项;以参与单位联合获奖 9 项,其中特等奖 1 项。李百战教授获中国教师发展基金会杰出教学奖。启动新一轮国家教学成果奖培育工作,加强揭榜挂帅教改项目(20 项)跟踪指导与总结推广。获准市级教改项目立项 106 项、高等教育科学研究规划课题 2 项重点项目。结题验收 5 个教育部第二批新工科研究与实践项目、114 项市级教改项目和 250 项校级教改项目。

【课程与教材建设】

推进课程思政建设,组织教师全面修改或修订在用的 152 本教材,将党的二十大精神有机融入相关专业课程。加快教材数字化转型,推进工科新兴领域新形态教材、数字教材的出版,与高等教育出版社合作设立"高校工科教材研究基地"。培育"十四五"规划教材和全国优秀教材,立项教材建设项目 15 项。学校获准国家级第二批一流课程 38 门;获准重庆市第四批一流课程 73 门。推进重庆大学课程平台建设,深入探索数字赋能教育教学及数字资源建设,持续实施慕课西部行计划 2.0,成立专项调研工作组并形成《慕课西部行助力西部高等教育质量提升》调研报告。

【拔尖计划 2.0 建设】

学校入选"101 计划"首批高校,深入实施基础学科拔尖学生培养基地建设。全面实施弘深学院 2.0 改革,通过课程知识图谱、书院文化建设、科教协同、国际合作交流等,深入探索弘深学院建设,加速基础学科拔尖创新人才自主培养。

【学生创新创业】

持续推进学生交叉中心建设,完善主题实验室建设,升级制造服务能力,优化工程培训课程体系,组织"2023 年机甲大师西部联盟赛"和"启邦"青少年科创体验系列活动,与西部(重庆)科学城重庆高新区合作开展"两城汇"系列品牌活动,西部(重庆)科学城大创谷人工智能园正式揭牌。圆满完成第八届中国国际"互联网+"大学生创新创业大赛全国总决赛赛事组织工作。

【教师发展工作】

全面调研本科教育教学师资队伍建设保障体系,梳理支撑本科教育教学高质量发展的政策保障建议,并形成调研报告。推进"五三三"教师教学能力培训体系,重点强化教师教学能力、教师数字化素养、实践教学能力、新老教师传承,全面推动基层教学组织建设。教发中心入选教育部高校教师发展中心建设优秀案例。

(撰稿人:粟萤子)

研究生教育

【综述】

2023 年,研究生院在学校党委和行政的坚强领导下,深入开展学习贯彻习近平新时代中国特色社会主义思想主题教育,以"学思想、强党性、重实践、建新功"为工作指导,以"立德树人、服务需求、提高质量、追求卓越"为工作主线,全面深化学位与研究生教育改革,奋力打造卓越研究生教育培养体系。

【以高质量党建为引领,求真务实推动主题教育取得实效】

深入学习党的二十大精神,组织开展党支部组织生活 40 余次、领导班子读书班 20 余次、领导讲党课 6 人次;教职工参加培训学习 150 余人次。开启"党建+业务"融合互动模式,以"党建+卓越工程师"为主题,与清华大学等 9 所高校、华润集团等 5 家企业、校内 12 个学院开展主题教育学习和调研,共话国家卓越工程师人才培养,梳理人才培养"痛点"。开展科级干部、支委培训,提升支部战斗力;创建"党员活动室+流动学习室",打造党建学习新阵地。

【以高质量成效为导向,系统推进研究生教育改革】

1.持续优化生源质量,推进研招制度改革与创新

2023 年招收博士 1 218 人、硕士 6 521 人,年增长率 8.4%、2.19%。完成储才计划、工程硕博士培养改革试点等 13 项国家专项招生任务,招收博士 242 人、硕士 210 人。2023 年招收推免研究生 2 031 人,首次突破"2 000 大关"。2024 年推免研究生达 2 310 人,年增长率 13.8%;其中,直博生增长 17.8%。硕士、学术博士优质生源率 57.6%、62.5%,创历史新高。

"零失误""零差错"安全平稳完成 2023 年"史上最难研考"组考工作。修订研究生招生指标分配办法,侧重"三重一高"政策倾斜和精准支持。改革博士研究生选拔方式,增设考生申请材料审核评分环节;建立健全招生质量集体把关机制和导师招生权保障机制,提升招生质量与优质生源的精准选拔。

2.服务国家战略,深化高层次人才专项建设与改革

创新探索卓越工程师自主培养之路。牵头打造智慧能源领域卓越工程师培养联合体,组建战略咨询委员会;组建核心课程校企联合建设专家组(46 人),新建智慧能源领域 12 门核心课程,主持制定领域通用能力国家标准。承办教育部"智慧能源领域卓越工程师培养国际会议",受邀在中国学位与研究生教育大会和全国卓越工程师培养推进会上作主题报告,分享国家卓越工程师学院建设经验,得到教育部高度认可及人民网等 15 家权威媒体的跟踪报道。

扎实推进国家专项人才培养工作。以实施工程硕博士培养改革、国优计划等专项工作为契机,加强与头部企业、高水平科研机构的产教融合、科教融汇,建立"政—校—合作单位"多主体协同育人机制,制定"一专项一专班"工作策略。与西南大学、优质中小学联合制定实施"多方导师"协同育人制度、专项培养方案,构建"重大"特色专项研究生培养体系。

高标准构建高层次人才培养平台。新建"重庆大学-南方电网""重庆大学-华润集团"等多个高水平专项研究生联合培养基地,搭建"1+10+N 校企联合工程师技术中心",完成 4 000 万元教学设备招投标等工作,建成多学科 AI 与工程仿真计算中心、制造服务实验室等构成的公共实践平台,完成智能芯片等 10 个实验室规划,与 9 家企业完成联合实验室建设签约,达成合作意向正在洽谈合作企业共 3 家,为有组织开展高水平科研与人才培养奠定坚实基础。

3.推进分类发展,强化研究生培养要素建设

压实培养过程质量管控。落实研究生培养过程管理办法,加强学业预警和关键环节考核,完善分流淘汰;修订《重庆大学研究生教育督导工作办法》,建立面向招生—培养—授位全过程的督导与评价机制;启动课程质量自查与改革,杜绝"水课"。

优化专业学位研究生资源建设。建设国家级主题案例项目 12 个(全国排 11),市级 56 个,校级 130 个;建成案例 1 000 余个(工程类占 71%),入选中国专业学位案例中心 45 个(核心课程覆盖 95%);建成省部级研究生联合培养基地 87 个、校级 389 个,2 600 余名研究生进入基地培养。

加快研究生教育数字化转型。在雨课堂平台设置中科大克隆学习班,实现课程资源远程同步教学;与智慧树平台签署合作协议,借助 AI 手段加强教学监管,获首批"教育数字化合作伙伴";立项 30 门课程建设重庆市课程思政示范课程。

推进研究生"在地"国际化培养。承办教育部 2023 国际产学研用合作会议——智能建造与智能制造会议;与蒙纳士大学合作,联合培养博士 17 人;建设研究生全球学术课程(线上)项目 55 项,年授课研究生1 364人;获批国家留基委公派项目 121 人(全国排 23),签署合作协议 5 份;开展新青年全球胜任力等"在地"国际化培养项目。

创新实践与研究取得佳绩。资助拔尖研究生科创项目、国际学术会议 445 项;表彰高水平学科竞赛优秀研究生获奖者 825 名(省部级以上 275 项,全国特一等奖 18 项);孵化代表性创新成果 344 项;获教育部中国研究生创新实践系列大赛十年发展重要贡献单位表彰。获准立项重庆市研究生教改项目 29 项,校级 40 项;获 2022 年研究生国家级教学成果奖二等奖 3 项(牵头 2 项、参与 1 项)。

【以高质量发展为主线,着力攻克学位质量水平提升】

1.评建并举促发展,推进学位授权点结构优化与质量提升

促进学位授权点体系优化。撤销心理学、理论经济学、交通运输工程、体育学、国际商务硕士等 5 个硕士学位授权点,新增风景园林专业博士学位授权点。一级学科学位授权点由 51 个精减至 44 个。启动"景观建

筑学""智能建造技术"等交叉学科学位授权点培育工作。

提升学位授权点建设水平。完成2023年20个学位授权点专项核验工作;对16个重点监测学位点进行跟踪采集,纳入重点审核范围。完成《2022年重庆大学研究生教育发展质量报告》和57个学位授权点《2022年度学位授权点建设年度报告》编制工作;启动44个学位授权点自评估工作,召开学位授权点周期性合格评估工作会,推进"一点一策""一院一策"制度落地。

2.清零行动初见成效,顺利通过教育部"问题论文回头看"检查

深化清零行动文件贯彻落实。对学院分委员会贯彻落实"重大校发〔2022〕187、188、189号"情况开展专项督导,发现问题立行立改。顺利通过教育部博士学位论文抽检问题整改"回头看"检查。

构建论文质量分级管理体系。逐一约谈博士学位论文问题学院并开展精准督导;压实导师、答辩、分委员会学位论文质量管控责任,本年度责令70余名博士延迟答辩。提高学位论文抽检比例,加大学位论文抽检和整改力度,从严扣减招生指标和暂定导师招生资格处罚。

构建论文质量"无死角"监督体系。根据督导工作办法及督导工作方案,实施全过程、全方位教育督导。重点督导盲评存在C或D、规范性较差的学位论文,实现全过程、无死角监控学位论文质量。博士学位授予数连续七年超过500人,达到"一流水准博士毕业生"标准的博士学位申请者超过1/2,博士毕业生人均发表高水平论文数量显著增长。

3.推进分类培训,完善研究生导师培训体系

分类设计导师培训课程体系。针对新任导师开展2023—2024学年线下培训会,200名导师参加培训;面向在岗导师开设自行录课、线上研修活动,导师培训覆盖率100%。

打造"四有导师学院"。以当代"大先生"为目标定位,联合中国学位与研究生教育学会建设四有导师学院,开设多元化培训课程100门,2 455名导师完成培训。

【以高水平服务为宗旨,着力提升管理服务效能】

开发研究生培养管理数字化系统(MIS3.0)。一体化设计培养、学位论文过程管理系统,支撑研究生培养过程质量评价与预警以及数字化建档。建设本研一体化平台,助力培养过程管理与质量监督保障。

统筹做好其他日常管理服务工作。开发新版智能服务终端打印机,提供自助查询、一体化打印服务;改版研究生院门户网站,做好保密、意识形态、综合治理、档案、信息宣传等日常管理服务工作,不断提升管理服务水平。

(撰稿人:裴光术)

学生管理与服务

【综述】

2023年,党委学生工作部以习近平新时代中国特色社会主义思想为指导,以全面实施"时代新人铸魂工程"为工作统领,聚焦落实立德树人根本任务,提高学生思想政治教育与管理工作质量,不断促进学生德智体美劳全面发展,圆满完成既定的各项工作任务。

【坚持"深化改革",不断释放学生工作活力】

1.推进学生工作机构改革

2023年7月,根据《关于党委学生工作部、党委研究生工作部机构调整的通知》文件精神,部门迅速完成了新学工部的科室调整、干部任免、岗位职责调整等工作,与校团委就研究生会、研究生团委指导与管理、研究生校园文化活动开展等方面进行了任务交接、职能划分、经费转拨等工作,顺利实现了全校本科生、研究生学生工作的有机整合、平稳过渡。

2.加强辅导员队伍建设

2023年招聘入职9名专职辅导员、2名少数民族学生专职辅导员;持续开展"时代新人铸魂工程"、重庆高校思想政治工作队伍培训研修基地暨辅导员队伍创新发展中心建设工作;辅导员队伍建设工作获重庆市深化新时代教育评价改革典型案例一等奖;1人获"高校思想政治工作精品项目"立项、1人获"高校思想政治工作研究文库"立项;1人获重庆市高校辅导员名师工作室立项、1人获重庆市高校辅导员工作室立项;2人获评重庆市高校辅导员年度人物、优秀思政工作者;1人获重庆市高校优秀辅导员择优资助计划。

3.增强学工大数据赋能

建立数字学工办公室,大力推进智慧学工平台建设。建设完成68个功能服务,涵盖学生发展、队伍建设、学生事务等11个服务类型;运用智慧学工平台迎新服务助力新生"一键入学",新华网、中国教育在线等多家主流媒体予以关注报道;启用困难认定、评奖助优、学生请销假管理、心理健康服务、第二课堂等20余个功能服务;开展35期智慧学工平台使用培训并提供使用手册。

【坚持"凝心铸魂",全面加强学生思想引领】

1.深化理想信念教育

组织开展2023年"读懂中国"、铸牢中华民族共同体意识、"四史"学习等主题教育活动;组织"启邦"研究生宣讲团广泛开展学习宣讲活动;开展学生年度人物经验分享会、"名师讲堂"、"朋辈答疑坊"、"学术之星"评选等系列活动70余场;圆满完成世界青年大学生创业论坛、第八届中国国际"互联网+"大学生创新创业大赛冠军争夺赛、第31届世界大学生夏季运动会火炬传递(重庆大学站)各项组织筹备、志愿服务工作。

2.加强学生基层党建

组织"启邦"学生党支部书记、重庆大学青年马克思主义者培养工程暨研究生骨干培训等近30场活动,覆盖学生党团骨干3 900余人次;启动本科学生党支部2022年基层党建工作创新实践项目结题验收工作;深入推进党建"双创"工作,积极做好全国高校第二批、第三批"百个研究生样板党支部""百名研究生党员标兵"入选单位总结验收和推荐申报工作。

3.提升国防军事教育

改革创新学生军事训练,严格按新大纲要求全科目、全要素、全覆盖开展军训;常态化开展清明祭英烈、国防教育月、"11·27"烈士殉难纪念日、重要时间点"升国旗 唱国歌"等教育活动;2023年参军入伍大学生11人,学工部(武装部)被重庆市教委表彰为2022年度"征兵工作先进集体";本科生王宇航获重庆市"爱我国防"演讲比赛一等奖。

【坚持"五育并举",大力促进学生全面发展】

1.着力提升综合素质

评选表彰2022—2023学年"争先创优"先进个人9 906人、先进集体508个,2023年获评重庆市高校学生先进个人500人和先进班集体10余个;举办"阳光60分"健康行、研究生体育文化节等活动及各项赛事200余场;举办研究生文艺汇演、研究生朗诵比赛等系列活动60余场,受到新华社、中央广电总台国际在线等多家主流媒体的关注和报道;完成30栋老校区宿舍展播系统安装,完成18栋学生宿舍门厅布置美化;协同校团委优化"第二课堂成绩单"劳育板块相关内容。

2.推进心理育人工作

录制心理微课视频,对近1.4万名新生开展心理教育;开展线上线下咨询4 936人次、访谈403人次、团体辅导297场,成功干预危机392人次;指导学院开展家校协同2 736人次;举办第十一届校园心理文化节等活动共计809场,约7.5万人参与;开展心理委员培训9期,公众号发布推文181篇;教师荣获讲课比赛一等奖2人次,获奖论文2篇,其中特等奖1篇,一等奖1篇;心理剧《成像》获第六届全国高校心理情景剧百佳剧目;"小橘灯"心理协会获"2023年榜样100全国优秀大学生社团",获"团市委一校一品十佳团学工作品牌",被中国大学生在线首页刊载报道。

3.抓好安全教育管理

2023年各学院累计开展线上线下宣传教育活动800余场,累计参与学生近16万人次;发布反诈专题推文近20篇,继续保持学生校园网贷清零目标;向2023级新生发放"法治重大"普法手册,2万余名学生参加第八届"学宪法讲宪法"线上法治知识测评活动;严格落实少数民族学生"一人一档、一人一策"要求,定期开展一对一谈心谈话和教育帮扶;针对重点关心关爱学生,制定个性化帮扶措施,切实消除学生风险安全隐患。

4.推进资助育人工作

认定家庭经济困难本科学生 5 997 人,发放 2023 级本科新生临时困难补助 15.65 万元、各类研究生困难补助 185 万余元,2023 年爱心救助 14.43 万元,92 名家庭受灾学生获得补助 7.65 万元,各类奖助学金受益学生逾 24 万人次,金额逾 3 亿元;办理生源地、校园地助学贷款 6 582 人次,金额近 8 000 万元;共有 2 274 名新生通过"绿色通道"入学,缓交学杂费 1 000 余万元;2023 年,恢复优困生海外访学"圆梦计划",74 名家庭经济困难学生参与新加坡访学交流活动;本科生薛梓心获得宝钢特等奖学金。

（撰稿人:艾克然木·艾尔肯）

学生职业发展与就业指导

【综述】

2023年是贯彻党的二十大精神的开局之年,职就中心深入学习贯彻党的二十大精神和习近平新时代中国特色社会主义思想,坚守"为党育人、为国育才"初心使命,实施就业优先战略,落实党中央、国务院"稳就业""保就业"决策部署,切实增强责任感使命感,扎实推进毕业生高质量充分就业。被重庆市人民政府授予"重庆市就业创业工作先进集体"荣誉称号。

【工作成效】

1.就业大局保持稳定

疫情放开后,职就中心全员以超常规状态,通过开拓就业市场、强化就业育人、提高管理质效,抢抓时间、抢夺资源,力争把失去的时间"抢"回来,把疫情造成的损失"补"回来,截至12月8日,学校2023届毕业生超过九成已落实去向,就业大局保持稳定。

2.人才布局持续优化

2023届毕业生55%进入世界500强,40%进入中央企业;50%服务西部,34%扎根重庆;752人投身国防单位和科研院所,2人被外交部录取为2023年外交人才定向生,25人通过军队文职招考和军官直招进入部队工作,6人获得国际组织实习资格,以上均达到历史最高水平。524人进入各省市选调生行列,与近几年情况基本持平。本科生升学率达48%,升学到国内"双一流"大学和世界排名前100大学的比例进一步提高。学校毕业生人才布局持续优化,就业质量进一步提升。

【开拓就业市场,提供更充足的岗位资源】

1.聚焦开源拓岗"新空间"

开展"书记校长访企拓岗促就业专项行动",校领导带头、学院协同、部门联动,面向国防军工单位、重要央企、基层一线等重点领域访企拓岗,校院共走访用人单位1 700余家。常态化、多渠道开展校企校地合作人才供需对接,签署教育部第二期供需对接就业育人项目40余项。目前在我校就业系统注册合作的用人单位达2.5万余家,年均提供10万余个就业岗位,与毕业生总人数比例约为10∶1。

2.夯实校园招聘"主渠道"

积极落实教育部"校园招聘月"系列活动,2023年职就中心举办各类校园招聘活动1 800余场,进校用人单位7 000余家,发布招聘信息近2万条;鼓励二级院系举办小而精、专而优的小型专场招聘活动近1 000

场。开辟虎溪校区校园招聘新阵地,全年在虎溪校区举办校园招聘活动 238 场、进校单位 469 家。创新举办"相约周四,职引未来"系列小型双选活动 16 期,参会单位共 1 400 余家。举办春季、秋季两场大型双选活动,中国新闻网、新华网、人民网等 20 余家主流新闻媒体进行报道。

3.构筑人才输送"大格局"

服务国防军工建设,组织近 400 名师生开展第六届"使命行"国防军工单位专项暑期社会实践活动。服务国家治理,开展第六届、第七届"龙骨行动"选调生基层就业品牌活动,覆盖参训学员 5 000 余人次;组织 80 余名学生赴地方基层党政机关开展暑期基层挂职。服务国际治理,作为教育部首批国际组织青年人才培训项目高校,开展第八届"嘉陵之子"国际组织人才训练营、开设第二届"国际胜任力培养"课程,参训学员 200 余人;选拔并资助 98 名学生参加联合国青年领袖学院(GYLA)暑期精英班等五项国际组织人才培养活动。

【强化就业育人,搭建更精准的指导体系】

1.设立高水平的生涯教育整体设计方案

坚守一课堂阵地,全年开设"大学生职业生涯规划""职业发展与就业指导""创业管理"3 门课程 25 个班,本科及研究生 758 人选课。推进二课堂教育,开展春、秋两季"就业育人"主题年级大会 38 场,引导学生"立大志,明大德,成大才,担大任",覆盖学生 7 500 余人次。发挥榜样作用,选树就业育人优秀案例 40 个,设立毕业生"远航奖",举办毕业生基层就业出征仪式,2 名校友荣获 2022 年"全国高校毕业生基层就业卓越奖",《重庆日报》专版刊登毕业生就业典型事迹。

2.健全高质量的就业指导服务体系

对低年级开展以"培根铸魂、启智润心、探索规划为主要内容的启航计划",对本科高年级、研究生开展以"技能提升、行动促进、角色转变为主要内容的远航计划",全年举办职业发展与就业指导活动 240 余场,参与学生 42 700 余人次。

3.聚焦专业化的师资队伍能力建设

首次推进生涯教育与专业教育的试点融合,进一步健全"遴选—培训—考核—上岗—督导"的师资培养体系,全年组织 380 余人次参加职业发展与就业指导能力提升培训 22 次;学校 23 名就创业教师入选重庆市高校就业创业指导专家库。

【提高管理质效,确保更温暖的就业服务】

1.落实取消就业报到证改革新要求

严格落实教育部和重庆市教委相关规范要求,发布《关于进一步加强毕业生去向登记管理的通知》,组织开展毕业班辅导员专题业务培训,确保取消报到证改革和建立去向登记制度落实落地,确保毕业生顺利离校。

2.健全重点群体全方位帮扶机制

落实教育部"宏志助航计划",为重庆市6所高校720名高校毕业生开展11期就业能力提升培训。按"一生一策"建立帮扶台账、发放各类求职补贴、落实"一对一"帮扶责任制。

3.提升就业管理服务信息化水平

打造集单位招聘、职业指导、远程面试、网络签约、就业服务于一体的智慧就业服务平台;充分利用宿舍楼内电子屏、公告栏,实现招聘信息"进宿舍";建立2023届离校未落实去向毕业生就业加油QQ群,有序推进离校未落实去向毕业生就业服务工作。

（撰稿人:杨　蓉,印伊玲）

继续教育与基础教育工作

【综述】

2023 年,继续教育与基础教育处坚持以习近平新时代中国特色社会主义思想为指导,全面贯彻落实习近平总书记关于基础教育和继续教育的重要指示精神,在强化非学历教育规范管理和推进"高端化、品牌化、特色化"非学历教育建设,以及基础教育办学效益上均取得优秀成绩,圆满完成部门工作任务,助力学校新一轮"双一流"建设和高质量内涵式发展。

【非学历教育】

质量导向,规范管理,努力构建与学校"双一流"相匹配的高水平非学历教育。

2023 年持续规范管理,不断提升非学历教育办学层次和水平,取得较好成效。全年培训学员 48 472 人,培训总收入 1.1 亿元,完成学校下达的任务指标。

2023 年 3 月,为进一步夯实专项整治成果,学校全面贯彻落实《普通高等学校举办非学历教育管理规定(试行)》,不断加强规范管理。制定《重庆大学非学历教育师资管理办法》《重庆大学非学历教育督导工作办法》提交校长办公会议审议。先后下发《关于进一步重申严禁非学历教育借培训之名公款旅游的通知》《关于进一步规范学校非学历教育从业人员行为的通知》等 5 个文件,规范各单位办学行为和工作人员从业行为。建立从业人员的准入审查制度和人员公示制度。联动教务处、保卫处等部门,对冒用学校名义举办培训班的侵权行为和校内培训中心、从业人员不规范办学行为等进行清查核实和处置。加大 16 个国家级、市级继续教育基地建设力度,对接教育部、人社部、生态环境部、工信部、科技部等部委,服务各行业领域,举办成渝地区双城经济圈建设、乡村振兴、"双碳"战略等系列专题培训项目,持续办好"重庆大学高级工商管理研修""企业经营管理领军人才培训"等项目,强化品牌价值,提升辐射能力。牵头申报的《高等学校继续教育"管办分离,归口管理"服务职能、基本模式、运行机制的创新实践研究》获重庆市教委教改项目"重大项目"立项。建成"重庆大学非学历教育信息管理系统",实现了从立项到结业全流程业务管理信息化、数字化。专题调研校区功能定位,提交《关于明确非学历教育校区功能定位的专题研究报告》。多次组织召开全校非学历教育工作会,首次举办"重庆大学非学历教育管理骨干研修班"。2023 年新增举办学院 5 个,共计 12 个学院开展非学历教育,全年审核非学历教育项目 757 个,审核办理结业证书 43 776 份,及时处理办学过程中出现的各种问题,无重大教学事故和安全责任事故。

【基础教育】

积极做好与属地政府、校内单位、附属学校的沟通协调,深化"合作共建",助推附属学校高质量发展取得新成绩,办教职工满意的基础教育。

2023年招收教职工和附属肿瘤医院职工子女入读附小139人、附中48人,幼儿园在园校内子女(含三代)414人。协调解决附属肿瘤医院职工子女入读附属中小学事宜。结合主题教育,深入各附属学校、虎溪校区周边基础教育学校开展实地调研,研究提出附属学校管理体制改革、明确附属学校科级建制和"关于在虎溪校区周边选择合作学校共建基础教育学校的工作建议"等建议方案。发挥学科人才优势,协调自动化、机械等学院专家和学生志愿者指导学生参加全国科技类赛事,学生10人次获全国青少年航天创新大赛和航海模型公开赛一等奖。协调后勤、保卫等部门,指导附中"智慧校园"建设,解决学生军训场地、车辆人员进出校等问题。协调图书馆在附中成立"重庆大学图书馆东川分馆",协调国际处探索附小与澳大利亚小学建立姊妹学校。积极回应沙坪坝区政府和沙坪坝区教委关于支持附中"沙磁校区"整体改扩建工程提前预支2025年、2026年合作办学经费和为附小育英校区教室安装空调的提议,为改善附属中小学办学条件提供有力支持。参与"国优计划"方案制定、面试选拔等工作,做好云南绿春56名教师到附中、附小、幼儿园跟岗学习工作,参与托管帮扶重庆丰都中学、河南夏邑中学有关工作。

附中毕业年级主要成绩指标创历史新高。中考联招分数线由2020年的630分提升到2023年的669.5分,一本上线率由2020年的74.23%提升到2023年的87.79%。初三年级全区适应性考试获得A类、B类学校志愿填报资格491人,创历年最好成绩。附小办学满意度获社会公众高度认可,2023年"学校办学公众满意度"测评在全区58所小学中排名第3,获全区内涵发展考核一等奖。幼儿园2023年获沙坪坝区首届保育技能大赛特等奖2名、一等奖3名。

【综合服务】

服务保障有力,精细管理高效。强化制度建设,完善保密、消防安全、档案管理、人员管理等部门制度,遵循有关规定开展新办公用房装修及办公家具采购,统筹做好部门党支部工作、政治理论学习、党风廉政建设、综合治理、保密、档案、工会、日常管理等工作,各项工作有序推进。

(撰稿人:程秋霖)

继续教育、网络教育

【综述】

继续教育学院、网络教育学院（以下简称"继教网络学院"）下设院办公室、学生工作办公室、招生办公室、信息化办公室、学历继续教育办公室、网络教育办公室、财务办公室、后勤与资源保障办公室、培训管理办公室、教学办公室。

2023年，继教网络学院以习近平新时代中国特色社会主义思想为指导，深入学习贯彻党的二十大最新理论成果，积极探索非学历培训转型发展体制机制建设，主动改善内外部环境与软硬件条件，实现学历和非学历继续教育收入10 668万余元。

2023年，继教网络学院自筹经费300余万元完成相关教学、管理场地与设施设备维修改造和更新购置；完成线下39份、线上17份维修改造合同签订，对接学校维修改造工程7项，同时通过强化服务人员培训，全面提升吃住学行各环节培训体验，进一步提升学员满意度。

2023年，教育部发布通知，学校在直属高校非学历教育领域问题专项整治中整治结果为"完成"，顺利通过。继教网络学院据此进一步修订完善规章制度，与三个单位签订新协议，实现了相关工作平稳过渡。

根据教育部和重庆市教委要求，继教网络学院完成《重庆大学2022年度继续教育发展报告》和《重庆市2022年高校继续教育发展情况数据统计表（重庆大学）》编制，推进学校继续教育规范创新发展。

为适应转型发展，继教网络学院的非学历教育管理平台完成测试运行、优化调整和验收等一期建设任务，实现了培训项目申报审核，师资、课程、培训班、财务票据、证书、评价反馈管理，教室资源调度及教师费用结算等核心业务模块信息化。

继教网络学院持续推进6个国家级和4个市级基地建设，大力拓展高层次非学历继续教育；承接各类干部培训、专业技术人员培训和高端商学等共计401期，培训学员21 500余人。

【队伍建设】

2023年度继教网络学院在编教职工37人，其中一般管理岗位27人、专业技术岗位9人、工人技术岗位1人。

聘任专业主任3人，外聘教师17人。完成一般管理人员、外聘人员及专业技术人员相关岗位的调整、聘任及分级工作，其中晋升教授1人、一般管理岗位（六级）1人、中职八级1人。

【党建和思想政治工作】

继教网络学院有党员 40 人,其中教职工党员 39 人、学生党员 1 人。党支部 6 个,其中教职工党支部 5 个,学生党支部 1 个;2023 年度新发展教职工党员 4 人;教职工党员比例 97.5%。

继教网络学院党委全面贯彻执行党的路线方针政策,坚持以习近平新时代中国特色社会主义思想为指导,全面贯彻落实党的二十大精神。深入开展学习贯彻习近平新时代中国特色社会主义思想主题教育,持续深入学习党的创新理论,大兴调查研究,开展调研 47 次,召开校内外调研座谈会 18 次,问卷调查 1 次,线上访谈 18 次、线下访谈 10 次。梳理出 4 个方面 16 项问题,整改措施 69 条,整改完成 42 条,长期坚持 27 条,取得了阶段性成绩;全面从严治党的政治引领和政治保障作用持续发挥,坚持民主集中制,召开党委会会议 18 次,党政联席会议 22 次,严格政治原则、政治立场、政治方向,抓好作风建设;通过"一会一报""一人一表"以及学院"三级审批"工作制度,全面压紧压实意识形态工作责任,全年向学校报审哲社类讲座课 754 场次;从严从实推进巡视整改落实,召开党委会会议及时总结研讨整改落实情况,切实履行整改主体责任,强化责任意识。

秉承"一切围绕学生、关心学生、服务学生"理念,继教网络学院不断提高思想政治教育针对性和实效性,加强对二级办学单位、培训中心、函授站(点)学生思政工作指导,努力构建一体化育人体系;抓好新生入学、学生入党、学生安全与心理健康、学生社团与毕业生就业教育。培养"优秀学生"75 人、"优秀学生干部"49 人和"优秀毕业生"62 人。

【教学工作】

1.学历继续教育(成人教育)

继教网络学院在全国 4 个省市设立 4 个函授站(点)。完成校内外 657 名学历继续教育(业余、函授)学生的教育教学管理,函授在册学生人数 223 人。

2.学历继续教育(网络教育)

继教网络学院在全国 27 个省市设立 160 个学习中心。截至 11 月底,网络教育学费收入 4 812 万元;在籍学生总人数 44 235 人,学历在籍 43 688 人。

2023 年度,聘请 252 名课程辅导教师,完成课程导学等教学任务,发布 729 门次课程 2 187 套次作业,10 145 名学生参加网上作业,提交作业 283 331 套次;组织学生参加两次全国统考,有 13 079 人次取得合格成绩;完成春、秋学期 2 个批次毕业论文(设计)工作,累计聘请 578 名指导教师对 24 547 名学生毕业论文(设计)进行指导,有 22 487 名学生取得合格成绩;做好各种数据统计、数据加工处理、批量操作、平台代操作、数据代查、业务平台使用指导等技术支持工作,确保网络教育系统平台稳定运行;组织外出巡点 20 余次,加强与校外学习中心沟通交流,加大对校外学习中心指导管理,确保学生稳定和试点工作平稳。

3.非学历继续教育

继教网络学院通过重庆大学高端培训网、官微等公众号运维,优化高端培训 VIS 设计,制作第二版《重庆大学高端培训》宣传手册与学员证,统筹各类教育品牌宣传资料审核,强化品牌宣传,同时对心智智库、干部培训网等校外侵权行为进行处理,做好品牌维护。

继教网络学院对外统筹管理部门和培训中心外出了解培训需求,对内联络学校机关部处和专业学院,2023 年度与中共南充市委政法委员会等 8 家校外单位和马克思主义学院等 3 家校内二级学院签订了合作协议;申请重庆市政府采购云平台、四川省政府采购一体化平台电子 CA 证书,挖掘招投标项目;参与 11 项国内项目和 1 项海外项目投标,投标成功 6 项。

继教网络学院全面梳理 3 500 余门过往课程,完成 400 余门课程方案共享,落实如成渝地区双城经济圈(工信部领军人才“成渝融合发展班”)、信息安全、数字经济等相关培训方案及课程体系开发;完成 650 余名教师的清理审核与入库共享,含校内 180 余人,校外 470 余人,高校 340 余人;清理 800 余条冗余数据,梳理30 余个常用现场教学点,现场走访调研交流永川区科技局、小平干部学院、遵义干部学院等 10 余个教学基地,签订协议 3 个,待签订协议 3 个;参与中共重庆市委组织部全市第三批干部教育培训好课程评选活动,完成“新时代的基层治理:发展趋势、多元挑战与举措创新”课程录制工作。

继教网络学院获市委组织部“党员教育培训基地”授牌;举办了人社部“集成电路产业发展及高端芯片技术高级研修班”“2022—2023 年度工信部中小企业经营管理人才区域发展培训重庆大学—重庆一班”“重庆市教育系统年轻干部能力提升研修班”“建筑类职业学院教师能力提升培训班”等;成功申报“2023—2024年度工信部中小企业经营管理领军人才‘高质量发展’专题培训重庆大学—重庆一班”“2023—2024 年度工信部中小企业经营管理领军人才区域发展培训重庆大学—成渝融合发展班”,促进基地可持续发展。

继教网络学院统筹相关人员赴浙大城市学院等高校学习交流,接待四川省委党校干部教育学院等多个单位调研;参加浙大城市学院“重庆大学非学历教育管理骨干研修班”、重庆市人社局专业技能知识更新工程研讨会;组织人员两次参加浙大城市学院网络课程集中培训,以及“开学第一课”培训,努力提升员工业务能力。

结合教育部文件新精神,继教网络学院举办“重庆大学高级工商管理研修班”3 期、“重庆大学企业管理实战研修班”1 期、“工业和信息化部中小企业经营管理领军人才培训重庆大学班”2 期、“企业卓越中高层管理者特训营”1 期;举办“德国公立大学硕士留学项目语言班”2 期。

继教网络学院“领军项目”2023 年度先后开启工信部重大领军七、八班学员杭州研学,重大领军九班学员深圳研学,重大领军十班学员杭州研学,通过走进阿里钉钉、比亚迪等知名企业,分享交流企业创新、管理等经验,共谋高质量与协同创新发展愿景。

通过筹备“工信部重大领军企业家联谊组织暨重庆大学领军企业家校友会”,增强校友归属感、荣誉感,搭建政产学研金服用优质生态圈,建设好共同干事创业的精神家园;根据工信部办公厅关于开展中小企业服务行动相关要求,为近百家领军学员及园区企业开展政策解读、创新赋能、育才引才等多项服务;领军学员为城口县即将进入大学的 10 名品学兼优贫困生资助 4 万元,激励其学成报国。

(撰稿人:杨　安)

科学研究

自然科学研究

【综述】

2023 年是贯彻落实党中央对科技体制改革作出一系列重要战略部署、推进"十四五"科技任务的关键之年,科技项目、奖励、人才激励等政策均有较大调整和变化。全校科技工作在学校党委和行政的领导下,坚持以习近平新时代中国特色社会主义思想为指导,围绕学校"双一流"建设需要,经过全校相关学院和职能部门的共同努力,实现科技事业稳步发展。

【主要工作举措】

1.坚持政治引领,深入贯彻党的二十大精神

2023 年是全面落实党的二十大精神开局之年,是全面建设社会主义现代化国家新征程起步之年,学习贯彻党的二十大精神,是本年度最重要的政治任务。全院职工认真学习贯彻习近平新时代中国特色社会主义思想、"党的二十大精神"专题培训班、加快推进科技体制机制改革引领科技创新更高质量发展等主题教育学习,将习近平总书记关于教育、科技、人才建设的要求内化为自觉行动,坚持在"三个全面"上下功夫,切实把学习成果转化为推进科技事业发展的强大动力,为学校"双一流"建设贡献力量。

2.以国家重大需求为牵引,推进全国重点实验室实体化运行

贯彻落实党中央关于重组国家重点实验室体系的重大战略部署,全力推进国家重点实验室高质量建设,围绕"国家重大需求牵引、一室一策实体化运行"的原则推进实验室建设运行。强化实验室实体化运行和体制机制创新,加强产学研深度融合,坚持应用牵引基础研究,围绕国家重大战略需求和行业重大问题协同攻关,形成相互支撑、协同发展的局面,打通基础研究、应用开发、成果转化和产业化链条,共同支撑学科高质量发展,为国家和地方产业结构转型升级、社会经济发展提供基础支撑和科技保障。

3.围绕"一带一路"联盟,打造国际科技合作新模式

围绕国家创新驱动发展战略国际化发展目标,加强与"一带一路"国家的科技合作交流,充分发挥"一带一路"大学科技合作联盟成员单位及所在国家的网络连接作用,建立差异化的国际科技合作模式。鼓励科研团队围绕环境、海洋、卫生等领域联合开展国际科技合作,把"一带一路"大学科技合作联盟建设成为重庆大学国际科技创新合作的"桥头堡"。

4.深度推进校企合作,探索校企合作新模式

校企合作是学校服务国家战略和区域经济发展的重要方式,重庆大学不断探索校企合作新模式,深化

拓展合作空间。在联合技术攻关、创新平台建设、高端人才培养、国际交流合作等方面探索建立共建共享机制,携手打造新时代校企合作新模式,共同推动原创技术策源地建设。深化校企合作机制,推动校企合作向深度和广度发展,推动共建"联合研究院",依托研究院围绕国家重大需求和行业产业的技术需求,开展关键核心技术协同攻关。

5.大力弘扬科学家精神,助力科技自立自强

通过组织科学家人物宣传活动,传承"爱国、创新、求实、奉献、协同、育人"的科学家精神,在全校形成尊重知识、崇尚创新、尊重人才、热爱科学、献身科学的良好风尚,助力科研育人,培养有家国情怀、有梦想、勇挑重担的科技创新人才。设置"学风建设信息"专栏,对学风建设机构、学术规范制度、学术不端行为查处机制等信息进行实时更新。

【主要工作进展和成效】

1.切实加强支部建设,责任担当意识明显增强

切实加强党支部建设,认真开展"党的二十大精神"系列专题学习,不断提升科发院支部的凝聚力和战斗力;提高政治站位,强化政治担当,提升政治能力,落实政治责任,学深悟透习近平总书记系列重要讲话精神,为加快推进学习科技体制机制改革和高质量科技发展提供理论保障。通过理论学习指导业务工作,持续开展院内职工素质能力提升工程,打造学习型、创新型科发院。

2.国家级基地平台建设和管理取得重大成效

科技创新基地建设成效突出。输变电装备技术全国重点实验室、煤矿灾害动力学与控制全国重点实验室顺利通过科技部重组;新增特种化学电源全国重点实验室(共建);新增非线性分析数学与应用教育部重点实验室、智能肿瘤学医药基础研究创新中心、自主无人系统安全与控制教育部国际联合实验室3个教育部平台;新增三峡库区库岸滑坡灾害重庆市野外观测研究站和三峡库区河湖生态系统重庆市野外科学观测研究站;山地城镇建设与新技术教育部重点实验室(优秀)和低品位能源利用技术及系统教育部重点实验室(良好)通过2023年度教育部重点实验室评估。

全国重点实验室实体化建设有序推进。高端装备机械传动全国重点实验室《关于高端装备机械传动全国重点实验室实体化建设人事调动的请示》获得批准,确定人事调动、团队实体化等实体化机制体制细则,有序推进实体化建设工作;输变电装备技术全国重点实验室运行架构、决策机构、团队建设及绩效考核模式已初步讨论确定;煤矿灾害动力学与控制全国重点实验室在完善实验室实体化建设方案的同时,从团队、制度、企业合作等方面进一步强化实体化工作部署和落实;高端装备铸造技术全国重点实验室和特种化学电源全国重点实验室也在有序推进实体化建设相关工作。

3.科研经费再创新高,承接国家任务取得历史性突破

全校科研总经费再创新高。2023年,全校全口径科技总经费32.9亿元(2022年30.75亿元),较2022年增长7%。实到科研项目总经费15.2亿元(2022年14.28亿元),较2022年增长6.4%。自然科学类研究项

目共获得经费14.29亿元,其中民口国家级经费4.36亿元,民口省部级经费1.38亿元,民口横向经费5.75亿元,国防经费3.08亿元,中央高校基本业务费0.62亿元。

国家自然科学基金工作成效显著。全年已立项项目319项(历史首次突破300项),直接经费1.94亿元。获批杰青2项、优青6项、重点项目14项,获批国家自然科学基金项目数创历史新高。

省部级项目稳步增长。积极拓展项目渠道,主动对接各方需求,组织策划申报省市项目600余项,获批200余项,组织完成2023年度重庆市在渝院士项目申报工作,潘复生、周绪红、田村幸雄、杨士中、鲜学福、杨永斌、李文沅院士全部获批立项。省部级项目科研经费总计1.38亿元。

4.科技成果再创新高

4项成果牵头获得高等学校科学研究优秀成果(科学技术)奖,皆为通用项目,其中一等奖2项(自然科学奖1项和科技进步奖1项),二等奖2项(科技进步奖2项)。

39项成果(人选)获得省级(科学技术)奖(其中重庆市科学技术奖24项,其他省市科学技术奖15项)。

学校作为第一完成单位有17项成果进入2022年度重庆市科学技术奖获奖名单。其中一等奖成果有9项(自然科学奖4项、技术发明奖2项、科技进步奖3项)占全市一等奖拟奖数量的40%;二等奖成果8项(自然科学奖4项、科技进步奖4项)。

获其他具备国家奖推荐资格行业奖40项,较2022年增加18.6%。获得了好设计银奖、中国公路学会科学技术奖一等奖、中国煤炭工业协会科学技术奖一等奖、华夏建设科学技术奖一等奖等。

高质量论文持续增长。发表SCI论文8 688篇,其中一区论文5 190篇(2022年4 819篇)。黄晓旭团队实现学校第一通讯单位的*Science*正刊论文零的突破。

5.“头部企业工程”进入新阶段

大力实施“头部企业工程”,主动走访和对接头部央企集团,深化校企合作,探索共建创新机制,促进科技和经济产业的深度融合。2023年,已与中国南方电网、赛力斯集团、华润集团、中科曙光、中国能建西南院、中冶赛迪集团等企业签署战略合作协议,共建高端研究平台。其中,与赛力斯集团股份有限公司共建“赛力斯新能源汽车设计院”,与中国南方电网共建“智慧能源领域产教融合人才培养平台”,与中国惠普有限公司共建“人工智能应用联合创新实验室”,与中科曙光共建“先进计算联合研究中心”,与中国能建西南院共建“能源融合发展研究院”等联合创新平台,合作意向经费超2亿元。同时,正在推进与中国商飞、中国移动、中核工业集团等企业的战略合作。

6.建设科技工作者之家,为全校科技工作者服务

启动建设“重庆大学科技工作者之家”,积极推荐科技工作者深度参与重庆市科技工作者之家建设,在重庆市科协第六次代表大会上,校长王树新院士受聘为名誉主席,潘复生院士当选主席,副校长李剑当选副主席。分别组织接待科技部原党组书记、第十三届全国人大常委会教科文卫委员会主任委员、中国老科协会长李学勇一行,市科协党组书记李雷霆一行来校调研,与校领导、院士专家座谈交流,关心慰问科技工作者。

(撰稿人:赵　亮,张俊丽)

社会科学研究

【综述】

2023年,社科处在学校党委和行政的领导下,坚持以习近平新时代中国特色社会主义思想为指导,深入学习贯彻党的二十大和二十届一中、二中全会精神,聚焦服务国家战略和地方发展重大需求,坚持对标一流、强化内涵建设,坚持改革创新、狠抓关键任务,全面落实学校全年重点工作,取得显著成绩,人文社科科研核心竞争力和咨政服务能力进一步提升,人文社科研究保持高质量创新发展态势。

【科研评价体系】

分类引导,科研评价体系持续优化。全面贯彻落实教育部、科技部有关优化科研管理、深化评价改革及加强科研诚信建设文件精神和要求,在广泛调研的基础上,优化出台《重庆大学人文社会科学类科研创作分类分级体系(2023年修订)》,修订后的方案更加体现分类引导学科高质量发展需求,贴合学校实际,深受好评。不断完善智库成果认定标准与办法,完成相关规范性文件起草工作,通过健全完善咨政研究选题、组稿、审核、报送、激励、反馈的全过程管理机制,初步形成有组织开展咨政研究格局。

【科研经费】

夯实基础,科研经费稳中有升。2023年,全校人文社会科学R&D经费25 998.51万元。人文社会科学及软科学研究到校总经费12 981.95万元,其中纵向科研项目经费3 589万元。文科单位到校科研经费持续保持稳定,人文社会科学及软科学研究到校总经费中,国家级项目经费2 307万元、省部级项目经费1 121万元、一般纵向项目经费161万元。

【科研项目】

多管齐下,重要科研任务承接能力不断增强。新增国家级项目63项。国家社会科学基金项目40项,国家社会科学基金重大项目2项、重点项目5项(历史最好成绩),其中获研究阐释党的二十大精神国家社会科学基金重大项目1项(全市2项),年度项目29项(历史最好成绩,"双一流"A类高校17位)、艺术学3项(历史新高,全国11位)、后期资助3项(重点1项)、学术外译1项;国家自然科学基金管理学部项目22项(历史新高)。新增省部级项目105项。2项国家社会科学基金项目结题"优秀"。

【科研成果】

目标牵引,成果质量持续提升。文科学院发表A/B类论文526篇,同比增长5%。其中:A类论文292篇,同比增长19%;B类论文234篇。一般社会科学ESI国际排名834位,年内提升214位,进步名次居全校前茅。经济学与商学 ESI 学科潜力值从 2018 年 5 月的 10.04% 提升至 2023 年 11 月的 86.26%，年均进步幅度超过 10%，有望"十四五"进入 ESI 前 1%。获重庆市第十一次社会科学优秀成果奖 49 项（其中，一等奖 7 项、二等奖 16 项），较上届增加 172.2%，一等奖较上届增加 600%；发展研究奖 8 项（其中，一等奖 2 项，全市第 1;二等奖 3 项），较上届增加 33.3%，一等奖较上届增加 100%。获得两类奖项的一等奖总数位列全市第 1 位。

【咨政服务】

建言献策，咨政服务取得新成效。组织报送中办选题 81 个、咨政报告和约稿 36 篇，向教育部报送咨政报告和约稿 87 篇，向市级有关部门报送咨政报告和约稿 120 篇。培育高端智库成果 18 项（国家级 1 项）。8 篇成果获得市教委 2023 年教育咨政报告、决策论文一（1）、二（4）、三（3）等奖。向省部级及以上政府部门推荐有重要影响力的智库专家 65 人次。

【科研平台】

谋篇布局，各类平台建设取得新进展。获批首批重庆市研究阐释习近平新时代中国特色社会主义思想研究院 1 个（全市共 2 个）、研究基地 1 个（全市共 10 个）。支持配合马克思主义学院实施重庆市哲学社会科学创新工程试点工作;推进跨学科交叉研究平台建设，"数字能源经济技术研究院"成功获批重庆市第四批人文社科重点研究基地（全市共 9 个），"重庆大学智能社会治理研究院"顺利建成，"数字人文研究院"建设有序推进;智库平台建设有序推进，共同发起成立卓越大学智库联盟，城乡建设与发展研究院获批首批住建部智库（全国高校共 4 所），区域经济与科教战略研究中心（教育部科技委战略研究基地）进入下轮建设周期。

（撰稿人:甄玄志）

先进技术研究

【综述】

2023年,国防科学技术研究院(以下简称"国防院")、璧山先进技术研究院(以下简称"璧山院")在学校党政领导下,在相关职能部门和学院的大力支持下,在全体工作人员的共同努力下,以国家国防需求为导向,整合优势资源,推进实体化建设,提升学校的国防科技创新能力,有力地支撑了学校的"双一流"建设。

【党建工作】

2023年是全党深入开展学习贯彻习近平新时代中国特色社会主义思想主题教育的一年,主题教育是党的二十大作出的重大决策部署,是党的建设的重大任务,是一件事关全局的大事、要事。在学校党委的悉心指导下,国防院支部在谢更新书记的带领下,牢牢把握"学思想、强党性、重实践、建新功"的总要求,切实加强对主题教育的学习和实践,紧紧锚定目标要求,坚持以学铸魂、以学增智、以学正风、以学促干的精神,全面落实各项工作任务,切实提高党员党性、提高服务意识、提高业务能力、提高办事效率,形成层层抓落实、年年在提高的支部;支部坚持既解决问题又建章立制,着眼学校立德树人根本任务,积极落实"三会一课",认真学习党的二十大精神,确保主题教育发挥常态化、长效化效果。

【项目管理】

应新时代新任务新要求,国防院按照"以需求为导向,以项目为载体,以合作促发展"的指导思想,根据"储备一批、申报一批、落实一批"的项目动态管理工作要求,积极与军委装备发展部、军委科技委、国防科工局等上级部门汇报,与十一大军工集团企业对接。通过抓管理、筑基础、培优势,国防科研管理扎实有序推进。截至2023年12月10日,国防科研项目立项337项,合同经费4亿元,同比增长58.1%(2022年2.53亿元);到账经费3.03亿元,同比增长24.18%(2022年2.44亿元),其中获批千万级项目9项。获批基础加强计划项目重点项目3项(牵头1项,参与2项),某工程重点项目4项(牵头);科工局军品配套项目1项(牵头);发改委重点地区承接产业转移平台建设专项1项(牵头);ZB发展部某重大装置项目2项(参与)。

【平台建设】

获批"空间电能变换与无线传输关键核心技术"教育部集成攻关大平台。教育部为了加强高校有组织科研,推动高水平科技自立自强,以服务国家战略需求为导向,以解决"卡脖子"问题为目标,于2023年2月批准重庆大学作为"空间电能变换与无线传输集成攻关大平台"的建设高校。该平台将建设成为推动高等教育内涵式发展的标志性工程、支撑产业发展和服务国家重大需求的战略性力量。

整合校企资源,组织新型微纳器件与系统技术国防重点学科实验室与声光电集团联合申报国防重点学科实验室,组织微电子与通信学院和医学院申报国防科技研究中心,进一步凝练了研究方向,加强了研究队伍力量。

2023年,璧山院引进国防科研团队4个,主要针对新型柔性传感器、可穿戴功能器件、无人系统先进传感技术、感存算控集成芯片、先进控制算法及器件、地质灾害、水害防治技术与装备、先进能源材料与器件等领域开展研究。目前,研究院已有17个科研团队入驻,常驻科研人员120余人。

推进深空探测省部共建协同创新中心建设,瞄准国家重点战略,积极申报天舟货运飞船搭载任务、载人月球车研制方案、月球农场科学试验载荷,其中天舟货运飞船搭载任务已获批,载人月球车研制方案在部分单项技术上具有优势,后续开展方案深化研究。

【实体化建设】

1.成立空间科学研究院

根据重大委发〔2023〕47号文通知,成立空间科学研究院,作为科研机构,业务挂靠先进技术研究院。空间科学研究院瞄准国家重点研发任务,开展基础科学研究,推动空间科学领域的前沿研究;开展空间探测器和载人月球车的设计、制造和测试,推动空间技术的发展。空间科学研究院下设空间电能变换与传输关键核心技术集成攻关大平台和教育部深空探测联合研究中心。

2.筹建嘉陵江实验室

该实验室定位为智能武器装备技术研发与国防科技创新人才汇智高地,面向山地、登岛、城市三大作战场景,以智能化、网联化、体系化为发展方向,遵循技术定义装备、装备构建体系的建设思想,提升军事装备体系化作战能力。同时,该实验室的建立,还能打通创新链与产业链,推动以重庆为中心的西南大后方国防体系的创新能力,促进相关产业升级。

3.全面推进国防科学技术研究院实体化建设

立足国家科技创新和军民融合战略,以服务国防科技创新和人才培养作为学校"十四五"发展要务,发挥学校基础研究优势和协同攻关能力,落实国防科工局与教育部共建意见,充分利用重庆深厚的军工基础与大后方战略地方的优势,在军委科技委、国防科工局、教育部、重庆市、各大军工集团等单位的大力支持下,在重庆市委军民融合办公室、重庆市科技局的指导下,按照"管办分离"原则,分管理板块和业务板块重构国防科研创新体系组织,推进国防院实体化运行。

根据重大委发〔2023〕47号文件精神,国防院、璧山院合署办公,履行国防院实体化运行的管理职能;成立空间科学研究院、筹建嘉陵江实验室,以两大研究平台为示范,加强有组织科研,承接国防重大项目,汇聚国防创新人才,打造国防专职科研团队,攻克关键核心技术,为武器装备升级和服务区域经济作出贡献。

【人才奖励与职称评审】

1.首次在国防科学技术发明奖一等奖上突破

学校机械与运载工程学院王家序教授申报的2023年度国防科学技术发明奖一等奖已通过终审,等待正式授奖。

2.再次获批国防卓青人才

学校大数据与软件学院刘铎教授获批"卓越青年基金项目",另外,学校还获批装备发展部专家1人,教育部创新团队1个。

3.打造国防科研学术评价体系,开展国防类职称评审

本着"分类指导、突出贡献、同台竞技、科学评判"的原则,结合学校当前国防科研工作整体发展态势,国防院组织开展了学校首次国防科研学术职称评审,以鼓励学校科研人员积极参与国防科技创新,推动学校"双一流"建设。

【保密及资质体系建设】

1.保密工作

联合校保密办对学校承担涉密项目较多的单位进行了涉密项目保密工作专项检查;定期到学校各任务单位开展国防科技保密培训;参与重庆市国家保密局等单位联合调研重庆大学的组织工作和学校半年度保密检查。

2.质量工作

完成装备质量管理体系年度监督审核及整改验证和注册;完成装备质量管理体系国军标9001C标准暨内审员培训并使73人获得内审员培训证书并持证上岗。

3.许可/备案工作

完成科研生产备案凭证年度监督审核;进行科研生产备案凭证不符合项整改及建设策划。

4.承制工作

动员并指导材料学院、ICT中心和自动化学院等实施装备承制单位资格专业产品扩项,协调机械学院维持既有资质体系。

【对外交流】

加强与上级主管部门的沟通和交流,了解国防科研发展动态,积极拓展项目申报渠道。2023年,学校积极加强与军委科技委、装发部、后保部、国防科工局、教育部科技司等上级主管部门的沟通与联系,不断为学校国防科研工作提供需求牵引和决策咨询。学校积极开拓渠道,开展有组织的团队化科研,遴选学校研究基础好、执行能力强、创新水平高的项目,推荐申报各级各类国防科研项目,逐步实现国防科研质量、规模、结构及效能的总体提升。

努力拓展与军工集团的交流与合作,积极探索校企合作新模式。2023年,学校与中国航天科技集团一

院、五院、六院、十院,中国电科声光电集团,中国船舶重庆公司,重庆红宇精密工业有限责任公司等单位交流,通过签署战略合作协议、科研合作、人才培养、联合申报项目、人员互派等方式进行深度合作,并与相关学院及老师进行了交流,为下一步开展项目合作奠定了基础。

（撰稿人:张　殊）

空间科学研究院

【综述】

2023年，空间科学研究院设综合科、总体技术部，分管理系列和技术系列履职。管理系列，编制3人；技术系列，专职科研人员2人，兼职科研人员8人。

【平台建设】

深空探测省部共建协同创新中心（以下简称"协同创新中心"）常态化运行，2月举办学术咨询委员会第一次会议暨建设方案研讨会，60余人线下参会，为推进协同创新中心发展献计献策；完成2023年度开放课题的遴选及3个项目立项工作；调整A校区现有实验场地布局，在原有的土壤筛分实验室、原子吸收实验室、光照培养实验室基础上，拟建地外生态智慧密闭实验室，现已进入建设设计方案照片和选取建造材料阶段，实验室主要支撑地外生态系统模拟构建项目和太空农业培养方向研究。

【科学研究】

在研项目14项，结题项目1项；新增科研项目3项，新增经费1 212.5万元。重点推进教育部装备预研联合基金项目、地外生态系统地面模拟科学装置项目；深空中心牵头，与阿维塔科技（重庆）有限公司、重庆宇杰汽车设计有限公司、四川美术学院联合申报中国载人航天工程办公室发布的公开征集载人月球车研制方案，经审查评估，得到后补助方式支持，继续开展方案深化研究；组织申报天舟货运飞船搭载项目"小型太空生态系统关键技术研究与验证"，中国载人航天工程办公室经研究，同意通过天舟货运飞船飞行任务搭载实施，目前与货运飞船系统沟通对接，协调相关接口，编制实施方案及开展各项研制及地面试验验证工作。

【科普工作】

2023年以线上线下的方式举办科普讲座近20场。第七届"一带一路"青少年创客营太空探索主题活动，通过线上课程学习、导师培养、科学实践与交流、成果评选及项目评价等环节，来自巴基斯坦、捷克、厄瓜多尔、泰国、斯里兰卡等"一带一路"国家的青少年学生参与了"太空探索"线下主题创客营的科学教育和科技实践。航天日系列活动，唱响"探索浩瀚宇宙，发展航天事业，建设航天强国"的主旋律，向重庆天星桥中学、重庆长生桥中学、森林实验小学讲解航天科研成果，分享研制过程中攻坚克难的背后故事。天文科技科普活动，与重庆科技馆联合主办了"星空有约"——科技馆之夜活动。参加磁器口街道古镇广场举办的沙坪坝区全国科普日主题宣传活动暨首届沙磁科学节启动仪式。研制的生物实验罐被国家博物馆永久收藏，向公众展示并开放参观。

【学科建设与人才培养】

在机械工程(空间机构和结构)、生物科学(地外生态系统)、自动化(MEMS与控制)、环境工程(空间环境)、战略管理(航天战略)等专业方向上参与学校学科建设、研究生培养和青年教师指导,招收博士研究生2人、硕士研究生8人,在培博士研究生13人、硕士研究生16人。

【对外交流与合作】

与中国科学院国家空间科学中心联合,成功举办第十四届海峡两岸空间/太空科学研讨会,70余位专家学者参会。举办2023分子云与恒星形成学术研讨会,200余位专家、学者围绕银河系巡天、纤维状气体结构、分子云多尺度结构、分子云核与团块、恒星形成区的磁场、天体化学、恒星形成反馈与能量问题、原恒星盘与行星形成、河外星系中的分子气体与恒星形成等主题进行了深入交流和研讨。6人次出访西班牙、阿塞拜疆、日本参加国际会议,作主旨报告3人次。

(撰稿人:刘维波)

前沿交叉学科研究

【综述】

2023年,前沿交叉学科研究院(以下简称"前沿院")以习近平新时代中国特色社会主义思想为指引,深入学习贯彻党的二十大精神,贯彻国家创新驱动发展战略,坚持"四个面向",紧密结合学校发展需求,继续探索科研组织模式创新,在体制机制建设、实体化运行、新学科方向培育、高层次人才引进、创新氛围营造等方面取得了较大成绩。

【政治理论学习】

强化政治理论学习,准确把握科技前沿发展态势。深入学习习近平总书记关于科技创新的重要论述以及对中国特色世界一流大学建设提出的要求,坚定贯彻新发展理念,积极应对新形势新挑战,瞄准世界科技前沿,准确把握科技发展态势和科技发展前沿方向,切实提升自身战略定位和战略素养。

【宣传工作】

充分利用学院官方网站、微信公众号等新媒体平台,积极开展相关宣传工作。结合党的二十大、学校第十四次党代会、学校新一轮"双一流"建设、学校助力冬奥会、"非凡十年"等重大主题做好统一宣传工作。围绕前沿院工作内容,积极开展人才引进、研究进展、学术活动、交叉平台、日常事务的宣传与报道工作,及时更新内容,确保网站信息的时效性和准确性。

【专项工作】

在体制机制建设、基础前沿科学筹建、高层次人才引进、高水平研究成果产出、良好学术氛围营造等方面取得较大成绩。

1.创新完善体制机制,推进前沿院实体化运行

前沿院经过6年多建设,在国家级人才引进、重大原始创新成果、重大仪器专项、学科方向布局等方面取得显著成效,但体制机制在人才特区、创新特区、学科交叉融合三方面仍有完善的空间。为改善这些问题,前沿院对现有学科交叉体系进行梳理,从以下三方面推进实体化建设:一是聚焦科研管理、人才培养、行政管理三大板块;二是建立《重庆大学前沿交叉学科研究院实体化运行方案》等制度体系,推进前沿院实体化建设运行;三是形成中心联席会、前沿院工作例会、交叉平台周月报等常态化工作制度,共计召开中心联席会、工作例会30余次,周月季报15次。此外,实地调研中国科学技术大学,参加全国前沿交叉研究院院长联席会,为学院科研平台建设和体制机制创新提供了有益借鉴。

2.瞄准全球基础前沿科学,组建六大创新中心

在实现打造国际一流、服务国家、支撑未来产业的三大目标下,前沿院紧密围绕世界科技前沿,聚焦前瞻性、引领性学科方向,通过学科、人才、平台的增量建设,以相对实体化的运行方式,培育新的学科增长点,推动创新中心建成。在此背景下和原有"量子材料与器件研究中心""跨尺度多孔材料研究中心""先进电能源化学研究中心"基础上,面向基础学科、医工融合、理工融合等领域,围绕量子与信息器件、特种化学电源、植物基因技术、AI机器人等基础前沿方向,建设"6+X"创新中心。

3.推进前沿学科平台建设,加速国家级高层次人才聚集

加快推进跨尺度多孔材料、量子材料与器件、先进电能源化学等研究中心实验平台建设,加快汇聚一批高层次人才。2023年,研究中心全职引进优秀人才5人,其中弘深优秀学者岗3人、弘深青年学者A岗1人、预聘副教授岗1人。

4.高水平研究成果持续涌现,*Nature*子刊等论文获重大突破

进一步推进学校在电子显微成像技术、低剂量电子显微制样、量子材料的基础物性和新能源材料与器件、先进电能源化学等领域创新性研究,取得多项标志性研究成果。2023年,研究团队在 *Nature Energy*、*Advanced Materials*、*Nature Catalysis* 等权威期刊共发表高水平研究成果100余篇。

5.承接国家重大科技任务能力进一步增强,科技创新成果不断涌现

充分依托现有创新平台和研究基础,主动谋划承担国家重大重点项目,切实提升承接国家重大任务的能力。2023年,获批国家自然科学基金面上项目、国家自然科学基金优秀青年科学基金项目、重庆市杰出青年基金项目等国家级项目和省部级及其他横向项目11项,项目经费共计644万元。

6.征集基础前沿科学问题,推动基础前沿交叉学科发展

为进一步服务重庆市本土经济发展和行业技术升级,加强基础研究,推动基础前沿交叉学科发展,前沿院已经面向全校各学院开展了基础前沿科学问题的征集工作,旨在共同研讨前沿科学与颠覆性技术的发展,催生重大原始创新的基础前沿科学研究方向,征集的类别包括前沿基础科学、先导科学、前沿技术、未来技术。目前已收集近40个科学问题,后续将针对筛选出的科学问题给予相应的资源支持,为本土经济、产业转型、国家重大战略贡献出"重大"力量。

7.打造高端学术交流品牌,营造良好科技创新学术氛围

2023年,前沿院共举办第一届先进电能源化学研讨会、第二届国际先进功能材料研讨会、2023年磁热电量子材料前沿研讨会、2023年能源量子材料前沿交叉论坛、"量子前沿"系列讲座、"2023低碳科学国际会议"等高端学术交流活动共计约120次,邀请欧洲科学院院士Jonathan L.Sessler、孙世刚院士、陈仙辉院士等国内外科学家共计约1 000人次,营造了良好的学术生态。

(撰稿人:罗　璟,陈　秋)

学报期刊

【概况】

2023年,期刊社按照学校工作总体要求和重点部署,坚持以习近平新时代中国特色社会主义思想为指导,深入学习贯彻落实党的二十大精神,结合学校学术期刊"十四五"发展规划,通过顶层设计引领期刊发展、专项建设推动期刊发展、体制机制保障期刊发展,推进学术期刊高质量培育和建设,聚力打造高水平学术期刊方阵,构建高水平集约化办刊支撑系统,全面推动学术期刊高质量发展,努力把期刊建设成为国内外有影响的学术名刊、精品期刊,为实现学校"双一流"建设发展目标作出应有的贡献。

【学术期刊编辑出版】

期刊社是集期刊管理和出版于一体的学校直属二级单位,现管理20种期刊,其中直接承办《重庆大学学报》(月刊)、《重庆大学学报(社会科学版)》(双月刊)、*Nano Materials Science*(《纳米材料科学》)(季刊)、《土木与环境工程学报(中英文)》(双月刊)、《高等建筑教育》(双月刊)5本期刊,并对由学院、部门承办的6本现刊 *Journal of Magnesium and Alloys*(《镁合金学报》)(月刊)、《地下空间与工程学报》(双月刊)、《西部人居环境学刊》(双月刊)、《中国药房》(半月刊)、《中国医院用药评价与分析》(月刊)、《钢铁钒钛》(双月刊),2022年培育的5本新刊 *Journal of Automation and Intelligence*(《自动化与人工智能》)、*Biogeotechnics*(《生物岩土技术》)、*DeCarbon*(《低碳科学》)、*Space Solar Power and Wireless Transmission*(《空间电力与无线传输》)、*Earth Energy Science*(《地球能源科学》),2023年培育的4本新刊 *Intelligent Oncology*(《智能肿瘤学》)、*Digital Studies in Language and Literature*(《语言、文学与数字人文》)、*Space Habitation*(《太空宜居性研究》)、*Plant Hormones*(《植物激素》)进行业务指导。期刊社承办的5本学术期刊全年处理网络投稿近5 000篇,按时完成正刊34期的出版任务。期刊社指导的6本现刊按时完成正刊66期、增刊2期的出版任务。现刊按时出刊、差错率低、印刷精美,达到出版要求。期刊社2022—2023年协助学院(平台)培育新刊9本,首批立项的5本新刊按计划创刊;第二批立项的4本新刊按计划推进创刊工作。期刊社承办的重庆大学学术期刊集群服务平台建设按计划推进。

【学术期刊办刊成效】

期刊社按照学校高水平学术期刊建设的意见和配套支持政策,把高水平学术期刊建设纳入"双一流"学科建设重点支持计划项目,坚持以"面向世界、对标一流、追求卓越"为目标,全面提升期刊学术影响力。*Journal of Magnesium and Alloys*(《镁合金学报》)2023年影响因子为17.6,再创历史新高,连续3年(2021—

2023)位列全球 SCIE 收录的冶金与冶金工程类期刊第 1 位,已成为国际上最具影响力的冶金材料类学术刊物;*Nano Materials Science*(《纳米材料科学》)CiteScore 达 20.9,位列 3 个学科 Q1 区,其中 1 个学科位列 Scopus 收录的全球同类期刊第 3 位。期刊入选核心和来源数据库:*Journal of Magnesium and Alloys*(《镁合金学报》)、*Nano Materials Science*(《纳米材料科学》)2 刊入选 SCIE/ESCI、EI 数据库;《重庆大学学报(社会科学版)》入选 CSSCI 核心来源期刊、中国人民大学书报资料中心"2022 年度复印报刊资料高转载期刊名录",获评"2022 年度中国人文社会科学期刊 AMI 综合评价"核心期刊;*Nano Materials Science*(《纳米材料科学》)、《重庆大学学报》、《土木与环境工程学报(中英文)》、*Journal of Magnesium and Alloys*(《镁合金学报》)、《地下空间与工程学报》、《西部人居环境学刊》6 刊入选 CSCD 来源期刊;《重庆大学学报》《重庆大学学报(社会科学版)》《土木与环境工程学报(中英文)》《地下空间与工程学报》《西部人居环境学刊》《中国药房》《钢铁钒钛》7 刊入选 2023 年版《中文核心期刊要目总览》,《西部人居环境学刊》为首次入选;《重庆大学学报》《重庆大学学报(社会科学版)》《土木与环境工程学报(中英文)》《地下空间与工程学报》《西部人居环境学刊》《中国药房》《钢铁钒钛》《中国医院用药评价与分析》8 刊入选 2023 年中国科技核心期刊目录。期刊获奖:*Intelligent Oncology*(《智能肿瘤学》)入选中国科技期刊卓越行动计划高起点新刊;*Nano Materials Science*(《纳米材料科学》)、*Journal of Magnesium and Alloys*(《镁合金学报》)2 刊入选"中国最具国际影响力学术期刊"(Top5%);《土木与环境工程学报(中英文)》3 篇论文、《中国医院用药评价与分析》1 篇论文入选首届科技期刊高质量发展大会 100 篇精品论文;《重庆大学学报》2 篇论文入选中国科学技术信息研究所领跑者 5 000;*Journal of Magnesium and Alloys*(《镁合金学报》)获第二十九届北京国际图书博览会(BIBF)"2023 中国精品期刊展";《重庆大学学报》获评 2023 年川渝一流科技期刊;《重庆大学学报(社会科学版)》《高等建筑教育》分别荣获全国高等学校文科学报研究会"突出贡献奖状""全国高校权威社科期刊""质量进步期刊"称号;*Nano Materials Science*(《纳米材料科学》)、《重庆大学学报》、*Journal of Magnesium and Alloys*(《镁合金学报》)、《中国药房》4 刊编辑部入选 2023 年度中国高校科技期刊建设示范案例库-优秀团队。期刊获资助项目:《土木与环境工程学报(中英文)》入选 2023 年度重庆市出版专项资金资助项目。编辑人员申报的项目获得中国科技期刊卓越行动计划人才子项目资助。

【期刊传播平台建设】

加强期刊学术传播能力建设,利用新媒体创新学术传播方式。期刊日常采编工作通过稿件采编系统和稿件远程处理系统进行,目前已有 7 682 132 位用户访问过期刊社网站,网站日均访问量达 1 700 余人次。期刊文章电子版通过自建网站实现在线优先出版和开放获取。*Nano Materials Science*(《纳米材料科学》)、《重庆大学学报》、《重庆大学学报(社会科学版)》、《土木与环境工程学报(中英文)》、《高等建筑教育》的微信公众号推送学术文章和相关信息共计 472 篇,有效地提高了期刊的显示度和下载量。*Nano Materials Science*(《纳米材料科学》)刊发成果被国际顶级期刊 *Science* 报道,并被 124 个国家的 1 145 种 SCIE 期刊引用报道。期刊社在重庆大学新闻网站上共推送新闻报道 22 篇,其中 14 篇进入重大主页推荐;OA 信息发布 47

条信息;《重大要情》累积被采纳 12 条。

【学科服务】

开展学术交流,不断拓展期刊的学术服务功能,充分发挥期刊在促进学科发展和服务创新体系建设中的重要作用。7 月,期刊社联合主办公益讲座"重庆大学第十四期(2023)社会科学实证研究方法"培训班,取得良好社会效益。9 月,期刊社联合主办重庆大学第三届科研诚信国际学术报告会。*Nano Materials Science*(《纳米材料科学》)编辑部主办第 2 届纳米材料科学奖颁奖典礼暨第 9 期纳米材料科学论坛,首次得到《重庆日报》的报道;承办第四届西部材料大会纳米材料分论坛。《重庆大学学报(社会科学版)》编辑部协办第二届区域发展与共同富裕高端论坛(宁波·2023)、第七届中国学术评价高峰论坛。期刊社参与和协办首届学术期刊国际化发展高端论坛、学术期刊国际化发展专题报告会、第四届"渝出版"学术交流会暨青年编辑学术沙龙、出版与传播能力提升研讨会暨"渝出版"项目培训(二期)等会议。

(撰稿人:欧阳雪梅)

科普教育

【综述】

2023 年,重庆大学科协在学校党委和行政的领导下,在市科协的指导下,坚持以习近平新时代中国特色社会主义思想为指导,深入学习贯彻党的二十大精神,全面落实中国科协"十大"和市科协"六大"会议精神,以"四个服务"为主线,全面履行学校党委行政联系和凝聚广大科技工作者的桥梁纽带职能,统筹推进科技工作者之家建设、科普能力建设、科技智库建设、弘扬科学家精神、学术道德与科研诚信建设等重点工作。

【弘扬科学家精神】

旗帜鲜明讲政治,通过服务和引导,切实把广大科技工作者紧密团结在党的周围。建好科技工作者之家,让科技工作者体会到科协组织的桥梁纽带作用和"家"的归属感。充分利用自有网站、微信平台,学校新闻媒体和市科协媒体等宣传阵地,全年发布相关信息 190 余篇。加强对科技工作者的政治引领,深入学习贯彻党的二十大精神,宣传相关主题 6 项,积极组织科技工作者参与市科协系统党风廉政工作会议和党建等。响应中国科协号召,转发微信推文《致敬各行各业每一位科技工作者,致敬心中的每一束光》,积极推荐宣传重庆大学话剧《何鲁》入选科学家故事舞台剧推广行动首批名单。组织科技工作者参加"弘扬科学家精神,加强作风学风建设"短视频大赛并承办颁奖典礼,重庆大学作品荣获一等奖 1 项、二等奖 1 项、三等奖 1 项。

【建家服务】

科协连续 11 年获重庆市科协系统工作考核特等。积极推荐科技工作者深度参与重庆市科技工作者之家建设,在重庆市科协第六次代表大会上,校长王树新院士受聘为名誉主席,潘复生院士当选主席,副校长李剑当选副主席,另有 2 人当选常委、8 人当选委员。全校举办庆祝第七个"科技工作者日"系列主题活动130 余场次,获评 2023 年"全国科技工作者日活动"优秀组织单位。

做好相关人才举荐表彰申报工作 20 余项,获评 53 人次,全国巾帼建功标兵 1 人,第八届中国科协青年人才托举工程入选 6 人,第九届中国科协青年人才托举工程入选 6 人,第十四届重庆市青少年科技创新市长奖 5 人,第三届全国创新争先奖重庆市提名对象 3 人,2023 年度重庆市"最美科技工作者"1 人,重庆市科协岗位创新争先行动一等奖 1 人、三等奖 2 人,2023 年沙坪坝区"最美科技工作者"1 人,沙坪坝区十佳科技工作者 4 人,推荐 2023 川渝科技学术大会参评优秀论文 70 余篇,获奖 29 篇(其中特等奖 1 篇,一等奖 4 篇,二等奖 11 篇,三等奖 13 篇)。积极组织科技工作者建言献策,获优秀组织奖,论文获奖 12 项(其中一等奖 1 项、二等奖 4 项、三等奖 2 项、优秀奖 5 项)。组织申报中国科协 2023 年度科技智库青年人才计划 1 项,沙坪坝区 2023 年智库调研课题 4 项。

【科学普及】

强化科普基地建设,重庆大学附属肿瘤医院获评 2023 年度工作成效突出的科普重庆共建基地,新增区级科普基地 1 个,输变电装备技术全国重点实验室入选沙坪坝区科普基地。以建筑教育科普基地、全国重点实验室、教育部重点实验室为依托,院士专家牵头组建的 15 个科普团队积极面向校内外组织开展科普工作。组织获评首届川渝科普大会具有影响力的川渝科普榜样科普人物 2 人,科普团队 1 个;获 2023 年度"典赞·科普重庆"科普人物 1 人;第十届重庆科普讲解大赛一等奖 1 人、二等奖 1 人,"重庆十佳科普使者" 2 人;推荐选手代表教育部参加 2023 年全国科普讲解大赛 1 人。《胖熊医生谈肿瘤防治》科普短视频获"典赞·2023 科普中国"提名,获 2023 年度"典赞·科普重庆"科普作品 1 项,2023 年重庆市全国科普日活动优秀组织单位 2 项、优秀活动 3 项,成功申报中国科协"翱翔之翼"大学生科技志愿服务项目 1 项,重庆市科技局 2022 年重庆市科技传播与普及项目 10 项,2023 年重庆市优秀科普作品 7 项,第二届重庆青少年科幻征文大赛大学组二等奖 1 项。积极组织科技工作者申报中国科协 2023 年度科技智库青年人才计划 1 项,沙坪坝区 2023 年智库调研课题 4 项。

【未来创新人才培养】

继续承接中国科协"英才计划"、"青少年高校科学营"、重庆市教委"雏鹰计划"等青少年创新人才培养任务,培养学生 400 余人。2023 年学校成为全国英才计划正式培养单位,导师团队增至 8 个,营员培养规模扩大至 25 人。按照中国科协统一部署,完成 2023 年英才计划学员培养及终期评议,启动 2024 年导师招募和学员选拔工作,学员培养数量增至 30 人。

按照中国科协、教育部要求,与市科协、市教委共同举办 2023 年青少年高校科学营重庆大学分营线下活动,承接 120 名营员。营前组织科技志愿者"背着 STEM 资源包去支教"进丰都中学。

按照重庆市教委要求,完成"雏鹰计划"第 11 期 141 名学员培养任务并开展结业答辩,组织专家验收 47 项导师课题。持续推进第 12 期 99 名学员培养,完成第 13 期 36 名导师遴选、指导学员遴选对接工作。

【科学道德与学风建设】

坚持依规依矩查处学术不端和科研失信行为,全年接受举报和上级转交案件 11 起,涉及期刊论文、学位论文、实验数据等学术成果,涵盖人文、社科、信息、工程等学科领域。按照《重庆市科技局关于开展论文学术不端自查和挂名现象清理工作的通知》组织 41 个学院、科研平台、附属医院的 3 899 名科技工作者参与自查。全面检索中英文科技文献数据库,对署名科技文献进行梳理,完成了 27 437 篇科技论文的自查。在重庆大学信息公开网设置"学风建设信息"专栏,对学风建设机构、学术规范制度、学术不端行为查处机制等信息进行实时更新。

(撰稿人:吴明英)

工程科教战略研究

【概况】

2023 年,工程科教战略研究中心/可持续发展研究院(以下简称"中心")聚焦新型智库建设,履行战略研究、咨政建言、学术交流、人才培养等职责,以小智库支撑大智库,多维度推进中国工程科技发展战略重庆研究院、重庆人才发展研究院、重庆市(沙坪坝区)专家服务基地多平台建设,致力于提升管理服务效能、提高咨政建言水平、强化智库品牌打造,圆满完成本年度工作,在服务学校"双一流"建设和"顶天立地"战略中作出更大贡献。

【综合运行】

围绕中心发展,高质量完成人事、财务、文秘、档案、物资设备、综合治理等日常运行管理服务工作,各项工作有序开展。重庆研究院紧密结合重庆市"33618"现代制造业集群、"416"科技创新布局等重庆市重大战略需求,扎实推进战略咨询,组织实施 3 批次 20 个战略咨询项目,立项经费突破新高,共计 1 950 万元。完成受疫情影响的 2019—2021 年度全部项目结题工作,推进 2022 年度战略咨询项目结题进度近半,积极组织 2024 年度咨询项目选题征集工作。顺利通过重庆市科技局对重庆研究院的第三方评估及中国工程院财务处对咨询项目的专项财务审计工作。2023 年,中心牵头承担省部级以上科研项目 7 项,发表期刊论文 9 篇,撰写报送专家建议 6 篇,批示 5 篇,参写专著 2 本,参编教材 1 本。研究成果获重庆市社会科学优秀成果奖一等奖、重庆市发展研究奖三等奖。

重庆人才发展研究院深入重庆市各区县开展人才工作调研 30 余次,全年按季度修订发布《重庆区县青年人才发展指数》,开展省部级人才项目研究 3 项,提交人才政策专家建议 3 篇。向市委人才工作办报送《重庆人才发展研究专报》3 册,完成市委组织部交办的"重庆市提高海外引才举措精准性专项调研""重庆打造青年人才荟萃地研究"等人才专项研究 13 项,较 2022 年环比上涨 85%。2023 年,发布新闻 65 篇,完成重庆研究院宣传手册、项目手册、宣传 PPT 更新工作,编印《重庆研究院简报》3 期、《重庆人才发展研究院简报》1 期,并按成果归属分别报送中国工程院及重庆市委办领导参阅。

【决策咨询】

2023 年,累计向重庆市政府报送决策建议 15 篇,获得时任国务院副总理刘鹤、重庆市委书记袁家军、重庆市市长胡衡华等领导同志肯定性批示 12 篇,批示率达到 80%。研究成果在重庆市相关工作和政策制定中被采纳吸收,《变化环境下超大城市洪涝灾害韧性防控与适应战略研究》提出的建议由重庆市水利局在全市防洪排涝基础设施建设工作中加以落实;《新时期重庆口粮安全战略保障措施研究》成果中关于高标准农田提质的相关内容已列入"四千工程",粮食考核办法根据意见进行了修改完善;《成渝双城经济圈经济社会发展与大气质量改善的协同战略研究》项目建议有力地支撑了《成渝地区双城经济圈生态环境保护规划》《成渝地区双城经济圈碳达峰碳中和联合行动方案》等文件的颁布;《成渝双城经济圈产业协同一体化发展战略研究》项目核心观点被重庆市人民政府《重庆市推动成渝地区双城经济圈建设行动方案(2023—2027)》接受并吸纳,并在2023年两会期间形成高质量政协提案1份。

可持续发展研究院及时跟进党建理论和实践创新步伐,《深刻领悟习近平文化思想的四重意蕴》《从四个维度把握中国式现代化的内涵要义》等文章刊登在《重庆日报》思想周刊新论版面,《深刻领会把握中国式现代化的内涵要义 积极探索重庆超大城市现代化治理新路子》荣获"重庆市高校学习宣传贯彻党的二十大精神"理论研讨会征文一等奖。

【制度建设】

聚焦效能提升,推进制度完善,全面梳理完善中心主任办公会、院地合作委员会等制度,修订完善人事、项目、活动、专家建议等精细化管理制度与流程,调整重庆研究院学术委员会名单及秘书处机构设置,有效规范日常议事规则。加强信息化管理平台建设,建成重庆研究院成果库、专家库,建立重庆院项目管理系统,有效实现线上申报、立项审核、开题中期结题资料提交与归档、项目变更信息审核等全流程线上管理。进一步突出战略咨询项目的目标成果导向,强化任务书签订阶段的研究内容及绩效指标审查标准,结题阶段新增《绩效评价项目考核表》《院士观点摘编》等结题材料并持续对往年结题项目进行成果跟踪回访。

【交流活动】

2023年,以多种方式邀请院士来渝来校或参加线上会议等84人次,开展院士恳谈会1次,联合相关学院部门举办院士讲坛10场,院士科技行13次,院士论坛3次,组织专题研讨及项目咨询会议20余场,为重庆战略性新兴产业培育、高新技术产业发展、数字重庆建设、传统产业提升等提供技术咨询智力支撑。主动承接全力办好2023首届成渝地区双城经济圈教育科技人才融汇发展论坛、第三届医工融合与医疗设备暨第三届智能肿瘤学大会等学术论坛6次。重庆人才发展研究院成为全国人才研究智库联盟首批参建智库。奉节县人民政府、重庆市农业科学院、重庆人才发展研究院三方共同签订《院地合作框架协议》《战略合作框架协议》。协助沙坪坝区举办2023沙磁人才大会设计产业发展论坛和"菁英"论坛。

(撰稿人:洪 源)

人事工作

人事人才工作

【综述】

2023 年是全面贯彻落实党的二十大精神的开局之年,也是全面推进人才强校核心战略、加快建设中国特色世界一流大学的关键之年。人事处以习近平新时代中国特色社会主义思想和党的二十大精神为指引,始终秉承人才是第一资源的发展理念,广聚厚德笃行之英才,奋建完备弘深之大学。

【人事人才制度改革】

1.深化人事人才体制机制改革

聚焦高水平人才建设,实现师资队伍高质量发展,从人才引进、人才培育、完善评价制度建设等多角度全面推进人事人才制度改革。本年度新增制定了《教师高级职务基本申报条件·国防科研系列》《教师高级职务基本申报条件·科技成果转化系列》《重庆大学科研博士后支持计划》《重庆大学教职工准入查询实施办法》,修订了《重庆大学关于优化弘深青年教师支持计划的意见》《重庆大学绩效工资实施办法(2023 年修订)》《重庆大学绩效考核办法(2023 年修订)》。

2.深入推进评价制度改革

细化评价指标,制定高质量期刊目录,在人才引进和职称评审工作中投入使用,进一步提高人才评价精准性;持续完善人才评价体系建设,开展国防科研、科技成果转化等特殊领域人才评价;加大分类评价改革力度,建立综合、动态、发展的职称指标体系。一是指标测算方式改革,以各学院基础值和发展值为维度构建了测算模型;二是指标下达方式改革,副高指标均下达到学院,正高指标分为评审指标和推荐指标两类下达,提升了学院职称评审自主权,缩短了评审周期,提高了评审效率。

3.优化部处及直属单位的考核方式

制定部处及直属单位的年度工作目标任务指标体系,结合各部门的部门职能和工作属性提出本单位关键指标、运行指标和自选指标,作为各单位的年度工作目标任务。

【队伍建设】

1.人才引进

2023 年不断创新人才引育方式,通过选聘人才专员、定点精准招聘、拓宽引才渠道等方式,全方位多途径增强引才工作实效。深入对接重庆市有关专项,研究制定专项工作方案,进一步丰富完善顶尖人才、领军人才、青年人才等不同层次人才的引进工作机制与奖励支持政策。利用全球大数据人才系统、第三方人才机构等途径,精准定位潜在引才目标。赴世界著名高校举行海外推介交流活动,取得良好的引才和宣传实效。实施"弘深启航学者"精准招聘,抢抓顶尖博士人才。举办重庆大学海内外优秀青年学者春季、秋季论坛,吸引数千名优秀青年学者参加。以重庆新型储能材料与装备研究院、卓越工程师学院等为试点,探索立体化的人才引育结合新范式。定制学院/团队招聘公告,瞄准学科精准引才,全年发布招聘推文、宣讲会信息等70余篇。

2023年全年引进教师171人,其中弘深杰出学者2人、弘深优秀学者6人、弘深青年学者5人、弘深启航学者4人、教授(含准聘)5人、副教授(含准聘)54人、讲师22人、弘深青年教师66人、超瞬态装置实验室工程技术岗5人、卓越工程师学院师资2人。围绕重庆市"一行动一计划"工作要求,建立引才专班,出台工作机制,组织申报"一行动"顶尖人才4人,"一计划"高校专项6人、创新基地专项1人、优秀青年专项42人。

2.人才队伍建设

持续加强高层次人才队伍建设,刘汉龙教授当选中国工程院院士,全年新增各类国家级人才52人、重庆市巴渝学者15人、重庆市专家工作室领衔专家3人、"重庆市高校黄大年式教师团队"1个、重庆市教书育人楷模1人、宝钢优秀教师奖4人。

组织10余名专家参加国家、重庆及校内专题研修班,开展党史国情社情专题教育,进一步增强专家人才责任担当意识。切实做好高层次人才服务与协调工作,组织4场人才座谈会、青年人才沙龙、青年人才高质量发展培训会,为70余位专家申请重庆市高层次人才认定并办理英才服务卡,为近300位专家申请重庆市个税补助,为30余位专家办理人才科研配套经费、津贴划拨等服务。

3.培养培训工作

积极开展国家留学基金委各类研修项目及单位公派自费出国人选的审批备案;与教师教学发展中心一同开展青年教师岗前培训和教师资格证办理,健全教师执业资格管理和教学能力培养体系。2023年共为183名新进教职工开展了教师资格岗前培训并办理教师资格证;有21名教职工成功申请国家留学基金委公派出国项目;全年选派11人出国研修,有12人学成回国;支持教师在职提升学历,审批通过20余名教职工在职攻读博/硕士学位的申请,10余人签订了读研定向协议;组织14名青年骨干教师参加外语培训。

4.博士后工作

全年组织7批博士后评审,录用各类博士后403人(含弘深青年教师109人,科研博士后20人),其中办理进站手续378人,出站243人。弘深青年教师合同到期111人,转入42人,续聘42人。

组织博士后申请各类项目854项,获准194项(获资助率约23%),获资助经费4 610万元,其中,获准中国博士后基金共75项(全国排名第18位)、博士后创新人才支持计划等专项培养计划16项。

组织参加第二届全国博士后创新创业大赛,组织18个团队项目报名,其中8个团队项目入围全国总决赛。

本年度学校获批新设新闻传播学、化学、软件工程、药学、临床医学、公共管理学6个博士后流动站。其中,新闻传播学、软件工程和公共管理学均为重庆市首个博士后流动站。

5.教辅、管理队伍建设

完成2023年教辅、管理岗位事业编制聘用制和合同聘用制人员聘期考核工作,有效保障队伍质量。

完成专职辅导员岗位、实验岗位招聘工作,改革招聘模式,人事处和相关职能部门组织招聘工作小组前往市外考生集中区域组织宣讲测评,精准选拔一流高校优秀应届毕业生。

继续落实教育部关于开发科研助理吸纳毕业生就业的工作部署,组织推进全校短期管理助理和科研助理聘用工作。2023年,学校开发短期科研助理和管理助理岗位220个,录用224人。

【晋升工作】

1.职称评审工作

紧密结合国家战略导向,探索特殊人才评价标准,设置国防科研系列和科技成果转化系列,为从事科技成果转化和国防科技涉密领域人员开辟专门通道。2023年,经重庆大学职称评审委员会审议,通过2023年职称申报人员正高56人、副高92人、中级9人。

2.岗位分级工作

根据《重庆大学专业技术岗位分级聘用实施办法》(重大校发〔2020〕114号)和《关于开展2023年度专业技术岗位分级聘用工作的通知》(重大校发〔2023〕140号),2023年度岗位分级工作中,经各单位、系列、学校岗位分级评审会评审,校长办公会审批聘用,共聘用正高二级26人、三级39人,副高五级、六级159人,中职八级、九级及初职十一级207人。

3.行政职级评审工作

为激发管理人员的工作积极性,建设一支稳定、高效的管理队伍,根据《重庆大学一般管理岗位晋升聘用实施办法》(重大校〔2012〕438号),2023年12月开展了一般管理岗位晋升聘用工作,共聘用五级职员6人、六级职员14人、七级职员30人、八级职员7人。

4.工人技师评聘

组织70人参加重庆市人力资源和社会保障局全市机关事业单位工勤人员技术等级(岗位)考核工作,考评合格68人,其中高级技师1人、技师9人、高级工53人、中级工4人、初级工1人。组织10人参加重庆市机关事业单位工勤人员技师、高级技师评审,其中8人评审合格获得技师、高级技师任职资格。

【薪酬工作】

1.绩效工资工作

2023年下半年先后印发《重庆大学绩效工资实施办法(2023年修订)》《重庆大学绩效考核办法(2023年修订)》,旨在深入推进"院办校"改革,下放岗位管理和绩效分配的自主权,提高单位的责任意识和主观能动性。

完成全校在职和离退休近万名教职工的基本工资、绩效工资、津补贴等各类薪酬的变动、审核和发放。

完成教育部、中组部、财政部、中国高等教育学会以及重庆市和学校各类经费预算及统计报表。完成4 400余名教职工年终一次性奖金发放,共计发放金额3.3亿元。完成资产经营有限公司、出版社等单位60余人编制费审核,共计金额近500万元。

2.养老保险工作

按时按质完成"退休中人"待遇复算的数据准备工作。按重庆市相关要求,已完成2021年12月至2023年11月"退休中人"待遇复算数据的提交申报工作,重庆市已于2023年12月批量兑现上述"退休中人"的待遇复算。

3.离退休人员待遇

根据国家和重庆市相关规定并经学校研究同意,完成了4 471名离退休人员健康休养费发放,共计发放金额1.198亿元。发放239名退休人员一次性补贴784万余元。

【考核评价工作】

根据《重庆大学绩效工资实施办法(2023年修订)》《重庆大学绩效考核办法(2023年修订)》文件要求,组织开展2023年度二级单位考核工作,分别对32个学院、7个研究机构、41个部处及直属单位、7个学部办公室、继教学院/网络学院、附小和幼儿园进行了分类考核,有效贯彻了学校以考评促发展的指导思想。

为热烈庆祝第39个教师节,学校于2023年9月8日隆重召开庆祝2023年教师节大会,学校共表彰奖励先进集体和个人288项(人),其中教学科研成果奖21项、人才队伍建设奖49项、教书育人奖188项、学校工作30年贡献奖130项。

【人事管理工作】

审核通过82名高级专业技术教师延长退休年龄,批准171名教职工2024年正常退休。切实做好劳务派遣人员合同签署、工资发放、社保缴纳等工作。为使劳务派遣人员对学校更具归属感,表达学校人文关怀,向近2 000人次劳务派遣人员发放了工会慰问品。高度重视保密工作,做好各类信访接待,维护学校和谐稳定。

持续推进人事管理信息化建设、提升服务水平。升级人事证明在线打印系统,试运行4.0版本系统,已完全覆盖教职工各类人事证明。开发劳务派遣人员信息化系统,全面实现劳务派遣人员聘用和薪资管理业务在线管理,系统设置预警对账功能,二级单位可通过相应模块查询、核对和结算劳务派遣人员用工费用,系统已开发至试运行阶段。

【人员变动】

全年引进教师171人,新聘专职科研人员3人,教辅、管理岗位招聘录用13人;教辅、管理岗位教职工续聘90人;校内调动64人;减员356人,其中退休254人,在职死亡7人,调出9人,辞职38人,合同到期12人,开除3人,博士后出退站33人。

(撰稿人:许　菲)

2023 年学校人员分布状况

【人员结构分布情况】

从业人员合计 /人	在册正式工作人员				编外聘用人员 /人	劳务派遣人员 /人
	合计/人	管理人员/人	专技人员/人	工勤人员/人		
7 157	5 183	639	3 874	311	359	1 974

【年龄、学历结构情况】

1.年龄结构(总)

人数/人 年龄/岁 类　别	小计	≤35	36~40	41~45	46~50	51~54	≥55
专技人员	3 874	872	603	638	652	497	612
管理人员	639	44	119	139	95	126	116
工勤人员	311	29	118	48	17	34	65
编外聘用人员	359	197	126	14	7	4	11
合计	5 183	1 142	966	839	771	661	804

2.学历结构(总)

学　历	合　计	研究生		大学本科	大学专科	其　他
			其中获得博士学位			
人数/人	5 183	4 068	2 767	842	147	126
比例/%	—	78.49	53.39	16.25	2.84	2.43

【专业技术人员结构分布情况】

1.职务年龄结构

人数/人 年龄/岁 职　务	总　数	≤35	36~40	41~45	46~50	51~54	≥55
正高职	1 019	32	119	212	181	120	355
副高职	1 386	202	312	293	246	165	168
中　职	1 401	602	171	131	218	203	76

续表

人数/人 年龄/岁 职务	总数	≤35	36~40	41~45	46~50	51~54	≥55
其他	68	36	1	2	7	9	13
合计	3 874	872	603	638	652	497	612

2.学历结构

学历	合计	研究生	其中获得博士学位	大学本科	大学专科	其他
人数/人	3 874	3 439	2 678	381	50	4
比例/%	—	88.77	69.13	9.83	1.29	0.10

3.专业类别

人数/人 年龄/岁 系列	合计	≤35	36~40	41~45	46~50	51~54	≥55
教学科研人员	3 209	742	504	547	564	351	501
实验技术人员	218	70	38	39	27	21	23
其他人员	447	60	61	52	61	125	88
合计	3 874	872	603	638	652	497	612

2023年重庆大学专家、学者情况

【工程院院士（9人），外聘院士（7人）】

通信测控中心：杨士中　　　　　　　　　　资安学院：鲜学福

土木学院：周绪红　杨永斌　刘汉龙　田村幸雄（外籍院士）　电气学院：李文沅（外籍院士）

材料学院：潘复生　　　　　　　　　　　　机械学院：王树新

外聘院士：柴天佑　付小兵　张 杰　陈仙辉　李立浧　孙世刚　Michael Hood

【国家海外引才计划入选者】（入选公文为秘密件）

略

【国家级有突出贡献的中青年专家（10人；2020年以后，不再遴选）】

通信测控中心：杨士中　　　　　　　　　　电气学院：廖瑞金

环境学院:何　强　　　　　　　　　　资安学院:卢义玉

电气学院:陈伟根　　　　　　　　　　机械学院:朱才朝

生物学院:蔡开勇　　　　　　　　　　机械学院:汤宝平

机械学院:罗　均　　　　　　　　　　外语学院:李永毅

【高等学校教学名师奖(1人)】

通信学院:曾孝平

【国家万人计划入选者】(20人;2019年开始,入选公文为秘密件)

略

【"长江学者奖励计划"特聘教授、青年学者】(22人;2019年开始,入选公文为秘密件)

略

【教育部"长江学者和创新团队发展计划"创新团队(6个;2016年以后不再遴选)】

高压输变电安全运行科学与技术　　　　　　负责人:廖瑞金

轻合金加工与制备中的基础问题和关键技术　　负责人:潘复生

高效低碳制造系统　　　　　　　　　　　　负责人:王时龙

非常规天然气高效开发与利用创新团队　　　　负责人:卢义玉

坝堤工程安全与减灾　　　　　　　　　　　　负责人:刘汉龙

先进制造、空间环境、信息、材料　　　　　　负责人:谢更新

【"国家杰出青年科学基金"获得者(26人)】

电气学院:廖瑞金　　　　　　　　　　材料学院:潘复生

机械学院:王时龙　　　　　　　　　　能动学院:廖　强

土木学院:周小平　　　　　　　　　　能动学院:朱　恂

土木学院:刘汉龙　　　　　　　　　　电气学院:李　剑

资安学院:卢义玉　　　　　　　　　　物理学院:吴兴刚

土木学院:杨庆山　　　　　　　　　　电气学院:谢开贵

土木学院:胡少伟　　　　　　　　　　生物学院:蔡开勇

光电学院:朱　涛　　　　　　　　　　机械学院:罗　均

能动学院:陈　蓉　　　　　　　　　　物理学院:孙　阳

物理学院:周小元　　　　　　　　　　电气学院:杜　雄

医学院:罗　阳　　　　　　　　　　　机械学院:王树新

经管学院:黄　河　　　　　　　　　　材料学院:陈先华

化工学院:李　杨　　　　　　　　　　机械学院:蒲华燕

【"优秀青年科学基金"获得者(35人)】

能动学院:陈　蓉	材料学院:吕学伟
土木学院:丁选明	能动学院:李　俊
土木学院:刘界鹏	化工学院:蓝　宇
化工学院:李　莉	土木学院:王宇航
土木学院:肖　杨	通信学院:唐明春
药学院:闫海龙	药学院:张　敏
经管学院:郁培文	化工学院:丁　炜
电气学院:胡　博	能动学院:夏　奡
资安学院:陈　结	材料学院:李　谦
化工学院:申威峰	生命学院:罗　忠
机械学院:蒲华燕	医学院:周　舟
物理学院:王　锐	机械学院:唐小林
机械学院:刘　飞	电气学院:余　年
材料学院:李鸿乂	材料学院:党　杰
药学院:李亦舟	物理学院:边立功
机械学院:刘怀举	机械学院:程　敏
能动学院:杨　扬	土木学院:柯　珂
计算机学院:陈　超	

【国家自然科学基金创新研究群体(3个)】

高电压输配电装备安全理论与技术	负责人:廖瑞金
多相反应流传递与转化调控	负责人:廖　强
高性能钢结构体系与抗风减灾	负责人:杨庆山

【全国高校黄大年式教师团队(3个)】

动力工程及工程热物理教师团队	负责人:廖　强
可持续建筑环境营造教师团队	负责人:李百战
电网装备安全与自然灾害防御教师团队	负责人:蒋兴良

【"国家百千万人才工程"人选(24人;2020年以后,不再遴选)】

略

【中国青年科技奖(6人)】

材料学院:潘复生	材料学院:张　静

资安学院:卢义玉　　　　　　　　　　　　　　生物学院:蔡开勇

资安学院:聂百胜　　　　　　　　　　　　　　机械学院:王树新

关于表彰2022—2023学年度先进集体和个人的决定

2022—2023学年度,全校教职工在学校党委和行政的正确领导下,以习近平新时代中国特色社会主义思想为指导,深入学习党的二十大精神,全面贯彻党的教育方针,切实落实立德树人根本任务,牢记为党育人、为国育才使命,为学校加快推进"双一流"建设,实现内涵式发展作出了突出贡献,涌现出一批先进集体和个人。为表彰先进,树立典型,进一步激发广大教职工的发展动力和创新活力,学校决定对下列先进集体和个人予以表彰。

一、教学科研成果优秀奖表彰

1.获2021年度重庆市自然科学奖一等奖3项

土木学院杨永斌等:车-桥动力耦合理论及桥梁动态感知方法

材料学院张育新等:多维异质结纳米结构的精确调控及其在能源环境中的应用

计算机学院郭松涛等:资源受限网络环境下移动数据协作传输理论与方法

2.获2021年度重庆市技术发明奖一等奖3项

电气学院蒋兴良等:输电线路智能融冰装置与主动式冰灾防御关键技术及其应用

电气学院廖瑞金等:三元混合绝缘油变压器关键技术及工程应用

传动实验室罗均等:复杂构型机器人流体强扰动控制关键技术及装备

3.获2021年度重庆市科技进步奖一等奖8项

机械学院黄云等:航空发动机叶片力位匹配随形精密磨削技术与智能装备

计算机学院向涛等:物联网大数据安全关键技术及应用

材料学院陈先华等:新型高性能镁合金及表面功能涂层制备技术与应用

机械学院蒲华燕等:结构状态智能监测与控制关键技术创新与应用

大数据学院刘铎等:新型非易失存储系统关键技术及其在边端设备中的应用

资安学院姜德义等:含瓦斯地层动力灾害智能监测-预警-防控一体化技术与应用

土木学院杨庆山等:古建筑木结构性态分析与性能提升关键技术及其应用

土木学院华建民等:山地环境复杂形体超高层建筑建造关键技术及应用

4.获重庆市第十一次社会科学优秀成果一等奖7项

法学院陈德敏等:我国再生资源产业发展研究:顶层设计与实现路径

经管学院汪锋等:反腐促进经济可持续稳定增长的理论机制

公管学院刘渝琳等:建设人口均衡型社会研究

管科学院刘贵文等:建筑节能减排标准体系研究

经管学院刘斌等:谁更愿意去库存:国有还是非国有房地产企业?

经管学院龙勇等:重庆地区微电网项目建设研究

公管学院陈升等:地方政府治理

二、人才队伍建设奖

(一)卓越奖集体表彰

获批国家自然科学基金创新群体项目1项

土木学院杨庆山团队:高性能钢结构体系与抗风减灾

(二)优秀奖个人表彰(按姓氏笔画排序)

Borodich Fedor 王 宇 王 奕(数统学院) 王 锐 井冈山 孔德荣 卢 旭 冯 亮 吉 维 刘 飞 孙 宽 李百战 李亦舟 李哲灵 李鸿义 余 年 陈先华 秦 毅 党 杰 徐 浪 唐小林 黄 河 谢小红 鲍 挺

(三)优秀奖集体表彰

经管学院   数统学院(2人次)   物理学院(2人次)   化工学院   机械学院(2人次)   电气学院(2人次)   能动学院   材料学院(3人次)   航空学院(2人次)   传动实验室(2人次)   土木学院(2人次)   计算机学院   自动化学院   药学院   生物学院

三、教书育人奖

(一)获重庆大学优秀教师(按姓氏笔画排序)

石 宇 向 涛 牟笑静 李 俊(能动学院) 李亦舟 但 斌 陈兵奎 金 浪 曾润喜 穆春来

(二)获重庆大学优秀青年教师(按姓氏笔画排序)

孙魄韬 李 蕾 陈 娜(马院) 陈正川 郁培文 柳先锋 袁 嘉 郭恒宇 鄢 萌 漆 超

(三)获重庆大学最受学生欢迎的老师(按姓氏笔画排序)

王卫永 冯 驰 刘世翔 杜学森 杨梦宁 吴明华 陈 结 周 静 孟 毅 韩 乐

(四)获重庆大学优秀辅导员(按姓氏笔画排序)

任 超 李志杨 何清达

(五)获重庆大学先进工作者

1.中层领导人员(按姓氏笔画排序)

阳 春 李 楠(本科生院) 吴永忠 邱贵宝 何 栎 张云怀 陈 林(党办校办) 林鉴军 明兴建 罗远新 饶帮华 程 乐

2.教职工(按姓氏笔画排序)

马 前　马逸宁　王 辉(公管学院)　王 勤　王丰莲　王中香　王中德　王会琦　王丽娟

王彦力　王海艳　王晨晖　王淑萍　王智慧　毛环杰　文 毫　石万曲　龙 藜　龙庆会　卢少波

卢海峰　叶 林　冉 琰　白久林　令狐汝　冯东东　皮天雷　成 丹　朱 恂　朱丽萍

刘 勇(法学院)　刘 培(外语学院)　刘 斌(经管学院)　刘文谷　刘郅祎　刘海明　刘熠怡

任 薇　江成华　江桂云　许 可　孙 阳　严冬梅　杜学森　李 倩(资安学院)　李 珂

李月琴　李雪芮　李瑜祯　杨 扬　杨 安　杨 鸣　杨 奕　杨海清　肖 剑　肖馨瑶　吴 华

吴海波　吴睿婷　何欣忆　佘 加　余 华　汪庆春　张 宇(科发院)　张 莉(体育学院)

张 斌(电气学院)　张大洲　张元勋　张生富　张贤巍　张建坤　张洪扬　张爱平　张海滨

张培颖　张婉婷　郜 阳　陈 莹(艺术学院)　陈天萍　陈艺丹　范金洋　林 莉(电气学院)

林敦梅　欧璟华　易华玲　罗 平　罗 敏(学工部)　罗斌斌　周 亿　周 旭　周 庆　周 劲

周 放　周 洋　周 薇　周见至　郑家勤　法焕宝　孟 阳　赵 立　赵 欢　赵 虎　胡 钫

贺 芳　秦 容　秦明甫　袁 刚　贾云健　夏知姿　钱俊臻　徐玮婧　徐细雄　徐梁晋　唐 枋

唐小丰　唐绍均　黄 晟　黄秀财　黄俊锋　曹 轲　曹永红　常鲁渝　谌祥勇　绳 俐　彭春丽

蒋 婷　蒋卫生　蒋雪梅　韩 乐　覃 彬　曾 正　曾 洁　游国强　鄢秋奕　雷 蕾(经管学院)

路斯琪　谭 觅　谭 娅　熊心志　滕 云(资产公司)　魏 娟　瞿杨溢　瞿佰华

四、学校工作 30 年贡献奖(按姓氏笔画排序)

丁文川　丁红林　于新党　王 敏(建筑学院)　王 琰　王广军　王利梅　王英章　王景晖

牛 晖　毛 翔　毛 燕　毛玉星　卢 峰　卢桂华　卢海峰　龙雪峰(机械学院)　叶 平

史 云　冉 军　冯 明　吕 进　朱 恂　朱才朝　朱子宗　朱永蓉　任 明　刘 旭

刘 红(公管学院)　刘 昕　刘 郅　刘 莉　刘 琼(资产公司)　刘 毅(土木学院)　刘卫红

刘绍敏　刘剑英　刘艳阳　刘哲军　刘晓明　江智平　许 劲　李 干　李 利(电气学院)

李 兴　李 梅(资产公司)　李永生　李芝兴　李伟民　李延思　李阳模　李昕原　李明伟

杨 帆(保卫处)　杨 帆(管委会)　杨庆山　杨建春　吴 波　吴 烈　吴开贵　吴传明　吴泽志

何 静　余红华　汪显伟　沈前继　张 弢　张云怀　张伟富　张旭梅　陈 安　陈 红　陈 颖

陈友玲　陈永庆　陈建功　陈蔚红　陈德淑　林 庆　林 衍　林 桦　林景栋　林腾蛟　罗 平

罗 炜　罗 戢　罗 琳(资产公司)　金有春　周 杰(土木学院)　周晓庆　屈 松　孟 阳

赵 颖　胡 以　胡 强　胡晓吾　洪 志　贺 芒　袁 忠　贾 源　夏 源　徐俊英　徐晓军

郭 良　郭昌勇　唐丽琼　陶桂宝　陶晓云　姬淑艳　黄 珂　曹国华　龚 兵　董天策　董平荣

蒋研川　韩 伟　韩 波　程 次　程森林　傅蕴英　游振声　谢咏松　谢德能　蒲清平　廖奇云

谭文波　谭文勇　谭会辛　谭春华　薛 联

离退休工作

【综述】

2023 年,离退休处深入贯彻习近平新时代中国特色社会主义思想和党的二十大精神,以习近平总书记对全国老干部工作的重要指示为遵循,坚持稳中求进、守正创新、真抓实干,不断推动离退休工作高质量发展。

【人员基本情况】

截至 2023 年 12 月,学校共有离退休人员 4 428 人。其中,离退休干部 23 人,党员 1 562 人。

【扎实推进离退休教职工党建工作】

1.深入开展学习贯彻习近平新时代中国特色社会主义思想主题教育

召开动员大会,制定实施方案,突出老同志特点,组织离退休教职工党员积极参加主题教育。各党支部召开专题组织生活会,线上线下相结合,确保主题教育全体党员不掉队。领导干部开展 7 天读书班学习,召开专题民主生活会,开展批评与自我批评,形成班子整体合力。

2.加强离退休教职工思想政治建设

举行重庆大学"光荣在党 50 年"纪念章颁发仪式,为 2023 年党龄满 50 年的 27 名老党员颁发党中央颁赠的纪念章。"两优一先"校级表彰先进集体 4 个、先进个人 22 人,离退休党委表彰先进集体 6 个、先进个人 40 人。组织支部开展"信仰的力量"重温入党誓词活动。全年慰问党员 1 500 余人次。开展"话传统、谈复兴、聚力量"专题调研,引导老同志为党和国家事业发展建言献策。举办"党的二十大精神学习体会"专题报告,编辑 10 期 60 余条电子学习资料供支部线上学习,发放《习近平著作选读》等学习资料 200 余本。全年发布 48 篇新闻稿件,8 条重大要情。修订《离退休工作服务指南》。对部门网站设计改版。制定《离退休工作处重要时间节点重要阵地安全稳定工作预案》,加强网络意识形态和舆情风险防控。坚持开展在职人员廉政教育日常提醒,选送老同志 6 件作品参加学校廉洁教育活动。

3.抓好离退休教职工党支部建设

党委委员联系、指导支部开展活动 50 余次。调研 16 个党支部的党建工作。召开支部书记会 6 次,开展支委实地研学培训 2 次,组织参观虎溪校区体育中心、信息技术科研楼和两江协同创新区。全年组织支委参加学校各种会议、活动 1 000 余人次。

【做实做细离退休教职工服务工作】

1.加强离休干部服务管理

对离休干部提供"一人一策"帮扶措施,全年走访慰问、看望生病住院离休干部等74人次。对异地居住离休干部提供医药费报销,邮寄报刊、药品和慰问品(金)等服务,赴上海看望异地居住离休干部,帮助解决实际困难。重大疾病医疗帮困基金补助16人次。

2.落实离退休教职工各项待遇

参照重庆市政策发放离退休人员健康休养费。元旦春节采购粮油、"五一"采购绿春农产品、老年节采购清洁用品等,发放慰问品15 000余份。

3.精准帮扶困难离退休教职工

全年划拨离退休人员公用经费231万元,走访慰问费1 621万元,组织二级单位开展重大节日走访慰问老同志8 700余人次。全年慰问去世职工家属150余人次,协助家属处理好丧事及善后工作。发放高龄补贴4 950人次,金额233万元。退休人员重大疾病医疗帮困基金补助347人次,金额201万元;困难补助22人次,金额3.8万元;癌症补助210人次,金额4.2万元。在职人员作为指导老师与高龄空巢老同志结对进行帮扶。出台《重庆大学老年教职员工健康服务工作方案》,校领导在教育部直属系统离退休工作视频会上以《重庆疫情局部爆发背景下在渝直属高校老同志健康保障和防疫抗疫的举措》为题作交流发言。

【精心打造离退休教职工文化品牌】

开展"金秋重阳"老年节系列活动。学校通过《致离退休教职工的老年节慰问信》祝福老同志;举行金秋敬老祝寿大会暨学校发展情况通报会,向年满90、80、70周岁的342位寿星集体祝寿,通报学校发展情况,会后组织"爱在金秋、情暖夕阳"老年节文艺演出;在四个校区开展趣味游园活动,吸引3 000余名老同志参加;开展老年节科普知识讲座——《亚健康状态与中医养生防癌》。

【积极发挥离退休教职工育人作用】

关工委积极发挥"五老"优势,20余名团员多次参与到特邀党建组织员、教学督导员及社团辅导员的工作当中,13名团员参与国家"银龄教师行动计划"。关工委荣获《心系下一代》宣传工作先进组织荣誉称号。肖铁岩撰写的《对党和人民负责尽心尽力关心下一代》入选《心系下一代》第二期教育《关工委这十年》栏目。"读懂中国"活动上报的《追光》《用科学家精神照亮青年未来之路》获评优秀微视频。"中华魂"读书活动参与人数达2 000人次,获奖数量领先。关工委"红岩"工作站荣获重庆市"五老"工作室,自动化学院关工委荣获重庆市"五好"基层关工委。

深入实施高校银龄教师支援西部计划,派出8名老教授援教新疆塔里木大学和石河子大学。完成2023年乡村振兴消费帮扶工作,金额约43万元。高教老协被评为2022—2023年度先进集体。老科协组织开展科技"进企业、进农村、进校园"工作。诗书画院创办《夕照苑》网刊。老年合唱团参加市合唱协会展演、新年晚会等演出。老年体协举办围棋、竞技麻将、乒乓球等比赛。老年大学开设36个教学班,招收学员637人次,开办"星期三课堂"8 期。

【不断提升离退休工作服务管理水平】

离退休工作信息系统正式运行,为老同志提供多项线上服务。"重庆大学离退休工作"微信公众号积攒用户 2 000 余人。对 A 区松柏园老年活动中心进行全面整修,更换活动器材 200 余件,开展安全知识讲座 4 次,为老同志创造安全舒适的活动环境。按照党中央关于在全党大兴调查研究的工作方案及学校实施方案,领导班子带队赴 10 所兄弟高校调研离退休工作,接待 7 所高校来访,深入二级单位开展专题调研,促进调研成果转化,讲授专题党课,以高质量调查研究推动离退休工作高质量发展。

(撰稿人:李晓辉)

对外合作与交流

国内合作

【概况】

2023 年,国内合作办公室全面贯彻落实党的二十大精神,围绕国家、区域和地方发展战略,立足服务学校"双一流"建设,统筹协调,扎实推进高质量国内合作工作。深入贯彻落实党中央关于实施乡村振兴战略总体要求,巩固拓展脱贫攻坚成果同乡村振兴有效衔接,注重将乡村振兴工作转化为学校育人资源,优质完成定点帮扶、对口支援等工作。

【国内合作工作】

1.全方位融入成渝地区双城经济圈建设

与两江新区签约搭建校地合作大平台,支撑学校卓越工程师人才培养、高端创新平台建设,助力两江新区产业转型升级。

联合铜梁区、海辰公司共建新型储能研究院,推进新型储能产业发展示范区建设,支撑学校国家储能平台建设。

与武隆区、国网重庆公司签约共建"重庆武隆能源装备安全野外科学观测研究站";与酉阳县签约共建"地外生态系统模拟科学实验装置",开展关键技术领域科学研究,带动产业发展。

与江津区签署人才交流合作框架协议,组织专家参加重庆英才讲堂活动,推动成渝地区人才互动交流;加强川渝高校联动,与四川大学等多次互访,助推成渝地区双城经济圈建设。

持续推进与渝中、万州、开州等区县的互访交流与合作。

2.不断拓展国内合作新渠道

与云南省签署战略合作协议,融入"一带一路"倡议及西部陆海新通道建设等国家重大战略,提升学校在东盟、印度洋地区的国际影响力。组织专家参加中国产业转移发展对接活动(云南)。

与山西省达成战略合作协议,服务国家中部崛起战略,忻州等 5 市县来校开展对接活动。

拓展与"长三角"等地区的合作,与常州市签署战略合作框架协议,同合肥等 10 余个城市开展交流对接。

3.积极探索校企合作新模式

统筹与华为公司签署《深化全面战略合作框架协议》及专项协议,在人才联合培养、科研创新合作、共同推进教育数字化等方面展开深度合作。

统筹推动与百度公司等企业合作。引入优质资源加强学校人才培养体系建设;谋划共建高端创新平台;推进数字化赋能教育高质量发展。探索校企合作新模式和产教融合新生态。

【定点帮扶工作】

1.强化组织引领,发挥头雁效应

舒立春书记、王树新校长分别深入帮扶地巫山县、绿春县,调研、部署定点帮扶工作。常务副书记王时龙,常务副校长刘汉龙团队,副校长邓绍江、卢义玉、杨俊,校长助理饶劲松,分别针对巫山县、绿春县开展组织、教育、医疗、文化、产业等定点帮扶和振兴工作。学校相关单位、专家团队、干部师生共150余人实地开展帮扶项目建设。

2023年,直接投入帮扶资金462万元,引进帮扶资金1 328万元,培训基层干部1 229人次,培训技术人员1 758人次,直接购买农产品465万元,帮助销售农产品3 124万元。获2023年教育部精准帮扶典型项目3项。分类评价考核获最高等次"好",教育部奖励博硕专项招生指标各6个。

2.集聚多方资源,助力教育振兴

携手云南红河学院,创新"传导式"教育帮扶模式,帮助绿春师资队伍建设和教育质量提升,助力绿春教育全面振兴。

引入社会力量5年累计投入200万元共建"绿春县阿迪村育才学校",助力失养、留守儿童的关爱教育。

引进中国教育发展基金会捐赠帮扶资金245万元,设立重庆大学教育发展基金会"桃李奖""园丁奖"。举办"经济高质量发展能力提升专题培训班"等10余场。

共建重庆大学巫山下庄党员教育培训基地、马克思主义学院"大思政课"实践教学基地,助推组织振兴与实践育人。

3.传承民族文化,助力文化振兴

举办定点帮扶绿春十周年文化振兴成果展,实施非物质文化遗产传承及非遗传承人保护项目,拍摄绿春文旅宣传片。持续开展"书香绿春"行动,组织援建加梅小学"佑启·公益图书馆"等,捐赠各类图书价值近40万元。组织放映校友拍摄电影《我本少年》7场,观影师生3 000余人。

4.发力消费帮扶,助推产业升级

统筹购买和帮助销售农产品3 500余万元,激发产业发展内生动力。举办"高校消费帮扶联盟"大会,当选联盟组长高校。举办食品行业产销对接会,设立绿春农特产品展销馆,帮助销售绿春农产品30余吨。

发挥学校学科特长,助推绿春产业升级。持续推进茶产业"芯"体系创新集成与应用试验,助力绿春"一县一业"示范县建设。

5.构建协作机制,拓展医疗帮扶

帮扶绿春县平河镇卫生院挂牌"重庆大学定点帮扶医院",助力国门医院建设。捐赠医疗、教学设备10余件。组织附属医院专家赴绿春培训医务工作者32人,义诊群众500余人次。

【对口支援、县中托管工作】

1.对口支援学校数量进一步增加

对口支援石河子大学、中南民族大学、贵州理工学院、红河学院4所高校。托管帮扶河南夏邑高中、重庆丰都中学。

2.交流活动进一步丰富

在托管帮扶中学开展"文化中学行""月球的第一片绿叶"科普报告等系列活动,组织师生参加全国青少年高校科学营,覆盖2 000余人次。

接收17名对口支援学校教师来校进修,接收127名交换生来校学习,接待40余人来校交流。组织专家70余人次赴对口支援学校开展帮扶。

3.保障投入进一步加大

投入120万元帮助对口支援及托管学校升级办学硬件条件,支持丰都中学科学实验室、夏邑高中理化生学科实验室建设;联合数统学院帮助夏邑高中申请商丘市市级数学学科基地。

【乡村振兴实践育人工作】

1.打造实践育人品牌

成立重庆大学学生服务乡村振兴志愿者协会,探索形成"乡协+"实践育人模式,组织参加"一校一社一品""助农产品包装设计大赛"等活动,开展"青春助农直播"大赛、"橙心橙意·请你喝茶"等活动,深度参与"互联网+"等赛事,引导师生融入乡村振兴。

2.建设实践育人阵地

由师生自主设计打造"乡约文化广场"创新创业实践基地,开发哈尼民族特色和绿春原材料主题茶饮品牌"白鹇·小间茶"。开展"感恩知遇·美好同行"主题推广、"大学生乡村振兴电商直播"等系列活动。获新华网等主流媒体广泛报道。

（撰稿人:张　磊）

国际化与港澳台工作

【综述】

2023年,在学校党政班子领导下,在学院部处大力支持下,围绕"双一流"建设目标,国际处(港澳台办、留学中心)密切关注内外形势,系统谋划国际化发展思路,持续推动对外开放合作。

【坚持理论学习,提升国际化业务能力】

扎实开展习近平新时代中国特色社会主义思想主题教育,坚持不懈用习近平新时代中国特色社会主义思想凝心铸魂,将政治理论学习与业务能力提升有机结合,不断提高决策水平与执行能力。牢牢把握意识形态工作主导权,严格落实涉外活动保密管理,切实加强安全稳定、综合治理、外事档案等工作,确保国际交流与合作的正确政治方向。

加强国际化管理能力建设,制定学校管理服务队伍国际化建设培训方案并组织两期培训班,从高校国际声誉、国际形势以及国际人才培养、国际胜任力内涵等各维度讲解,提升部处及学院管理队伍国际化意识和能力;开展全校因公临时出国境相关业务培训3次。

【拓展网络领域,推动国际战略合作】

积极拓展合作网络和领域,开拓合作办学伙伴和项目,推动与18个国家和地区的72所国(境)外高校(其中29所为世界排名前百强高校)新签/续签合作协议。发起成立"一带一路"大学科技合作联盟,加入"中国-白俄罗斯大学联盟""中俄工科大学联盟-绿色发展学术子联盟",积极参与中俄大学校长论坛、中英高等教育论坛等活动,通过高校联盟,促进合作共赢。

抓住国际交流复苏机遇,加强人员往来交流,全年共接待来自世界各国和地区的校级来访团组45批次270人次;共邀请来自45个国家与地区的420余人次专家进行短期访问或线上交流活动;教职工出国境学习交流频繁,共计404批次594人次出国(境)开展合作科研、参加国际会议等。

【拓宽国际视野,加强国际化人才培养】

完善学生国际化培养体系,着力培养具有国际竞争力的人才。重点推进国家留学基金委项目、校级双学位/联合培养、交换/访学项目,支持短期出国境学习交流及国际组织人才培养,学生出国境交流共计1 927人次,较2022年增长92.3%。积极探索创新国际化人才培养新路径,继续重点建设研究生全球学术课程项目(GAP),共申请结题72项,申请滚动资助55项;已结题项目/课程实际覆盖研究生2 280人。

助力国际化氛围建设,举办"重庆大学2023全球教育交流周",积极邀请和组织外方知名合作高校及单位来校宣讲,参与学生 1 500 余人次,获学生高度好评。全年共计 19 个合作大学/单位组织开展共计 23 场宣讲会,其中线上 8 场,线下 15 场,较 2022 年同期增幅 91%。

【创新引智模式，助力科研成果转化】

继续大力推广实施全球前沿学科系列讲座 G-Seminar 项目,2023 年共计资助 19 个项目,累计资助 38 个"双一流"建设学科和支撑学科项目,已开展讲座 270 余场,覆盖青年教师 5 500 余人次、各学历层次学生 22 000 余人次,在激发学院国际合作交流热情、培养青年教师与学生国际化视野方面取得了显著成效。依托项目专家发表国际合作论文 500 余篇,获批国际合作项目 11 个,发表专著 5 本,扎实促进了长期性、规模化、高层次的国际合作研究。

积极引进海外智力,共聘请全职外籍专家 52 人(含各国院士 3 人、国家级人才 6 人),外聘高级外籍专家(含名誉、客座和兼职专家)29 人。通过 G-Seminar 项目邀请外专 150 余人。获批多个类别外国专家项目共计 25 项,引进专家 48 人。

召开 21 个国际会议,国内参会人数累计达到 2 776 人次,国外参会人数累计 824 人次。获评 1 个教育部国际联合实验室,2 个引智基地通过验收,1 个引智基地通过 5 年评估获滚动支持,目前共建有各类国际合作研究平台 25 个。

【开拓招生渠道，提高留学生培养质量】

新招收秋季学期长期来华留学生 443 人,较 2022 年同期上涨 81.6%。其中学历生 359 人,较 2022 年上涨 71.8%;各类别学生申请人数、预录取人数及项目质量都实现了明显提升,成效显著。2023 年度留学生学历生达到 821 人,圆满完成党政联席会议上对本年度学历留学生规模达到 800 人的要求。

制定《重庆大学招收和培养国际学生管理办法》《重庆大学国际学生勤工助学实施细则》,修订《重庆大学国际学生校长奖学金管理办法》《重庆大学国际学生入学指南》《重庆大学来华留学生手册》等文件和工作制度。完成留学重大网站改版升级,启用各类获得奖学金学生的人脸识别签到,丰富和完善"留学助手"App 功能,基本实现"一端受理、后台分办"服务模式,进一步提高留学生管理服务信息化水平。启动国际学生学术能力提升计划,推动落实入院教育,举办留学生学术论文写作专题讲座 3 场,组织留学生座谈交流会,及时了解和协调解决留学生的困难与诉求,逐步健全留学生学业帮扶机制。

圆满完成中国政府奖学金绩效评价、国际中文教师奖学金经费结算、重庆市教委来华留学专项指导、各类奖学金年度评审等工作。组织留学生参加第八届中国国际"互联网+"大学生创新创业大赛、成都大运会火炬传递、中国高等教育博览会、国家留基委"感知中国"活动、中俄大学生艺术联欢节等文化体验和社会实践活动 30 余次,累计参加留学生 500 余人次。荣获第三届"创业西部·留在双城"留学生创新创业大赛三等奖等多项荣誉,3 名优秀校友个人事迹入选"优秀来华留学生成果展"。与重庆陆海国际传播基金会签约共建来华留学生实践实习基地,基地总数增至 9 个。

【提高政治站位，谱写港澳台交流新篇章】

积极拓展对港澳台交流合作的广度和深度，服务党和国家工作大局。续签与台湾师范大学等校际协议，港澳台姊妹校达36所。组织承办多项重大活动，如第28届华夏园丁大联欢活动邀请世界各地华人教师代表200余人齐聚重庆，协助举办第十四届海峡两岸空间/太空科学研讨会等，扎实推进教育领域合作交流。

加强师生交流，促进人心回归。获批并执行教育部内地与港澳大中小学生师生交流计划项目5项、对台教育交流项目2项、重庆市台办对台交流重点项目1项，活动被中国新闻网、中国台湾网等多家媒体报道。组织接待台湾著名评论家介文汲一行、第十九届台湾高校杰出青年赴大陆参访团、冯简先生家人等重点团组近20批次200人次，促成"重庆大学冯简先生纪念基金"等合作成果落地。共计168人次赴港澳台交流学习。

统筹协调港澳台师生管理服务工作，招收港澳台侨学历生45人，共有253名学历生、21名交换生分布在全校26个学院。分类推进多样化国情教育，建设国情教育优质课程，获批教育部和重庆市各类项目4项，参与学生达200人次。组织学生参加港澳青年精英训练营、暑期实习活动、教育部主题征文比赛等，获得"2023年内地（大陆）高校港澳台学生中华文化知识大赛"总决赛二等奖等奖项。组织开展考研分享会、室内音乐节等学生活动近20次。

【完善传播矩阵，提升国际影响力】

继续加强海外社交媒体建设，官方Facebook账号累计发文624次，获赞8万次，粉丝数量超过7.7万人；Twitter账号累计发文655次，平台目前总粉丝数为28 136人。制作学校英文宣传片，完善校院两级英文网站建设，为世界了解学校打开了窗口。

牵头做好第八届中国国际"互联网+"大学生创新创业大赛冠军争夺赛及"世界青年大学生创新创业论坛"境外相关工作，承办"华夏园丁大联欢"活动，参与"一带一路"科技交流大会、国际产学研用合作会议等多项大型活动，有效提升学校国际影响力。

改版升级"留学重大"网站，打造"留学重大StudyAtCQU"公众号，拓展来华留学宣传渠道。联合重庆市国际传播中心在Facebook、Twitter、YouTube等平台开展全球直播活动，宣传留学重大品牌，进一步提升学校国际显现度。

（撰稿人：叶　蕾，孙为群）

社会捐赠与校友工作

【综述】

2023 年,校友会、基金会围绕学校中心工作,在学校领导及各部门的支持下,构建母校-校友发展共同体,助力学校发展。全年捐赠协议金额 9 822.24 万元,到账金额 5 533.14 万元,获批国家捐赠配比合格资金 1 785.58 万元,全口径收入 7 846.18 万元。

【重塑机制体制,谋篇布局谱新篇】

1.突出党建引领,强化战斗堡垒

开展主题党日活动 20 余次,推动并组织各地分会开展"党的二十大"学习活动,深入 6 所高校开展调查研究。发展预备党员 1 人,发展对象 1 人。

2.重构工作体制,筑牢基础平台

重构两会秘书处部门设置,明确职责,协同分工,构建两会双向协同可持续发展良性工作体系。

3.理顺工作机制,完善规则制度

出台了 4 份文件,修订了 3 份文件。理顺学院和地方校友工作体系,推进 8 个学院完成校友工作机构改制。

4.夯实管理基础,多维筑牢基石

做好综合治理、档案管理、捐赠项目等管理工作。管理执行 104 个捐赠项目,结合信息化管理系统,全程专款专用。联合沙坪坝区派出所及校保卫处进行反诈安全教育,进入公安部"白名单"。

5.强化财务管理,提升运行效能

严格执行境外非政府组织活动的审核报批制度,开展临时活动备案 2 项,临时活动报告 5 项。全年支持学校建设发展 2 917.22 万元。做好年检、审计、配比核查等工作,捐赠配比专项资金配比合格率为 94.7%。

【提炼特色亮点,深度融合辟路径】

1.主动纵深出击,发掘情感共鸣

拜访 50 余个机构或个人,40 个校友会。11 月自疫情之后首次出访深港澳地区 10 家友好单位和三地校友会,探索在学科发展、学生培养、人才交流等方面的合作。

2.校史文化引领,点面恒久引导

举办"首期地方校友会负责人'启兹'研修班",学员们设立"启兹公益基金"。发起"四海为俊"送新活动,20个地方校友会参与,实施"一餐、一讲、一聚、一会",为1 200余名新生提供切实的指引和帮助。

3.培育典型项目,辐射拉动公益

持续培育永续留本基金项目,发挥"周绪红院士基金"引领作用,目前协议金额1 077万元(到账金额787万元)。在此引领下,"晨光冶金教育基金""钟勇教育发展基金"等相继设立。推动"小鸟爱心基金"项目发展,截至12月,参与人次已超过2 000人,累计金额超25万元,助力校春运会。通信学院校友向母校匿名捐赠1 000万元。

4.对焦校庆院庆,扩展互动平台

全年参与微捐赠校友人数突破3 000余人次,校友捐赠率较之2021年增长超过300%。启动"94我爱我校"捐赠计划,10月12日启动,10月21日在全球年会发布,10余天2 200余人次捐赠27万余元。

5.布局校院两级,构建横纵网络

推进新成立2个一级分会,6个二级分会,推动15个一级分会进行理事会换届,推进哈尔滨校友会、继教院领军企业家校友会的筹备工作。协助学院设计筹资项目,发布筹资工作先进单位表彰通报,27家单位获得奖励,奖励金额共计320.74万元。

6.组织会议论坛,学习提升影响

推进各地开展校友年会、讲坛、体育运动、公益等品牌活动300余场,参与校友3万余人次。先后于4月和10月在常州市和深圳市组织召开了校友总会九届四次、五次理事会。承办第五届"双一流"高校基金会创新发展论坛暨新发展阶段高等教育多元化筹资交流会。

7.赋能信息宣传,强化服务功能

打造重大校友网、基金会网、校友通讯期刊、微信订阅号、微信服务号、重大校友小程序,形成"一刊两网三号"加各分会宣传平台为补充的文化传播矩阵。发布"精彩重大人""校史钩沉""校友访谈""重忆"等系列报道共40余篇,深入挖掘各行业涌现的优秀校友事迹90余人次。

启动智慧化校友信息服务平台二期建设项目,新上线校友邮箱、图书馆服务等智能化服务14项。3月初上线校友进校系统,截至目前,通过该系统进出校园的校友已达10余万人次,申领校友卡6万余人,小程序访问量20余万次。新增学籍数据1.5万人,总量达44余万人;新增注册校友2万人,总量达到8万余人。深入挖掘优秀校友信息500余人,为本科教育质量报告、高等教育质量监测等提供数据支撑。

【靶向聚能驱动,服务中心助跨越】

1.助推学科发展,共推研究学术

新增"术"类基金17项,协议金额5 438万元。支持学科研究、教学与发展,助力构建一流学科学术生态。为第八届中国国际"互联网+"大学生创新创业大赛遴选推荐校友评委59名,组织参赛项目5项,组织到校友企业参观学习30余次。

2.聚焦师生培养,资源助造人才

新增"才"类基金 64 项,协议金额 3 099 万元。以多种形式支持学校开展教书育人、创新实践等活动,并助推学校延揽优秀人才。

3.丰富校园建设,支撑佑启乡邦

全年新增"启"类基金 9 项,协议金额 767.86 万元,支持校园软硬建设。

4.输出公益慈善,帮扶振导社会

新设"导"类基金 16 项,资助支出 517.38 万元,继续做好乡村振兴与帮扶工作,围绕学校开展公益慈善。校友企业"妙栽科技"在绿春及重庆多个区县推广农业科技成果。资助"'音'你而美,'育'见未来"高雅艺术进校园声乐专场系列活动,已支持重庆七中(重大附中)、大学城一中、科学城巴蜀中学等五所中学,推动中小学素质教育提升。三创联合会团队捐赠设立"三创振导公益基金",首批到账 10 万元;数字智能校友会到绿春设办育才学校;深圳校友会在绿春县加梅小学成立了"佑启·公益图书馆"等。

5.聚合汇智创新,反哺社会发展

助推学校和常州市政府签署战略合作协议,推进一批校友产学研合作签约,服务溧阳研究院发展建设。服务成渝地区双城经济圈建设,先后主办首届重庆大学校友创新创业创投发展大会,2023 年沙磁人才大会"归巢"论坛——首届沙磁校友经济发展大会暨第二届中国高校(成渝)校友经济发展大会。校友总会支持推动的大学客联盟被授予重庆市人才工作服务站,并与市人才中心签订人才引进工作战略合作协议。

目前,校友会、基金会发展与国内其他高校相比还有一定差距,我们将不断学习、强基固本、务实笃行、开拓创新,继续围绕学校建设需求,为学校发展提供多元化的资源支持。

(撰稿人:陈 晓)

财经与国资管理

财务工作

【综述】

2023年,计划财务处紧密围绕学校事业发展规划和"双一流"建设任务,优化资源配置,深化预算绩效管理,通过创新财务管理思路、运行机制和管理手段,有力保障了学校各项事业持续健康发展。

【财经状况】

2023年学校总收入50.89亿元,同比增加3.79亿元,增幅为8.06%。其中,各类经费拨款收入20.79亿元,占总收入的40.85%,同比增加0.79亿元,增幅为3.95%;其他经费收入30.1亿元,占总收入的59.15%,同比增加3.01亿元,增幅为11.11%。

2023年末,学校资产总计106.65亿元,同比增长3.85%;负债累计10.54亿元,同比增长9.48%;净资产累计96.11亿元,同比增长3.27%。

【财务工作】

1.构建多渠道筹资体系,切实保障学校资金需求

2023年全年实现收入50.89亿元,其中,按要求向重庆市教委、市财政局报送"双一流"建设成效并通过审核,2023年"双一流"配套经费已到账2.047亿元,实现1∶1配套。

承担银校合作大类项目82项,计财处负责从立项、评审、上会、匹配银行、项目招标、签订三方合同及日常项目进度跟踪付款直至项目验收交付使用等全流程管理,2023年已签订合同总金额12 477.94万元,累计支付9 237.55万元。

2.科学安排收支预算,为学校事业发展提供保障

本年度安排校级支出预算50.39亿元,较2022年增加10.81亿元,增长27.31%。优先保障教职工工资福利支出,2023年人员经费预算23.73亿元,较2022年增长4.40%;在重点领域继续加大资金投入,2023年学科建设经费预算10.32亿元,较2022年增长57.32%;条件保障经费投入11.98亿元,较2022年增长122.26%。

3.创新财务管理机制手段,提升财务管理精细化水平

(1)推进预算管理一体化建设,不断提高财务治理能力

根据财政部、教育部要求,学校从2023年起全面使用预算管理一体化系统的基础信息、项目库、预算编制、预算调整和调剂、预算执行、单位会计核算、单位资金支付、政府采购等模块功能进行预算管理,学校财

政资金全部纳入一体化系统,整合全校预算的编制、执行、决算、政府采购、资产管理、报告等管理环节,实现数据共享、流程连接、控制有力。

(2)启动预算管理模式改革,做实专项资金项目库

将事关学校重大发展的、非常规性的、预算金额较大的专项资金纳入预算管理模式改革试点范围,各项工作和建设任务提前规划布局,做好专项资金项目的遴选、论证和评审工作,实现重点项目资金预算评审论证常态化。目前,"双一流"引导专项和中央高校基本科研业务费专项已基本做实项目库,推动预算绩效管理提质增效。

(3)进一步落实"放管服"政策,不断优化和升级"科研网上服务大厅"

2023年5月全面推行数电票,实现了票据申开系统与税务系统、科研系统的全方面对接;11月下旬推出了科研项目决算收支明细账自助打印功能;12月下旬推出了科研项目经费入账流程无纸化。

(4)强化基建维修项目审核,确保基建财务管理规范有序

2023年共完成31项工程结算审核,送审金额37 229.84万元,审减工程造价860.93万元,核减率为2.31%。已支付基建自筹资金1 864.78万元,地方专项经费拨款19 994.71万元,基建项目国拨资金160.95万元;已支付维修项目改善办学条件国拨资金4 279.49万元,自筹资金726.80万元;审核零星维修结算报告的支付近1 016份,共计支付约2 879.92万元。

(5)加强国资管理,确保国有资产保值增值

完成公房出租报备4批次,总面积5 697.86平方米,资产总价值882.64万元;固定资产处置报批报备7批次,涉及资产价值5 711.54万元;出售校办企业代学校持有的股票,结算后收益456.28万元全额上缴学校。

(6)高效完成业务指标,提升采购招标服务水平

2023年完成采购项目审核备案377项,采购金额61 214.99万元;中央预算一体化系统进行政府采购计划备案、进口科研设备审批申请等政采流程办理共计265项,涉及金额42 973.90万元;严格审查采购类合同756份,金额10 264.89万元。

运用信息化技术和互联网平台为采购提质增效,通过网上商城直购2 920项,采购金额1 300.85万元;完成网上竞价1 457项,采购金额7 520.72万元。

作为教育部试点单位,率先实现学校采购系统与中央一体化系统对接,实现业务协同及监管一体化,保障新形势下采购信息化系统畅通运行。

4.强化服务意识,全面提升服务质量和服务水平

(1)加强账户资金管理

银行到款暂存及银行手续费录入凭证较2022年增长26%。通过银校平台完成资金支付、开具支票、汇票等票据以及全年无现金转卡支付较2022年增长28%。

在国家整体利率下行、资金来源渠道有限、支出增加等不利情况下,通过精细化理财,全年实现利息收入 1 亿元,完成上缴任务。

(2)提高工作效率,保质保量加快凭证审核

2023 年全年凭证突破 30 万份,创历史新高。在人员配置不断减少、工作量不断增加的情况下,加快凭证审核,同时通过不断完善智能财务系统,优化报销流程等手段来保质保量完成凭证审核工作。

(3)落实新的国家助学贷款政策

校园地贷款放款 917 人,总金额 1 283.99 万元;生源地贷款放款 5 778 人,总金额 4 792.65 万元。合计放款 6 695 人,放款金额 6 076.64 万元,较 2022 年有所增长。

(4)加强内控,认真落实各项专项检查

开展内部控制稽核工作,翻查凭证 1 550 份,合计报销金额 1 973.64 万元。

接受重庆市场监督管理局教育收费专项检查等各项专项检查共计 8 项,并认真落实。

(5)对历史往来款项彻底清理,确保完成巡视整改任务

采取一系列措施,包括成立工作专班、对借款人情况逐笔核实、对历史往来款分为医疗类和非医疗类逐笔处理、聘请事务所对 5 个金额大且情况复杂的二级单位开展专项清理核实,确保完成巡视整改任务。

(6)加强协调沟通,学生资助工作评价取得佳绩

牵头制定"资助育人绩效专项提升计划",认真填报教育部学生资助中心布置的问卷调查表,对标对表查摆问题、总结经验,与资助中心保持密切沟通协调,处领导亲自率队到资助中心进行汇报并获得指导,2023 年学校学生资助工作评价排名大幅度跃升到第 7 名(全国共 120 所高校参与评价排名)。

(撰稿人:王艺霏)

审计工作

【综述】

2023年,审计处认真学习贯彻习近平总书记在二十届中央审计委员会第一次会议上的重要讲话精神,紧密围绕学校纵深推进第二轮"双一流"高质量建设的中心工作,聚焦主责主业,推进体制改革,强化绩效思想,积极开展研究型审计,不断加强审计结果运用和审计整改效能,全面履行审计监督、预防、服务和参谋职能。

【立足经济监督定位,聚焦主责主业,扎实开展审计业务】

2023年度共计开展审计项目322项,审计总金额94.74亿元。其中:财务审计19项,审计金额55.14亿元;工程审计303项,审计金额39.6亿元。

组织实施了13个单位共计15名领导干部经济责任审计,发现问题90余项,提出审计建议74条。以领导干部任职期间公共资金、国有资产、国有资源的管理、分配和使用为基础,以领导干部权力运行、责任落实及"三重一大"执行情况为重点,依规依法确定审计内容。审计中既强化对权力运行的制约和监督,又贯彻"三个区分开来"要求,促进领导干部履职尽责、担当作为,确保党中央令行禁止。

共计开展工程结算审计260项,审计金额41 837万元,其中:已审结项目204项(包括国拨经费项目18项、自筹经费项目186项),送审金额11 819万元,审减金额586万元,审减率4.96%;正在实施的结算项目56项,送审金额30 018万元。

【推动成立重庆大学审计委员会,加强党对审计工作的领导】

为进一步担当新时代审计使命,践行审计主动服务党和国家大局的精神,审计处积极思考探索符合新时代新使命的内部审计新模式、新体制,开展了对教育部直属高校审计委员会建立情况的调研工作,完成《中共重庆大学委员会审计委员会成立方案》的起草。接下来,将与校内相关单位沟通交流,广泛征求意见后,报学校批准实施。审计委员会的成立能够加强学校党委对内部审计工作的全面领导,保证党的领导落实到审计工作全过程各环节,增强审计的政治属性和政治功能,提高党的风险防范能力。

【明确审计工作发展方向,积极推进研究型审计】

1.完善内设科室设置,促进管理审计实施

为贯彻落实二十届中央审计委员会第一次会议精神,推进学校审计工作高质量发展,促进管理审计实施,审计处对教育部相关高校内部审计机构进行了调查,提出审计内设机构调整建议,经中共重庆大学第十四届委员会第 73 次会议研究,对审计处内设科室机构进行了调整,成立管理审计科。管理审计工作将以学校主要经济业务的专项管理审计和重大项目的全过程跟踪审计为工作重心,立足经济监督定位,聚焦工程建设各个阶段的薄弱环节,以问题为导向,梳理归纳、分析研究,并提出意见建议。

2.积极开展研究型审计,把推进审计工作与研究工作有机结合

组织实施了"双一流"学科建设政策落实情况跟踪审计,在摸清学校近两年"双一流"学科建设总体情况的基础上,采取点面结合方式,以资金为主线,以项目为抓手,重点选择分析测试中心、仪器科学与技术学科水平提升计划、新闻传播学学科水平提升计划三个重点学科建设项目开展审计。深入分析了解学校在贯彻落实国家"双一流"相关政策上的执行情况,以及学科建设专项资金配置效率和使用效益。

在全面了解经费分配的基础上,检查科发院、社科处、前沿院、国防院等归口管理部门相关专项的管理及实施情况,重点关注经费分配的科学性和项目绩效目标的达成度。促进专项经费合理配置,提高资金使用绩效,提升学校师生的自主科研能力;为学校用好增量资金,盘活存量资金提供参考依据。

针对学院绩效工资分配自主权大、矛盾多、资金量大等特点,结合经济责任审计对单位内部控制的检查,对自动化学院、外国语学院和体育学院三个单位的绩效工资分配及发放情况进行内部控制审计,重点检查分配方案的制定及实施程序,促进各学院按规定分配绩效工资,保障学院教职工的权益。

结合"公房管理"专项审计调查,组织实施"公房管理"内部控制审计,在了解学校公房类型、管理流程的基础上,重点检查公房管理制度体系建设及执行情况、公房出租出借、单位用房分配及使用、周转房分配及租用情况,揭示在资源整合、供求关系、管理方式、使用效率等方面存在的风险。

3.聚焦大型基建项目,深入开展工程项目管理审计

继续深入开展工程项目管理审计,2023 年实施重点工程全过程跟踪审计 43 项,累计审计金额 354 167 万元,聚焦西部(重庆)科学城重大科学基础设施虎溪建设项目等大型基建项目,抓好对建设管理各个环节的分析评价和动态监管。对重大项目、国拨项目和民生项目严格实施全过程跟踪审计,加强对工程立项、招标、合同等前期环节的审计力度。在当前新开工项目多、重大项目多(国拨项目和金额上亿的项目)、时间要求紧、标准要求高的情况下,工程审计加强与审计事务所的协作,根据项目特点制定审计方案,按照"专人负责,吃透项目,严控中介,集体研判"等方式,确保审计工作质量和效率。积极探索"研究型审计组织"建设,定期对工程项目审计过程中出现的新情况、新方式、新手段开展学习讨论和分析研究。

【强化审计整改"下半篇"文章,充分发挥审计监督作用】

通过对教育部 9 所直属高校领导干部经济责任报告进行分析整理,梳理审计问题 294 个,协助学校相关部门完成《教育部直属高校经济责任审计发现主要问题情况通报》,并在校内开展相关自查工作。同时,对学校审计发现问题的整改情况进行调研分析,就工作开展情况、财务审计发现的主要问题、工程审计发现的主要问题、整改情况等进行探索和总结。提出构建审计整改责任体系(明确主体责任,明确监督责任,明确考核责任);建立健全审计整改协同机制(建立审计整改"对账销号"制度,建立多元协同联动整改机制,建立

审计整改考核问责机制,建立审计整改结果公开机制)等举措。并配合纪检监察机构拟定《重庆大学纪检监察监督与审计监督贯通协同工作办法》,做好与其他监督部门的贯通协同,形成监督合力。

【提升审计工作信息化水平,构建全覆盖的审计监督体系】

随着"重庆大学内部审计信息系统"一期建设的完成,该系统所集成的"审计管理""财务审计作业""数据管理""审计资源管理平台"等模块已正式投入运行。为进一步推进构建建设工程全过程审计监督体系,第二期"工程审计管理"系统按照"1+5+1"的设计思路,已进入正式使用阶段。审计信息系统的应用着实提升了审计工作信息化水平,积极发挥了内部审计在推动学校综合治理体系和治理能力现代化方面的作用。

(撰稿人:刘揽月)

房地产管理

【综述】

2023 年,房地产管理处在学校党政的正确领导下,围绕学校的办学目标和中心工作,结合年度重点工作,扎实开展主题教育,全面贯彻落实党的二十大精神,克难奋进,求真务实,锐意进取,狠抓落实,主动作为,着力提升管理效能,着力提高房产资源利用效益,着力解决历史遗留问题,较好地完成了 2023 年度各项目标任务,为学校实现高质量发展、推进新一轮"双一流"建设提供了强有力的支撑。

【党建和职工思想政治工作】

扎实做好党建和职工思想政治工作,促进党建与业务工作同频共振,充分发挥党支部的战斗堡垒作用和党员的先锋模范作用。按照学校党委的统一部署和机关党委的要求,扎实开展学习贯彻习近平新时代中国特色社会主义思想主题教育,以深学细悟、真抓实干的具体行动推动主题教育走深走实、见行见效。处领导班子成员认真参加主题教育读书班学习、带头开展调查研究、带头讲党课,以"关键少数"带动"绝大多数"。

坚持"三会一课",党支部全年共组织主题党日活动 17 次、开展专题组织生活会 2 次、组织党员干部讲党课 5 次、召开支委会 12 次、开展爱国影视教育 4 次。完成 2022 年度民主评议党员工作;组织召开 2023 年度主题教育专题组织生活会。凝心聚力促发展,引导广大党员职工以饱满的政治热情和昂扬的精神状态奋发有为、主动作为,推动党员干部将焕发出来的学习和工作热情转化为攻坚克难、干事创业的强大动力。

【公房与土地管理】

1.教学科研平台保障

积极推进信息学部搬迁,已收回沙坪坝校区房屋 239 间,使用面积 11 856 平方米;柑园村留学生公寓投入使用后收回学林宾馆房屋 5 745 平方米;完成党办校办、基金会秘书处、社区办、宣传部、继教处、图书馆、航空航天学院、通信与测控中心、公管学院、马克思主义学院等单位房屋调配,调配房屋面积 3 055 平方米。

2.竭力打造"智慧房管"

以学校"数字重大"建设为契机,全面启动"智慧房管"建设工作并按计划有效推进,"重庆大学房地产管理与服务平台"建设项目已通过专家评审。现已构建学校房产数据标准库、数据采集和核准机制、数据更新机制,建立数据平台管理队伍,正在推进和完善房产数据信息。

开展 2022 年、2023 年公房定额管理核算工作,涉及全校 70 余个单位;完成轨道交通 27 号线虎溪站占用学校土地相关工作;完成学校土地红线图资料收集整理工作;针对内环道路拓宽项目置换土地问题代表学校向沙坪坝区人民政府致函;推进文保建筑管理工作,组织完成消防、防雷工程维修经费申报,修缮工程报批报备和国家经费申报等工作。

3.房屋安全管理

定期发布公房、住宅等房屋安全管理及注意事项通知;完成各级文物管理部门布置的文物建筑安全专项巡查、上报工作;坚持公房土地日常安全巡查,完成洪涝及地质灾害风险管控清单等报送;与政府征收中心及城投协商解决B区总配电房检修车道问题;完成自建房安全隐患排查工作;组织、参与住宅安全专项巡查和大检查;多次联合保卫处对校园商铺进行拉网式全覆盖安全检查,建立安全检查台账,认真落实经营性公房安全责任。

4.公房固定资产管理

完成2023年度中央行政事业单位房屋资产统计报表、2023年各季度已达年限资产处置报表、高等教育学校用地规模情况统计报表、2023年教育事业综合统计调查报表(高基表)、2023年高等教育质量监测数据报表。对全校600余套房屋及土地进行资产清查盘点,完成2023年学校房屋及构筑物资产折旧工作,完成2023年度国有资产管理情况报告。完成深圳拆迁房屋相关费用到账核对及转入专项账户管理工作;完成A区电气高压实验室两栋配套附属用房的资产建账工作;完成A区六栋D级危房住宅楼、A区材料学院冲压钳工车间扩建房屋、B区乌龟山上3栋房屋和C区建工工艺实习基地和建工实训基地两栋房屋的报废处置工作。

【住宅管理】

1.D级危房的拆除

在舒立春书记、王树新校长等校领导的关心支持下,在刘贵文副校长的直接领导下,党办校办、房管处、资产公司、基建处、后勤处、保卫处、社区办、信访办、法制办、宣传部、离退休处、校工会、学苑房地产公司等部门密切配合,扎实有效地推动住户搬离工作,使D级危房中剩余的55户住户全部搬离,并利用暑假时间圆满完成六栋D级危房的拆除。

2.积极探索公有住房管理新模式

房管处牵头,法制办、计财处(国资办)、人事处等部门配合,与重庆建融公司就A、B区两栋博士后公寓合作运营事宜开展深入沟通和多轮磋商,合作方案和合作合同已由校长办公会议研究并通过,后续合作合同签订、公寓租住人员清理、公寓资产清点和房屋结构检测等工作正在积极推进中。

3.公有住房保障

强化公有住房租赁程序及合同管理、租金收缴及应退房屋清退(退房34套),及时为学校新进职工及高层次人才(博士后或进修)等人员提供住房保障。

4.公有住房管理

继续组织完成校外公有住房能源费及垃圾处置欠费的清缴,协调配合后勤管理处进行校内公有住房天然气改造工作,及时开展相关公有住房增设电梯分摊费用报批及支付等工作。

5.“重大花园”C、D栋“两类住户”选房

组织召开《六栋D级危房及新华村109—110号房屋内已售房住户安置及选房方案》说明会、沟通会;顺利开展“两类住户”分类房源抽取工作;顺利开展申购住户选房工作,完成申购住户协议签订工作;顺利开展已售房住户选房工作,组织开展已售房住户的协议签订工作。

【出租出借管理】

启动沙坪坝校区生活服务经营性用房整体规划。根据《重庆大学“十四五”发展规划》要求,结合学校校区布局总体规划和学校空间资源需求、师生需求,在前期调研论证的基础上,启动经营性用房整体规划工作,目前已完成项目立项、招标采购、合同签订等工作,并按照项目实施计划有序推进。

完成37套(间)经营性公房公开招租,并按照教育部规定,先后4批次向教育部上报完成备案手续;做好沙坪坝校区校园内经营性公房的日常管理,2023年共收缴租金697.71万元,其中催收校办企业历年欠缴租金共245.98万元,完成所有校办企业2022年以前欠缴租金的收缴工作;按教育部规定和学校要求,制定经营性公房招租工作流程及定价方式,并通过学校经营性资产管理委员会审定,制定《重庆大学校园商铺管理细则》,规范校园商户经营行为。

【房地产权服务】

1.房地产权办理

全年房屋测绘5次,土地测绘3次,出房测报告面积97 421.61平方米。取得老校区房屋产权证16个,办证面积26 350.8平方米,已完成全校公房约90%房屋产权办证工作。完成教职工111套住房出售批复的申办,取得重庆市售房批文4份,全年共办理137套教职工住房产权证,现累计办理4 669套,现有已售住房办证率达94%以上。

2.退购住房产权回办工作

完成两套退购住房产权回办,已报送市住改办审批两套;搬迁住房产权注销工作,完成14套搬迁住房产权注销手续;住房栋证办理工作,完成3栋住房与校园土地的产权分割和楼栋的产权证办理,完成2层校外房产权证办理。

3.住房补贴核发与公积金提取

完成2024年住房补贴预算的编制工作;发放教职工住房补贴23 369人次,发放金额1 041.12万元;办理公积金提取手续1 015人次。

(撰稿人:孔令峰)

实验室及设备管理

【综述】

2023年,实验室及设备管理处在学校党委和行政的领导下,深入学习贯彻习近平新时代中国特色社会主义思想,围绕学校中心工作及部门职责,统筹推进实验室建设、设备管理等各项工作,进一步提升服务质量,各项工作迈上新台阶。

【实验室建设与管理】

组织9个2022—2026年中央高校改善基本办学条件教学实验室设备购置项目完成申报、评审、建设、绩效评价等工作,项目建设总经费7 207万元。4个2022年项目支撑新增或改进实验课程40门,新增或改进实验教学项目205项,受益专业超42个,年受益学生超6 000人。立项本科教学实验条件升级项目30项共2.79亿元。组织19个国家级、市级实验教学示范中心及虚拟仿真实验教学中心完成年度建设任务制定、实施、年度考核、五年阶段性总结等工作,教育部、重庆市教委考核通过与整改完成率100%。

2023年获认定国家级虚拟仿真实验教学一流本科课程7门,认定通过率100%,认定数排名全国第1。获认定重庆市级虚拟仿真实验教学一流本科课程7门。认定第二批校级虚拟仿真实验教学项目12项,校级虚拟仿真实验教学平台完成信息安全二级等保备案,已上线项目55项,学习人数超2.8万人次。

组织实施2023年实验技术系列职称评聘。与人事处共同组织实施2023年事业编制预聘制、AB类合同聘用制实验系列人员聘期考核。实验技术人员研修项目立项25项,项目结项19项。

【实验室技术安全】

制定《重庆大学实验室安全分类分级管理办法》,构建分级管理责任体系,提高实验室安全管理的科学性、有效性和针对性,有利于实验室安全风险的精准管控。持续落实实验室三级管理责任体系,逐级签订实验室安全责任书,把责任落实到岗位、落实到人头。

分层次推进实验室安全宣传教育,逐步构建实验室安全文化。持续开设校-院两级实验室安全课程教育,受教育人数1 146人;组织新生学习《重庆大学实验室安全手册》,并签订实验室安全责任书,发放13 121册;组织新进实验人员参加实验室安全知识在线学习及准入考试,共4 901人参考;组织实验室管理及技术人员参加实验室安全管理进修,共计400人次;组织不同学科特色实验室安全应急演练11场,参与师生3 000人次。

实施"全覆盖、多层次、常态化"的实验室安全检查,包括危化品、特种设备及压力容器、充放电设备、危险废弃物、院级库房管理等专项检查及日常巡查。2023 年度督导组巡查实验室 6 532 间次,提出整改意见 2 090 条,较 2022 年减少 14.5%,隐患整改率达 80.2%。继续开展实验室安全研究与标准建设工作,新增项目 17 个,并完成 2022 年的项目结题 12 个。完成航空学院实验室废气处理系统建设、环境学院院级化学品库房改造等安全基础设施项目 6 个。处置实验室危险废弃物 164.5 吨,实验动物尸体 940 千克。

【大型仪器设备管理与共享服务】

完成科技部、教育部和重庆市科技资源共享平台对学校大型仪器设备使用效益考核工作,在参评高校中排名第 14 名,首次获得"优秀"。认定通信学院院级公共服务平台。完成单价 20 万元以上的大型仪器设备(1 149 台)效益考核评价,评选出 50 个优秀机组。

完成重庆大学校级开放共享平台与国家科技资源信息平台对接,更新 395 台仪器设备信息及共享情况。共 395 台仪器设备纳入省级共享平台,1 149 台仪器设备纳入校级共享平台。

制定《重庆大学大型仪器设备公共服务平台建设管理办法》,修订《重庆大学大型仪器设备开放基金管理实施细则》和《重庆大学大型仪器设备维修管理实施细则》。加强整体规划,从源头上避免低水平重复购置,完成 257 台大型仪器设备查重。利用基金引导开放共享,大型仪器设备维修基金资助 45 台大型仪器设备,资助金额 93.3 万元,设备原值 7 600 万元;大型仪器设备开放基金立项 246 个,资助金额 112.5 万元;大型仪器设备激励基金立项资助大型仪器设备功能开发和升级改造项目 15 个,资助金额 33 万元。安装 80% 单价 50 万元以上的教学科研用仪器设备终端控制,为下一步信息化建设提供条件支撑。完成第三批大型仪器设备收费标准(合计 695 台)的审核及公示;完成第四批大型仪器设备收费标准(合计 190 台)的制定。完成首届大仪展,收集作品 63 套,45 套获优胜奖。

【仪器设备采购管理】

全年完成大型仪器设备购前技术论证 152 台(套)约 1.88 亿元。有序组织采购项目 254 项、预算约 2.15 亿元。其中,政府集中采购项目 79 项,购置设备 231 台(套),采购成交金额约 329.76 万元;政府分散采购项目及校级采购项目共 175 项,购置设备等 9 336 台(套)、采购成交金额约 1.98 亿元,较预算节约 1 333.17 万元,平均节约率 6.31%;归口审核零星采购合同 338 个,总金额 3 500.68 万元,较 2022 年增长 49.3%;执行设备进口项目 74 项,进口设备 270 台(套),合同金额约 2.03 亿元,较 2022 年增长 181.9%,通过减免税申报为学校节约 3 662.46 万元。

持续提升仪器设备采购各工作环节的规范化及标准化,实现零星合同审核、进口设备免税申报业务全流程网络化办理。制定政府采购需求范本填报指南,建立并启用采购业务服务 QQ 群,主动服务超瞬态实验室、储能平台等重点建设项目的设备采购,有针对性开展购前工作培训 7 次、培训人员 187 人次。

【固定资产管理】

2023 年,新增固定资产 12 148 台(套),价值 1.83 亿元,验收 1.08 亿元,下账 24 146 台(套),金额 8 887 万元。开展仪器设备(家具)固定资产清查,保证国有资产完整性。对 16 个二级单位的 2 662 台仪器设备进行现场复查,对计算机学院、管科学院、材料学院等8个学院的仪器设备(家具)进行整体专项盘点,盘点仪器设备(家具)合计5.6万台,原值8.3亿元,账物相符率98%,报损1 334台,赔偿13.9万元。完成预算一体化和新国标数据治理工作。配合国防院完成质量监测和装备承制单位资格认证审查工作;配合信息办完成100万元以上大型仪器设备安全信息收集工作,配合房管处完成面积补贴核算工作。开发闲置设备调剂模块,进一步盘活固定资产。设计线上申请报废业务模块。完成实验室管理系统的采购、测试及数据迁移工作。

(撰稿人:张　波)

条件保障

基建规划

【综述】

2023 年,学校基建工作紧紧围绕贯彻新发展理念、构建新发展格局、推动高质量发展,聚焦学校事业发展需求,面向"百年新重大"高质量发展目标,加快推进校区功能定位调整,积极推进重点项目建设,持续强化办学条件支撑,优化提升基建管理能力,各项工作取得明显成效。

【坚持党建统领,夯实使命担当思想根基】

坚持以习近平新时代中国特色社会主义思想为指导,深入贯彻落实党的二十大精神,坚定拥护"两个确立",增强"四个意识"、坚定"四个自信"、做到"两个维护",认真落实"三会一课"制度,持续推动落实职工政治理论学习常态化机制,通过"线上学习+线下学习""集中学习+个人自学"相结合的方式,开展"七一"主题、党风廉政建设主题等党日活动,年度共开展学习 27 次,其中集中学习 16 次、领导干部讲党课 6 次、外出研学 5 次,持续发挥党支部战斗堡垒作用,增强基建队伍践行初心使命、恪守职责担当的战斗力量。

【加强顶层设计,推进校区功能调整落地】

1.编制规划布局方案

完成全日制学生规模预测(至 2025 年),理清 A、B、C、虎溪校区整体定位,明确以学生为中心的校区功能调整布局理念,以实现学科集群化发展为布局目标,坚持统筹谋划、立足现状的功能布局原则,形成《校区功能调整落地实施专题——规划布局研究》。

2.开展校区功能专题论证

编制《重庆大学行政中心选址研究报告》《校区功能调整专题——搬迁腾挪方案》《校区功能调整专题——新生中心方案论证》《校区功能落地专题——学生宿舍用房征求意见方案》《校区功能落地专题——新闻、艺术学院回迁比较方案》,梳理各校区空间资源情况,对教室、实验室、宿舍等公共用房空间的合理配置进行论证,铺排校区搬迁腾挪计划、时间节点。

3.开展文景一体规划研究

挖掘校园文化资源,编制《重庆大学校区(A 区)文景一体规划研究》,深化设计 A 校区校前区及滨江崖线景观方案。

4.助推医学部新校区选址

完成《重庆大学医学部新校区概念规划设计方案》,助推选址工作。

【做好服务保障，全面推进工程项目建设】

年度推进实施项目共计 41 个,总建筑面积约 57.36 万平方米,计划总投资约 32.69 亿元。

1.重点科研平台基础设施建设取得重大进展

统筹推进重大项目 5 个,总建筑面积约 43.06 万平方米,计划总投资约 27.43 亿元,项目实施取得重大进展,为西部(重庆)科学城建设及学校学科发展奠定基础。风洞实验室整体完工;科学中心实验大楼、工科实验大楼主体结构封顶;超瞬态实验装置预研项目科学研究楼主体结构封顶;储能技术产教融合创新大楼项目可行性研究报告通过评审。

2.改善基本办学条件项目稳步实施

建成完工项目 11 个,总建筑面积约 4.99 万平方米,总投资约 1.07 亿元。通过实施虎溪校区信息技术科研楼清水房、部分实验室空调及新风系统、A 区松林坡 8 栋专家公寓、九教、学生五公寓消防、B 区燃气实验室、风洞实验室——工艺配套、C 区电力增容、三四教、C 区图书馆一二期等修缮或改造项目,改善既有建筑及基础设施品质条件,消除安全隐患,完善使用功能。

施工中项目 3 个,总建筑面积约 1.96 万平方米,计划总投资约 1.02 亿元。B 区乌龟山片区电力增容及基础设施改造项目实施道路、环境改造;B 区五教修缮项目屋面钢结构完成;C 区七教修缮项目完成局部走道板维修,基本完成室外水池及管网工程。

3.提前谋划启动项目前期工作

立项启动项目 16 个,总建筑面积约 14.66 万平方米,计划总投资约 7.72 亿元。虎溪校区第四期学生公寓、危化品暂存间、分析测试中心改造、师生服务中心改造、实验室废气处理(一期)、K5 开闭所、A 区文字斋文保修缮、饶家书屋改造、新华村/东林村临时停车场改造、B 区建筑技术实验室修缮、图书馆修缮、风洞实验室——工艺配套(二期)、C 区综合管网、工程师学院室外管网改造等项目,全面开展报建、设计等前期工作。提前筹划虎溪校区荷园学生食堂等 6 个项目,开展需求调研论证,为启动立项奠定基础。

4.积极筹措建设资金

筹措项目建设资金 97 882 万元,其中地方政府投资 73 636 万元,学校自筹 1 525 万元,教育部改善基本办学条件专项资金 5 288 万元,中央预算内投资 3 733 万元。此外,申报 2024 年教育部改善基本办学条件专项资金,评审通过金额 4 576.69 万元。

【健全管理机制，持续提升管理服务水平】

1.查漏补缺,完善基建内控机制建设

把主题教育成效转化为推动基建管理高质量发展的生动实践,针对管理工作中的重点、难点环节,深入开展调查研究,强化调研成果转化与运用,拟转化成果 24 项,其中 EPC 项目管理、安全生产管理、工程量清单及限价编制管理等制度文件 12 项;施工许可报批、施工安全监督等工作机制 11 项、既有建筑改造设计指引 1 项,制定关键环节管控措施,不断规范基建管理程序,逐步形成长效机制,提升管理效能。

2.加强管控,提高项目质量及效益

严控设计质量,加强项目前期调研,细化落实建设需求,充分运用专家咨询团队力量,对设计文件进行审查;严控项目投资,加强与财务、审计部门联动,执行基建、审计"两编一会审"制度,合理制定年度资金计划,进行限额设计,加强对招标控制价、暂列金及预备金的研判,控制项目总投资,加强对清单编制单位的管理,组织编制单位踏勘现场、对接设计。同时,对相关管理人员开展专业培训,提升专业管理能力,保障项目建设质量及投资效益。

3.多措并举,破解"最低价中标"难题

积极与政府相关主管部门沟通,争取符合要求的项目均采用综合评标法;通过对设计质量及工程造价管控,提高设计文件质量、工程量清单质量和招标控制价的准确性,减少失误及错漏,严格控制施工过程中的变更;严格遵守招标采购相关规定,加强招标文件审核,规范基建部门内部审核流程;科学制定合同模板,规范合同信息管理流程;加强对施工单位的管理,督促监理单位发挥作用,强化施工现场管理;聘用第三方律师事务所提供法律咨询服务。

（撰稿人:向　娟）

信息化建设与管理

【综述】

2023年,信息化办公室深入贯彻落实党的二十大精神,贯彻教育部教育数字化转型与智能升级战略,推动信息技术与教育教学深度融合,赋能教育高质量发展,以服务学校"双一流"建设、提升师生对信息化服务的满意度为中心,加强智慧校园总体规划与设计,加强应用示范,统筹推进智慧校园建设。

【网络基础设施建设与网络服务】

1.网络基础设施建设

完成沙坪坝校区27栋6 755间学生宿舍光网络改造;部署新aTrust VPN系统,改造扩容网络通信机房;修复完善无线网络线路,升级H3C6112无线控制器,新部署WX5560无线控制器和DR2366认证双机冗余系统,更换无线AP200台;新增光缆16条,维修光缆5条。

校园网出口连通率99.99%,校区主干连通率99.96%,电信出口流量峰值19G,教育网(含IPv6)出口流量峰值12G。校园网活跃用户58 505人,最高并发30 046人;VPN服务接入60万人次,最高并发2 155人;CARSI资源共享平台全年使用人数16 922人;Eduroam来访人数848人,出访人数98人。

2.校内网络保障服务

全年保障视频会议143次超350小时,其中教育部101次,重庆市教委104次,校内单位85次。全年重要时期保障网络34次超200小时。无线网络上门维护106次,配合标准化考场对Wi-Fi管控6次。

【信息化建设与运行维护】

1.信息化服务建设

与华为公司合作制定了《智慧重大总体规划设计方案》和《智慧重大——教育大数据总体规划》《智慧重大一流网络基础设施建设规划》《智慧重大——云网融合数据中心建设方案》等子项目规划方案。

配合党办校办,启动了师生服务中心信息化建设。优化改造网上服务大厅,新增服务大厅移动版、微信小程序版及事项管理中心。网上服务大厅上线应用253个,年度访问321万人次。上线信息系统变更、一卡通商城等8个微服务,全年对微应用进行了40余批次升级更新。全年自助服务平台打印材料6 577份,自助改密14 746人次。

2.信息化基础平台建设

升级数据资产管理平台,建立数据开放门户,新增数据仓库管理、数据目录管理等模块。数据资产管理平台集成业务对象数 68 个,接口总数 771 个,ETL 上行接口 303 个,ETL 下行接口 663 个,API 查询接口数 116 个,接口整体调度超过 13.8 亿次,整体数据流量高达(上下行)75 亿条。API 接口开放 403 个,本年 API 接口调用次数达 22 亿次。

搭建电子签署平台,对接研究生管理系统、继续教育学院管理系统等系统,实现了论文独创性声明、继续教育结业证书电子化。师生电子证件申领近 5.6 万人、签名量超过 429 万人次,全年核验身份超过 22 万次,在职及收入证明下载 11 801 份,入党积极分子培训结业证明发放 4 363 份;研究生论文独创性声明 5 559 份,研究生电子成绩单下载 16 907 份,在学证明下载 4 014 份,电子学籍卡下载 1 719 份;本科生电子成绩单下载 27 325 份,电子学籍证明下载 2 794 份。

持续完善智慧身份平台,落地组织中心,实现组织分级分权管理与全面共享;精细化赋能虎溪校区管委会及后勤管理处组织人员的复杂性管理;协助组织部实现全校二级部门 453 名处级任职干部数据管理;处理账号问题共计 107 个;接管兼职科研人员、兼职教学人员、企业聘用人员、附属医院人员、附属学校人员账户开户业务;实现二级单位自聘人员、合作研究人员、服务外包人员的单位自行开户及状态管理;实现亲属账户的教职工自主申请、单位自主审核,亲属自主开户有 1 204 人;对接校友系统,全面实现校友身份管理能力,注册校友身份 14 583 人;协助图书馆实现社会人员享受校内服务的人员注册与管理;新接入 58 个业务系统的统一身份认证。

3.信息化项目管理

全年管理信息化项目 32 个,完成新项目立项 20 个,项目招标 11 个(另有 2 个即将招标),实现 3 个项目初验,10 个项目终验,项目执行达到预期目标。完成 51 个信息化合同的审核,其中一般合同 42 个,重要合同 9 个(100 万元以上合同 2 个),涉及二级单位 18 个,合同金额 1 761.97 万元。

【数据中心建设与运维工作】

1.数据中心建设管理

加强数据中心运行管理,完成了 2 次应急演练和 4 次备份恢复性测试,系统可靠性达 99.9%。完成 465 台服务器的终端安全软件安装;完成 599 个服务器完全备份,总备份量达 184T,其中 319 个重要服务器完成在虎溪的异地备份,异地备份容量 88T。

2.应用平台建设管理

进一步完善人脸平台功能和人脸认证接口服务、新增前端设备和算力设备,系统现有人脸数据 125 709 条;加强网站群安全分析能力,站群共有 330 个站点,共发布内容 225 786 篇,全年总访问量 39 550 336 次;升级邮箱自动提醒邮件功能,全年成功发送邮件 1 138 万余封,接收邮件 600 万余封,新增用户 11 088 人,活跃用户数 31 708 人;完成新版短信平台的全面测试及优化,短信平台全年为 30 余个部门共计发送短信 512 万余条。

3.数据共享和数据治理工作

完成数据资产平台建设工作;完成数据库防火墙部署实施工作,提高核心数据库的安全;完成校友数据集成和与门禁系统共享互动工作,为校友进出校提供了极大的便利性;全年提供数据共享接口700余个,有效数据记录总量6 000万余条。

【网络信息安全与保障】

增设数据库防火墙,制定数据安全管理规程并对主要业务系统管理人员开展培训,提高数据安全管理能力。开展针对全校师生的钓鱼邮件演练活动,提升全员网络安全防范意识。全年通报并督促处置61个网络安全漏洞,"零报告"重要时期119天,开展2次人工渗透测试和3次全校安全漏洞扫描。全年内部工作网络维护16次。

【用户服务工作】

全年接听电话15 379个,前台受理业务1 821笔,上门维护2 719次,线上个人自助改密6 327人次;发布通知公告、建设运行动态17条,回复用户问题建议10条。对学生助管培训3次;指导的学生社团蓝盟纳新97人、举办培训7次、电脑义诊18次,为师生处理电脑软硬件故障1 000余次。

【一卡通建设运行维护管理】

一卡通四校区全年现金充值11 071笔,解挂解冻120人次,补助发放29 165笔,换卡35 386人次;网上充值184万人次,共计19 400万元;网上缴费16.5万人次,共计791万元。

【其他工作】

1.地区网络工作

教育宽带网新接入单位2个。配合完成未来网络(FITI)升级部署,完成FITI试验节点建设子项目建设并顺利通过子项目验收,完成重庆市教育宽带网接入高校的高招网络保障。

2.对外合作与交流

参加教育部组织的数字化转型、网络安全、数据安全研讨班。到西交大、浙大、西电、武汉理工、华中科大等兄弟高校调研智慧校园建设工作。接待四川大学、西北工业大学、同济大学、华北电力大学等20余所兄弟高校来校调研。全年外出调研、会议交流等47人次,组织召开CERNET重庆地区学术年会。

（撰稿人:涂光友）

图书情报

【概况】

2023 年,图书馆坚持以习近平新时代中国特色社会主义思想为指导,紧紧围绕深入学习贯彻党的二十大精神主线,在学校党政领导下,高质量推进主题教育,以"全面数字化转型"为年度主题,全面提高资源服务能力,提升服务效能,主动融入人才培养,服务师生科研创新,助力学校"双一流"高质量建设,圆满高效完成各项工作。

【创新和亮点工作】

1.强化关系管理、坚持真改实改,读者服务的满意度进一步提升

深化主题教育调研成果,强化用户关系管理顶层规划,在对近三年的读者意见全面梳理和深入分析的基础上,落实了延长开放服务时间、提供单篇订购服务、新增考研固定座位、拓展专业阅读空间等改进举措,切实提升读者满意度,2023 年入馆人次比 2022 年增加 20.31%,门户网站首页访问量增长 41.57%。

2.实现动态调整、坚持量质并重,学科资源保障能力进一步增强

通过学院联系人、现场调研、网络征集、分析拒访文献等方式常态化开展文献需求调研,协同文献使用绩效分析,实现了文献资源的动态调整。全年图书入藏量 32.6 万册,完成 60 个数据库续订和新增,学科核心资源保障率提升至 76.5%,其中优势学科保障率超过 85%。

3.创新服务模式,坚持主动作为,助力学校拔尖创新人才培养

与本科生院、博雅学院联合建设悦读平台二期项目,打造高质量通识教育阅读平台。持续推进开展"专业经典"阅读支持计划,探索高校专业经典阅读教育改革新模式。联合建设卓越工程师学院图书馆。创新"课程—培训—比赛"相融合的信息素养培养模式,承办重庆市教委竞赛项目"重庆市大学生信息素养大赛",全市参赛学生 15 806 人,学校参赛人数较 2022 年增长一倍多,全面提升学生信息素养和创新能力。

4.嵌入科研团队、坚持内外联动,情报服务助推科研创新发展

知识产权信息服务中心深度融入电气学院、材料学院、环境学院、化工学院、药学院等学院团队开展"助科研、促创新"专项服务,助力专利布局和科技创新。首次承接重庆市知识产权风险预测预警研究项目,打通"政府+企业+高校"预警项目合作新渠道。作为首批重庆市知识产权培训基地,全年完成 4 场大型知识产权培训。及时跟踪学术动态和研究趋势,运用多元化数据来源、多样化评价指标,完成学科分析报告 35 份,涵盖学科影响力分析、重要学术产出、人才分析、高价值专利布局等,助力学校科研创新和管理决策。

【党建工作】

图书馆紧紧围绕深入学习贯彻党的二十大精神主线,深入开展学习贯彻习近平新时代中国特色社会主义思想主题教育,不断强化政治功能。把"学思想"摆在主题教育首位,坚持领导带学、个人自学、支部共学、实地研学"四学联动",在推动图书馆高质量发展上凝聚共识。坚持以读者为中心、以服务为根本,部署"两层级、五方面、19 项工作任务",打通服务师生"最后一米",把主题教育的成果体现到为读者解难题的实效上。突出问题导向,深入学院开展调研,召开学院学科服务联系人座谈会和读者沙龙,重点推进"强化制度保障、抓好基层党组织、解决实际问题、深化贯通衔接"四方面工作。强化意识形态工作,完善图书馆意识形态工作办法,抓实资源采购、特藏建设、网络信息安全、队伍建设等政治把关。顺利完成党总支换届选举工作,四个支部增设纪委委员,修改完善党总支及党政联席会议议事规则,梳理优化 36 项规章制度。思想政治建设扎实推进,打造主题教育专题阅读书架、理论学习园地,实现"总支—支部—部门"三级理论学习体系同频共振。部门每月召开"思享荟",开展理论学习,推动重点工作落实落地。支部的主题党日活动特色鲜明,开设党建创新项目申报,开展"书香润征程"诵读比赛、特色微党课、党章知识竞赛等活动,打造"一支一特"。强化安全稳定和保密工作,定期开展安全隐患排查,每月开展消防检查,全年没有出现一例安全事故。高度重视工会、群团和统一战线工作,持续开展银龄读者服务,联合离退休处"星期三课堂"开展银龄讲座,承担校工会"玫瑰书香"阅读活动,组织民主党派、离退休职工座谈会。全年提交档案 281 件。

【文献资源建设与服务】

完善"双一流"学科文献资源保障体系,全年入藏纸质图书 10.1 万册、电子图书 22.5 万册、特藏文献 6 500 余份、捐赠书籍 4 840 册、方志 1 104 册,完成 60 个数据库的续订和新增。新增资源长期保存、"书人合一"智能推荐、特藏资源管理、智慧书屋项目等平台,构建智慧图书馆服务体系。文献服务质量稳步提升,全年读者入馆 165.06 万人次(增长 20.31%),门户网站首页访问 461.52 万人次(增长 41.57%),数字资源全文下载 1 779.24 万篇(增长 48.52%),纸本图书外借 21.06 万册次、电子图书阅读 42.45 万册次,文献建设水平与文献服务质量稳步提升。

【文献情报服务】

全年完成科技查新 538 件(增长 16.81%)、查收查引 23 733 件(增长 59.07%),全面助力学校长江学者和高层次科研奖励申报,其中完成报告助力获国家级科技进步奖一等奖 1 项,高等教育(本科)国家级教学成果奖二等奖 2 项,国家级教学成果奖二等奖 1 项,职业教育国家级教学成果奖 1 项,以及重庆大学牵头获2022 年度重庆市科学技术奖一等奖 10 项。顺利通过世界知识产权组织技术与创新支持中心(TISC)运行评估并再获授牌,当选第二届高校知识产权信息服务中心联盟常务理事单位。通过开展知识产权展览、课堂讲座、专题培训、知识竞赛等,提升师生的知识产权保护意识和创新意识。面向校内职能部门和科研单位推出《文献情报动态》5 期。开展国际出版畅享重庆大学服务活动,助力学校科研人员研究成果出版,提升国际学术影响力,协助王时龙教授团队学术专著在爱思唯尔出版集团出版。

【信息素养教育】

不断拓展信息素养教育的深度和广度,以新生讲座、专题讲座、学院定制专场培训、深度科研分析讲座等形式开展信息素养讲座培训 54 场,同国际合作与交流处联合开展国际学生新生利用图书馆培训,持续建设信息素养教育平台与视频库,完成研究生公共选修课"科技文献检索及利用"教学任务。牵头举办重庆市大学生信息素养大赛和西部大学生信息素养大赛,成功举办学校第五届"圕强达人"信息素养大赛。持续落实学院联系人制度,为所有科研单位均配置一名专业学科馆员,加强图书馆与学院的沟通和交流,进行收集反馈文献需求、宣传图书馆资源和服务、开展师生信息技能培训、完成对口学院数字图书馆维护等,不断深化学科服务内涵。

【文化育人工作】

启动建筑图书馆修缮工作,开放科幻主题图书馆,主办"书香四季"线上线下文化育人活动 92 场,举办主题展览 16 场次,强化文化育人阵地建设。"今日我值班、悦读香满园""暑来书往——分享你与书的故事"等活动获广泛好评。推广"学习生活羊皮书""校长书单""青春时光纪念册""重大记忆""逸夫楼讲座"五大文化育人品牌活动。设计印刷 2023 年校长书单贺卡 6 500 份。青春时光纪念册已建立班级 794 个,用户总量达 16.2 万人。

【社会服务】

与重大幼儿园、附小、附中共同开展书香校园和东川书屋建设。筹集书刊 2 489 册,圆满完成绿春县图书馆定点帮扶任务。开展"赠人玫瑰,手留书香"系列活动,与合川区米兰村、沙坪坝区井口街道等对接捐赠书籍 1.8 万册。全年办理一中师生借阅卡 4 000 余张、校友借阅卡 445 张、社会读者卡 67 张。落实佑启乡邦,践行服务社会职能。

【学术研究与队伍建设】

通过设岗聘任,强化人岗匹配,压实岗位职责,提升队伍工作效能。主办智慧图书馆建设学术研讨会,共建方志数字人文研究中心,启动重庆大学数字记忆二期项目建设,开展 8 期"快乐馆员"培训,学术型队伍打造成效明显。全年获批纵向项目 5 项(国家社会科学基金项目 2 项、市教改项目 2 项、市知识产权局项目 1 项)。编辑出版《数字文献资源环库要目总览》。发表高水平论文 7 篇,获重庆市社会科学优秀成果奖 1 项、高等教育文献保障系统管理中心成果奖 1 项。1 人获得专业技术副高七级职称资格,1 人晋升专业技术副高六级职称,1 人晋升聘用为六级职员,1 人晋升聘用为八级职员。

(撰稿人:史 丹)

档案管理

【综述】

2023 年,档案馆始终坚持党建引领,紧紧围绕学校"双一流"建设部署,以"融入中心,服务大局"工作理念,坚持"筑牢根基丰富记忆、提升能力强化服务、持续发力打造精品"工作思路,忠实履行为党管档、为国守史、为民服务的职责使命,努力开创档案咨政、服务、育人新局面。

【坚持党建引领,党建与业务相互促进】

始终把党的建设放在首位,持续深化理论学习,强化党员队伍建设,筑牢新时代意识形态和保密安全防线,严格落实"三会一课",确保党建主体责任抓牢抓实,在业务工作中强化档案工作姓党的政治属性,切实发挥党支部战斗堡垒和党员先锋模范作用。完成主题教育读书班学习,完成专题调研及研究报告,召开民主生活会等;设立"书香兰台"学习阵地;积极参与学校廉洁教育活动,制作的以黄尚廉院士为原型的廉洁宣传短视频——《礼·勿》入选教育部第八届高校廉洁教育系列活动优秀作品;"立德树人"展览馆和红色文化展廊助力学校主题教育,在 6 月 25 日上游新闻推出的记者深入第一批主题教育单位活动中发挥积极作用;与材料学院党委联合共建,开展"材料强国"系列活动。

【坚持守正创新,特色与亮点不断呈现】

(一)推进档案文化育人创新

始终围绕学校"双一流"建设目标,为"双一流"建设之"思想政治教育""文化传承与建设""实践育人"等指标贡献档案力量。

1.助力学校思想政治教育

2023 年,原创话剧《何鲁》入选 2024 年度教育部高校思想政治工作精品项目之原创文化精品。

2.助力学校文化传承与建设

《何鲁》入选由中国科协、教育部、共青团中央、中国科学院、中国工程院、中国文联主办的"科学家故事舞台剧推广行动"首批 10 个重点推介剧目名单,入选重庆市文联文艺创作扶持项目,囊括第八届重庆大学生戏剧演出季八个奖项且七个奖项排名第一,荣获第五届重庆青年戏剧演出季非专业组五个奖项且均排名第一。原创校史文献剧《重大·1929》嵌入新生知校爱校教育,军训期间全覆盖新生演出。上述两部大剧均受到师生喜爱和好评,受到人民网、《重庆日报》、华龙网、上游新闻、今日头条等主流媒体和社会各界的关注和好评。开展纪念何鲁诞辰 129 周年系列活动,演出 4 场话剧《何鲁》,举办何鲁生平图片展和诗书艺术展。

编辑制作《冯简档案文献资料》赠送冯简亲属。承办重庆体育博物馆文物展品征集沙坪坝区专场捐赠活动等。

3.助力学校实践育人

以校史舞台剧排演为平台,搭建思政"大课堂"。为 10 余个学院 100 余名学生提供话剧表演实践和幕后工作实践机会;招募培训"立德树人"展览馆及红色文化展廊学生讲解员 40 余人次;指导口述历史学生志愿者社团 50 余名学生参与口述档案实践活动。

(二)推进档案数字化转型发展

始终围绕学校"十四五"发展规划指标,着力完善公共服务体系,加快推进档案数字化转型发展,全面深化档案管理,着力提升服务师生社会能力。

1.通过国家级数字档案馆测评

2023 年 4 月,以高分顺利通过"国家级数字档案馆"测评验收,档案信息化建设位居国内高校前列。

2.加快推进顺应"数字重大"建设的电子文件归档公共平台建设

开展校内多部门电子归档需求调研;完成平台建设的立项申报、建设方案编制、专家论证、招标采购等工作,并启动实施第一阶段建设任务。

3.多管齐下筑牢档案安全防线

优化调整档案网络布局,升级防火墙、入侵检测、日志审计安全设备,部署网络监控系统、动环监控系统,扎实开展数据灾备恢复演练,完成档案系统漏洞扫描和渗透测试检测与整改,实施馆藏所有数字化成果的检测和备份迁移以及重要档案资源和应用系统的异地备份。

4.推进电子档案库房一期建设

完成电子档案长期保存系统项目建设与验收,实施 OA 系统 2.1 万余份电子公文、网络教育近 3 年 12 万余份电子学籍的封装入库长期保存,探索建立学校各类档案资源的长期保存工作机制。

【坚持固本培元,资源与服务统筹发展】

(一)不断夯实基础业务

1.加强纸质材料归档

全年共计接收文书类文件 18 263 卷/件、专题类 1 390 件;完成学校 2021 年密级文件和纪要等内部文件的归档。

2.完成学籍档案数据化

完成校友数据库项目二期建设,形成 377 950 条证书类数据、228 507 条就业派遣数据、377 418 条招生数据、130 923 条成绩数据。

3.丰富原生电子档案

全年接收 OA 电子公文 10 807 件、声像档案 3 270 件、网院电子学籍 295 777 件。

4.持续开展档案数字化

完成 2022 年新增文书等各类档案数字化副本 27 746 件/卷、341 076 页。

5.丰富馆藏珍贵史料

征集入馆实物 689 件、照片 400 余张。

6.优化声像档案资源

完成合校前 343 卷、16 178 件老照片的归类调整,完成 1 611 件毕业合影照片补充著录与归类调整,完成馆藏 468 张声像光盘的文件清理、格式转换和数据备份。

(二)着力提升服务质量

1.档案服务

打造覆盖校内外、以线上为主线下为辅的档案服务体系。全年线上线下共接待查档 7 412 项,调阅档案 22 146 卷次;办理学历认证 1 726 人次、4 269 卷次(含教育部、重庆市高校就业指导中心学历学位认证)。

2.学生档案

2023 年度接收本科新生档案 5 900 余份、接收整理硕博研究生新生档案 1 210 余份;投递毕业生档案本科 4 856 份、研究生 4 948 份;办理改派、改寄、退学本科学生档案 1 067 份,研究生 2 131 份;日常查阅、政审、咨询等 1 574 人次。

3.教职工人事档案

2023 年度接收教职工人事档案 236 卷,零散材料 11 682 份;提供查阅 965 人次 1 764 卷次;复印资料 4 943份;整理装订 135 卷;协助组织部、人事处调取归还审核档案 6 300 余卷次。

4.学籍翻译

2023 年度面向各类学生提供成绩、证书、高考录取名册等翻译 1 583 人次。

(撰稿人:朱文婉)

医疗卫生

【综述】

2023 年,校医院深入学习领会党的二十大精神,强化党风廉政建设,在学校的正确领导和大力支持下,不断提升医疗服务能力,健全教学体系,改善院内治理,全面践行健康中国战略,保障全校师生健康,促进医院事业发展迈上新台阶。

【思想政治和意识形态工作】

加强思想政治学习,坚持把政治建设放在首位,不断提高政治判断力、政治领悟力和政治执行力,全年开展党总支理论中心组学习 14 次,支部主题党日 43 次、职工政治理论学习 16 次;严格执行党总支领导下的院长负责制,全面落实党总支书记、院长沟通协调机制,全年召开院长办公会 20 次,党政联席会议 14 次,党总支会 13 次,通过党政联席会议议题 41 个。

夯实基础组织建设,凸显堡垒作用,努力提升支部标准化建设内涵、提高干部人才队伍战斗力、增强统战群团组织凝聚力。

扎实推进党风廉政建设,持续抓好行业作风建设,每学期召开党建暨党风廉政建设专题讨论会,压实党风廉政建设“两个责任”,切实履行“一岗双责”,认真学习《廉洁从业九项准则》,实行医德医风“一票否决制”;落实意识形态责任制,坚持党对意识形态工作的全面领导,每学期专题研究意识形态工作,开展保密教育集中学习;加强网络舆情监测和研判,强化媒体管理和正面宣传引导,全年对外宣传报道 87 篇。

不断严密党总支、党支部、党员“三位一体”组织体系,全面推动党建业务深度融合,加强支部标准化建设;坚持党管干部原则,严把“三关”提升选人用人科学化水平;充分发挥统战法宝作用,落实党员领导干部联系党外代表人士制度,加强工会建设,充分调动群团工作积极性,凝聚强大发展合力。

【医疗服务保障】

门诊 132 225 人次,急诊 22 907 人次,急诊占总门诊人次 17.32%,住院 988 人次,门诊留观 2 485 人次,检验检查 221 586 人次,救护车出诊服务 419 人次,为新生开学典礼、各类考试、活动提供现场医疗服务和应急救护保障共 200 次。

开展教职工年度健康体检及基本公卫体检 3 844 人,妇科体检 1 398 人,其他各类零星体检 8 007 人次;完成休复学管理及体育免测缓测审核,审核休复学 210 余人。

全面落实《重庆大学推进应急救护工作实施方案》,2023 年 3 月培训物资购置到位,开展了 2022 级、

2023 级新生全覆盖 2 学时急救技能培训,指导新生掌握心肺复苏和止血包扎技能,完成重庆市非医疗机构公众卫生应急技能培训基地申报,外派 26 人参加培训并取得公众卫生应急技能师资合格证。

与体育学院协作,针对肌骨损伤后康复进行健康教育宣传和康复指导,开展体医融合健康讲座共 8 次,体态评估与指导 17 次,评估干预 97 人。

分别在 A 区、B 区、虎溪校区设置临床心理门诊诊室,每周外请精神心理科专家开展 4 次心理门诊,外派一名临床医生进修学习心理专科,满足师生就诊需求。

协助学校完成健康驿站迁移及健康管理。

【传染病防控】

加强传染病防控监测预警,落实传染病应急处置。通过就诊反馈、大疫情网上报数据及因病请假等方式追踪监测疫情并预警,针对 8—9 月 2 例学生登革热疫情,及时管理患病学生,开展蚊媒监测及登革热预防控制健康宣传,与后勤协同开展环境消杀;报告乙丙类传染病 1 936 例,处置 103 起传染病聚集疫情;追踪肺结核疑似病例 20 人,确诊 13 人,筛查密接 37 人,定期随访强阳性 2 人。

依托新生入学体检,做好健康管理与传染病防控教育。完成 2023 级新生入学体检共计 14 314 人,发现肺结核 2 例,均按要求保留入学资格处置,对存在血压、心肺听诊异常及检验项目异常等问题的新生进行复查随访;确保健康教育处方人手一份,内容涵盖新冠、流感、肺结核、艾滋病等常见传染病防控及高温中暑预防知识;入学体检期间完成防艾知晓率问卷调查,面向本科生开展健康通识课程,共计 32 学时。

【公共卫生服务】

落实基本公卫服务,提高二类疫苗接种率。全年新建居民健康档案 6 614 份;完成高血压管理 1 528 人,糖尿病管理 673 人;老年人管理 1 880 人;重型精神疾病管理 68 人;重点人群家庭医生签约 2 570 人。接种疫苗 3 552 针次,其中二类疫苗接种共完成 2 805 针次,较 2022 年同期上升 87.9%。

【医保管理工作】

组织推进学生医保参保,2023—2024 学年度参加大学生医保 29 105 人,参保率 93.7%,位居全市高校参保人数首位;完成市级公务员医疗补助信息审核 600 余人次;完成职工及居民"两病"申报 700 余人次。荣获沙坪坝区 2023 年医保基金集中宣传月活动先进单位称号。

【提升服务能力,改善就医条件】

强化智慧医院建设。持续推进 HIS 系统升级改造。依托学校"智慧校园"建设,打造校医院智慧便民服务系统并正式启用,配合学校"智慧重大一站式服务中心"建设,梳理 8 项师生服务事项。

新增口腔扫描仪和口腔手术显微镜、电子鼻咽喉纤维镜、血气分析仪、微波治疗仪等医疗设备,拓展医疗服务项目;持续改善患者就医体验。为患者热情提供导诊、复印、量血压、预约挂号等便民服务;增设老花镜等便民措施;加装候诊椅垫、轮椅通道等,切实改善群众就医感受,提升患者体验。

深化安防规范化建设,积极主动与学校保卫处对接,加装微型消防站,增设摄像头;安保人员加强消防检查频次,完善巡检制度;及时更换老旧消防设施设备,确保医院消防安全。

(撰稿人:章华玲)

安全保卫

【综述】

2023 年,党委保卫部(保卫处)以习近平新时代中国特色社会主义思想为指导,以习近平总书记关于平安中国建设的重要论述为根本遵循,始终坚持以"除险清患"为工作导向,立足底线思维研判形势,聚焦突出风险精准防控,围绕总体国家安全观建章立制,成绩面前不断"归零",隐患面前坚持"清零",以一域之稳为全校之安努力作贡献。学校荣获"重庆市国家安全人民防线建设工作突出贡献集体""重庆市高校政治安全和校园稳定工作先进集体""第二届川渝高校反邪教活动优秀组织单位"等称号。

【坚守底线筑防线,校园安全平稳可控】

提交校园稳定态势研判报告 2 份,收集情报信息 125 条,报送情况反映 30 期、每日信息 67 期,开展人文社科类讲座、学术交流、涉外科技合同审批 2 436 份,走访重点人员 20 余次,协查信息 180 余人次。组织召开安全稳定工作例会 11 次,传达部署研讨安稳工作事项 46 项,校领导带队开展现场安全督查 20 次,纳入挂单督办隐患整改事项 28 项;完成 33 个单位安全稳定管理责任书的重新签订。为重要来访、大型活动提供安保 87 场,组织治安清查、隐患排查 500 余人次,深入学生宿舍、校内商户开展安全督查检查 23 次;开展校园矛盾纠纷"大排查大起底大化解"专项行动,稳妥处置较大集访或闹访事件 23 起,处置调解涉校涉师涉生纠纷 22 起,实现"校园安全稳定形势总体平稳,重大安全事故零发生"总目标。

【全力以赴除险患,综合治理成效显著】

深化源头防范排查,研发重庆大学安全隐患管理系统,实现隐患"排查、整改、督办、反馈"闭环式清单管理,形成"逐级排查、上下联动、全程督办"的安全隐患治理体系,发布《安全管理工作指引》《风险识别与隐患排查指南》,开展重大事故隐患专项排查整治 2023 行动,入库督办整改隐患 172 项。完成校园摩托车、电动自行车专项整治工作阶段性任务,制定发布《管理办法》《专项治理通知》,做好车辆实名登记、通行授权、停放引导、充电规范、文明骑行教育等系列工作,清查无证车辆 651 辆,处置违规行为 307 起,彻底解决"堵塞生命救援通道"等老大难问题,实现平稳整治、无舆情的工作目标,解决了多年想解决而没有解决的难题,成为兄弟高校整治典范。优化校园交通电子警察系统,校园交通秩序良好,全年无交通责任事故发生。

【数字赋能促发展,智治系统提档升级】

"智慧消防"助推消防安全管理模式升级,建成 4 个校区消防控制中心,将 37 个消防控制室和 38 台区域报警主机报警信号和联动控制功能统一接入,实现"报警监管一体化";建立 30 679 件(具)消防器材、4 443

个消火栓"户籍"信息卡,绘制885张疏散指示图,覆盖318栋建筑物,通过移动终端App下发巡查任务、报送维保事项、完成隐患整改等,实现"管理手段数字化";依法依规配置消控中心值班人员,与相关楼栋消防控制室协调联动,快速响应,实现"应急处置流程化",为学校消防安全再上一道"阀门"。夯实全天候全区域技防体系,全年调阅视频监控474次,监控查证线索可见率达98%;建立统揽全局的防控面,强化入校管控,完成校园出入管理系统优化升级,与校医院就诊挂号系统、图书馆借阅系统、基建项目技防系统等多个校内管理系统对接联动,2023年入校人员1 426万人次、车辆371万车次,校门有序开放、秩序井然。集合八大子系统整合成智能融合平台,形成全校安全"一张网",实现指挥调度高效化、辅助决策信息化、应急管理快速化,清华大学、北京大学等20余所高校同仁前来调研学习。

【精准发力护师生,安全育人行而不辍】

全力以赴打好反诈专项整治三年行动收官之战,持续巩固长效机制。深入各单位开展反诈宣传活动41场次,参与师生20 659人次;校警联动开展拒赌反诈专题活动7次,参与师生4 310人次;发放《大学生安全知识宝典》《青春防骗课本》,开展线上安全测试,实现反诈防骗工作前置;"平安重大"微信公众号粉丝量突破10万,发布反诈防骗推文19篇,阅读量14 468人次。持续打造校园安全文化,安全教育活动覆盖人数创新高。结合国家安全教育日、防灾减灾教育月、安全生产月、安全教育月等节点,开展专题讲座、应急疏散演练、知识竞答等活动41场次,参与师生14 743人次;全校安全教育覆盖达12万人次。安全育人活动受到中国新闻网、凤凰网、华龙网等多家主流媒体的广泛关注报道。

【锻造队伍见真章,服务保障优质高效】

以开展主题教育活动、安全工作专项巡视为契机,巩固和扩大成果,激发队伍工作热情和进取精神。完成主题教育活动调研报告5份,提出具体整改措施28条,均在规定时限高质量完成,为民办实事上百件。选优配强打造"主力军",持续推动队伍准警务化管理,组建快处特卫队,全面提升快速响应、应急处突能力。全年案事件接报717起,同比下降17.5%,找回电脑、手机等物品共计600余件,调查走访1 000余人,挽回经济损失43万元。严简结合做优窗口服务,办理户籍证明418人次、政审证明210人次、户口迁出(入)1 121人次、公共区域审批309次、车辆权限办理3 140车次;成功筹办全国高教保卫学会第五届全国高校巾帼论坛,扩大行内影响力。

(撰稿人:陈 青)

后勤服务

【综述】

2023年,后勤管理处在学校党政的正确领导下,坚守"三服务、三育人"理念,坚持党建引领,始终围绕"保障有力,服务有效,成本合理,师生满意"的工作目标,结合年度重点任务,扎实开展各项工作,助力学校"双一流"建设。

【落实引领,扎实开展党建工作】

认真落实主题教育"学思想、强党性、重实践、建新功"总要求,把主题教育理论学习与推动后勤高质量发展和解决师生急难愁盼问题相结合,推动学习成果见实效。落实"三会一课"制度,抓实支部建设,制定《后勤党支部建设和党支部书记抓基层党建工作的要求》,强化意识形态工作责任落实,营造"三全育人"环境。召开党委会会议专题研究党风廉政建设工作和全面从严治党要求,全面落实"一岗双责",制定《后勤党委全面从严治党工作方案》,压实廉政责任传导。

【保障有力,努力打造高效后勤】

1.做好教学保障,确保教学工作有序开展

加强硬件设施建设,改善教学条件。完成4次教学检查,10次国家级考试后勤保障,各类校级、学院活动、考试及招聘100余次。加强自习教室和临时活动教室的场地管理,多措并举保障教学及体育训练有序开展。

2.做好饮食保障,确保校园食品安全

进一步做好"明厨亮灶""阳光餐饮"工程,圆满完成师生用餐及各类活动用餐保障。推出"餐桌110"服务热线,配备食品安全总监、安全员。对所管辖的食堂组织开展安全文明大检查及专项检查25次,妥善处理各类诉求,未发生安全责任事故。

3.做好环境保障,确保校园整洁舒适

清运日常、绿化、建筑垃圾及废弃物7 500余吨;完成4座室外公共卫生间升级改造,完成学生宿舍29个垃圾分类投放点改造升级工作;完成日常绿化养护、补植补种累计达171万平方米;打造A区一舍旁"银杏林休读点",对草坪、绿植及水生植物进行提档升级,进一步美化校园环境,创建绿色校园。

4.做好宿舍保障,确保学生安心入住

持续做好宿舍送旧迎新及开学准备工作,关心关爱学生,搭建学生和后勤的沟通渠道。完成寒暑假宿舍专项维修、学生宿舍三期洗衣房建设,对 A、B 校区床位进行编号,布置"毕业生废弃物品集中投放点",为学生配置 6 台冰箱供存放药品。

5.做好修缮保障,确保设施设备健康运行

落实网格化管理,协助处理电网设备缺陷和线路检修,及时完成突发性跳闸、线路短路、设备故障等抢险任务,完成 43 394 项零星维修;完成学校日常维护、改造和应急排危 589 项。保障电梯、中央空调设备、高杆灯设施、二次供水系统、宿舍空调及热水系统设施设备正常运行。

6.做好会场保障,确保班车安全运行

配合学校、各单位做好重要会议、大型活动的会场布置、电路铺设、现场保障等 39 次,保电工作 12 次;新增 A、B 校区与 C 校区穿梭车接送服务,做到交通安全零事故。

【服务有效,持续改善民生问题】

1.注重节能宣传,创建节约型校园

注重节能宣传教育,组织开展节能宣传周和全国低碳日宣传活动、中国水周节水知识竞赛、第四届"节水在身边"短视频征集、迎峰度夏节约用电宣传活动。加强管线巡检工作,全年处理水管漏点 20 余处。能源净支出呈现逐年递减的趋势,超额完成能源费收支双控目标。

2.做好通信服务,推进快递驿站建设

完成危房片区及施工场地通信线路迁移、室内线路改造等中大型通信线路改造工程共计 14 起;完成 89 万余次各类信件、报纸及杂志的收发工作;积极推进与中国邮政沙坪坝分公司共建协议的续签工作;有序推进沙坪坝校区快递驿站建设工作。

3.加强基础设施建设,为师生提供优质服务

有序推进"沙坪坝区松林坡等七个小区城市供气老旧管网综合更新改造项目"供气部分施工及移交等工作;完成学生宿舍老旧计量设施更换改造(一期)工程;有序推进 A、B 校区 13 台电梯加装及更换,A 区学生一食堂后厨改造,A 区思群广场和团结广场跑道更换及照明设备升级等工作。

4.加强信息化建设,推进服务效能提升

申报"重庆大学能源服务信息平台升级(二期)"建设,完成能源在线缴费及二级单位用能指标管理两个系统软件开发。持续进行智慧报修系统、会议预定系统的推广、优化。结合数字重大建设,创建"重大后勤"公众号,整合学生宿舍自助平台、用电查询系统、维修服务平台、维修项目管理信息系统,为师生提供一站式服务。

【成本合理,严格控制运营成本】

进一步加强采购管理,每月对采购、机修库房、商贸物配部销售单等进行对账。审核各食堂、商贸物配部库房内部调拨,月末与库房盘存、费用表进行核对,与各供货商进行审核结账、成本结转等账务处理。加强对 3 万元以下工程项目的审计,共计 422 项,共审减 16.26 万元,审减率为 7.28%。参与工程收方项目共计

812次。坚持厉行节约,坚持统筹兼顾,从严从紧控制"三公"经费开支,严格控制各类运行成本,全年做到收支平衡。

【 师生满意,推进后勤创新发展 】

1.立足岗位办实事,服务师生暖人心

联合开展"最美宿管""光盘行动""食在重大,寻味家乡菜""学生厨艺比赛""重庆大学体育名师大讲堂——李雪芮专场"等活动。进一步推进宿舍、食堂、场馆育人阵地建设,提升管理服务质量,加强思想与价值引领,丰富育人载体。

2.强化内部管理,推动后勤优质发展。

围绕做好学校后勤服务保障工作,积极探索新的后勤管理方法和措施,大力推进信息化应用建设,强作风、强质量、强效率、强管理、强素质。加强职工业务培训,注重人文关怀,重视职工利益。积极参加、组织开展各项工会活动,在校运动会、篮球赛、气排球赛等比赛中均取得良好成绩,荣获工会工作先进集体。

始终坚持以师生为中心的服务理念,不断苦练内功,引领后勤工作朝着有序、高效、优质的方向发展,为"百年新重大"建设发展作出积极贡献。

(撰稿人:李 军)

社区工作

【综述】

2023年,社区办在学校党委行政领导下,强化党建引领,深化校地合作,努力建设平安、和谐、智慧社区,助力学校事业高质量发展,为"百年新重大"建设提供有力支撑。

【党建引领】

社区办党支部坚持用党的创新理论凝心铸魂,按要求组织学习,党建工作和业务工作紧密融合。到巫山县开展党建联建活动,向农家书屋捐赠图书150册、价值7 000余元,助力乡村振兴。唯一一名副主任远赴定点帮扶地云南省绿春县挂职,为定点帮扶贡献积极力量。落实"三重一大"议事规则,增强内控能力,提升整体服务效能。

【安全管理】

1.推行网格化管理,构建协同共治下沉机制

落实住宅区网格化管理责任制,引导多元主体参与社区自治。以社区办为核心,带动业委会、居委会、居民代表、物业公司等,打造协同共治下沉机制。实行网格化管理,确保安全隐患问题及时发现、快速处置、即时反馈。

2.加强安全巡防,确保隐患排查到位

建立日间巡防与夜间巡检相结合的安全巡查"双机制";定期开展安全检查、楼道杂物清理,屋顶安全管理,安装安全警示牌;会同相关部门处理白鹤岭120号房屋墙体开裂;开展"防范电动车违规充电"检查,整改电瓶车违规充电20余起;向"住改商"科普电路电器安全常识,发放宣传资料300余份,严防死守安全底线。

3.开展专项整治,积极消除安全隐患

稳步推进消防疏散通道整治工作,将违法建设治理与消防安全隐患整治统筹结合、一体推进,联合相关部门,对住宅楼阻塞消防通道的违建行为依法拆除整治。"一门一档""一户一策",先后5次张贴宣传单并发放告知书1 000余份,共拆除违建铁门116扇,打通消防生命通道94处,涉及楼栋73栋、住户154户,消除了消防安全隐患;排查消防设施,确保消防器材完好率达到100%。

4.加强安全宣传,做到安全教育全覆盖

积极开展用能安全宣传,达到宣传全覆盖。组织开展"全民反诈,你我同行"宣传活动,志愿者采取播放

宣传片、案例介绍及协助下载反诈 App 等方式对居民进行反诈宣传,发放宣传单 2 000 余份。

【校地合作】

1.狠抓社区治理,确保违法建筑零新增

加强违建整治宣传引导、联防联动、风险预判及长效管控,坚决遏制校内住宅新增违建,加强巡查力度,及时发现违建苗头,全年有效劝阻违法搭建 4 起,拆除违建存量 3 处,面积约 12 平方米,巩固"无违法建筑校区"荣誉。

2.联合地方执法,规范管理"住改商"

坚决杜绝餐饮行业在社区中"死灰复燃"。完成"住改商"信息登记,建立一户一档。发放诚信经营通知书、安全责任书,每月开展消防安全检查。全年发放安全告知书 4 次,共计 300 余份,有效制止开展食品加工 5 次,劝阻拟经营食品"住改商"3 户,确保全校住宅区 72 户"住改商"商户无餐饮类行业。

3.加强房屋管理,助推学校工作有序开展

主动作为,配合相关部门,依法依规收回建工东村 104—106 号架空层被占用的公有住宅共计 400 余平方米,及时转交房管处。协助"重大花园"一期工程 C、D 栋项目已售房安置工作有序开展。扎实有效地推动 D 级危房的住户搬离,确保了六栋 D 级危房按时拆除。

4.营造良好氛围,共建和谐文明社区

倾听居民诉求,化解矛盾纠纷,开展政策咨询解答;全年接待信访 111 项,已办结 109 项;协同房管处对接渝碚路街道,有效清理学校位于站西路、杨梨路等地块校外居民私自占地种菜;积极推进社区垃圾分类工作;联合虎溪街道,处理虎溪花园业主违建和圈占小区绿化带,协助完成临时业主大会召开相关工作,维护小区有序运行。

【公共服务】

1.推进电梯增设,方便老旧小区居民出行

大力推进电梯增设工作,积极考察电梯企业,印制宣传资料,开展宣传动员活动,协调化解邻里矛盾 118 次,接待咨询近 800 次。开展增设电梯外观统一设计论证,建立电梯加装数字化地图。老旧住宅增设电梯完成施工 5 台,在建施工 7 台,已签订合同正在审批 8 台。

2.改善居住环境,系统推进老旧小区改造

推进学校社区旧改工作,提升小区居住品质。引入政府资金改造校内小区,持续推进松林坡小区改造工作,对接沙坪坝区政府将学校建工村小区和新华村小区纳入老旧小区改造范围;落实为民办实事,核查维修项目,增设便民设施等,全年加装护栏、扶手、晾衣杆等设施 200 余米,维修休闲桌椅 10 余处。

3.开展信息采集,便捷社区居民校园通行

全年新增、更新校园门禁录入信息 1 000 余条,总计录入 5 520 户 9 783 人,进一步规范了人员进出权限,助守校园安全底线。

4.重视群众工作,文化阵地建设齐头并进

推动校地共建,促进政府功能向社区延伸,与街道共同打造建工村便民服务中心,提升便民服务水平。全年完成物业费代扣代缴费用核算共计 450 余万元。组织志愿者社团活动,开展文化社区建设,指导志愿者协会开展活动;开展浓情端午活动、"百姓舞台"及"七一"汇演,传承传统文化,弘扬主旋律。

5.协助解决问题,助推各项改造工程顺利开展

确保用气安全,全力配合、协助推进学校家属区燃气改造工作,协调 A、B 校区燃气改造入户 100 余户,共同维护学校住宅区燃气安全。与沙坪坝区相关部门多次协调处理 C 区住宅区垃圾处置费历史遗留问题,切实解决居民后顾之忧。

（撰稿人:阮西渝）

科技产业

技术转移研究

【综述】

2023年,技术转移研究院深入践行习近平总书记关于科技成果转化的重要论述,以"服务学校'双一流'建设,服务国家重大需求,服务社会经济发展"为使命,积极推动有组织的科技成果转化工作,努力营造"创新氛围""制度氛围""服务氛围",持续开展知识产权规划、申请、运营、维护,推动科技成果熟化与转化,探索成果落地实施路径,服务地方研究院建设,助推大学科技园升级发展。

【营造制度氛围】

积极营造浓厚的制度氛围,通过一系列制度创新与优化,为科技成果转化提供有力支撑和保障,推动科技成果转化持续健康发展。建立成果转化激励机制,推动学校增设科技成果转化系列职称,正式颁布实施《教师高级职务基本申报条件·科技成果转化系列》,单独设立科技成果转化类研究员(正高)、副研究员(副高)职称序列。根据新形势下成果转化的要求,修订知识产权与成果转化系列制度10余项,调整成果完成人与学校收益分配比例,建立成果转化全过程管理制度。建立科技成果转化工作联席会议制度,统筹校内成果转化相关单位,协调解决科技成果转化及相关项目推进中遇到的重大问题,实现信息共享,形成高效沟通机制,构建科技成果转化发展新格局。牵头完成知识产权与科技成果转化工作领导小组调整,形成由校长担任组长、分管成果转化和科研的副校长担任副组长,相关职能部门主要负责人为成员的领导小组。

【营造服务氛围】

坚持以服务为核心,不断优化服务流程、丰富服务内容、提升服务质量,为师生提供全方位、多层次的科技转移转化服务,推动科技成果的高效转化与应用。

持续推动具有重大特色的职务科技成果转移转化,促进科技成果高水平创造和高效率转化。通过策划重大成果转化项目合作对接,成果转化合同金额屡创新高,能动学院和机械学院项目分别以合同金额3 000万元和3 500万元实现转让,电气学院项目实现学校作价投资突破。实施首次高质量科技成果转化项目培育计划,面向全校征集培育项目,通过项目路演及评审,支持和引导研究团队围绕成果进行特色凝练、技术升级、小试中试及产业化拓展。

组织参展中国国际智能博览会,以"产研双向"为标准遴选科技成果,展示数量及规模均创历届之最。组织科创中国·高等学校技术交易大会,牵头协办数字经济产业论坛,组织数字经济领域研讨,由邓绍江副校长作专题报告。走访资安、电气、机械等学院开展成果转化政策宣讲,鼓励科技成果负责人面向市场,积极投入成果转化,约300名师生参加。研究院组织开展知识产权宣传周活动,举办培训班、主题展览等,吸引大量师生参与。持续开展专利申请前评估,提升专利质量,并举办技术经理人培训班,提升技术转移转化队伍的专业素养。

【营造创新氛围】

持续跟踪服务各地方研究院,包括产业技术研究院、溧阳智慧城市研究院、新型储能材料与装备研究院、锂电及新材料遂宁研究院和德阳智能机器人研究院。重点布局专业化研究院建设,云从科技投资5 000万元研发经费与学校共建人工智能机器人联合研究院,面向人机协同、AI大模型等关键技术及应用,双方共同开展成果转化,建立协同创新和高效转化新机制;与沙坪坝区政府、星云基因共建精准医学研究院,面向精准医学前沿研究投资3亿元打造精准医学新型研发机构,形成稳定、持续的校地企高质量合作;助推升级版产研院项目落地,项目计划投资12亿元,一批经费反哺学校发展。

大学科技园与沙坪坝区科技局共建金沙科创园,新增孵化场地4 000平方米,在孵企业实现分批入驻,助力环重庆大学创新生态圈提档升级。持续开展孵化服务,加强知识产权、专精特新"小巨人"等专项培训,组织第八届中国国际"互联网+"大学生创新创业大赛重庆市获奖团队交流座谈,积极开展科技咨询、宣传动员等工作,不断推动园区企业发展。结合学校目标任务和工作实际,牵头落实学校"双倍增"行动计划,编制推动"双倍增"工作实施方案,协调创新创业学院组织培训辅导,提升高校师生和科研人员创新创业能力。

地方研究院与大学科技园不仅促进了产学研的深度融合,更为师生提供了广阔的创新创业平台,有力推动了学校的科技创新和成果转化,在营造学校创新氛围中发挥着举足轻重的作用。

【工作成效】

学校专利申请2 085件,其中发明专利申请1 971件;专利获权1 742件,其中发明专利获权1 467件。全年签订成果转化合同68项,合同金额7 832.44万元,较2022年增加45%,平均合同金额115万元,较2022年增加39%,100万元以上项目较上年增加20%。

大学科技园全年园区新增企业20家,共有各类企业180家,其中符合两部认定的在孵企业123家,师生创业企业29家;市科技入库企业23家,其中国家级科技型企业3家,高新技术企业1家;园区企业有效知识产权71件。

参展智博会、精准医学研究院成立等工作受到媒体报道,其中学校科技成果转化举措和成效在中央广播电视总台《经济半小时》栏目中,以"打通科技成果转化'关键一公里'"为题重点报道。

(撰稿人:陈　瑜)

资产经营公司

【综述】

2023 年,产业党委、资产公司在学校党委和行政的正确领导下,以"启航新发展,提升竞争力"为主旨,攻坚克难,营业收入 9.74 亿元,净利润 3 465.59 万元,净资产 7.28 亿元,总资产 16.35 亿元。实现了国有资产保值增值目标,促进了校办产业健康持续高质量发展。

【党建工作】

1.学深悟透习近平新时代中国特色社会主义思想

全面学习贯彻落实党的二十大精神,落实"第一议题"制度。宣传展示"两优一先"先进事迹。提高人才队伍建设水平,成功举办产业骨干培训班。组织实施主题教育工作方案,抓好主题教育成果转化。夯实意识形态工作机制,落实意识形态工作责任制,加强宣传思想文化、统战、保密、安全稳定等工作。

2.持之以恒推进全面从严治党

召开全面从严治党工作会,制定《重点任务责任清单》,将从严治党工作作为党支部、企业年度考核重要指标。常抓警示教育,持续正风肃纪,组织前往市党风廉政教育基地开展警示教育。产业纪委履行监督责任和主体责任,做好信访工作,妥善解决职工反映强烈问题,协助校纪检监察机构做好问题线索的调查处理。

3.全力以赴推动巡视整改任务落实落地

落实巡视整改工作任务,履行主体责任,制定方案落实整改,建立长效机制,集中巡视整改取得阶段性成效。

【科技成果转化】

全链条打造科技成果转化服务能力。筹建 5 亿元规模科创投资基金;推进共建重庆大学精准医学研究院,助力学校获得 5 000 万元捐赠资金;制定《重庆大学技术转移转化体系建设方案》,拟打造"一站式"科技成果转化服务平台。在学院开展"高价值专利培育及转化工作",为科研团队开展"一对一"项目诊断,对 12 项重点项目进行深度培育;实现成果转化合同金额 7 832 万元,同比增加 50%;全过程辅助电气学院团队以作价投资方式实施"阿尔茨海默病神经心理智能评估机器人"项目转化,成立科技企业。

【校办企业体制改革】

持续推进校办企业体制改革工作。完成科企集团公司清理关闭。制定重大高科和高科物业清理关闭方案。启动知识产权公司吸收合并专利代理公司相关工作。落实教育部"回头看"发现问题整改工作要求,制定整改计划,建立台账,对标对表推进工作。

【校办企业发展】

积极推动校办企业创新发展。质检公司获得国家级"高新技术企业"、国家级"2023 年度建筑业 AAA 级信用企业(检测机构)"、重庆市"专精特新"中小企业等认定和称号。知识产权公司获得国家"高新技术企业"称号。

出版社坚持融合出版发展方向。在中宣部组织的社会效益评估考核中连续 5 年获得优秀等级。124 种教材入选"十四五"首批职业教育国家规划教材,位居大学出版社第 4 位。出版社"服务学校优势学科融合出版平台及资源建设项目"成功申报中央国有资本经营预算,获得资金投入 1 300 万元。

设计总院公司加强经营体系建设,增强市场竞争力。2023 年度合同总额 9.46 亿元,其中合同总额超 500 万元以上的项目 13 个;成功获批"工程勘察专业类(岩土工程)甲级"资质。

林鸥咨询公司推动高质量转型升级。取得电力工程监理乙级资质、水利工程施工监理乙级资质。获得中国政府采购网等单位的工程招标代理资格,工程招标代理业务取得零的突破,承接全过程咨询项目、招标代理、技术咨询服务项目 14 个。

知识产权公司(专利代理公司)深度服务学校知识产权与成果转化工作。建立重庆大学开州技术转移中心。为附属肿瘤医院等 7 所附属医院提供成果转化服务,成果转化 6 项,合同额超 1 900 万元。完成江津区科技成果评价及转化项目,转化专利 3 项,合同额 940 万元。

科技园公司服务师生双创工作,推进学校成果转化。与沙坪坝区科技局共建的创客港基地正式落地。成功申报国家级科技企业 3 家,市级科技企业 3 家,高新技术企业 1 家;在园企业 180 家,其中符合两部认定的在孵企业 123 家,师生创业企业 29 家。

学苑房地产公司(重大房地产公司)积极推动学校重点工程建设,"重大花园"C、D 栋建设项目顺利竣工。

科苑酒店公司调整经营思路,聚焦主营,营业收入同比增加 103.21%,净利润同比增加 88.17%。同时坚持"做好对校服务"的经营理念,完成学校重点接待任务 420 余起;注重社会效益,被沙坪坝区文旅委誉为饭店业典范。

【强化内控建设】

1.加强企业监督管理和内控建设

制定、修订《国有资产重大事项管理办法》等 12 项制度,梳理 51 项校办企业制度,形成制度汇编,指导督促所属企业开展制度建设。加强资金监管系统监管、审核,实现对校办企业大额资金变动的动态监控。开展校办企业内部审计工作,完成 1 项专项审计,5 家企业的常规性审计。

2.加强规范化建设和绩效薪酬管理

制定、修订《所属企业动态管理办法》等制度,加强校办企业规范化建设。制定《所属企业负责人薪酬管理与考核办法》,与所属企业签订年度经营业绩考核责任书,进一步健全激励考核机制。

3.做好综合治理工作

提升企业安全意识,切实抓好企业安全教育培训。开展安全定期自查和不定期检查,荣获"2023年平安校园建设先进集体"。

(撰稿人:娄思未)

出版社

【综述】

2023 年是全面贯彻落实党的二十大精神的开局之年,是实施"十四五"规划承前启后的关键一年。出版社坚持以习近平新时代中国特色社会主义思想为指导,贯彻落实党的二十大精神和习近平文化思想,深刻领悟"两个确立"的决定性意义,增强"四个意识"、坚定"四个自信"、做到"两个维护"。坚持把社会效益放在首位,坚持党对意识形态工作的领导权,履行出版责任,践行出版使命;坚持走专业化、品牌化、融合化的高质量发展道路,在市场不确定性增加的情况下,出色完成各项工作任务。

【社会效益】

在全国图书出版单位社会效益评价考核中得 99 分,连续 5 年被评为优秀等级;"服务学校优势学科融合出版平台及资源建设项目"获得中央国有资本经营预算资金投入 1 300 万元;3 个项目获得国家出版基金资助,1 个项目在国家出版基金结项考核中获优秀,8 个项目获得重庆市出版专项资金资助;124 种教材入选"十四五"首批职业教育国家规划教材;16 种图书获得全国优秀科普图书、"中国最美的书"等国家级、省部级奖项;8 种图书实现版权输出,4 种图书入选国家级文化交流项目;被国家版权局授予"全国版权示范单位";在各级各类图书质量检查中全部合格;销售码洋、营业收入、利润等主要经济指标再创新高。

【党建工作】

扎实做好主题教育,推动全社学习;提高政治站位,压实主体责任,推进巡视整改落实落地,顺利完成学校党委对出版社的第二轮巡视。加强干部队伍建设,提高党组织的战斗力,顺利完成出版社领导班子和党总支的换届选举工作。坚持落实意识形态工作责任制,确保出版社意识形态三级责任体系、"一岗双责"制度落实到位。加强廉政风险防控动态管理,严格落实中央八项规定和反"四风"要求,将党风廉政建设列为重点工作之一,常抓不懈,正风肃纪。充分发挥职工民主管理、民主监督的职能;出版社职工之家被授予"重庆市教科文卫体系统先进职工小家"荣誉称号。

【教育出版】

持续推进习近平新时代中国特色社会主义思想进教材工作,持续加强国家级、省级规划教材建设。入选"十四五"首批职业教育国家规划教材 124 种,在全国出版社中排名第 13 位,大学出版社中排名第 4 位;继续落实重点教材的修订,加大国规教材修订再版资金投入,全面提高教材修订质量。注重高水平作者队伍建设,优化选题结构。深入探索数字教材建设,加大资金投入,引导编辑部门加大数字教材的策划与组织。

中小学教育出版再创佳绩,根据新课标编写的国家课标教材《小学英语》成功通过国家教材委员会初审。

【学术出版】

《中华人民共和国体育史》、"抗战大后方文学史料研究丛书"等 3 个项目获得国家出版基金资助;《儿童器官移植护理》等 8 个项目获得重庆市出版专项资金资助。"山地城市交通创新实践丛书"获国家出版基金结项考评优秀;成功接受国家出版基金办公室对出版社国家出版基金建设和管理工作的检查并获好评;近 5 年获得国家出版基金项目数量进入全国前 50 强。医学出版领域获得长足发展,初步形成了公共卫生、护理实践与转化、医工融合等特色板块,成为本地各类医学研究和教学机构出版著作的重要阵地。

【大众出版】

持续深耕细作科普、时尚文化、心理学、艺术 4 大板块图书,与中国气象局联合举办《碳中和全民科普指南》新书发布会,"好奇心""万花筒""鹿鸣心理""里程碑"等品牌影响力持续上升,科普类图书市场占有率进入全国前十强。大众图书原创产品开发和自主策划力度得到提升,"中国故事书系""大地的故事"等一批弘扬社会主义核心价值观,传承中华文化和传统美德,满足人民日益增长的精神文化需求的选题得以立项或出版。大众出版的社会效益不断提升。《医话血液》等 16 种图书获得全国优秀科普图书等国家级、省部级奖项。

【融合出版】

融合出版平台建设获重要突破,市场化融合出版产品推广运营取得显著进步。"服务学校优势学科融合出版平台及资源建设项目"获得中央国有资本经营预算资金投入 1 300 万元;具有完全自主知识产权的"课书房"数字教材平台成功开发上线。"特殊儿童个别化教学云平台"完成全国渠道建设;"万卷方法知识库"开始上线试运营。"特殊儿童个别化教学云平台"入选 2023 年重庆融合出版发展遴选计划数字出版精品项目,"数字教材智慧化生产平台及技术标准建设项目""哈尼古歌""抗癌日常随身听"三个项目获重庆市出版专项资金资助。

【走出去工作】

积极开展对外交流合作,版权输出数量和收入创新高。《镁基储氢材料》等 8 种图书成功向美国学术出版社等国际一流出版机构输出版权。《峡江行:当代三峡库区考察实录》(英文)等 4 种图书入选国家级对外文化项目,参加北京国际书展、法兰克福书展,向国际出版业同行展示了出版社实施高质量发展的专业化能力;与德国施普林格·自然出版公司在德国法兰克福书展上签署了《中国蜻蜓大图鉴》版权输出协议;被国家版权局授予 2023 年全国版权示范单位荣誉,并入选 2023 中国图书海外馆藏影响力出版 100 强。

【营销工作】

大中专教材完善全教材市场布局,销售保持稳定,克服市场环境不利因素,图书销售保持增长。创新校园文创产品的研发模式和推广方式,不断推出适销对路的新品,入有间咖啡销售收入 48.5 万元,成为广大师生开展文化活动的重要场所和学校的文化地标。

【管理提升】

积极服务学校"双一流"建设,主动与学校本科生院、研究生院、发规处、艺术学院等部处院系进行深入交流,助力学校定点帮扶工作,向绿春县捐赠图书 34 万码洋,绿春非遗文化出版物《哈尼古歌》获重庆市出版专项资金资助。全面推进智慧出版社建设,生产在线化工作取得实质性进展;全面推行智能财务系统,完成 ERP 系统软件升级改造,提高智能化管理水平。制度建设不断完善。修订完善《出版社国有资产重大事项决策管理办法》《退休返聘管理办法》《合同管理办法》《备用金管理办法》等管理制度,进一步规范出版社重大事项决策程序,强化内部管理机制。

(撰稿人:田　园)

学部（学院）工作

人文学部

【综述】

2023 年，人文学部按照学校工作的总体部署，紧密围绕学部中心工作，坚持规定动作不走样、自选动作有特色，圆满完成本年度各项任务。

【政治学习】

依托党支部，认真扎实地开展教职工各项思想教育工作，严格执行年度学习计划，深入开展学习贯彻习近平新时代中国特色社会主义思想主题教育，加强党的二十大精神、师德师风、国家安全、网络安全等专题学习。

【学术事务】

组织召开 6 次学部学术分委员会评议，充分发挥学部学术分委员会委员在学术审议、学术评价、学科建设和教育教学中的作用。

优化完善"一院一策"方案。2023 年，人文学部深入学院调研 10 余次，撰写《人文学部人才引进高质量发展调研分析报告》。督促各学院制定人才引进办法和聘期考核办法，组织 2 次学部书记院长联席会和学部学术分委员会扩大会议，多次专题讨论各学院"一院一策"方案，从学科建设思路、人才发展需求、人才培养难点、解决方案等方面进行充分交流，力求做到精准施策。制定 5 个学院的人才引进办法和聘期考核办法，明确了各学科的人才引进免检类条件和学部审议类条件。

组织协调召开国家社会科学基金申报辅导会，一对一、面对面对项目申报进行交流和指导，从申报题目、立项依据、参考文献、研究内容、研究目标、科学问题等方面提出建议，帮助项目申报者夯实学术根基，提高项目申报质量。2023 年，专题修改文本 20 余次，人文学部国家社会科学基金立项数量合计 9 项，保持良好的发展趋势。其中外语学院第三次获得重点项目；艺术学院持续发力，连续两年在艺术学项目取得佳绩；高研院获得 2023 年全校唯一的中华学术外译项目立项。

推进新兴交叉学科发展，培育新的学科增长点。人文学部聚焦学术前沿，主动尝试推进以数字建设为纽带的多学科交叉融合平台——数字人文研究院的筹备工作。2023 年，人文学部组建数字人文研究院工作小组，多次召开专题工作推进会，开展市内外调研、学院调研、校企洽谈、数字人文专家座谈等，初步拟定筹备方案，并提交学部学术分委员会审议。

【学术评价】

组织开展了 4 次学部学术分委员会通讯评审工作，完成人才引进资料、聘用制教师聘期考评资料的审议工作。

完成 2023 年人文学部职称评审工作。组织艺体类实践成果同行专家评审会,学部学术分委员会严格按照评审工作程序,完成职称申报材料审核工作,共向学校推荐副高职称人选 8 人、中级职称人选 2 人,职称评审结果无任何异议。

营造重才爱才环境,探索综合考核方式。人文学部结合艺体类学科特点和个人特色,坚持分型分类评价,不断提高考核机制的适应性和有效性。2023 年,召开两次聘用制教师工作考评会,顺利完成 24 位聘用制教师的聘期考评,其中,有 6 位教师认真履行岗位职责,提前完成聘期任务。

【人才引进】

精准聚焦核心领域,组建高水平人才队伍。人文学部深入学院参加拟引进人才的面试和试讲,组织召开 3 次学部学术分委员会全体会议和 4 次通讯评审,并专题审议拟引进人才申报材料。2023 年,学院推荐拟引进人才 21 人,学部学术分委员会审议并报学校 17 人,学校通过 16 人。其中,柔性引进教授 2 人,引进教授 1 人,准聘副教授 2 人,讲师 10 人。高水平教授的引进实现突破性增长。

【校园文化建设】

人文大讲堂为广大师生提供了创新思想和学术成果的汇集与交流园地。2023 年,人文学部共成功举办 8 期人文大讲堂,为师生提供了丰富的文化艺术盛宴。

表 1　系列活动列表

序号	时间	主讲人	主题
第 1 期	2023 年 3 月 15 日	辛德勇	《红楼梦》中"虎兔相逢大梦归"的天文历法问
第 2 期	2023 年 3 月 15 日	杨洁勉	外语专业和区域国别学交叉学科建设的思考和建议
第 3 期	2023 年 3 月 27 日	谢　飞	电影导演思想与方法
第 4 期	2023 年 4 月 21 日	熊秉真	童年史刍议:《慈航》扬帆之际
第 5 期	2023 年 4 月 21 日	蒲慕州	古埃及的艺术与生活
第 6 期	2023 年 4 月 21 日	徐　蓓	从《西南联大》到《九零后》:一部纪录电影的创作详解
第 7 期	2023 年 4 月 23 日	刘　勇	经典阅读与文化素养的提升
第 8 期	2023 年 4 月 27 日	陈跃红	聚焦《云身》:数智时代的人类命运抉择——选择与被选择

(撰稿人:湛　敏)

外国语学院

【综述】

2023 年,学院紧紧围绕贯彻落实党的二十大精神和学校第十四次党代会精神,坚持走特色发展和高质量发展道路,夯实学科建设基础,积极推进各项工作并取得预期成效。

【人才培养】

以评促建,专业和大外建设稳步发展。"科技翻译"荣获国家级一流课程认定;获批重庆市 2023 年本科高校"中国高校外语慕课联盟一流外语在线开放课程建设与应用项目"重点项目 1 项；获评重庆市一流课程 5 门、市级课程思政示范项目 1 项；获"2023 年全国外语课程思政教学案例大赛"特等奖、一等奖和三等奖各 1 项；获批市级教学改革研究项目 6 项，其中重大 1 项、重点 2 项；省部级产学合作协同育人项目 1 项；获批校级本科教学成果培育"揭榜挂帅"项目 1 项；申报市级重点建设教材 2 套，正式出版教材 12 部；编写教育部统编义务教育阶段小学英语教材 1 套 8 册，通过教育部第一轮评审。

2023 年度共招收全日制硕士 110 名，其中留学生 12 名；招收博士 10 名。获得硕士学位学生 108 人，4 人继续攻读博士学位；学院独立培养的首位博士研究生顺利毕业；8 名学生通过选拔赴意大利等国担任汉语教师志愿者；资助研究生 20 人次参加高水平学术会议；研究生发表 SCI 一区论文 2 篇、SSCI 二区论文 1 篇，立项重庆市研究生科研创新项目 4 项，获评重庆大学优秀硕士论文 2 篇；获批重庆市研究生导师团队建设项目 1 项，市级研究生联合培养基地 1 项、重庆大学翻译实验室建设项目 1 项。

发挥学科和专业优势，助力学校国际化。携手重庆市人民政府新闻办公室、重庆国际传播中心和陆海国际传播公益基金会，组织 2023 年度"中欧青年对话"。主办"你好，重庆"讲好中国故事之"重庆大学国际学生铜梁非遗文化感知行"活动。与新加坡等国高校签订短期合作项目，首批新加坡南洋理工大学 51 名学生完成为期 2 周的交流和学习。

【党建和思想政治工作】

截至 2023 年底，学院共有党支部 11 个，党员 304 人，其中教职工党员 97 人，本科生党员 60 人，研究生党员 126 人，保留组织关系党员 21 人，新发展党员 46 人。

1.深入开展理论学习，增强学习贯彻实效

全年共开展中心组学习 13 次，支部组织生活 369 次，教职工政治学习 99 次。举办"二十大知识竞答"等活动，观看红色历史舞台剧、爱国主义电影，到杨尚昆旧居、卓越工程师学院等地进行参观学习。

2.加强党政班子建设，深化落实"两个责任"

完成 2 名副院长的推荐，配齐学院领导班子。制定《外国语学院党委落实全面从严治党主体责任实施办法》；召开党委会会议及党委扩大会议 21 次，全面从严治党工作研讨会 2 次，分析和研判学院全面从严治党形势，梳理存在的问题和不足。落实纪委监督责任，定期召开会议研究党风廉政建设工作。

3.强化基层党组织建设，发挥党员先锋模范作用

市级样板支部凝练组织生活亮点，在人民论坛网发表文章介绍"政治生日"的探索和实践；融媒体作品《展现可信、可爱、可敬的中国形象》被人民论坛网选用；老党员带领的女性研究团队获批重庆市沙坪坝区"巾帼创新工作室"，1 名支部书记被聘为"重庆市来华留学工作专家"。

【队伍建设】

2023 年，学院教职工 189 人，专任教师 163 人，新增教授 1 人，青年博士 2 人，博士生导师 3 人，兼职教授 2 人。

1.拓宽途径,提高人才引进质量

加大力度进行交流和宣讲,吸引优质人才加入学院;精心组织外国语学院春季和秋季青年学者分论坛,吸引优质人才来院交流,增强互动。

2.完善制度,为教师发展搭建平台

制定《外国语学院资助教职工参加学术会议办法(试行稿)》,资助教师外出参加学术会议;制定《重庆大学外国语学院新入职教师管理办法(试行稿)》《重庆大学外国语学院支持教师从事博士后工作管理办法(试行稿)》等。

【科研工作】

承办第八届翻译认知研究国际研讨会和重庆莎士比亚研究会第十五届年会。联合北京大学、复旦大学和澳门大学,主办首届人工智能时代双语技术写作与翻译人才培养高层论坛。举办线下学术讲座50余场。共计获批各类科研项目31项,总经费357.08万元,其中国家社会科学基金重点项目1项,后期资助项目2项,教育部青年项目1项,重庆市社会科学规划项目4项;共发表论文54篇,其中,SCI、SSCI、CSSCI期刊论文27篇,高水平论文21篇;出版专著译著6部。获得重庆市社会科学优秀成果奖二等奖1项,三等奖2项;重庆市翻译学会第七次优秀科研成果一等奖2项,二等奖1项,三等奖1项;重庆市外文学会第二届青年学者优秀论文特等奖1项。

创办数字人文交叉学科学术期刊 *Digital Studies of Language and Literature*,致力于发布高质量的原创性研究、综述和评论。现已与德国 De Gruyter 出版社签约。

【社会服务】

雅思机考考生达7 800人,创人数新高。托福、GRE考点荣获教育部和ETS颁发的"坚守之星"和"砥砺前行"奖。学院为2023年大运会、第19届亚洲运动会、首届"一带一路"科技交流大会、智博会等遴选优秀志愿者和翻译人员。协同重庆市文旅委探索留学生实习实践基地建设。撰写"关于提升重庆市医疗国际化水平的建议"资政报告,获重庆市市长批示。开展儿童语言支持系列等公益活动,致力于提升孤独症儿童的语言与社交沟通能力。

(撰稿人:纪　露)

艺术学院

【综述】

2023年,艺术学院下设美术学系、设计学系、音乐系、舞蹈系、实验室、元宇宙研究中心,另有党政办公室、学生工作办公室。拥有数字设计与艺术传播(交叉学科)、美术学(学术学位)2个重庆市高等学校"十四五"市级重点学科,舞蹈表演、绘画2个国家级一流本科专业建设点,产品设计、舞蹈表演、环境设计、绘画专业 4 个重庆市一流本科专业建设点。拥有设计学类(包括视觉传达设计、环境设计、产品设计)、绘画、音乐表演、舞蹈表演 6 个本科专业。拥有艺术学、设计学 2 个一级学科硕士学位授权点,美术与书法、设计 2 个专业硕士学位授权点。

【党建和思想政治工作】

深入学习贯彻习近平新时代中国特色社会主义思想和党的二十大精神,扎实开展学习贯彻习近平新时代中国特色社会主义思想主题教育,取得实实在在的成效。贯彻落实学校重要决策部署,加强"学校一流建设,艺术学院何为"战略思考,谋划落实"一院一策"改革,推动学院高质量发展。

坚持学院党委会会议和党政联席会议议事规则,全年召开党委会会议 19 次、党政联席会议 26 次,分别研究议题事项 64 件和 189 件。坚持"第一议题"学习制度,集中学习习近平总书记重要讲话指示批示精神 19 项;召开党委理论学习中心组学习会 11 次。加强支部建设和党员教育管理,截至 2023 年底,学院党委设有党支部 10 个;拥有党员 221 人,其中教职工党员 55 人、本科生党员 58 人、研究生党员 108 人;发展党员 37 人。设计学专业教师党支部入选重庆市党建"双创"样板支部培育单位。创新性开展"党员政治生日和教职工自然生日座谈会"2 次。组织教职工参观杨闇公同志旧居和红岩革命纪念馆。加强宣传思想文化工作,学院官网、官微发布各类新闻信息共计 260 余篇,其中 4 篇被《重大要情》采用。

【队伍建设】

坚持引育结合,获批聘用巴渝学者 1 人,新引进入职准聘副教授 1 人、助教 1 人,4 名在职攻读博士学位的青年教师获得博士学位。研究制定《重庆大学艺术学院人才引进暂行规定》。出台《重庆大学艺术学院绩效工资实施办法(2023 年修订)》。

【教学工作】

1.本科教学

组织完成 6 个本科专业的校内自评估工作。新立项市级教改项目 2 项、校级教改项目 4 项,成功申报市级一流课程 2 门,签约省部级产学研协同育人项目 2 个。舞蹈表演专业在 2023 年软科排名中位列全国第 14 位,较 2022 年前进 25 位。2023 年毕业设计展在重庆美术馆举办,取得较好的社会反响。"创意工匠"暑期社会实践队被《人民日报》专题报道。"蒲公英艺术支教实践队"被 10 余家主流媒体报道。

2.研究生教学

获批重庆市研究生导师团队建设项目 1 项,获专业学位研究生在线示范课程 3 门,获校级研究生教改项目 2 项。招收硕士研究生 84 人,其中来自"双一流"大学和一流学科建设高校生源占比达 56%。2024 年推免研究生拟录取 44 人,其中"985 工程"建设高校生源占比达 59%,"211 工程"建设高校生源占比达 75%。

【科研工作】

修订完成《文学艺术体育学创作成果分类分级参考方案》,推动《重庆大学人文社会科学类科研创作分类分级体系(2023 年修订)》出台。立项科研纵向项目 12 项,其中国家社会科学基金项目 3 项;发表 CSSCI

及以上学术期刊论文6篇,其中B级期刊论文5篇;出版专(译)著8部,其中B级出版社专著5部。获省部级及以上奖励29项。完成重庆市2022年度"十校结百村、艺术美乡村"任务,得到奉节县高度好评。

【学科与平台建设】

以研究生教育学科专业目录调整为契机,凝聚学科核心共识,将原来4个一级学科凝聚成2个一级学科。2023年软科学科排名中"美术学"提升至全国第26名,较2022年前进51位。新的"艺术学"硕士学位授权点于2023年开始招生。

【对外交流与合作】

拓展国际交流渠道,与马来西亚博特拉大学合作,成功举办第六届亚太社区音乐国际研讨会。与日本千叶大学签署学生短期项目协议,与法国巴黎高等视觉学院、巴黎夏庞蒂埃学院达成谅解备忘录(MOV)签署意向。招收4名留学生,1名留学生获评重庆大学来华留学优秀毕业生称号。

加强国内合作,积极推进中央美术学院、北京画院与学校签署战略合作协议。与北碚区金刀峡镇人民政府等签订合作协议,建立实习实践、写生基地。参与组织川渝及在黔帮扶部属高校助农产品包装设计大赛。改制设立重庆大学艺术学院校友工作办公室,接受校友及企业协议捐赠7万元,为84名学生颁发捐赠奖学金9.3万元。

【美育教育】

开设"川剧艺术与身段体验"等7门全校美育课程,开展《诗经》经典传唱活动,举办"戴泽与百年中国艺术"学术研讨会。

【内部治理】

加强院务公开,首次将党政联席会议纪要印发给全体教职工。理顺收文处理流程,推广公文(材料)格式标准。建立安全隐患台账,加强治安综合治理。加强固定资产管理,完成公房数据摸底,设备自查率显著提高到99.88%。协调虎溪管委会完成对艺术楼的必要维修。

【学院主要领导调整】

2023年7月,蒋华林任学院党委书记,张楠木任院长。

【25周年院庆】

2023年,艺术学院庆祝建院25周年,组织开展学院教职工集体合影及院庆系列学术活动。

(撰稿人:史　沁)

体育学院

【综述】

2023年,体育学院领导班子团结带领全院师生员工深入学习贯彻党的二十大精神,全面贯彻党的教育方针,聚焦立德树人根本任务,认真落实学校第十四次党代会精神和校领导调研指示,学院工作稳中求进,呈现良好发展态势。

学院设有体育教育本科专业,拥有体育专业硕士学位授权点,在读研究生和本科生近 170 人。2023 年底教职工 61 人,其中专任教师 51 人,副高以上职称 29 人。

【以习近平新时代中国特色社会主义思想为指导,坚持党建引领学院工作】

认真开展主题教育,践行"一线规则"。针对教职工激励机制及有关制度建设、党建及思政教育、专业建设及人才培养、运动队和学生体测管理等,深入实施调查研究。2023 年 2 月 21 日至 5 月 23 日,十四届学校党委第二巡视组对体育学院党委开展了常规巡视。学院党委根据巡视整改意见拟定整改方案和工作台账,研究提出 83 条整改措施,其中 4 条未完成的整改措施正在努力推进之中。优化调整部分党支部人员结构,严格落实党支部"三会一课"制度。全年开展党委中心组理论学习 11 次,召开党委会会议 20 次,召开党政联席会议 24 次。积极申报并获批校级教工样板支部建设 1 个,荣获"重庆大学先进党支部"称号 1 个。2023 年发展预备党员 20 人,预备党员转正 15 人,培养教师党员发展对象 1 人。发扬民主,审议学院新一轮绩效工资实施方案及考核办法、修订专业技术职称评审和岗位晋级的实施办法等重要文件;召开民主党派教师座谈会,为促进学院发展建言献策、凝聚力量。

【以学院新发展定位为契机,引育并举抓好师资队伍建设】

根据学校"双一流"建设目标和学院现状,明确学院新发展定位,即多样化的高质量公共体育教育、亮点突出的高水平竞技体育、小而精的体育专业及学科建设。制定学院人才引进规划及考核办法,完成学院人才规划树状图及未来 3 年人才引进规划方案,构建梯队结构合理的高水平师资队伍。全年经过面试考核上报学部 9 人(其中学部不予上会 6 人,不同意 1 人,同意 1 人,1 人正在学校人事会准备中)。为充分发挥奥运冠军号召力,引领具特色、富成果的体教融合之路,学院经过论证,拟围绕李雪芮建设一支集"教学、训练、科研、竞赛"为一体的综合性团队;11 月,王树新校长在虎溪体育中心为李雪芮团队工作室揭牌。

【以深化教育教学改革为抓手,全面提高人才培养质量】

利用体育中心场馆优势和奥运冠军效应,开设包含大学游泳、形体与礼仪、羽毛球技战术理论与应用(非限课程)等 18 门,丰富教学内容。全校 892 个公共体育课教学班,共计 27 230 学时,1.3 万余人次。体育教育获批国家一流专业后,积极规划专业课程建设,目前已成功获批重庆市一流课程一项,正积极组织申报学院首批国家一流课程。落实研究生教育"333 行动计划",实施"问题论文"清零行动,严把学位论文质量关,2023 年未出现"问题论文"案例。制定《体育学院研究生导师考核办法(试行)》。

【以科研团队建设为引擎,提升体育科研服务实践能力】

根据学院师资职称、学历、研究方向,以专业系教师为主组建了体育社会学、训练竞赛大数据、体医融合三个方向的科研团队,力争取得高水平科研成果,为体育实践提供科技服务。2023 年学院共上报省部级及以上科研项目 13 项,最终立项教育部人文社科项目 1 项,中国博士后基金项目 1 项;横向项目 1 项。全年完成了2项省部级项目结项工作,以主要作者发表B级以上期刊论文8篇。积极参加体育学术会议,学术氛围较往年更浓厚。

【以学校体育工作委员会为顶层设计,统筹开展丰富多彩的群众性体育活动】

发挥学校体育工作委员会的作用,进一步拓展校园群体活动。在校领导指导下,经与有关部门会商,成功举办春季运动会、游泳比赛、本科生体测比赛、跳绳比赛、拔河比赛、足球联赛、篮球联赛等系列赛事,其间组织教职工和学生参与裁判工作。组织学生进行课外竞技运动训练比赛,提高校园竞技运动水平。在2023年重庆市及国家级大学生足球、篮球、网球、游泳、田径等比赛中取得优异成绩,重要获奖共计42项,其中,全国一等奖5项、全国第三名5项、全国前八名4项。

【加强与学校相关部门联动,着力提升学生体质健康测试水平】

着力加强与学工部、校团委、本科生院、校医院的联动。通过运营"重大体育"微信公众号,开展本科教学公开接待日,帮助学生了解体测相关政策及测试安排,减少学生体质健康测试工作中出现的信息不对称问题。2023年实测人数49 825人,采集数据69万条,实测率较2022年有明显上升、及格率小幅度提高、优良率稳中有升。完善测试过程的台账记录,为每位学生建立《标准登记卡》,确保每条测试记录都能追根溯源。校医院全程医务监督,为学生尽全力体测提供了坚实的医疗保障,确保体测工作顺利完成。

【充分发挥工会教代会作用,切实增强教职工的归属感】

参与学校的信念教育培训、重庆市学生体育协会的"体育课程思政辨析与实践"专题讲座,参加学校和上级工会举办的文体活动,推进职工小家建设,以"思政+文化"模式,浸润职工、引领职工、凝聚职工。为新退休教职工举行荣休仪式。做好节日、教职工生育、生病住院、退休、去世、直系亲属去世等慰问工作。组织教职工体检,开展教职工子女幼小中学报名登记工作,解决教职工后顾之忧。组织开展重阳节金秋敬老、参观虎溪校区体育中心、到养老院走访慰问等活动,精准做好困难老同志帮扶工作。

(撰稿人:薛友丽)

美视电影学院

【综述】

美视电影学院设有表演、播音与主持艺术、戏剧影视导演、戏剧影视文学、广播电视编导、影视摄影与制作、戏剧影视美术设计(数字影视舞美设计方向、人物造型设计方向)等8个本科专业(方向),其中表演、播音与主持艺术专业为重庆市特色专业;播音与主持艺术专业为重庆市一流专业,并于2021年入选国家一流专业建设点。学院拥有"戏剧与影视学"一级学科硕士学位授权点,以及"电影"和"广播电视"两个领域的艺术硕士(MFA)专业学位授权点,"戏剧与影视学"被评为重庆市"十四五"重点学科。目前,学院与本校大数据与软件学院共建有"影视数智技术与艺术重庆市重点实验室",与本校新闻学院共建有"重庆市新闻传播与影视艺术特色学科专业群"重点建设项目。

学院现有在校本科生近 1 000 人,硕士研究生 200 余人;教职员工 90 余人,其中专任教师 56 人、教授 9 人、副教授 21 人。学院还分别从学界、业界聘请多位知名专家学者或导演、演员为客座教授或兼职硕士生导师。

学院专业教学大楼和影视传媒艺术教学实验中心面积达 1 万余平方米,拥有图书音像资料室、影视摄影棚、电视演播厅、小剧场、学术报告厅、电影混音棚、数字拉片室、数字高清非线编实验室、摄影实验室、拟音实验室、计算机辅助设计实验室、舞美设计模型室、化妆实验室、排演室、试听室、形体练功房等设备齐全的教学设施。

学院与国内艺术院校、影视媒体、制作单位及国外一些主要影视艺术院校建立了良好的合作关系。学院的发展目标是:按照重庆大学"双一流"建设目标,将学院建设成为集教学、科研、创作为一体的影视艺术教育高地和国内一流、国际知名的电影学院。

【切实加强师资队伍建设工作】

根据教师队伍现状和人才培养及"双一流"建设需要,学院拟定师资队伍建设规划,加强了师资队伍建设工作力度。学院通过学校和学院网站发布招聘信息,向海内外招聘优秀人才来院工作,还通过北京电影学院、中央戏剧学院、中国传媒大学、上海戏剧学院等国内影视学科一流院校有针对性地发布人才招聘信息,加大宣传力度,力争引进学院急需的优秀影视专业人才。

2023 年,学院引进 2 名博士青年教师来院工作。学院坚持引进与培养并举,重视在职教师培养,积极支持教师攻读博士学位。本年度学院 6 名教师在境外在职攻读博士学位,1 名教师在国内大学在职攻读博士学位,1 名教师晋升教授职称,1 名教师晋升副教授职称。学院拟通过引进和再培养,建立起一支满足学院人才培养和长远发展需要的高水平师资队伍。

【第五届先锋艺术电影展成功举办】

在学校大力支持下,第五届先锋艺术电影展于 2023 年 12 月 12 日至 14 日在重庆大学举行。影展活动成渝两地联动,累计征集 1 100 余部国内外艺术影片,展映 40 余部,同时举行 4 场电影主题研讨会议、开幕式及闭幕颁奖盛典等活动。著名导演米家山、陈国星、张建亚、张杨,演员梁天、李梦、黄小蕾、赵波、曾梦雪、王佳怡、齐溪,电影教育专家张会军、李道新等电影界著名业界人士和电影教育界知名专家受邀参加了相关活动。

【师生参加实践创作及专业比赛取得优异成绩】

学院学生积极参加创作实践和专业比赛活动,取得优异成绩。2023 年,学院学生获得国家级奖项 94 项、省部级奖项 112 项、校级奖项 101 项;学生唐文、陈俐言、刘世曦、黄炫珂获得第五届中华经典诵读写讲大赛"诵读中国"经典诵读大赛大学生组全国一等奖;学生薛一鑫等参加第四届全国大学生配音艺术节影视赛道获得全国一等奖;学生赵歆怡、叶律昭昭参加第八届中国国际"互联网+"大学生创新创业大赛,获得国赛金奖;学生蓝相含获中共中央宣传部、文旅部、中央军委政治工作部联合主办的"第四届全国红色故事讲解员大赛"全国金牌讲解员称号。

黄鹏教授于2023年编剧、导演的重庆大学教改联合短片《融冰》被主流媒体转发报道。央视频、人民号、今日头条、华人头条、华龙网、新浪网、搜狐网、腾讯网、凤凰网等纷纷转发视频及跟进报道,全网播放量突破269万。2023年10月,《融冰》获中国高等院校影视学会2022—2023年度影视作品推优活动暨第十三届"学院奖"剧情作品单元教师组二等奖(全国共6项)。

(撰稿人:伍三国)

人文社会科学高等研究院、博雅学院

【基本情况】

2023年,人文社会科学高等研究院(简称"高研院")、博雅学院下设中文系、历史系、哲学系及学院办公室。有"中国语言文学"一级学科博士学位授权点1个,依托"法学"一级学科,与法学院共建有"政治、经济与法律"和"道德-政治-法律"2个二级学科博士学位授权点,有"中国语言文学""中国史""哲学"3个一级硕士学位授权点,本科可授予文学、史学、哲学3个学士学位。有"经略研究院"和"长江流域社会与文化"2个省部级基地平台,有"共和国研究中心"和"古典辞书编撰研究中心"2个校级重点研究基地。

【队伍建设】

学院教职工有75人(含1名院聘人员),其中专任教师65人,专任教师全部具有博士学位,省部级人才1人,新晋副教授2人。

【党建和思想政治工作】

截至2023年底,学院党员123人,党支部7个。本年度新发展党员15人。教职工党员40人,本科生党员12人,研究生党员71人。

1.教职工工作

"思想政治工作是学校各项工作的生命线",学院以此为切入点,注重思想政治引领,探索思政工作和文化传承相结合、推进党建工作的新路径,发挥思想引领和文化铸魂的作用,"人文思政"初显成效。教师党员唐杰自2015年起打造的《我和我的国家引擎》系列动画等作品,曾获评"全国优秀社会科学普及作品""全国高校网络宣传思想教育优秀作品"等重大荣誉。在此基础上形成了《我和我的国家引擎》(理论版)三卷本,该书入选"2023年度高校思想政治工作研究文库"。这是学院思政工作创新发展的最新成果,实现了重庆大学在入选高校思政工作研究文库方面零的突破。央视《百家讲坛》栏目组5月专访学院;10月,教师党员万曼璐登上《百家讲坛》,以"千古家书"为题,品读中国历史上著名人物的家书,传播中华优秀传统文化。

2.本科及研究生工作

现有全日制本科生 225 人,获奖学金共 142 人次,其中综合奖学金 124 人次,国家奖学金 3 人次,国家励志奖学金 6 人次,专项奖助学金 9 人次。在"争先创优"和"五四"评优中获优秀学生等荣誉称号共 84 人次,其中市级优秀先进个人 7 人次,校级先进个人 72 人次,校级十佳优秀共青团干、青年志愿者、社会实践先进个人等 5 人次;获先进集体奖 13 个,其中市级优秀团队 1 个,校级先进集体 12 个。创新创业项目及竞赛全员参与,覆盖率 100%,2023 年度在研及已完成项目共计 65 项,获校级及以上奖励 16 项,第八届中国国际"互联网+"大学生创新创业大赛重庆赛区银奖 1 项、铜奖 1 项;"挑战杯"全国大学生课外学术科技作品竞赛全国特等奖 1 项,重庆赛区一等奖 1 项;中国大学生方程式汽车大赛三等奖 1 人;大学生英语竞赛、英语演讲比赛、英语写作比赛国家级奖 3 人,市级奖 1 人;第五届伦交所集团"绿行者"乡村环境教育项目全国金奖 1 人、第六届全国大学生网络文化节网文作品征集活动二等奖 1 人;重庆市社会实践优秀团队 1 个,优秀个人 1 人。2023 届毕业生 37 人,升学 23 人,军队文职 1 人。

全日制硕士研究生 120 人,博士研究生 14 人,获奖达 103 人次。其中,国家学业奖学金 102 人次,国家奖学金 1 人,重庆市优秀学生干部 1 人,重庆市优秀毕业研究生 1 人,重庆市志愿服务活动先进个人 1 人,校级优秀研究生、研究生干部、优秀共青团员等先进个人荣誉称号 54 人次。重庆市第十届研究生征文大赛一等奖 1 人,重庆市大学生"中华魂"主题教育读书活动(征文)比赛二等奖和三等奖各 1 人,优秀辅导老师 2 人。2023 届研究生毕业生 34 人,落实毕业去向 33 人,其中升学博士 2 人。

【教学工作】

本年度共开设博雅本科课程 98 门次,研究生课程 41 门次,"文明经典"课程 133 门次,讨论班 401 个,覆盖学生 12 864 人,组织讨论 1 809 次,批改作业 70 744 篇;揭牌成立博雅书院,举办博雅十周年系列活动,邀请海内外名家参加"博雅教育的高质量发展研讨会"、召开荣誉院长林建华与师生座谈会等;李广益领衔的"科幻文学与科技人文导师团队"入选重庆市研究生导师团队建设名单;2023 年立项市级教改重点项目 1 项、校级教改项目 3 项,获重庆市第二批深化新时代教育评价改革典型案例二等奖、重庆市第五届教育改革试点成果三等奖 1 项(重庆大学唯一获奖项目)、重庆大学师德师风主题征文比赛二等奖 1 项、重庆大学第九届青年教师教学基本功比赛一等奖 1 项;出版教材 3 部;2023 年学院在本科第一志愿生源、录取分数线、高分学生占比等指标上继续居全校文科前列;研究生生源中"985 工程""211 工程"建设高校生源占比稳步上升,2024 级达到 90.6%(已录取推免生 32 人)。

【科研工作及学术活动】

本年度新增省部级以上科研项目 9 项,其中国家社会科学基金项目 8 项,国拨经费近 200 万元,国家社会科学基金项目立项数创历史新高。教师发表学术论文 40 篇(其中 A 级期刊 10 篇,B 级 8 篇),在生活·读书·新知三联书店、商务印书馆、中国社会科学出版社等机构出版著作 8 部。2023 年共举办学术活动 48 场,其中学术论坛、研讨会 7 场,学术讲座 41 场。组织学院官网、公众号、尔雅工作室和学生记者团精心报道,大力传播。"文字斋讲座"的特色日益彰显,学校基础文科学术氛围日趋浓厚,学术品牌日渐树立。

【对外交流与合作】

7 名教师参加了 2 次线下国际会议,做了 2 次主题报告,2 人次在国际学术组织任职。学院成功举办了"首届世界文学跨学科研究工作坊",有多位来自国(境)外的知名学者参会。2023 级哲学系毕业生金殊正获得重庆大学来华留学优秀毕业生称号,其学位论文获校优秀本科生学位论文奖项。外出交流方面,10 名学生以线上或线下的形式参加了剑桥大学、牛津大学、北海道大学、巴黎政治学院等学校的国际交换生或暑期课程项目。

【万曼璐首次登上央视《百家讲坛》栏目】

万曼璐老师首次登上央视《百家讲坛》栏目,效果显著,促成《百家讲坛》栏目组专程来院挖掘人才,商谈后续更多选题。

（撰稿人:薛育余）

社会科学学部

【综述】

2023 年,社会科学学部深入贯彻习近平关于教育、科技、人才的重要论述和重要指示精神,按照学校第十四次党代会决策部署和"十四五"规划的工作安排,扎实推进各项业务工作,圆满完成相关任务。

【党建工作】

坚持把全面学习贯彻习近平新时代中国特色社会主义思想和党的二十大精神作为政治生活头等大事,扎实推进主题教育,广泛开展调研,深入查找问题,提出改进措施;抓紧抓实职工政治学习和党员组织生活,联合机关党委等校内单位开展"党的二十大精神学习"等主题党日活动,组织开展广阳岛长江生态环境联合研究生院实地研学活动等;抓好职工小家建设,增强岗位育人、管理育人和服务育人意识,营造良好工作氛围。

【管理服务】

扎实推进学校"十四五"时期社科发展重点建设任务落实,努力推进知识创新、理论创新、方法创新,紧密围绕中心工作,切实做好文件流转、档案管理、资产管理、财务运行、信息发布、会务等各项工作。本年度共召开会议 4 次,开展通讯评审 10 次,审议各类议题 23 项,撰写各类文件材料 20 余份。

【学科建设】

按照学校"繁荣社科"的总体思路,发挥学科建设龙头作用,强优势、补短板、突特色,不断提升社会科学学科影响力。根据 2023 年软科中国最好学科排名,工商管理第 15 位(前 7%)、公共管理第 18 位(前 12%)、马克思主义理论第 30 位(前 12%)、新闻传播学第 22 位(前 20%)、法学第 34 位(前 20%);2023 年学校获批新设 6 个博士后流动站,其中社科类有新闻传播学、公共管理学,均为重庆市首个博士后流动站;ESI 一般社会科学国际排名较 2022 年 11 月(1 066)又前进 215 名(851)。

组织召开学部党政联席会议专题分析、研究、交流所属各学院情况,协同推进学部各学科布局优化和水平提升;积极推动新闻学院按照"入主流、有特色、成品牌"发展路径,推进"新闻传播学一级学科水平提升计划";进一步加强马克思主义理论学科建设,保障专职思政课教师人才选聘配足编制;积极推进社会科学与理工科的交叉融合,协同社科处和人文学部等单位,依托城市化与区域创新极发展研究中心、智能社会治理研究院、数字媒体与智能传播实验室开展学科交叉融合,培育学科增长点。

【学术管理】

按照"学校—学部—学院"三级学术委员会为主体的学术治理体系,充分发挥学部学术分委员会在学科建设、学术评价、学术发展和学风建设等方面的重要作用;根据学校任命和学院领导变动等情况,及时完成学部学术分委员会调整工作,其中涉及学部学术分委会主任委员调整及 2 名委员增补。

继续用好 20 万元专项资金,资助学部各学院开展高质量学术活动。开展"习近平经济思想的科学内涵与生动实践"理论研讨会、"数字经济时代电商领域知识产权保护理论与实践新发展"研讨会、2023"讲好中国故事"创意传播国际大赛重庆分站赛等线上线下各层次学术活动 80 余场次,参与师生 1 500 余人次。

积极恢复学部国际交流项目,现已完成 2024 年英国剑桥大学暑期短期交流项目的立项申报,并获学校国际处审批,目前学部办公室正在积极筹备项目前期工作。

主动开展学术道德宣传教育,规范完成相关调查审核。积极组织近两年新进教师参加以"科研创新与学术伦理"为主题的重庆大学第三届科研诚信国际学术报告会;配合相关部门和学院完成学术调查 3 项,涉及本校教师 1 人、已毕业学生 2 人。

【队伍建设】

对标"双一流",坚持以点带面,重视人才培育工作,积极抓好领军人才培养。本年度新增中国社科院引进院长 1 人。

严把进人关,秉持高度负责的态度,认真细致做好学院引进人才的材料初审工作。本年度共初审学院报送的各层次人才 74 人,学部初审通过 50 人,通过率 67.57%;学院面试后报学部 47 人,均经学部学术分委员会评议通过并报学校。

本年度完成青年教师及弘深青年教师聘期考核 23 人,推荐哲学社会科学领军人才人选 4 人,完成职称评审并向学校推荐正高人选 6 人、副高人选 11 人。

【科研创新】

协同推进国家社会科学基金和国家自然科学基金项目申报工作,做好分级分类辅导,努力提升申报质量和立项率。所属学院 2023 年国家基金项目立项总数 33 项,其中公管学院获国家社会科学基金项目 6 项、国家自然科学基金项目 4 项,经管学院获国家社会科学基金项目 5 项、国家自然科学基金项目 8 项,新闻学院获国家社会科学基金项目 2 项(含重点 1 项),法学院获国家社会科学基金项目 4 项,马克思主义学院获国家社会科学基金项目 4 项。经管学院、马克思主义学院的国家社会科学基金项目立项率较 2022 年分别提高 10.54%、12.38%。

学部所属学院科研工作保持稳步发展态势。学部副主任姚树洁教授领衔的国家社会科学基金重大项目一次鉴定顺利结项;公管学院刘炳胜教授领衔的 2022 年度国家自然科学基金重点项目顺利开题;经管学院 4 名教授再次入选 2022 年爱思唯尔"中国高被引学者"年度榜单;新闻学院曾润喜教授担任首席专家的国家社会科学基金重大项目顺利开题;法学院胡光志教授任总主编、靳文辉教授任执行主编的"虚拟经济运行安全法律保障研究丛书"出版发行;马克思主义学院获批设立首批重庆市研究阐释习近平新时代中国特色社会主义思想的研究基地——"重庆大学科技创新研究基地"。

（撰稿人:胡子龙）

公共管理学院

【综述】

2023 年,公共管理学院设行政管理系、公共经济系、公共人力与社会保障系、土地资源与城市发展管理系。学院现有公共管理博士后流动站,公共管理一级学科博士学位授权点和一级学科硕士学位授权点,公共管理硕士(MPA)和社会工作硕士(MSW)2 个专业硕士学位授权点,行政管理、城市管理、经济学和国际经济与贸易 4 个本科专业。拥有教育部战略研究基地——区域经济与科教战略研究中心、重庆市 2011 协同创新中心——地方政府治理协同创新中心、重庆市人文社科重点研究基地——公共经济与公共政策研究中心、省部级高校哲学社会科学创新团队——公共经济与公共政策研究创新团队、重庆市科技战略研究基地、重庆大学机关运行保障研究中心、重庆大学智能社会治理研究院、重庆大学中国公共服务评测与研究中心等科研平台。

【党建工作】

2023 年,学院党委全面贯彻党的二十大精神,扎实开展习近平新时代中国特色社会主义思想主题教育,成功创建"重庆大学党建工作标杆院系"。发挥党组织政治功能,落实"第一议题"制度和党委会前置研究学院重大事项制度,在教师引育、课程建设、教材选用、学术活动等问题上把好政治关;维护意识形态安全,管好各类思想文化阵地。增强党的组织功能,开展入党积极分子和发展对象等培训 200 余人次,发展学生党员 87 人;配合学校顺利完成行政领导班子换届,党政协调运行。

【队伍建设】

2023 年,学院共有教职工 94 人,专任教师 69 人(教授 20 人,副教授 28 人,讲师 21 人),辅导员及管理人员 25 人。新增国家级青年人才 1 人,引进青年教师 3 人,晋升教授 1 人、副教授 3 人、六级职员 1 人。获重庆大学教学科研成果优秀奖 2 人,先进工作者 2 人,30 周年贡献奖 2 人。

【学科建设】

2023 年,获批公共管理学博士后科研流动站,全面建成贯通"本科—硕士—博士—博士后"的完整专业人才培养体系。2023 年软科中国最好学科排名第 18 名,进入全国前 9%。顺利通过教育部博士学位授权点核验。

【教学工作】

1.本科教学

制定《公共管理学院教学督导制度》,组建本硕贯通的学院教学督导组。制定《公共管理学"精品课程"

培育项目资助计划》,打造精品课程。推进行政管理、经济学和国际经济与贸易三个本科专业的自评估工作。本科生教育教学建设工作取得系列成绩,成功立项市级教改项目1项,校级教改教材建设专项项目1项,市级产学合作协同育人项目1项,支持出版教材1本。1门课程获批重庆市2023年本科高校课程思政示范项目。学院教师获重庆市高校教师教学创新大赛二等奖,重庆大学第九届青年教师教学基本功比赛二等奖。签约云南东川、重庆綦江两个本科生实习实训基地。

2.研究生教学

2023年招收学术硕士89人,MSW专业硕士37人,MPA专业硕士300人,博士研究生20人,生源质量大幅提升。获市研究生教改项目1项,市研究生创新项目4项;首次获批研究生导师团队建设1项;首次获批市研究生教育课程思政示范项目2项,校研究生教改项目1项。产生市优硕论文2篇,校优硕论文6篇。

【科研工作】

2023年,学院科学研究稳中有进,研究项目共计77项,合同经费1 481.9万元。国家级项目共12项,合同经费356万元,占总经费的24%,其中国家社会科学基金项目8项,合同经费225万元;国家自然科学基金项目4项,合同经费131万元。省部级项目16项,合同经费198.5万元。共发表文章213篇,相比2022年同期增长70%,其中CSSCI核心54篇,SSCI/SCI检索126篇,A类期刊发表73篇。共计开展学术讲座、学术沙龙13场次,参与师生共计500余人次。

【学生工作】

2023年,开展主题教育实践活动100余场次。获校优秀实践组织单位、十佳社会实践团队、优秀实践项目、市暑期社会实践优秀个人等荣誉称号。234人获评争先创优先进个人,1人获学生年度人物,1人获学术之星,1人获学生标兵。本科生毕业落实率100%,硕士生毕业落实率96.2%。在"互联网+"、"挑战杯"、国创项目、数学建模大赛、大学生英语竞赛等比赛中斩获国家级、省部级奖励45人次,获各类校级竞赛奖项120余人次。研究生辩论队获重庆大学第十二届辩论赛冠军,选送文艺汇演节目获校级二、三等奖。

【培训工作】

2023年为浙江、广东、江苏等近30个地区和城市开展培训218个,服务干部学员1.2万人次。截至12月初,培训金额达2 226万元。

【对外交流与合作】

2023年,开设2门全球研究生学术硕博共享课程;与美国雪城大学麦克斯威尔学院正式签订了硕士双学位合作项目;与哈佛大学学联建立了长期稳固的交流平台。教职工出国研修2人次,参加国际会议7人次。学生获国外名校访学资格7人,参加假期交换生项目3人。

【举办活动】

4月,举办第58·59届中国高等教育博览会的分论坛——数字赋能:高等教育现代化与城市治理现代化。

5月,举办第三届费孝通勤学奖颁奖仪式暨第二届公共管理学科学术交流会,15所国内一流高校的专家学者及获奖师生参会。

12月,举办第十届西南地区MPA联盟教育发展研讨会,云贵川渝四省市33所MPA培养单位共120余人参会。

(撰稿人:周草臣)

经济与工商管理学院

【综述】

在学校继续推进第二轮"双一流"高质量建设的工作中,本年度学院在新的领导班子带领下,聚精会神着力推进学科建设规划落地,加快提升育人育才能力,全力打造高水平人才队伍,重点提升科研创新能力,深化拓展国际国内交流合作,在各方面工作上取得了系列重要成果,学院发展不断迈上新台阶。

【党建与学生工作】

本年度,学院党委坚持"第一议题"学习习近平总书记重要讲话和重要指示批示精神,组织理论学习中心组学习12次、教职工政治理论学习60余次、党支部主题党日活动418次。认真开展主题教育,学院党政班子成员开展为期7天专题班集中学习,坚持学用结合,班子成员到国内高水平商学院调研交流15人次,深入学院调查研究,广泛听取师生意见,梳理出问题19项,形成班子成员责任清单21项、任务清单30项,明确整改时限,成功获评重庆市新时代高校党建"双创"工作标杆院系。

院团委荣获重庆大学五四红旗团委称号,连续17年获重庆大学优秀研究生分团委、研究生分会称号。本科生在全国性竞赛中获奖34人次,被国家级媒体报道3次,获省部级奖项120余项,获各类奖助学金810人次;研究生在全国竞赛中获奖43人次,省部级奖励57项,获奖学金320人次,学院团队获校研究生乒乓球、羽毛球赛团队冠军。2021级会计1班被评为重庆大学十佳先进班集体,创建学院"红岩先锋"标杆党支部8个,2个团队获重庆市社会实践先进团队,获评重庆市先进个人20余人。2023届本科生就业率91.34%,升学率48.74%,留学率16.61%。2023届硕士研究生就业率95%,基层项目就业率排名全校第一。1名研究生获评全国高校毕业生基层就业卓越奖,2名研究生在全国大学生职业规划大赛中进入重庆市赛,学院获最佳组织奖。

【学科建设与科研工作】

在2023年软科最新排名中,学院工商管理学排名第15(前5%),应用经济学排名第64(前24%)。

作为市重点研究基地,"现代物流重庆市重点实验室"完成了优化重组工作。学院重点建设基地"数字能源技术经济实验室"于本年度成功获批成为重庆市第四批人文社科重点研究基地。作为共建单位,学院与数学与统计学院联合申请的"非线性分析数学与应用实验室"获批教育部重点实验室。

本年度学院获批国家级科研项目14项,科研经费1 355万元。学院作为通讯作者单位或者第一署名单位发表 CSSCI/CSCD 核心及以上期刊论文 163 篇,其中,发表英文 SSCI/SCI 检索论文共 126 篇,发表(录用) UTD 论文 3 篇,FT 期刊论文 7 篇,JCR 一区检索论文 80 篇、JCR 二区检索论文 24 篇,发表中文 A 级期刊论文 3 篇。出版专著 3 部。

学院 4 名学者入选爱思唯尔最新发布的"中国高被引学者"年度榜单,1 名学者获得中国信息经济学会"乌家培资助计划"奖励。

【师资队伍建设与行政管理】

本年度,学院围绕"内培外引",推进师资队伍建设,组织春季和秋季海内外优秀青年学者论坛分论坛 2 次,参加"2023 清·北弘深启航学者"招聘会、CNAIS2023 年会,拟定与多伦多大学"一院一站"的合作方案,并在美国经济学年会、中国营销科学学术年会等国内外知名学会发布招聘广告。学院全年共收到来自 20 余个国家和地区的应聘简历 400 余份。

学院修订了 2023 年绩效工资方案,继续开展各类人才申报和推荐工作。

本年度学院行政工作的重点是在资源上保重点调结构,优化配置。在优先保障人员经费、学院基本运行等刚性支出资金需求的前提下,调整支出结构,重点支持学院学科建设、国际商学院认证交流、专业学位品牌打造及教学设施改造修缮等重点工作。

【教学管理与研究生培养】

本科教育方面,为适应数字经济时代发展需求,新增 1 个供应链管理本科专业;以新文科建设为指导,新开设"启兹会计国际化方向实验班";以国家级一流课程建设为抓手,大力提升专业建设水平,获批国家级一流课程 4 门、重庆市一流课程 5 门;获批市级课程思政示范项目 1 项,获重庆市高校教师教学创新大赛二等奖 1 人、三等奖 1 人,获评重庆市高校一流本科课程示范案例 3 个;教学改革方面,获批市级教改项目 4 项、省部级产学合作协同育人项目 4 项、高等教育学会项目 1 项。

研究生教育方面,以全过程质量建设为核心,在研究生招生、培养、授予学位各环节持续优化提升。一是持续扩大招生宣传,提升生源质量。二是加强软件硬件质量建设,完善导师团队,增加配套资源。新增 2 个市级研究生导师团队、3 个市级研究生教改项目、4 个校级研究生教改项目。三是培养质量稳步上升。 2023 年度共毕业硕士研究生 121 人,博士研究生 38 人,留学硕士研究生 2 人。以在读博士、硕士研究生为主署名发表的 SSCI 和 SCI 收录、国内权威期刊论文 40 余篇;获评重庆市优博 1 篇,重庆大学优博 3 篇、优硕 2 篇。

【专业硕士学位和培训项目建设】

本年度,MBA 项目复试 649 人,录取 493 人(含 EMBA 方向 53 人)。MBA 毕业 408 人(含 EMBA3 人)。完成 22 级 517 名学生集中开题。学生参加 2023 年中国研究生企业管理创新大赛,获全国二等奖 3 个、三等奖 2 个。在全国 MBA 管理案例精英赛中获西部地区三等奖 2 个;在亚洲商学院数智精英挑战赛中获全国二等奖 1 个,全国三等奖 2 个;与重庆明月湖智能科技发展有限公司签订科创项目联合培养协议;获得 2023 年度中国商学院最佳 MBA 项目 TOP100 第 11 名、央广网 2023 年度 MBA 卓越商学院、"2023 丝路全球商学院最具品牌价值 MBA 项目"、"2023 年度特色创新 MBA 项目"等称号。

会计硕士(MPAcc)项目通过全国会计专业学位研究生教育指导委员会会计硕士专业学位项目教育质量现场认证。金融硕士国际联合培养双学位项目本年度开始招生,招生 61 人。2023 年金融硕士毕业 63 人,获评全国金融硕士优秀教学案例 4 篇。

IMBA 项目入选国家留学基金委管理委员首批中国政府来华留学卓越奖学金项目,获批重庆大学研究生教改重点项目 1 项。本年度申请人数 73 人,录取人数 59 人。

EDP 项目围绕拓市场、提质量、强品牌等理念创新迭代。开设培训班 90 班次,完成培训合同额 1 000 余万元,参培学员 4 000 余人次。

【对外交流活动】

学院大力拓展有实质合作关系的国际合作伙伴,与 QS 排名前 200 的世界著名高校美国加州大学欧文分校、美国亚利桑那大学、澳大利亚墨尔本大学等 13 所高校开展合作洽谈,形成初步合作协议 14 个。与悉尼科技大学商学院成功举办双方教师线上交流会,共有 36 名教师参与交流。本年度,教师参加重要国际会议以及学术交流活动 39 人次;来访人数较 2020 年大幅上升,共接待境外来访 59 人次;学生方面,学院共有 74 名学生出国(境)开展长短期交流活动,其中研究生线上参加重要国际会议、学术活动,并做分会场主题报告 42 人次,交流超过 3 个月 6 人;学生出国深造 46 人;来华留学生 185 人,其中长期生 163 人,短期生 22 人;执行 3 项科技部外国专家局外专项目,引进 10 名高层次外国专家。

(撰稿人:陆位忠)

新闻学院

【综述】

新闻学院设有新闻学、广播电视学两个本科专业,并有新闻传播学一级学科硕士学位授权点、新闻与传播硕士专业学位授权点,新闻传播学一级学科博士点。2023 年获批重庆市首个新闻传播学科博士后流动站,已建成"本—硕—博—博后"完整贯通的人才培养体系;获批国家社会科学基金重大项目,取得历史性突破。智能传播与城市形象实验室获批重庆市重点实验室,成为学校唯一获批单位。

【党建和思想政治工作】

学院党委积极开展习近平新时代中国特色社会主义思想主题教育,开展党委理论中心组学习会,创新学习形式,安排学院专家作辅导报告。出台《新闻学院关于提高党委中心组学习质量的实施办法》等,形成全覆盖学习、全方位践行的局面。大兴调查研究之风,积极开设"党建+"思政实践课堂。多举措推进"强化师德师风建设",加强预防和警示教育;制定《新闻学院全面落实意识形态工作责任制实施细则》;充分发挥党员活动室作用,开展"薪火小讲堂"党课学习教育,增强凝聚力。学校党委书记舒立春,副校长邓绍江、杨俊均先后来院与教师群体代表进行了深入交流探讨,指导学院发展。

走访关注离退休和困难职工,给予教职工更多人文关怀,重视分工会建设,分工会在2023年获得"重庆大学先进职工小家"荣誉称号。

学院党委高度重视本科及研究生思政工作。本年度学院党支部共开展"三会一课"102次,培养发展对象11名,接收预备党员18名,预备党员转正10名,不断吸收学生骨干和品学兼优的优秀团员加入支部队伍。学院班子成员联系党支部,指导支部讲党课;优化支部设置,成立博士生党支部,选拔思想及学术过硬的"双带头人"博导担任党支部书记。

"七一"学院党委表彰了23名优秀共产党员、5名优秀党务工作者,推荐6名师生党员和研究生三支部获得学校"二优一先"表彰。

本年度学生学科竞赛成果显著,2023年共有45人参加省部级以上各类竞赛,18人次获得省部级以上荣誉。积极推进学生就业与校企交流,升学率与就业落实率较之前有所提升。

【队伍建设】

学院教职工49人,专任教师42人,管理教师岗位7人。新进准聘副教授1人、弘深青年教师1人、讲师1人。新晋升教授1人、二级教授1人、三级教授2人、六级副教授5人、八级讲师1人、九级讲师1人、九级实验师1人。

【教学工作】

1.本科教学

大类分流、卓越班选拔及师资配备工作按计划完成;重庆市专业监测评价中新闻学、广播电视学两个专业均为A档。获批重庆大学本科教学实验条件升级项目,经费418万元。学院教师获批1门国家级线上一流课程、2门重庆市一流本科课程、3项市级教改和1项校级教改。按要求完成优异生考核及选拔工作,本年度27名优秀学生被推免到北京大学、中国传媒大学等名校。

2.研究生教学

本年度录取10名博士生,接受推免生61人,"双一流"和"双一流"建设高校生源占50.8%,推免生源质量有所提高。顺利完成学生预答辩及应届毕业生答辩工作。2022学年度教育部本科学位论文抽检结果发布,学院抽检的2篇论文,全部为良好。凌晓明获评教育部"高校网络教育名师";董天策教授领衔的"新闻传播学"导师团队入选2022年度重庆市研究生导师团队建设项目;郭小安教授当选为中国新闻传播教育年鉴编撰委员会副主任委员,被《中国新闻传播学年鉴》评为2021—2022年度"活跃资深学人";曾润喜教授获学校"优秀教师"称号等。

【科研工作】

2023年学院获批国家社会科学基金重大项目1项、国家社会科学基金一般项目2项、教育部项目1项、省部级项目 10 项、中央高校基金项目 10 项。本年度学院共发表学术论文 70 篇。其中 CSSCI 检索 30 篇、SCI 及 SSCI 检索 6 篇,占比 51%,与 2022 年持平。出版著作 5 部,教材 1 部,译著 1 部。

【学科与平台建设】

2023 年获批重庆市首个新闻传播学科博士后流动站;智能传播与城市形象实验室获批重庆市重点实验室。

据软科最新"新闻传播学科"排名,重庆大学新闻传播学居全国第 20 位,进入全国新闻传播学前 18%。按软科专业最新排名,新闻学、广播电视学分别名列第 12 位和第 9 位,均达到 A 等级,学科专业均迈进全国先进行列。学院被誉为"中国最具成长力新闻学院 TOP10"之一。

举办全国首届新闻传播学优秀博士生"弘毅学术论坛"、"Mobile Studies Congress 2023"分论坛、第七届中国舆论学论坛、"学思问道"思享会、"讲好中国故事创意传播国际大赛"等重要学术活动。

【对外交流与合作】

本年度学院学生共有 21 人次通过校级院级项目出国出境,前往港澳地区和日本、韩国、西班牙等国访学,较之前有较大提升;数十位师生参加了数场重大国际会议,作主旨报告与主题报告。刘欣获重庆市来华留学工作先进个人称号。

【成功申请国家社科基金重大项目】

6 月 5 日,曾润喜教授的"健全网络综合治理体系研究"获得国家社会科学基金重大项目立项,实现了新闻学院国家社会科学基金重大课题零的突破。

该课题面向新时代新征程,以习近平新时代中国特色社会主义思想为根本遵循和指引,紧扣网络综合治理体系开放复杂系统的特点,遵循"历史之维与发展之维、多主体与多手段、既要发展又要安全"的总体思路,研究健全网络综合治理体系的理论和实践,为充分发挥网络综合治理体系建设在治网管网中的牵头抓总作用提供智力支持。

（撰稿人:龚　兵）

法学院

【综述】

法学院下设法学、知识产权两个本科专业,拥有法学一级学科硕士、博士学位授权点(涵盖 10 个二级学科)及法律硕士专业学位授权点(JM)、法学一级学科博士后流动站。学院设有 5 个教学系,分别为法理学与行政法学系、民商法与经济法学系、刑法与诉讼法学系、环境法与国际法学系、知识产权与法律史学系。设有党支部 19 个,包括教工党支部 5 个、本科生党支部 2 个、硕士研究生党支部 9 个、博士党支部 2 个、社团党支部 1 个。现有教职工 92 人,其中专任教师 76 人,含教授 26 人、副教授 26 人,博士生导师 30 人,硕士生导师 53 人。

【党建工作】

推动学习型组织建设,全年组织中心组学习 12 场次、读书班 1 期。加强宣传文化工作要求,提升新闻报道的质量和效果,学院新闻多次在重庆大学主页、《重大要情》《重庆日报》、人民网、中新网等媒体平台报道。组织对学院网站进行改版设计,改善宣传效果。扎实开展主题教育,大兴调查研究,牵头调研项目 5 项,制定翔实的整改方案,服务师生员工。丰富组织生活内容,全年开展组织生活 400 余次,注重将党建与业务工作相结合,开展志愿服务、观看舞台剧、组织学术训练及工作经验分享等多类型多层次活动。全年发展党员 70 人,新动员 1 名教师提交入党申请书。组织开展入党积极分子培训 2 期,培训入党积极分子 105 人。

【队伍建设】

积极做好职称评审工作,董正爱晋升为教授,杨疏影、胡婧晋升为副教授,靳文辉晋升为正高三级,蔡维力晋升为副高五级,黄晖、程梦婧晋升为副高六级,柳青晋级为七级职员。有梯队地组织申报各级人才计划 5 人次,在 2023 年取得国家级高层次人才的突破。加大宣传力度,扩展招聘渠道,全年开展人才引进考察 9 批次,报学部、学校审批 12 人,报到入职弘深青年教师 8 人。随学校组织赴清华大学、北京大学进行 2023 年人才招聘宣讲。

【教学科研】

帮助新生认识专业,实施面向大类分流后二年级本科生的专业教育,激发学生学习热情与兴趣。获评重庆市优秀本科毕业论文 1 篇、重庆市优秀博士硕士学位论文 5 篇。入选重庆市高校一流本科课程 1 门,获批重庆市课程思政示范项目 1 项,重庆市教育教学改革项目 2 项,重庆大学校级教改项目 1 项;获立项重庆市研究生教育课程思政示范项目 2 项,重庆市研究生教育教学改革研究项目重点项目 1 项、一般项目 1 项,重庆大学研究生教育教学改革研究项目一般项目 1 项。获评重庆市研究生导师团队 1 个,获重庆市教学竞赛奖项、重庆大学教学比赛奖项 2 项。进一步挖掘和运用专业课程的思政元素,出版教材 3 本,在教学过程中全面融入习近平法治思想。

2023 年度学院科研成果斐然。获批国家社科年度项目 4 项、教育部人文社科一般项目 1 项、重庆市技术预见与制度创新项目 2 项、重庆市社科一般项目 3 项及青年项目 2 项,纵向项目合同经费 111.5 万元。获批横向项目 18 项,合同金额 259.99 万元,到账经费 136.6 万元。学院教师发表文章 104 篇,其中 A 级期刊文章 3 篇、B 级期刊文章 31 篇、C 级期刊文章 28 篇。出版《虚拟经济法治研究系列丛书》等学术专著 18 本。获评第二届"重庆市法学优秀成果奖"专著类三等奖 3 部、论文类一等奖 1 篇、论文类二等奖 1 篇。

【学生工作】

以理想信念教育为核心,以爱国主义教育为重点,开展各类学生主题教育活动 170 余场,促进学生全面发展。2023 年,学生获第二十一届杰赛普(Jessup)国际法模拟法庭辩论赛中国赛区全国一等奖、"领军杯"涉外模拟法庭全英辩论赛团体特等奖和最佳书状奖、全国大学生环境资源模拟法庭二等奖及"重大杯"女子篮球冠军、男子篮球季军等集体荣誉 25 项,其中国家级 8 项、省部级 6 项、校级 13 项。获个人荣誉总计 399

项,其中国家级 23 项、省部级 32 项、校级 344 项。

【服务社会】

与沙坪坝区人大常委会共建全国人大常委会法工委沙坪坝基层立法联系点。为全国各地培训干部 127 批 7 046 人,讲座上课 710 场。组成 6 支专业性与服务性兼具的学生普法队伍,致力开展乡村普法系列活动,在中小学校、街道、社区、乡镇的普法活动中接受群众现场咨询 500 余次,获得良好社会反响。2 支暑期实践团队获评团中央"法治中国青春行"活动优秀团队,法律援助中心获评知行计划"2023 年榜样 100 全国优秀大学生社团排行榜 TOP100 教育类社团"。

【强化专家团队建设】

黄锡生教授当选中国法学会环境资源研究会副会长,宋宗宇教授荣获第四届重庆市"十大法治人物"称号,靳文辉教授、宋宗宇教授入选重庆市"优秀法学法律工作者"。1 名教师获聘重庆市第六届人大常委会立法顾问,8 名教师获聘重庆市第六届人大常委会立法咨询专家。2 名教师入选川渝两地行政执法和执法监督专家库专家。16 名教师被聘为重庆市首席法律咨询专家。19 名教师被聘为重庆仲裁委员会仲裁员,2 名教师被评为重庆市"十佳仲裁员"。

【样板支部成效明显】

法学院本科第三党支部自入选教育部"全国党建工作样板支部"培育创建单位以来,扎实开展各项工作,相关举措被上游新闻等媒体报道。法学院积极探索党建创新,培育创建法援中心红岩党支部,将党支部建设在社团,打造法律援助、普法宣传特色。

【打造高端学术论坛】

主办和承办了第十八届中国经济法治论坛、中国法学会"经济法 30 人论坛"等多场大型学术论坛,邀请了中国经济法研究会会长张守文教授、中国证券法研究会会长郭峰教授、中国银行法学研究会会长王卫国教授等法学名家举办学术讲座 30 余场次。

(撰稿人:刘　勇)

马克思主义学院

【综述】

马克思主义学院是重庆市委宣传部与重庆大学共建的学院,是重庆市重点马克思主义学院。2023 年学院主要领导进行了更换。学院下设研究生思想政治理论课教研室、马克思主义基本原理概论教研室、毛泽东思想和中国特色社会主义理论体系概论教研室、习近平新时代中国特色社会主义思想概论教研室、思想道德与法治教研室、中国近现代史纲要教研室、形势与政策教研室;新增本科生教研室和研究生专业教研室。

【队伍建设和人才引进工作】

截至 2023 年底,学院在岗教职工 76 人,其中管理人员 8 人,辅导员 1 人,专职教师 67 人(其中教授 14 人,副教授 26 人,讲师 27 人)。2023 年晋升教授 1 人,副教授 3 人;职级晋升正高三级 1 人,副高五级 2 人,副高六级 2 人,中职九级 5 人。学院通过线上论坛、自媒体、网站宣传、重点联系及会议宣传等多种方式开展招聘,累计讨论应聘人员 86 人,通过学校人才会招聘 15 人,引进教授 1 人,准聘副教授 1 人,讲师 5 人。聘用客座教授 3 人、兼职教授 1 人、名誉教授 1 人、巴渝学者讲座教授 1 人。

【学科建设】

2023 年,重庆大学马克思主义理论学科排名从前 38% 进到前 8%,被软科认定为"中国一流学科",排名位次为第 30 名,较 2022 年排名上升 116 名,进步位次居全国第一。列全国"双一流"A 类高校、985 高校第 18 名。

【科研工作】

2023 年,累计立项 32 项,合同经费 271.7 万元,其中,国家社会科学基金青年项目 2 项,国家社会科学基金一般项目 2 项,中国博士后科学基金面上项目 1 项,省部级项目 24 项,其他项目 3 项。纵向经费共计 267.7万元,占总经费的 98.5%。共发表论文 76 篇,其中,A 级期刊论文 4 篇、B 级 8 篇、CSSCI 核心 25 篇、SSCI 检索 7 篇,出版专著 4 部。特设党的二十大精神研究专项,在《光明日报》发表报刊文章 1 篇,《重庆日报》思想周刊发表文章 8 篇,《重庆日报》理论版发表文章 1 篇。决策咨询 2 份,分别是《马克思主义统一战线思想中国化时代化研究》和《加快建设世界级智能网联新能源汽车产业集群的四点建议》,均被省部级单位采纳。通过线下方式举办"红岩讲坛"12 场,举办中国高等教育学会马克思主义研究分会 2023 年年会、中国共产党人精神谱系视域下的延安精神学术研讨会、中国式现代化与中华民族现代文明学术研讨会暨公平正义研究专业委员会年会全国会议 3 场。

【教学工作】

学院有市级精品课程 2 门,校级精品课程 1 门,校级精品资源共享课程 1 门,重庆市优质课程 1 门,国家级一流本科课程 1 门,市级一流本科课程 3 门,市级研究生课程思政示范课程 1 门,校级本科优质课程 5 门,校级研究生重点课程 5 门,市级精品在线课程 1 门;市级教学名师工作室 1 个,重庆市高校思想政治理论课教学科研示范团队 1 个;重庆市教委骨干教师择优资助计划 8 人。2023 年获批重庆市教改项目 2 项,重庆大学教改项目 1 项。获得 2023 年高校思想政治理论课程教师教学技能竞赛本科院校组复赛一等奖 1 项,三等奖 1 项,决赛三等奖 1 项;重庆市 2023 年本科高校微课教学比赛三等奖 1 项,重庆大学第九届青年教师教学基本功比赛二等奖 1 项,三等奖 1 项。1 位教师指导的学生荣获第六届大学生讲思政课公开课展示活动二等奖,1 位教师指导的学生荣获第六届"我心中的思政课"全国高校大学生微电影展示活动三等奖。

【人才培养工作】

制定《马克思主义理论本科生培养方案》。马克思主义理论本科专业首次招生,招收来自四川、重庆、广东、河北等地的优秀学生 20 人。招收 2023 级硕士研究生 50 人,其中"985 工程"建设高校生源 1 人,"211 工程"建设高校生源 10 人;招收 2024 级推免研究生 15 人,来自"211 工程"建设高校以上生源 4 人。2020 级硕士研究生毕业 41 人,获评 2022 年学校优秀学位论文 1 篇,推荐 2023 年学校优秀学位论文 1 篇。毕业博士研究生 1 人,招收博士研究生 10 人,其中"985 工程"建设高校生源 1 人,"211 工程"建设高校生源 4 人。

【党建和思想政治工作】

一是维护核心权威,加强组织领导。制定《重庆大学马克思主义学院 2023 年党的建设和全面从严治党工作要点》。二是开展主题教育,严明纪律规矩。组织中心组学习 15 次,成功创建学校"二级党组织理论学习中心组学习示范班"（全校 5 个二级党组织）。主题教育期间学院各支部共开展主题党日活动 200 余次。研究生二支部获批重庆市第二批新时代高校党建示范创建和质量创优工作样板支部培育创建单位（全校 8 个党支部）。学院职工小家通过验收并获得校工会授牌。三是坚持民主集中制原则,保证党内民主和集体领导。推荐 1 名青年教师担任重庆市中国特色社会主义理论体系研究中心秘书处副处长,1 名教师到重庆市委宣传部理论处挂职锻炼半年。

【学生工作】

学院组织学生赴重庆市巫山县竹贤乡下庄村开展社会实践,与全国脱贫攻坚楷模毛相林深入交流,在巫山县开展党的政策宣讲和乡村振兴调研等。帮助学生树立正确的就业观念,引导学生到基层、到西部、到祖国最需要的地方贡献力量。在教育部首届全国大学生职业规划大赛暨重庆大学第六届大学生职业规划大赛中学院学子荣获二等奖 1 项,学院荣获"优秀组织奖"。毕业生去向落实率 95.24%。2022 级团支部荣获重庆大学"十佳五四红旗团支部",A 区五舍 519 荣获重庆大学"十佳文明寝室",2022 级马克思主义理论班集体荣获重庆大学"十佳先进班集体",学院学生荣获重庆大学学生标兵称号 1 人,优秀学生称号 15 人,优秀学生干部称号 5 人,优秀毕业生称号 6 人,学生精神文明建设先进个人称号 2 人,学生科技学术创新先进个人称号 2 人,学生文艺先进个人称号 1 人,学生劳动实践先进个人称号 2 人。

【公共服务】

学院积极组织宣讲团对习近平新时代中国特色社会主义思想、党的二十大精神、党史进行宣讲。学院协助后勤等单位完成了文科楼整体消防水管更换工程。学院退休教授梁平扎根塔里木大学,深度落实"银龄计划",获得好评。

（撰稿人:李丽昆）

理学部

【综述】

2023年,理学部全体职工深入学习贯彻习近平新时代中国特色社会主义思想,深刻领悟习近平总书记关于教育的重要论述和重要指示批示精神,并将理论学习和业务发展紧密贯通,把全面贯彻落实党的教育方针、落实立德树人根本任务融入服务教育发展的任务中。按照教育部的总体部署,认真落实学校党委行政的主要要求、锐意进取、开拓创新,圆满完成学校交办的各项任务,在人才引进、学科建设、前沿探索、机制设计方面大胆求真与实践。

【拓展工作】

1.筹建理学部青年教师科协,营造学术氛围,促进学科交叉融合

为更好地服务各学院重点工作,理学部通过广泛调研,在征求学院意见的基础上,积极联系学校科协、各学院青年教师和学生社团等,筹建理学部青年教师科协,围绕中心工作,通过组织每周学术沙龙、每月学术论坛、每学期科学大讲堂等活动,促进各学院的深度交流融合,营造良好的学术氛围,促进青年教师的成长和学科的交叉。

2.协助学术道德委员会,推进师德师风建设

2023年,理学部协助学术道德委员会顺利完成2次针对学术不端的相关调查工作。

【重点工作】

1.完善学术评价体系,做好理学的分类评价工作

学部坚持推行以质量为导向的职称评审和考核评价制度,以《理学部权威期刊目录》、外评专家库为基础,依托顾问委员会(重大事宜决策)、咨询委员会(日常评价咨询)和教学委员会(教学评价),继续推行代表作评价和同行评价制度,制定并实施理学部职称评审标准及细则,更新各学科近三年职称评审,评出人选的平均水平,落实分类评价工作。

2.聚焦教书育人成效和人才培养质量,不断深化教学评价改革

为提高青年教师教学水平,培养专业化教师队伍,学部在职称评审、聘期考核、人才引进中都非常重视教学成效,将教学评价作为教师考核、晋升的一项专门指标。"以评促进",组织青年教师参与教发中心的各项教学能力提升培训,促进了各学院和教师对教学工作的重视。

2023年,学部组织召开理学部教学委员会会议,对教师职称晋升进行课堂教学质量的专项考核。为保

障专项教学评价的客观、公正,学部办公室对 2023 年 13 名高级职称申请人进行了教学视频录制工作。

3.组织各项基金申报,培育优秀青年人才

理学部积极组织,及时跟进学院的国家自然科学基金、纵向项目的申报情况,并给予适当的支持。2023 年,理学部获批国家级重点实验室(共建)1 个,教育部重点实验室 1 个、重点研发计划项目共 1 项,总计 1 300 万元;获批国家级人才杰青 1 人(李杨),优青 1 人(边立功)、海优 2 人。

【日常工作】

学术评价是学部的重要职能之一,理学部坚持"破五唯"和分类评价,针对基础理科的特点,在教学、科研、同行评议、论文认定等方面推进落实分类评价制度。

1.人才引进

学部继续推行学院初审、学部预审、学院面试、学部外评、学校人才会审核的流程,严格人才引进程序。为确保引进优秀人才,保障人才的后续发展,除征求咨询委员会的意见外,学部还制定《理学部人才引进预审表》,敦促学院在初审时深思熟虑,长远谋划。

为保障同行评议的质量,每位申请人的外评专家名单由学部咨询委员会、学院和学部三方推荐组成,并严格把关,确保评议的专家是行业内广泛认可的优秀学者,2023 年收回有效外评意见共计 130 余份。

2023 年学部共接收、审核人才引进申请材料 37 份,其中弘深青年学者岗 12 人、教授 2 人、准聘教授 1 人、副教授 11 人、准聘副教授 7 人、讲师 2 人、弘深青年教师转入 1 人。目前经学部审核通过并已经上报学校人才会的有 16 人,最终通过学校人才会审核的有 13 人。

2.职称评审

学部召开学术委员会,按照学校批准的《理学部职称评审综合评价条件》,将各学科近三年评出人选的平均水平作为职称晋升的主要依据,完成对 8 名正高职申请人、8 名副高职申请人(包含专职科研系列)的职称评审工作。学部发送外评,收回有效外评意见 93 份,供学院、学部评审阶段作参考。

3.聘期考核

2023 年学部召开 2 次学术委员会会议,完成百人、青年教师聘期考核工作共计 14 人次,完成弘深青年教师转入、聘期考核共计 11 人次。

【公共服务】

2023 年,学部利用学校划拨的论坛专项经费,支持理学部各学院组织、举办全国或全球性的大型学术会议、专业性学术沙龙、学术研讨会以及学术报告等。

学部出资采购了会议室管理系统,实现线上预约和审批,2023 年学部协助各学院共开展学术活动 340 余场,为会议提供了场地、会务支持,为理科楼打造浓厚的学术氛围。

学部为支持学生就业工作,统筹安排理科楼 LA104 在就业季作为招聘单位的宣讲室,2023 年,理科楼共举办 200 余场次校园招聘会。

【党建工作】

理学部办公室积极支持学部联合支部工作的开展,承担支部的宣传工作,2023 年参与组织支部活动 28 次(12 次支委会,5 次党课,11 次主题党日活动),并撰写相关宣传文稿 10 000 余字。

在新形势下,理学部着手从内部改革开始,以完成学术评价本职工作为基础,连接学校多个部门,整合一切可用资源,团结学院教师力量,搭建理学部跨学科间的合作交流平台,配合学校相关工作更好地开展落实。

(撰稿人:颜　可,邱　楠)

数学与统计学院

【综述】

2023 年,学院设有数学系、信息与计算科学系、统计与精算系,包含数学与应用数学、信息与计算科学、统计学、金融数学等 4 个本科专业,学院招生并直接培养数学与应用数学强基计划本科学生 45 人,招收博士研究生 9 人(直博生 1 人、硕博连读生 3 人),硕士研究生 116 人(学术型硕士 42 人、专业型硕士 74 人),在校学历研究生 480 人,其中,学术博士 60 人,工程博士 4 人,学术型硕士 181 人,专业型硕士 235 人。

学院有在编教职工 105 人,其中专任教师 94 人,管理人员和实验人员 11 人;教授 32 人,副教授 34 人。2023 年,教师晋升教授 1 人,副教授 1 人,副研究员 1 人。2023 年入职弘深青年 B 岗 2 人、副教授 1 人、准聘副教授 2 人、讲师 1 人。弘深青年教师转聘弘深青年 B 岗 1 人、副教授 1 人、续聘讲师 1 人。新增国家"四青"人才 1 人。新增重庆市英才计划 2 人。

【党建工作】

学院党委组织全院师生深入学习贯彻党的二十大精神和习近平新时代中国特色社会主义思想,组织学院党委理论学习中心组集中学习 12 次,领导班子成员讲专题党课 10 人次,召开党委会会议 14 次。学院现有党员 297 人,其中教职工党员 57 人,学生党员 240 人。党支部 11 个,其中教工党支部 3 个,学生党支部 8 个。组织入党积极分子党课培训 2 期 45 人、发展对象培训 4 期 78 人、发展学生党员 50 人。

【学生思想教育与发展】

2023 年,学院积极推进"时代新人铸魂工程",强化学风建设,细化和完善《数学与统计学院学生综合素质测评细则》。坚持"五育并举",举办了数学与统计学院第二届数统文化节系列活动、首届学院乒乓球比赛。学院学生在学校第二届游泳比赛中获得团体第五,1 个单项第一的优异成绩;在学校第二届大学生趣味跳绳比赛中,2 个集体项目获全校一等奖第一名。2023 届本科毕业生国内升学 66 人,分别到浙江大学、中国人民大学、复旦大学、上海交通大学等国内名校继续升学深造;境外升学 14 人,分别赴新加坡国立大学、田纳西大学、悉尼大学等境外名校深造。180 余名博士、硕士和本科毕业生通过选调、公务员考试等进入机关事业单位或签约中国电信、成都飞机工业集团、中国工商银行、华为、比亚迪等央企国企和重要民企实现高质量就业。

【本科和研究生培养】

学院为全校开设 52 门全校公共课及通识与素质教育课程,合计 14 468 学时;为本院和其他学院本科生开设 116 门理论课和实践课,教学工作量全年 5 812 学时。2023 年组织参加第十四届全国大学生数学竞赛重庆赛区赛事,获全国奖 10 项,其中一等奖 2 项。获全国数学建模竞赛一等奖 2 项,二等奖 4 项,重庆市一等奖 35 项;美国数学建模竞赛 F 奖 11 项。在市教委本科专业监测评价结果中,学院数学与应用数学 A,信息与计算科学 A,统计学 A,金融数学 B。在本期学校组织的专业评估中,数学与应用数学和统计学被专家组评定为优秀等级。"线性代数"获得国家线上线下混合式一流课程。出版教材 1 本。强基学生首届转段 35 人,其中数学 8 人,计算机 12 人,软件 4 人,电气 8 人,土木 2 人,机械 1 人。学生去向合理,符合"强基计划"学生培养目标。

学院承担数学、统计学、应用统计 3 个学科共计 484 名硕博研究生的培养,为本院研究生开设专业课 48 门,合计 1 935 学时;承担全校研究生数学公共课 13 门 45 个教学班,合计 1 608 学时。获批重庆市研究生科研创新项目 5 项(博士 1 项、硕士 4 项),重庆市专硕研究生联合培养基地建设项目 1 项,获评重庆大学优博 1 篇、优硕 2 篇;研究生导师及学生在高水平学术期刊上发表论文 86 篇,其中国际期刊 A 级 31 篇、B 级 26 篇。

【科学研究、学科建设】

学院新增科研项目 26 项,其中国家自然科学基金 8 项(7 项主持),重庆市科技局重点项目 1 项,面上项目 3 项,横向项目 5 项。学院全年实到科研经费 498 万元,其中纵向经费 360 万元,校级经费 26 万元;纵向项目经费占总经费的 77.51%;发表论文 110 余篇,其中数理学部认定的高水平期刊(73 种)近 20 篇,学校国际期刊 T2 级 2 篇、A 级 39 篇、B 级 32 篇。

2023 年,学院数学一级学科博士后流动站入站 1 人,聘期考核 6 人,其中 3 人出站,3 人转入。目前,学院拥有非线性分析数学与应用教育部重点实验室、分析数学与应用重庆市重点实验室、重庆市数学科学研究所、非线性分析及应用高校重点实验室、重庆大学数学研究中心等科研平台。建有数学和统计学 2 个一级学科博士学位授权点、2 个重庆市一级重点学科,应用统计专业硕士学位授权点。

【学术交流与国际化】

2023 年教师因公临时出国 12 人次,赴国(境)外长期访学进修 2 人次。邀请国(境)外学者 35 人、国内学者 129 人做学术报告 164 场,主办及承办学术会议 6 次。承办卓越大学联盟第四届数学学院院长论坛。

2023 届本科生赴境外深造人数 14 人。学院与新加坡国立大学签订"3+2"合作协议,派出本科生 9 名;与新加坡国立大学签订本科生合作协议,派出本科生 4 名(2024 年 1 月)。2023 年创新型人才国际合作培养项目,4 名本科生获得资助(2024 年 1 月派出),2023 年国家建设高水平大学公派研究生项目派出 3 人(联合培养博士)。

完成 1 项重庆大学全球前沿学科系列讲座,覆盖学生超 1 000 人;获批 1 项 2023 年度国家外国专家项目;申报并完成"数学专业剑桥大学 2023 寒假学术能力提升项目",实际参与本科生 45 人。

【重要成绩】

2023 年数学学科稳定在 ESI 学科排名前 1%;数学学科在第五轮学科评估中被评为 B+,目前软科位列全国前 13%。成功申报国家级人才 1 人,重庆市英才计划 2 人。

(撰稿人:穆春来)

物理学院

【综述】

物理学院肇始于 1929 年的理学院,著名物理学家、教育家郑衍芬和谢立惠等都曾长期在此任教。1952 年由于全国院系调整,物理学科大部分师生迁入四川大学。1977 年恢复招收物理专业本科生。2010 年正式成立物理学院至今,专任教师已达 80 余人,包括国家杰出青年基金获得者 3 人、国家优秀青年基金获得者 2 人、教育部新世纪优秀人才 3 人、重庆市百千万工程领军人才 1 人、重庆市杰出青年基金获得者 2 人、重庆市巴渝学者特聘教授 3 人、重庆市青年拔尖人才 6 人、重庆市物理学学术技术带头人 3 人、重庆市中青年骨干教师 1 人、重庆大学百人计划 13 人、弘深学者 3 人。学院物理学科是重庆市重点学科,拥有物理学一级学科博士学位授权点和博士后流动站。物理学科作为重庆大学重点建设学科,已进入 ESI 前 1%,入选教育部物理学"强基计划",定位于学科水平跻身国内一流行列,若干研究方向取得具有国际重要影响的创新成果。

【队伍建设】

2023 年,学院教职工 120 人,专任教师 80 余人。新增国家级人才 3 人。新进准聘副教授 4 人、弘深青年教师 4 人。新晋升教授 5 人、副教授 1 人、副研究员 1 人。

【党建工作】

截至 2023 年底,学院党员 273 人,党支部 9 个。本年度新发展党员 49 人。共有教职工党员 63 人,本科生党员 62 人,研究生党员 148 人。

学院党委深入学习贯彻党的二十大精神和习近平新时代中国特色社会主义思想,坚持和加强党对学院事业的全面领导,宣传贯彻执行党的路线方针政策和学校各项决定,为学院改革和发展提供强有力的思想和组织保障。做好选人用人工作,顺利推选出学院党委副书记、副院长两个重要领导岗位人选。扎实推进支部建设的标准化和规范化管理,组织各支部积极开展"学习二十大,奋进新征程"党建主题系列活动。学院领导班子提交调查研究报告 4 份,积极践行调查研究工作方法推动解决学院发展难题。聚焦学校十四届党委第三轮第二巡视组反馈的巡视意见、指出的问题和提出的整改建议,统筹推进巡视整改任务落实落细。

【学生工作】

坚持育人导向,突出政治引领,加强大学生思想政治教育。依托学风建设,推进"三全育人",打造"万物至理"学工品牌,以青年教师、班主任、辅导员、学业助理、优秀党员为主体从思想引领到行动落实,从个人规划到课程知识全方位覆盖各层次学生,开展"教授沙龙""学长学姐说""奋进班"等学业指导活动。制定物理学院"访企拓岗"专项行动实施方案,积极开展访企拓岗行动,与镇江市丹徒区人才中心、江苏希西维轴承有限公司、江苏鸿晨集团有限公司、江苏优立光学有限公司以及中国电子科技集团公司第十八研究所、直升机所等国防军工头部企业进行深入交流,探索建立实习基地、科技研发基地等校企合作新模式。认真做好安全教育和"三生"工作,本年度学院无一学生安全责任事故和意外事件。

学院有本科生 547 人,研究生 331 人。本年度获国家奖学金 14 人次,10 人获国家励志奖学金,273 人获校综合奖学金。在"争先创优""五四"评优等各类表彰中,学院学生获校级荣誉 191 人次,优秀团日活动 1 项、文明寝室 2 个、十佳先进班集体 1 项、十佳五四红旗团支部 1 项、易班十佳班集体 1 项。本年度研究生共发表论文 166 篇,其中 T2 级期刊 60 篇,A 级期刊 67 篇。获批重庆市研究生科创项目博士项目和硕士项目各 2 项,获评重庆市优博、优硕各 1 篇。1 名本科生以第一作者发表 SCI 论文,并作为本科生代表参加学院第三届研究生学术论坛。在各类赛事中,获第九届全国大学生实验竞赛(创新)一等奖 4 人次、二等奖 9 人次、三等奖 4 人次,2023 年美国大学生数学建模竞赛二等奖 3 人次,2023 年全国大学生数学竞赛三等奖 1 人次,2023 年全国大学生物理学术竞赛三等奖 7 人次,第十四届全国周培源大学生力学竞赛(个人赛)三等奖 1 人次。

【教学工作】

1.本科教学

持续构建学院核心课程教学团队,深入推进教育教学改革,2023 年获得国家教学成果奖 1 项,获批教指委教改项目 5 项,重庆市教改项目 2 项,重庆市课程思政示范项目 1 项,产学合作协同育人项目 3 项,校级教改项目 2 项;出版教材 1 本——《基础光学实验》;获批重庆市重点建设教材 1 项;获批重庆市线下一流课程 1 门,重庆大学荣誉课程 1 门——"数学物理方法"。重庆大学彭桓武书院正式揭牌成立。获全国高等学校物理基础课程青年教师讲课比赛二等奖 1 项,第八届西浦全国大学教学创新大赛二等奖 1 项。承办第九届全国大学生物理实验竞赛(创新)决赛,获团体一等奖 2 项、二等奖 2 项;承办第六届重庆市大学生物理创新竞赛,获团体一等奖 7 项、二等奖 9 项。本院学生参加第九届全国大学生物理实验竞赛(教学),获二等奖 2 项、三等奖 1 项;参加第十四届中国大学生物理学术竞赛,获团体三等奖 1 项;获批国、市创项目 14 项,SRTP 项目 35 项;有 6 名本科生参加暑期剑桥大学学习项目。

2.研究生教学

学院举办 2023 年大学生暑期夏令营活动,吸引 200 余名同学参与,招收推免生 35 人(首批强基转段 15 人),相比 2022 年有大幅增长。本年度招收研究生共 109 人,较 2022 年增加 9%,其中优质生源硕士生 32 人

（占比38%），博士生16人（占比64%）。获重庆市研究生教改项目和校级研究生教改项目各1项，重庆市研究生导师团队1项；新增博导1人、硕导2人；获批重庆市研究生科创项目博士项目和硕士项目各2项，获评重庆市优博、优硕各1篇。本年度研究生共发表论文166篇，其中T2级期刊60篇、A级期刊67篇。狠抓培养质量，学院举办了第三届研究生学术论坛，统一组织了博士生和硕士生的开题与中期考核等。

【科研工作】

本年度共发表论文306篇，其中SCI论文288篇，A级及以上期刊214篇，其中顶级期刊 *Nature* 1篇，*Physical Review Letters* 3篇、*Nature Communications* 5篇、*Advanced Materials* 9篇。新增获批发明专利4项。本年度获批科研项目54项，其中国家自然科学基金项目18项［"青基"项目6项、面上项目6项、优青项目1项，重大研究计划培育项目1项、专项项目2项、国际（地区）合作与交流项目1项］，国家重点研发计划1项，科技部国家"万人计划"科技领军人才项目1项，中国博士后科学基金项目8项，重庆市自然科学基金项目8项，其他一般纵向项目8项，横向项目10项。全年实到科研经费1 610万元，其中纵向经费1 123万元。另外获批中央高校项目2项，立项经费107万元。

【新增国家级人才】

边立功、李凡获批国家优秀青年人才。

刘雳宇入选国家级人才。

【获批经费突破3 000万元大关】

2023年，学院获批经费突破3 000万元大关，创历史新高，首次获批国家重点研发计划项目。

【科研平台建设成效显著】

"软凝聚态物理及智能材料研究重庆市重点实验室"优化重组为"能量转化界面物理重庆市重点实验室"，国家自然科学基金委理论物理专款"西南理论物理中心"正式启动，重庆量子物理基础学科研究中心挂牌成立。

【获奖、表彰】

张学锋"锶光钟"研究团队荣获"2022中国光学十大进展"提名奖（基础研究类）。

（撰稿人：魏　娟）

化学化工学院

【综述】

2023年，化学化工学院下设化学系、应用化学系、化学工程系、制药工程系、实验教学示范中心及学院办公室。学院拥有"化学工程与技术"和"化学"两个一级学科博士学位授权点及两个博士后科研流动站，设有材料与化工、生物与医药、能源动力类、资源与环境类4个工程博士学位授权类别以及材料与化工、生物与医药

2 个专业硕士学位授权类别。拥有化学、应用化学、化学工程与工艺、材料化学、制药工程等 5 个本科专业。

【队伍建设】

2023 年,学院教职工 136 人,专任教师 110 人。新增国家级高层次人才 2 人,国家级青年人才 2 人。新进弘深杰出学者 1 人、弘深优秀学者 1 人,准聘副教授 2 人,科研博士后 1 人。新晋升教授 1 人、副教授 3 人。

【党建和思想政治工作】

截至 2023 年底,学院党员 580 人,党支部 19 个。本年度新发展党员 99 人。学院有教职工党员 81 人,本科生党员 98 人,研究生党员 401 人。

1.教职工工作

持续深入学习贯彻习近平新时代中国特色社会主义思想和党的二十大精神,贯彻落实党的二十大关于教育、科技、人才"三位一体"决策部署。着力推动党建与学科发展的深度融合。为国家化工新材料、新能源等战略性新兴产业发展以及重庆实现高质量产业转型提供人才支撑和智力支持。

2023 年学院党委中心组学习研讨 13 次,党支部集中学习、专题研讨和讲党课 259 次。123 人参加积极分子培训。开展"学习新思想,奋进新征程"读书实践活动。通过对延安精神及红岩精神进行实地研学,在以学促干上下功夫见实效。化学系教工党支部入选重庆市"双带头人"教工党支部书记工作室。

2.本科及研究生工作

在校院两级党委的领导下,深入实施优秀学生培育计划、学风建设提升计划及学生先进典型培育计划。组织"锦绣华章"优秀校友分享会,颁发各类院级校友奖助学金 35 万元,形成"锦绣华章"优秀校友助力人才培养的品牌活动。在各类赛事中成绩突出,总计获国家级奖励 65 人次、市级奖励 150 余人次。本科生孙源韩、博士研究生代朝能入选重庆大学学生年度人物。近 400 人次获各类荣誉称号。

【教学工作】

1.本科教学

持续进行课程及教材建设,重点支持"物理化学"AI 课程及 7 门研究生一流课程建设,出版教材 4 部。获评国家级一流课程 1 门、市级各类课程 4 门、校级荣誉及重点课程 4 门。学院立项教学成果奖培育项目 5 项。获批市级教学改革项目 7 项(其中重大项目 3 项)、省部级产学合作协同育人项目 3 项、校级教学改革项目 4 项、重庆市案例库建设 1 项。成功承办第四届全国大学生化学实验创新设计大赛"微瑞杯"西南区竞赛并获一等奖、二等奖、三等奖各 1 项。获"慕乐-芯曙光杯"数字化创新实验设计邀请赛优秀奖 1 项。获批重庆市虚拟仿真实验教学一流课程 1 门、重庆市实验型教改项目 1 项、重庆大学本科教学实验条件升级建设项目立项 1 项(852 万元)、重庆大学大型仪器功能开发教改项目 1 项。采购与安装专业实验室专项仪器设备 132 台,累计经费 303.03 万元;安装 10 余间多媒体教学实验室,安装运行大型仪器 400 MHz NMR 1 台。

2.研究生教学

2023年,共招收全日制硕士191名,"985工程"和"211工程"建设高校生源占比27%;招收全日制学术博士生40人、专业博士生19人。207名研究生顺利毕业,获评重庆市优博1篇、优硕2篇,重庆大学优博2篇、优硕3篇;获批市级教改项目1项和校级教改项目2项,重庆市研究生科研创新项目博士立项4项、硕士立项5项;获得留基委的资助,学生联合培养2人和直接攻博2人;共计8人次参加线上线下重要国际会议并作报告。

【科研工作】

2023年,学院新增各类科研项目133项,合同总经费3 557万元,到校经费3 920.5万元。其中,国家自然科学基金项目10项,合同金额770万元。发表期刊论文440篇,其中A级及以上论文274篇,授权发明专利25项,获省部级奖2项。

【学科与平台建设】

新增"特种化学电源全国重点实验室"(共建)、重庆大学先进电能源化学研究中心;推动"洁净能源与特色资源高效利用化工过程重庆市重点实验室"和"理论与计算化学重庆市重点实验室"优化重组。

化学工程与技术以及化学分别进入软科世界排名第28名和第76名;化学学科成为重庆大学第三个进入ESI前1‰的学科,目前已进入ESI世界前0.698‰。

【对外交流与合作】

本年度与美国伊利诺伊大学芝加哥分校续签协议;与美国路易斯安那州立大学、澳大利亚蒙纳士大学(苏州校区)召开了合作交流会。

20余名教师任国际期刊编委或副主编;4名博士研究生获批CSC高水平项目,被世界200强高校录取;研究生在线上/线下参加重要国际会议并作报告8人次;教师在线上/线下参加重要国际会议,并在分论坛做主题报告16人次;30名学生参加了学院组织的"剑桥大学2022电动汽车电池组分析(化学工程与新能源材料方向)线上课程"。

【开展有组织的科研论坛】

开展了包括"生物化工""精准合成""天文化学"等主题学术研讨会,邀请75位海内外一流大学和科研院所的知名专家学者做学术报告和基金辅导讲座,营造了良好的学术交流氛围,有力促进了学科发展。

(撰稿人:覃　彬)

生命科学学院

【综述】

2023年,生命科学学院下设4个学科方向:植物学、微生物学、遗传与生物信息学、生物化学与分子生物学。建有生物学一级学科博士学位授权点、博士后流动站,重庆市生物学一级重点学科。拥有农业农村部农作物生态环境安全监督检验测试中心(重庆)、重庆市植物激素与发育调控重点实验室、重庆市杀虫真菌农药工程技术研究中心、重庆市高校功能基因与调控技术重点实验室等学科平台。

2023 年,学院教职工 40 人,专任教师 30 人。新增国家级人才 3 人。新进弘深优秀学者 1 人、准聘副教授 2 人、专职科研岗人员 2 人。新晋升教授 1 人、副教授 1 人。

截至 2023 年底,学院党员 174 人,党支部 5 个。全年共发展弘深青年教师党员 1 人,学生党员 27 人,转正党员 15 人。接收新生党员 27 人,毕业生党员转接 39 人。慰问困难党员 5 人次。

学院党委制定了学习计划,通过主题教育动员会、领导干部读书班、党委理论学习中心组学习、教职工政治学习、党支部"三会一课"和主题党日活动等学习活动,全面学习、深刻领会和宣传贯彻主题教育精神,深刻认识"两个确立"的决定性意义。全年共召开中心组学习 12 次,教职工政治理论学习 10 次。领导干部深入调查研究,完成调研报告。形成制度文件 3 项,工作机制 2 项。修订了党委会会议和党政联席会议议事规则,新制定办法 1 项,完成学院绩效工资方案的制定。严格执行中央八项规定精神,持续加强廉洁文化建设,开展师德师风日常教育。

【学生培育】

学院把立德树人放在首位,夯实学生党建,创建样板支部;开展学习主题教育实践活动 30 余场次,学院获评学校"五四红旗团支部"等集体荣誉 4 项,100 余人获评重庆市三好学生、学校优秀毕业生、优秀共青团干部等称号。学生获国际空间科学与载荷大赛铜奖 1 项、第九届中国国际"互联网+"大学生创新创业大赛金奖和铜奖各 1 项、全国大学生生命科学竞赛 4 项等。

学院千方百计实现毕业生高质量就业。学院领导走访用人单位 20 余家,深入开展访企拓岗促就业专项行动,开拓就业岗位,推动毕业生更充分更高质量就业。做好毕业生就业指导工作,开展"生科就业季"系列活动,举办就业动员会、毕业生求职/考研经验分享会、求职面试技巧讲解等 15 场次,接待、组织专场招聘 10 余场,提供就业岗位 100 余个。

学院现有在读本科生 129 人,新录取本科生 29 人。本年度学院授予学士学位 23 人;7 名本科生获推免攻读研究生资格。选拔三个年级优异生共 5 人。本年度新申报国家级(市级)大学生创新训练项目立项 6 项,优秀结题 1 项。现有 1 名本科留学生和 2 名香港籍学生。获得国家级虚拟仿真实验教学一流课程一门、重庆市一流本科课程一门、重庆市课程思政示范项目一项。在"学习新思想,礼赞新时代,奋进新征程"青年教师微宣讲活动中,学院教师荣获二等奖。

本年度学院共为生物学硕士生、博士生,生物与医药专硕、专博学生开设 31 门课程,共计 865 学时。召开研究生导师工作会议,完成学院导师培训工作,实施研究生教育督导,完善质量保证和监督体系。推进教学改革工作,获批研究生教改项目(重点)1 项。

毕业授位博士 8 人,硕士 37 人;获评重庆大学优博 1 篇,重庆大学优硕 1 篇。本年度学院招收学术硕士生42人,招收专业硕士生25人、学历博士生15人(1名科研,2名专项博士生)。与陆军军医大学联合培养硕士生10人、博士生1人。通过组织优秀大学生参加夏令营和招生宣传活动,共接收推免生26人。

【科研成果】

2023年学院获批科研项目24项。其中包括国家级项目7项,包括优青(海外)1项,国家自然科学基金面上项目4项,国家外专项目1项,中国博士后科学基金项目(面上项目)1项;重庆市项目10项,以及横向项目5项。目前学院在研项目62项,立项经费3 394万元,实到经费1 010余万元。

共发表SCI论文61篇,并在 *Cell Host & Microbe* 等CNS大子刊获得新突破,发表A级43篇、B级9篇、T2级8篇,授权发明专利2项。

【学科与平台建设获得新突破】

完成了重庆大学"双一流"监测数据填报工作。获批科研基金项目24项(包括海外优青1项、科技部外专局专项1项)。《植物激素(英文)》期刊入选"高水平学术期刊培育资助计划"。参与共建的"微生物农药国家工程研究中心",正式纳入新序列管理的国家工程研究中心,实现了学院国家级科研平台重大突破。

学院对重庆大学的生物学与生物化学、分子生物学与遗传学、临床医学、植物与动物科学和农业科学等5个学科进入ESI前1%,发挥了重要的支撑作用。

【对外交流与合作】

本年度,获批"高端外国专家引进计划"和"重庆大学全球前沿学科系列讲座"项目,深化"研究生全球学术课程"项目建设。开设了由国际著名大学教授主讲的全英文系列课程,以及12期全球前沿学科系列讲座。

我院微生物团队夏玉先、彭国雄两位教授参与制定国际微生物农药国际行业标准2项,并已通过联合国粮农组织和世卫组织的会议论证。这是我国专家首次参与该类国际标准的制定。

【创办 *Plant Hormones*(《植物激素》)国际期刊】

Plant Hormones(《植物激素》)由专注于植物、农业类学术期刊出版的Maxum Acimademic Press(MAP)出版公司与学院合作创办,旨在成为一本报道有关植物激素的科技前沿、高水平研究成果的国际性期刊,它将在生物学、植物学、农学、园艺学等领域内产生广泛的学术影响力。

(撰稿人:高定伦)

分析测试中心

【综述】

2023年,分析测试中心坚持用习近平新时代中国特色社会主义思想凝心铸魂,全面贯彻党的二十大精神,跟进学习习近平总书记重要讲话和重要指示批示精神,把党的领导贯穿到中心全部工作之中。中心紧紧围绕学校新一轮"双一流"建设需求,坚持党建引领,坚定信心、铆足干劲,完善平台提升效能、优化服务助推发展,为学校"双一流"建设、地方高质量发展提供了强力支撑。

【支部党建】

2023年,中心教工党支部在学校党委和虎溪党工委的领导下,坚持用习近平新时代中国特色社会主义思想武装支部党员头脑,将党的建设任务深度嵌入政治思想、党员队伍、党员作风、教育管理、服务师生五大方面,推进党建与业务同规划、同部署、同落实、同考核,积极构建"一融双高"工作新格局。中心支部以"高质量党建引领高水平技术,以高水平技术促进高质量社会服务"的发展思路,开展特色主题党日活动,打造高质量党建。2023年中心支部获"重庆市党建工作样板支部""重庆大学先进党支部"荣誉称号,并积极申报全国党建工作样板支部。

【测试服务】

2023年,中心坚持寒暑假全年无休、全天候开放服务,大型仪器设备年运行总机时达16万余小时,为校内外900余个团队提供高质量服务。中心校内服务范围实现理工相关学科全覆盖,涵盖23个学院及科研机构;校外业务服务范围逐步拓宽,中心依托国家检验检测机构资质认定(CMA)和平台优势,积极为校外用户提供检测服务。2023年在学校公共服务平台年度考核中,中心以综合评分第一获得优秀评价(全校共评10名);在大型仪器设备效益考核中,中心26台设备获评优秀机组(全校共评50台),位列考核单位第一。

【仪器建设】

2023年,中心围绕多学科发展需求,按照2021—2022年校级公共平台建设购置计划,完成6 300万元设备采购。至此,校级公共平台建设项目圆满收官,并于2023年11月通过学校结题验收。中心大型仪器设备储量达86台(套),设备总值1.85亿元,校级公共平台建设初具规模,效应日趋显著。

【队伍建设】

2023年,中心拥有教职工31人(含中心自聘人员17人),其中教授1人、教授级高级实验师1人、高级专业技术职称人员8人。中心致力于强化技术队伍建设:一是以研修项目和功能开发项目为载体,不断提升综合能力。2023年中心4位工程师在学校实验技术人员研修项目支持下前往兄弟院校相关中心开展一个月的深入学习;积极申报并获批学校大型仪器设备功能开发项目5项。二是积极"走出去"参加技术交流会、高阶培训会,并作报告。2023年中心工程师外出参会50人次,人均1.6次,全国技术交流大会邀请报告8人次。三是定期举办测析长谈,在讲坛中实现技术内化和提升。四是强化能力验证,提高数据质量。定期参加教育部科技发展中心、国家计量认证高校评审组组织的高校实验室间比对活动,参加项目全部通过;积极参加中国检验检疫科学研究院能力验证,获满意结果。2023年11月,中心高级工程师邹函君在"第三届高校分析测试优秀青年人才奖"评选(全国共评10人)中获三等奖。

【质量管理】

2023年,中心精心部署国家检验检测机构资质认定(CMA)复评审和扩项工作,从未来发展角度扎实做好准备工作。从CMA评审有关的文件受控、能力扩项、设备计量、方法验证、人员监督、内部审核、比对能力验证、场地环境等方面按评审要求落实相关工作,并于 2024 年 1 月通过了 CMA 扩项和复评审工作。中心以此次复评审为契机,持续加强质量管理体系建设、规范检测行为、提升技术能力,不断提高检测能力和专业水准。

【人才培养】

做好课程教学工作。2023 年面向全校研究生开设公共选修课"科研创新方法与现代分析测试";针对物理学院研究生专门开设了"现代分析测试技术""电子显微学与材料微结构分析"课程;积极承担明月班"现代仪器分析实践(生物)"的课程教学。做好仪器操作培训工作。面向全校师生开展多期仪器操作培训,通过理论教学、上机操作、现场考核,择优发放上机许可证。做好大学生创新训练项目工作。2023 年中心工程师指导国创 1 项、市创 3 项、SRTP 2 项。

【亮点工作】

2023 年 6 月,在首届卓越工程师大赛中,中心副研究员张斌、工程师周洋和邓琴领衔的"跨尺度多维度精准成像平台团队"揭榜重庆国际复合材料股份有限公司发布的攻坚项目"Pt 合金漏板高温性能及动态失效研究"。该团队通过初赛、半决赛的出色表现,从 300 余个团队中脱颖而出晋级 8 强,获优胜奖。

2023 年 3—7 月,由中心承办的高校技术交流专题研讨会开展了成分分析、显微分析、生物医药、光谱分析 4 场。四场专题交流会共邀请校内外专家 60 余人作报告,校内外师生、企业代表报名参会人数 400 余人。专题交流研讨会秉承"重实践、求创新、彰特色"的理念,采用"学习+交流+研讨"模式,让技术交流更深入。

2023 年 11 月,中心组织了高校公共服务平台高质量发展专题研讨会,邀请中国分析测试协会高校分析测试分会理事长、清华大学分析中心主任李景虹院士,以及上海交通大学、西安交通大学、中国科学技术大学、哈尔滨工业大学、四川大学、武汉大学等兄弟院校的分析测试平台主任及学校相关部门负责人参加。从"摆问题、定举措"出发,参会人员围绕公共平台高质量建设管理、技术队伍建设与考核评价、教学与人才培养等开展"同题共答"。

(撰稿人:曹丽转,廖定容)

工程学部

【综述】

2023 年,工程学部在学校党委行政领导班子的领导下,在学校有关部门、学部各单位的支持和帮助下,在学术分类评价、师资队伍建设与人才培养、学科建设与科技工作和学术交流与合作等方面发挥了积极的作用。

【学术分类评价】

1.职称评审

与人事处等相关单位密切沟通,把握职称评审的新变化,主动联系学院、动态掌握学院职称评审进展,按时、高效地完成了 45 人、4 轮次的投票表决与统计工作,协助学部学术分委员会向学校推荐正高职称 15 人(含绿色通道 4 人)、副高职称 25 人(含绿色通道 1 人)。

2.引进人才聘期评价

主动联系学院,合理安排学部考评时间,召开学部学术分委员会共计 10 次,完成了 3 名年薪制教授、1 名兼职专家、3 名"百人"、20 名青年教师和 27 名弘深青年教师的聘期考评工作。

3.学部学术分委员会换届

按照学部学术分委员会换届流程,制定了换届工作方案,成立了换届委员会,严格按照工作方案和《工程学部学术分委员会章程》,平稳有序地完成了换届工作。

4.妥善处理学术不端

会同学校有关部门,多次与学院和相关教师深入沟通、掌握第一手资料,稳妥处理学术不端 1 项,完成书面调查报告和补充调查报告共计 6 000 余字。

【师资队伍与人才培养】

1.人才引进服务

加强与人事处、学部各学院间的沟通与衔接,认真核查进人材料并进行数据分析,合理安排会议时间,组织学部会议讨论各类引进人才 67 人。

2.虚拟仿真教学实验公共平台建设立项

组织学院讨论并制定工程学部虚拟仿真教学实验室公共平台建设方案,经学校评审和现场答辩,该方案获得 2023 年本科教学实验条件升级改造的立项。

3.有序推进工科实验大楼建设工作

组织学部各学院和相关部处,召开需求对接交流会、工作协调会和工作推进会,稳步高效地推进工科实验大楼的建设工作;协助学院对大楼实验室功能进行划分与优化,力求实现"分散规划、集中建设、统一管理、协同运行",以此构建适应于未来人才培养需求的实验教学环境。

【学科建设与科技工作】

1.评审推荐科技项目

组织专家完成了工程学部2023年"新基石研究员项目"、2023年度高校科技创新指南等项目评审工作共计4项。

2.推进纵向项目申报工作

根据基金申报时间节点和各学院的具体情况,制定工程学部国家自然科学基金项目辅导工作方案,充分发挥学部跨学院/学科沟通平台功能,组织各学院召开基金申报工作交流会,共同研讨交叉学科建设和大项目大成果的申报经验。2023年工程学部各单位累计申报国家自然科学基金各类项目379项,占全校申报总数30.5%,获批102项,占全校33.7%,获批经费为8 002万元,占全校44.68%。

3.大力推进学科交叉与融合发展

积极联系并协同电气、能动和资安学院的相关研究团队,参与数字能源研究院的可行性研讨交流会,联系并协同组织学部各学院积极参加"一带一路"科技交流大会,参与学院全国重点实验室的年度学术会议等。

4.完成各种文件征求意见的复函

坚持公开民主的原则,通过学部内部会议等形式完成《专业技术职务基本申报条件(科技成果转化系列)》和《重庆大学绩效工资实施办法(2023年修订)》(征求意见稿)等多项征求意见稿的复函。

【学术交流与合作】

1.主办工程科学前沿讲坛

线下学术交流全面复苏,2023年邀请澳大利亚技术与工程院 Michael Hood 院士、爱丁堡皇家学会 Wiercigroch M.院士等国内外知名专家学者为师生提供高水平学术讲座共计83讲,营造浓厚的校园学术氛围,年度讲坛数量达到创办以来历史新高。

2.积极开展与兄弟院校的交流研讨

协调并组织发规处、研究生院、光电学院等单位与厦门大学工程技术学部进行交流,促进双方在搭建学科交叉平台,推动学部(院)间学科交叉融合、建立工科考核评价体系、推进产学研和拓展学科国际影响力等方面的交流。积极参加香港中文大学(深圳)理工学院、冯简宗亲归校寻踪等调研交流活动。

3.加强与地方政府的接洽

积极参加与山西省运城市科技局、江津区人民政府等单位的线下调研交流,大力推动青年教师工程素养培训项目。组织各学院与山西省运城市企业开展线下项目对接交流会,促进研究团队与企业在聚焦解决企业技术难题、延伸合作方向和领域等方面开展深入交流与沟通,切实推动产学研用深度融合,实现精准科研合作。

【党建工作与日常管理】

1.负责学部联合党支部建设工作

承担学部联合党支部的建设工作,积极筹划并实施各类主题教育活动,完成了专题组织生活、主题党日、领导干部上党课、户外活动等多种形式的政治学习共计16次,按时保质地完成了学部联合支部的年度政治学习任务。

2.有序推动学部联合支部日常工作

积极组织策划消防安全教育、推广普通话等支部活动,承担并完成了党费收缴、系统报送、领导干部政治表现鉴定等常规事务,确保支部各项工作的顺利开展。

3.筹办学部各种会议,严格经费管理,强化对外宣传管理,完成重要资料归档等日常管理工作

本年度,工程学部被学校评为新闻宣传工作先进集体,1人被评为新闻宣传工作先进个人,已经连续4年获评"双先进"。

(撰稿人:廖　全)

机械与运载工程学院

【综述】

2023年,机械与运载工程学院有机械工程一级学科博士学位授权点,机械工程博士后流动站;设有机械设计制造及其自动化、车辆工程、机械电子工程、工业工程、机器人工程、智能制造7个本科专业。有高端装备机械传动全国重点实验室、机械基础国家实验教学示范中心、机械基础及装备制造国家虚拟仿真实验教学中心、西南地区机械课程群国家虚拟教研室等国家级科研与教学平台。

【队伍建设】

2023年学院在编教职员工201人,其中专任教师161人。新进青年教师6人,新招收博士后45人,其中8名博士后获得博士后科学基金面上资助。招聘短期科研助理27人。建立了机械工程学科未来3年人才储备发展库,坚持"一人一策",多措并举做好人才服务指导培育工作,全力组织各类人才申报,新增国家级人才2人,国家级青年人才6人,获评科睿唯安"全球高被引科学家"2人,爱思唯尔"中国高被引学者"2人。

【党建和思想政治工作】

截至2023年底,学院共有党员1 206人,其中教职工党员161人、本科生党员106人、研究生党员939人。党支部45个。本年度新发展党员141人。

扎实推进主题教育,全面加强党的领导。结合习近平新时代中国特色社会主义思想主题教育契机,全面、系统、深入推进党的创新理论学习,尤其是深刻学习领悟习近平总书记关于科技、人才、教育的重要论述。主题教育查找了19个问题,制定52项具体措施,进一步优化学院治理。2023年8月30日,召开主题教育专题民主生活会,教育部督导组领导参加会议并做指导。学院党委成功申报"重庆大学党委理论学习中心组学习示范班"。深化全国党建标杆院系建设,推进高质量基层党建。王时龙、陈晓慧、王四宝参与录制了高校党组织示范微党课。基础系党支部获批重庆市党建工作样板支部。吴昊入选2024年度全国高校思政工作中青年骨干(全国共入选10位)。杨联星入选2024年度高校辅导员名师工作室。陈晓慧荣获重庆市首届高校二级院系党组织书记讲党建比赛一等奖。《梦天实验舱发射成功,重庆大学这个团队功不可没!》入选2022年度重庆市高校党建"十大新闻"。

【人才培养】

2023年有全日制本科生1 630人,全日制硕士生1 662人,博士生304人,工程博士生167人。学院圆满完成车辆工程专业认证。牵头获国家教学成果二等奖3项,成功申报教育部产学合作协同育人项目3项、市级重点教改项目1项、重庆市市级课程思政示范项目1项。成功申报国家级一流课程3门、市级一流课程4门、校级一流课程1门。出版教材4本,其中国家级规划教材2本;发表教改论文8篇。获评重庆市优博3篇、优硕4篇;获批重庆市课程思政项目2个,重庆市研究生校企联合培养实践基地1个,其他教改项目3项。学生获各类奖项500余人次,其中包括第十八届"挑战杯"全国大学生课外学术科技作品竞赛国赛特等奖、第九届中国国际"互联网+"大学生创新大赛国赛金奖、第十六届全国大学生节能减排社会实践与科技竞赛国赛一等奖、重庆大学年度人物、重庆大学十佳先进班集体、小米特等奖学金等集体和个人荣誉称号。学生夺得2023年高校百英里接力赛总决赛冠军。

【科研工作】

学院在重大重点项目申报上持续取得突破,获批基础加强计划2项,国家科技重大专项计划2项,国防科技创新超越工程2项,科技部国家重点研发计划(国际合作)1项,国家重点研发计划(青年科学家项目)3项。获批国家自然科学基金项目杰出青年科学基金项目1项,优秀青年科学基金项目3项,海外优秀青年科学基金项目1项,重点项目1项,联合基金项目2项,国际(地区)合作研究项目2项,面上、青年基金项目22项。获批重庆市技术创新与应用发展专项重点项目2项,重大横向项目2项。2023年机械学院新增合同经费2.6亿元,到账经费2.094亿元。牵头获批省部级一等奖4项。发表SCI论文875篇,其中A级论文451篇。出版专著3本。

【对外交流与合作】

与新加坡国立大学和英国布里斯托大学加强合作,本硕联培项目录取人数创新高。与英国贝尔法斯特女王大学续签本硕联培项目合作协议,与意大利贝加莫大学、法国里昂高等工程师学院新签2项本硕交换生项目。邀请国外知名大学的知名教授围绕学科前沿开设了9门全英文学术课程,选课人数200余人。成功获批 3 项外专项目。学院录取留学生 51 人,入学 42 人,其中 4 名博士研究生,4 名硕士进修生。留学生入学人数是 2022 年的 5 倍,创历年来华留学生招生人数新高。

【学科与平台建设】

机械学科在第五轮学科评估中继续保持第一梯队,在校友会 2023 中国大学一流学科排名中全国排名第 8 位(前 5%、7 星)。截至 2023 年底,在中国软科国际排名升至第 11 位,U.S. News 全球排名第 13 位,达到中期建设目标。

【举办大会】

1.承办机械工程领域 3 场千人级大会

承办中国机械毕业设计大赛,规模创历届之最,参赛学校"破百"、作品"破千"。学院组织工作突出,首次获中国机械工程学会颁发的"特殊贡献奖",并获得了中国机械行业卓越工程师教育联盟理事长贾振元院士、中国机械工程学会驻会副理事长陆大明等领导和专家的高度赞扬。

承办第六届中国机械工程教育大会,有来自教育部、高校、企业的领导、院士、专家等 900 余人参加了本次会议,规模创历史新高,得到了一致好评。在重庆大学校长王树新院士、大连理工大学校长贾振元院士等共同见证下,中国机械工程学会和德国工程师协会签署了合作意向书。

承办第二十届国际制造会议(IMCC 2023),有来自世界各地的近 1 000 名嘉宾参会,交流制造技术最新研究成果和发展动态。

2.承办其他国际会议

此外承办教育部主办的"2023 智能建造与智能制造国际产学研用合作会议",参会嘉宾近 200 人,其中外方代表 10 人。与美国特拉华大学 VESL 联合主办"第五届电动汽车与电池安全会议(ABSC 2023)",会议有来自各大高校、企业 200 余名代表参会。

【亮点工作】

1.原创了对构齿轮

建立了曲线啮合对构齿轮传动理论,发明了对构圆柱齿轮传动、对构锥齿轮传动、对构蜗轮蜗杆传动,攻克了对构齿轮齿面精密加工技术,获 2023 年重庆市技术发明奖一等奖。

2.蜗轮工业母机取得突破

发明了多种规格型号的蜗杆蜗轮副,研制国内首台具有在机检测功能的高精度蜗轮母机,打破垄断;实现蜗杆蜗轮副精度达国标 3 级。获 2023 年机械工业科学技术奖技术发明一等奖。

3.新一代舰艇动力推进核心基础部件

发明并研制出了新一代舰艇无轴轮缘推进器水润滑轴承,成功应用于某艇无轴轮缘推进系统中,实现了核心技术自主可控。获 2023 年国防技术发明奖一等奖。

4.高端重载齿轮高表面完整性

发明建立齿轮疲劳跨尺度表面完整性设计理论体系,研制齿轮多主轴旋流式滚磨光整装备,建立涵盖设备—方法—规范—数据的重载齿轮疲劳试验技术体系,自主开发高端重载齿轮设计分析软件,打破国外垄断。获2023年重庆市科技进步奖一等奖。

(撰稿人:冯文军)

电气工程学院

【综述】

2023年,电气工程学院坚持把学习贯彻党的二十大精神与坚决落实党中央各项决策部署及服务学校中心工作结合起来,以责任落实推动任务落实,以高质量开展主题教育推动学院事业新发展。现拥有"电气工程"国家重点一级学科,学院拥有输变电装备技术全国重点实验室、湖南雪峰山能源装备安全国家野外科学观测研究站、空间电能变换与无线传输教育部关键核心技术集成攻关大平台三大国家级科研平台;拥有国家工科电工电子基础课程教学基地、国家电工电子基础实验教学示范中心、能源与动力电气虚拟仿真实验教学中心、国家储能技术产教融合创新平台4个国家级教学平台;拥有国家2011计划协同创新中心、国家"111"创新引智基地、"全国工程专业学位研究生联合培养示范基地"。

党政管理方面,学院党委狠抓党组织,建设有形覆盖和有效覆盖,形成"领导干部读书班原文学—党委理论学习中心组引领学—党支部'三会一课'示范学—教职工政治理论学习会广泛学"的学习模式;联合国网浙江电科院、重庆市电力公司科技部、重庆电信公司等打造"党建+产业"创新型党组织。"电网装备安全与自然灾害防御"教师团队入选第三批"全国高校黄大年式教师团队";蒋兴良获全国教书育人楷模候选人提名;获批重庆大学理论学习中心组示范班创建单位(全校共5个)。

师资队伍方面,现有教职工199人,其中专任教师147人(教授74人),包含中国工程院院士1人、国家级标志性人才21人、国际知名学者7人次、省部级人才22人;1人入选中国科协"青年人才托举工程"。新晋2024年IEEE Fellow 1人;入选2022年爱思唯尔"中国高被引学者"6人;入选"2022年度全球前2%顶尖科学家榜单"22人。

人才培养方面,本年度招收研究生450人(博士生105人、硕士生345人),授位275人(博士40人、硕士235人)。牵头智慧能源领域国家卓越工程硕博士培养体系建设任务(全国共18个关键领域),并完成多场景融合的智慧能源首门核心课程"综合能源与先进储能技术"建设。牵头获国家级教学成果一等奖2项;获批国家级一流课程2门、重庆市一流课程8门;获批教育部高校教师教学组织和教学发展体系建设项目1项、获批市级重大教改2项(连续3年)、课程思政示范项目等8项;入选市级本科重点建设教材项目4项;出版教材4本。获评重庆市优博、优硕各3篇;获中国电源学会优秀博士学位论文提名奖1人;新增重庆市研究生联合培养基地2个。

学科及科研方面,全面完成"双一流"建设的中期建设周期目标,顺利通过电气工程学科第二轮"双一流"建设中期自评专家咨询评议会,获专家一致认同。新增科研项目 245 项,其中国防科技创新超越工程("166"工程)项目 1 项、国家自然科学基金项目 20 项(重点 2 项、面上 10 项、青年 8 项)、重大横向 3 项。合同总经费 28 421.96 万元;实到经费 23 238.32 万元,再创历史新高。获批省部级科技成果一等奖 4 项、二等奖 5 项;行业科技成果一等奖 1 项、二等奖 1 项。发表期刊学术论文 377 篇(其中 T2 级 7 篇,A 级 172 篇,B 级 99 篇)。获国际先进材料协会科学家奖章(IAAM Scientist Medal)1 人;获评 *IEEE Transactions on Power Systems*、*IEEE Transactions on Power Electronics* 2022 年度优秀论文奖 2 篇;中国精品科技期刊顶尖学术论文 1 篇。积极落实"头部企业工程",推进国家电网联合研究中心、南网联合研究院项目申报;与中国电力工程顾问集团西南电力设计院有限公司签订共建能源融合发展研究院合作协议,与怀柔国家实验室签订战略合作协议,建立研究人员双聘机制。

基地平台方面,获批输变电装备技术全国重点实验室;国家野外站武隆仙女山站顺利开工建设,积极推进与三峡新能源合作参与共建国家野外科学观测研究站;"空间电能变换与无线传输"教育部集成攻关大平台正式获批建设并实体化运行,璧山空间太阳能电站基地完成主体建设,参与国家空间太阳能开发与利用核心策划工作。

国际交流方面,派出国(境)外交流访学、联合培养、寒暑期学习营(剑桥大学、牛津大学等)等项目 83 人;举办第五届可持续电力与能源国际会议(ISPEC 2023)、2023 年全球绿色发展峰会+重庆英才大会等国际会议 5 次;*Space Solar Power & Wireless Transmission* 期刊正式创刊,首篇论文已正式上线。

【成绩与亮点】

1.基地平台建设提质升级

顺利通过国家重点实验室优化重组,获批输变电装备技术全国重点实验室;"空间电能变换与无线传输"教育部集成攻关大平台正式获批建设。

2.师资队伍建设再上台阶

新增"全国高校黄大年式教师团队"1 个、IEEE Fellow 1 人、国家四青人才 5 人。

3.卓越人才培养硕果累累

获国家级教学成果一等奖 1 项,获批国家级一流课程 2 门;作为牵头学科获批智慧能源领域国家卓越工程硕博士培养项目;获第九届中国国际"互联网+"大学生创新创业大赛 1 金 3 银(重庆大学唯一金奖)。

4.科学研究成果再创新高

获批部省级科技成果一等奖 4 项、行业科技成果一等奖 1 项;实到科研经费首次突破 2 亿元,达 2.19 亿元,较 2022 年增长 50.43%;新增国防科技创新超越工程("166"工程)项目 1 项;获国际先进材料协会科学家奖章(IAAM Scientist Medal),国防科技项目和成果获奖再创新高;获 IEEE 汇刊 2022 年度优秀论文奖 2 篇;正式创办高水平学术期刊 *Space Solar Power & Wireless Transmission*。

(撰稿人:沈　晗)

能源与动力工程学院

【基本情况】

2023年,能源与动力工程学院下设热流科学系、热能与动力工程系、新能源与储能系、核工程与核技术系、中心实验室及学院办公室。拥有工程热物理国家重点学科,动力工程及工程热物理一级学科博士学位授权点及博士后科研流动站,动力工程及工程热物理、核科学与技术重庆市一级重点学科。拥有能源与动力工程、新能源科学与工程、核工程与核技术国家一流本科专业及储能科学与工程本科专业。牵头获批国家储能技术产教融合创新平台,拥有"低品位能源利用技术及系统"教育部重点实验室、国家工业节能与绿色发展评价中心、"能源与动力电气虚拟仿真"国家级实验教学中心、"多能互联互补分布式能源技术及系统"重庆市工程技术研究中心、热工重庆市高校重点实验室等平台。拥有国家自然科学基金委创新群体1个,科技部重点领域创新团队1个,"全国高校黄大年式教师团队"1个。

【队伍建设】

2023年,学院共有教职工123人,专任教师104人。新增国家级人才1人、国家级青年人才3人,入选科睿唯安"全球高被引科学家"1人、爱思唯尔"中国高被引学者"1人、斯坦福大学全球前2%顶尖科学家榜单18人。新进教职工11人,其中弘深优秀学者1人、弘深青年学者B岗1人、副教授1人、副研究员1人、准聘副教授1人。新晋升教授3人、研究员1人、副教授4人。

【党建和思想政治工作】

截至2023年底,学院党员525人,党支部16个。本年度新发展党员90人。教职工党员90人,本科生党员97人,研究生党员338人。

1.教职工工作

认真学习贯彻习近平新时代中国特色社会主义思想,深入学习党的二十大精神,深入推动"一融双高",坚持立德树人,着力推进"双一流"建设、学院"十四五"发展规划,挖掘学院优良办学传统,凝聚师生合力推动学院发展。学院获评重庆大学先进二级党组织,学院分工会获评2022—2023年度工会工作先进集体,教职工春季田径运动会获团体第2名。朱恂教授当选中华全国妇女联合会第十三届执行委员会委员,杜学森教授获评重庆大学最受欢迎教师。

2.本科及研究生工作

在校院两级党委的领导下,系统实施"时代新人铸魂工程",扎实推进立德树人根本任务,提高学生自我成长的内动力和综合能力,努力培养德智体美劳全面发展的社会主义建设者和接班人。学生辩论队获重庆大学第二十八届华语辩论锦标赛冠军,肖玉春获全国"百佳心理委员"称号,张笛获2023年重庆大学学生年度人物。开展"六个一"系列分流宣传活动,学生一志愿率远超100%。开展"为未来赋能"系列生涯规划活动,朋辈引导、专家指导、企业辅导三方面生涯指导活动,保研考研系列指导活动,毕业生去向落实率

92.61%,升学率50.72%。学科竞赛方面,获第十六届全国大学生节能减排社会实践与科技竞赛一等奖 3 项、二等奖 4 项、三等奖 2 项,获美国大学生数学建模竞赛 F 奖 1 项、M 奖 1 项等国际国内竞赛奖项 20 余项。

【教学工作】

1.本科教学

深入推进学院本科教育中期提升计划。获批重庆大学面向"双碳"战略基于 OBE 理念的能动类互融互通创新人才培养专业教学实验室建设项目(建设经费 1 999.4 万元);持续推进"储能科学与工程"专业课程体系建设;持续实施"能源与动力工程""核工程与核技术""新能源科学与工程"国家一流专业建设计划。"核工程及核技术"通过工程教育专业认证。获批国家级一流课程 3 门、市级一流课程 2 门、校级一流课程 1 门;获批校级本科教学成果培育"揭榜挂帅"项目 1 项;获批市级教改项目 3 项、校级教改项目 4 项;出版教材 2 本(其中规划教材 1 本);发表教改论文 7 篇。持续推进校外联合实习实践基地建设。大学生参加学校优秀学生海外访学及升学计划 7 人次。

2.研究生教学

本年度招收全日制硕士 182 人,"双一流"生源占比 60.44%;招收全日制学术博士 38 人,专业博士 21 人;招收留学生 5 人。共 146 名研究生顺利毕业。获评重庆市优博、优硕各 1 篇,重庆大学优博、优硕各 2 篇;获批市级教改项目 1 项、市级研究生导师团队 1 个、市级研究生教育"课程思政"示范项目 1 项、市级专业学位研究生教学案例库 1 个;重庆市研究生科研创新项目博士立项 3 项、硕士立项 5 项。

【科研工作】

2023 年,新增科研项目 84 项,合同总经费 8 390 万元,到校经费 6 573 万元。其中国家自然科学基金项目 14 项、科技部国家重点研发计划项目 1 项、省部级项目 14 项、横向项目 51 项(其中项目经费超 1 000 万元 1 项)。共发表论文 373 篇,其中 T2 级期刊论文 16 篇;授权发明专利 20 项;获重庆市技术发明奖一等奖 1 项。

【学科与平台建设】

完成了重庆大学基本性学科建设经费任务书与重庆市"十四五"市级重点学科中期检查报告("动力工程及工程热物理""新能源及储能科学与工程"交叉学科)。"动力工程及工程热物理"位列 2023 年软科排名第 12 名。作为牵头单位支撑国家储能技术产教融合创新平台建设;"低品位能源利用技术及系统"教育部重点实验室以良好成绩通过 2023 年度评估。碳中和研究院等平台建设有序推进。

【对外交流与合作】

成功举办 DeCarbon 2023 国际会议,参会人数近 500 人。在新加坡 ICMAT 国际会议上设置分论坛并颁发 RISING STAR AWARD。学院教师共有 21 人次参加国际会议,其中主旨报告 3 人次,分论坛主题报告 15 人次。共派出留基委资助的博士生 6 人出国学习。申报并成功立项"重庆大学 G-seminar 全球前沿学科系列讲座"项目。与新加坡理工学院联合开展"学习快车"短期反向游学项目,与新加坡国立大学合作 Study

Trip for Engagement and EnRichment(STEER)短期反向游学项目。本年度,*DeCarbon* 期刊共收到来自18个国家的67篇稿件,共发表19篇文章(来自南京航空航天大学的宣益民院士、爱尔兰科克大学的 Jerry Murphy 院士等知名专家)。

【学院揭榜挂帅项目】

为推动学院高质量发展,开展本科教学、研究生教学、科研、国际化、学生综合素质"揭榜挂帅"项目申报工作,共计申报100余项。

(撰稿人:邬琦琦)

资源与安全学院

【综述】

2023年,资源与安全学院设有矿业工程、安全科学与工程2个一级学科博士学位授权点;设有矿业工程、安全科学与工程2个博士后流动站;设有采矿工程、安全工程、智能采矿工程、碳储科学与工程等4个本科专业。拥有煤矿灾害动力学全国重点实验室、复杂煤气层瓦斯抽采国家地方联合工程实验室、矿山开采与安全国家虚拟仿真实验教学中心、国家储能技术产教融合创新平台、煤矿灾害预防与处置应急管理部重点实验室、煤矿瓦斯灾害预警与防控国家矿山安全监察局重点实验室、复杂煤层瓦斯抽采技术与装备重庆市工程实验室、能矿资源开发及三峡库区环境损伤与工程灾害治理重庆市重点实验室、重庆市清洁生产工程研究中心等平台。

【队伍建设】

2023年,学院共有教职工129人,专任教师93人。新增国家级人才1人、国家级青年人才4人、省部级人才3人,续聘外籍院士1人。新进准聘副教授2人、弘深青年教师5人、科研博士后3人、专职科研岗1人。新晋升教授1人、副教授2人、副研究员2人。

【党建和思想政治工作】

截至2023年底,学院党员453人,党支部20个。本年度新发展党员23人。教职工党员93人,本科生党员20人,研究生党员340人。

1.教职工工作

学院党委始终坚持以习近平新时代中国特色社会主义思想为指导,落实立德树人根本任务,全面学习贯彻落实党的二十大精神,精心组织学习贯彻习近平新时代中国特色社会主义思想主题教育。组织教职工赴石柱初心学院开展学习教育,到山王坪开展地质生态调研,与中国矿业大学矿业工程学院等开展联学。学院获评重庆大学2022年度新闻宣传工作先进集体、2023年保密宣传教育月暨"保密宣传教育高校行"活动优秀组织单位,获批重庆大学中心组"学习示范班"(全校共5个)。陈大勇获评2023年度重庆市教育系统优秀党务工作者。

2.本科及研究生工作

在校院两级党委的领导下,学院学生工作围绕"主题教育创新举措,五育并举智慧育人"开展落实。成功举办"重庆市安全与应急技能大赛校内选拔赛",连续第23年举办"资安学生十杰"评优,带领学生赴祖国边境绿春县平河镇开展主题教育专题学习;1名博士生获重庆市普通高校精神文明建设先进个人、矿业工程博士生一支部获重庆大学先进基层党组织。本科毕业去向落实率92%,硕士毕业去向落实率98.01%,获"重庆大学就业工作先进集体"称号。引领学生科学规划职业生涯,获校级职业规划大赛优秀组织奖1项、优秀指导老师奖1项,1名博士生以重庆市赛第三的成绩进入首届全国大学生职业规划大赛国赛;指导学生暑期实践团获第十八届"挑战杯"红色专项重庆市二等奖。2023年学生在学科竞赛方面取得显著成绩:获第十二届采矿年会采矿作品大赛一等奖1项,美国大学生数学建模竞赛H奖3项,第十四届全国周培源大学生力学竞赛优秀奖2项、重庆赛区优秀奖1项,第十四届全国大学生数学竞赛(非数学类)一等奖1项,iCAN国际创新创业大赛全国三等奖1项,第十六届全国大学生先进成图技术与产品信息建模创新大赛重庆市预赛团体一等奖1项。学院本科足球队获重庆大学甲级联赛冠军。

【教学工作】

1.本科教学

课程建设卓有成效,获批国家级一流课程2项(线下课程1项,虚仿课程1项)、重庆市一流课程5项(线下课程2项,虚仿课程2项,社会实践课程1项)。获批重庆市教改重大项目1项、一般项目5项、课程思政示范项目1项,省部级产学合作协同育人项目2项,重庆市高等教育学会项目2项,校级教改项目1项、教育成果培育项目1项。重塑本科实践教学平台,顶层规划能矿安全领域"新工科"创新综合实验室,获批校级本科教学实验条件升级项目,新建虚仿中心学情管理系统。强化有组织教学,围绕碳储科学与工程专业核心课程新增2个院级教学团队。成功申报并获得第35届全国高校安全科学与工程学术年会主办权。

2.研究生教学

2023年招收硕士研究生133人,"985工程"和"211工程"建设高校生源占比46.1%;招收博士研究生56人;招收海外留学生9人。学院举办主题为"立德树人,内涵发展"的研究生导师培训及研究生培养研讨会1次、研究生学术沙龙10次。获评重庆市优博2篇、优硕2篇,重庆大学优博3篇、优硕2篇。获批重庆市研究生科研创新项目9项、研究生教改项目2项、研究生教育课程思政示范课程2项、专业学位研究生教学案例库1项,获批重庆大学研究生教改项目2项。作为"资源与环境"专业学位点建设牵头单位,参加并完成教育部2023年学位授权点专项核验。

【科研工作】

2023年,学院新增各类科研项目169项,合同总经费13 376万元,到校经费7 029.27万元。其中,国家自然科学基金项目19项,合同金额908.61万元。发表期刊论文424篇,其中JCR一区197篇,授权发明专利87项,获省部级奖5项。

【学科与平台建设】

完成"十四五"市级重点学科中期建设报告、重庆大学重点学科建设报告。结合第五轮学科评估情况,走访调研国内外标杆院校,查不足、找差距,凝练学科方向、制定保障措施,提升学科建设质量。2023 软科世界一流学科中,矿业工程排名第 7,软科中国一流学科矿业工程排名第 6(前 20%)、安全科学与工程排名第12(前 20%)。煤矿灾害动力学与控制全国重点实验室完成优化重组。参与国家储能技术产教融合创新平台建设,成立"地下空间储能研究中心",负责地下空间规模化储能、氢能安全、电化学储能安全等部分。

【对外交流与合作】

与澳大利亚昆士兰大学、伍伦贡大学签署合作协议。3 名研究生获批 CSC 创新性人才国际合作项目,其中 1 名联培博士生、2 名攻读博士学位。持续进行"G-Seminar 全球前沿学科系列讲座项目",邀请 4 名海外院士开展高层次系列学术讲座报告。获批校级国际交流线下项目 1 项,首次与新加坡南洋理工大学开展寒假访学活动。与几内亚博克矿业学院开展深度合作,接收几内亚硕博留学生 7 人。

【举办首届地球能源科学国际学术会议】

12 月 16—18 日,首届地球能源科学国际学术会议在重庆大学召开。鲜学福、彭苏萍、康红普、金智新、王双明、潘一山等 6 位院士出席会议,Michael Hood、Derek Elsworth、P.G.Ranjith、Peter Englezos 等 4 位专家线上出席会议,中国矿业大学(北京)、中国矿业大学、中国石油大学(北京)、中国石油大学(华东)、北京大学、武汉大学、中南大学等 40 余所国内外高校与研究机构近 300 名专家学者参会。本次会议以"地质能源绿色开发"为主题,围绕煤炭、地热、油气等地球能源的绿色低碳、安全高效开发,地球能源清洁利用,地下空间储能,二氧化碳地质封存与资源化利用等科学领域开展交流研讨。

【教改项目获重大突破】

围绕碳储科学与工程专业建设,聚焦国家双碳战略,学院《面向国家双碳战略的碳储科学与工程专业人才培养模式探索与实践》项目获批重庆市教改重大项目。

【学院首获重庆市自然科学奖一等奖】

学院聂百胜教授团队牵头完成的项目"构造热作用下煤储层微纳结构-物性突变特性及其动力演化机理"荣获重庆市自然科学奖一等奖。

【创办 Earth Energy Science 国际期刊】

Earth Energy Science 期刊旨在为全球地球能源勘探与绿色安全高效开发、清洁利用、碳封存领域提供一个高水平的重大成果发布与交流平台,探讨地球能源科学与工程可持续、低碳、绿色发展的热点和难点问题,展望地球能源工程科技发展未来,以促进地球能源科学与工程更快发展,更好造福于人类。

【续聘 1 名外籍院士】

续聘 Michael Hood 院士为兼职高级专家,进一步发挥 Hood 院士对学院学科建设、人才培养、平台建设和与能源产业部门紧密合作等方面的指导作用。

(撰稿人:明春宏)

材料科学与工程学院

【综述】

材料科学与工程学院设有材料科学与工程、冶金工程 2 个一级学科博士学位授权点,其中材料学为国家重点学科、钢铁冶金为国家重点(培育)学科;设有材料科学与工程、冶金工程 2 个博士后流动站;开设了材料科学与工程、材料成型与控制工程和冶金工程 3 个本科专业。学院在编教职工有 246 人,其中专任教师 192 人、管理岗位 10 人、辅导员 7 人、实验系列 37 人。

【党建和思想政治工作】

2023 年学院党委实施"材料强国"口述历史项目,挖掘老一辈"材料人"投身国家战略发展的奋斗事迹。加强"材料强国"智慧学习中心建设,实现党员教育与精神传承有机结合。举办以"材料强国 誓作前锋"为主题的"七一"系列教育活动,实现"材料强国"精神薪火相传。聚焦以学铸魂、以学促干,领导班子形成 17 项整改措施和涉及 8 个方面的成果转化清单。深入实施"党建驱动·材料强国"工程,持续推动学院与行业重点科研单位和领军企业开展党组织共建。学院探索实施的"党建引领—人才培育—科研服务"工作新模式被人民网、新华网、中国教育在线、《重庆日报》等多家主流媒体专题报道。学院党员获评重庆市教育系统优秀党员 1 人,重庆市"最美科技工作者"1 人,重庆市"优秀思政工作者"1 人,1 个本科生党支部获评重庆大学样板支部。

关注心理问题、家庭贫困、学业困难、就业困难 4 个重点问题,全力筑牢校园安全防线。完善"和谐之春"工作体系,全年开展德智体美劳各类活动 120 余场。获得第九届中国国际"互联网+"大学生创新创业大赛省部级金奖 4 项、银奖 1 项;获评 2023 年全国大学生暑期实践项目 TOP100、全国大学生科技志愿服务优秀项目、2023 年重庆市五四红旗团委(全校 1 个)、重庆青年志愿者优秀集体(全校 2 个)。2020 级本科生在大学期间的志愿服务经历获《人民日报》报道。获"重大杯"第七届研究生乒乓球锦标赛冠军。毕业草坪音乐节成为学校首次在 B 区进行的音乐节。

【队伍建设】

学院坚持"稳定、培养、引进、合作"的人才队伍建设思路,现有专任教师 193 人,平均年龄 44.7 岁。学院多渠道延揽优秀人才,成功举办"重庆大学 2023 年海内外优秀青年学者论坛(春季)-材料学院分论坛",本年度新增教师 10 人。本年度新增国家级人才 2 人、国家级青年人才 2 人,巴渝学者讲座教授 1 人、巴渝学者青年学者 1 人,4 人获重庆市留创计划项目支持,1 人获批宝钢奖教金、1 人获得"重庆市新时代好老师"荣誉称号、黄晓旭教授团队获批"重庆市高校黄大年式教师团队"。

【人才培养】

材料科学与工程、冶金工程专业完成新一轮工程教育认证进校考查,材料成型及控制工程完成校内评估。获批国家级一流本科课程 1 门、重庆市一流本科课程 2 门、市级课程思政示范项目 2 项,入选重庆市高校普通本科重点建设教材1本,入选2023年重庆市高等学校"大思政课"优秀案例2个,获批经典传承课堂1门,虚拟仿真实验教学项目1项。获得国家级高等教育教学成果奖一等奖1项、二等奖3项,获批产学合作协同育人项目5项、产学研创新基金项目1项、市级教学改革项目4项、校级教学改革项目9项,本科教学成果培育"揭榜挂帅"项目1项。强化教师教学能力提升,获重庆市教学新星奖提名奖1人次,获省部级各类比赛奖励4人次。通过工程材料实验教学示范中心5年阶段性评估。

举办2023年暑期大学生夏令营活动,组织教师团招生专场宣讲会。2023年获批教育部年度主题案例征集主题项目1项、重庆市研究生教育课程思政示范项目1项、研究生联合培养基地项目2项、重庆市研究生教学改革重点项目和一般项目各1项、重庆市研究生科研创新项目16项,获评优博2篇,优硕2篇。获得全国大学生冶金科技竞赛一等奖5项、二等奖6项、三等奖5项,"苏博特杯"研究生论坛一等奖1项、二等奖2项、优秀奖1项。"材料强国"科技文化节涵盖"学术之星"评选、微结构摄影大赛、科普游园会、科技前沿讲座、院士讲座、头部企业研学、学术道德诚信宣讲等。

【科学研究】

2023年度,策划组织申报重点研发计划项目3项,立项2项。组织申报国家自然科学基金108项,立项24项,其中重点类基金4项,创历史新高。新增国防科技项目27项、省部级项目86项、横向项目207项,包括千万元以上重大横向项目2项。实到科研经费14 608万元,科研经费连续5年过亿元且稳步增长。黄晓旭教授团队以重庆大学为第一完成单位和第一通讯作者单位在 *Science* 发表最新研究成果,实现学院、学校国际顶级期刊论文新突破。获得重庆市自然科学奖一等奖1项、重庆市发展研究奖一等奖1项。重庆市明月湖实验室筹建工作稳步推进。重庆新型储能材料与装备研究院正式运行。*Journal of Magnesium and Alloys* 期刊当前影响因子17.6,入选2023年度中国高校科技期刊建设优秀团队,荣获"中国最具国际影响力学术期刊"。以材料学院为主体的重庆大学材料学科ESI排名在11月进入全球ESI排名前0.387‰。

【国际交流与合作】

成功举办第七届材料基因工程高层论坛,包括来自国内外知名高校和研究机构的45位两院院士、海外院士等千余名专家学者参会,显著提升学院和学校在先进材料领域的国际影响力。两个项目获批科技部"高端外国专家引进计划"项目。与奥地利科学院、新加坡国立大学、英国兰斯卡特大学等国际知名科研院所或高校签订联合培养研究生协议,申报留学基金委创新型人才国际合作培养项目。与新加坡国立大学签订"3+1+1"联合培养协议。

(撰稿人:毛红霞)

航空航天学院

【综述】

航空航天学院下设工程力学系、基础力学系、航空航天工程系,拥有深空探测省部共建协同创新中心、非均质材料力学重庆市重点实验室和重庆市力学实验教学示范中心。有力学一级学科博士学位授权点、力学博士后流动站,力学、航空宇航科学与技术为重庆市"十四五"重点学科,工程力学、航空航天工程为国家一流本科专业建设点。本科招生专业:工程力学、航空航天工程。硕士研究生招生专业:力学(学术型)、航空宇航科学与技术(学术型)、机械、能源动力(专业学位)。博士研究生招生专业:力学。

【队伍建设】

2023年,学院共有教职工79人,其中专任教师61人,包括教授20人、副教授29人。新进国家海外高层次人才(弘深杰出学者岗)1人,科研博士后4人,联合培养博士后进站18人。新增省部级人才计划及奖励5项。新晋升教授1人、副教授1人、副研究员3人。

【党建思政】

截至2023年底,学院有党员197人。包括教工党员50人、学生党员147人,下设8个支部,其中教工党支部3个,研究生党支部4个,本科生支部1个。2023年共发展党员25人,转正党员24人。

1.教职工工作

深入学习贯彻习近平新时代中国特色社会主义思想和党的二十大精神,强化理论武装,筑牢思想根基。加强党风廉政建设,坚持全面从严治党。定期分析研判、有效防范化解意识形态领域各类风险隐患。认真组织开展主题教育,举办领导干部读书班,开展为期7天的集中学习。严格落实学校基层党组织建设要求,持续推进党建"双创"工作取得实效,成功申报校级"双带头人"工作室。获评重庆市教育系统优秀共产党员1人,获评校级优秀共产党员4人,优秀党务工作者1人,先进党支部1个。

2.学生工作

围绕党的二十大精神、习近平新时代中国特色社会主义思想、习近平总书记重要讲话精神等"第一议题"开展思想引领,与10余所兄弟高校学生党支部开展联学共建活动。与四川大学空天科学与工程学院联合举办"学思想、志空天、育新人、建新功"第二届成渝地区高校航空航天学院班团建设交流会,与西南交通大学联合共建"时代新人铸魂工程"联合工作站。开展"空天之星"表彰、"大咖有约"等活动。177人次获校级及以上荣誉称号,300余人次获学校各项奖、助学金。

【教学工作】

1.本科教学

工程力学专业平均绩点提升8.97%,航空航天工程专业平均绩点提升7.98%。"低重力环境四足机器人运动特性虚拟仿真实验"获批国家级虚拟仿真实验教学一流课程并入选重庆市高校一流本科课程示范案例。"航空推进系统"获批重庆市一流线下课程。获批重庆市教改项目1项、校级教改项目2项,其中一项为教材建设专项。获批校级实验室与设备研究项目1项。张良奇研究员参加重庆大学第九届青年教师教学基本功比赛获一等奖。2023年本科生获市级及以上荣誉5人次。445人次参加学科竞赛、创新创业项目比赛,273人次在周培源力学竞赛及重庆市力学竞赛中获奖。

2.研究生培养

2023年招收工程博士生6人,学术博士生12人,招收力学学术硕士29人、航空宇航科学与技术学术硕士11人,招收专业硕士40人。授位学历博士7人,其中一流水准博士5人,占比71.43%。授位力学学术硕士23人、航空宇航科学与技术学术硕士9人、专业硕士18人。全年研究生发表SCI论文78篇、CSCD核心9篇。2篇分别获评重庆市优博、优硕论文,3人获重庆市研究生科研创新项目资助。获全国周培源大学生力学竞赛全国赛三等奖2项、重庆赛区一等奖2项。教师获批重庆市研究生教学案例1项、教改项目1项、"课程思政"示范项目1项。与重庆市计量质量检测研究院共建联培基地获重庆市研究生联合培养基地推荐。

【学科平台】

召开由近40位学科领域国家级人才出席的学科发展专题研讨会。凝练出极端环境下的材料力学行为、复杂系统力学仿真、复杂结构波动力学理论与无损检测、航空航天先进复合材料、先进飞行器设计5个重点学科方向。以学科方向引领学院团队建设、队伍建设,优化资源配置。

持续推进与航天一院朱广生院士团队合作创新平台建设规划。

完成力学学科第五轮学科评估调研报告、"双一流"建设大学监测指标体系基础数据填报及"十四五"规划实施情况中期自查报告;完成航空宇航科学与技术一级学科硕士学位授权点审核材料及"十四五"重点学科力学、航空宇航科学与技术中期检查材料。

【科学研究】

2023年度学院在研科研项目192项,合同总经费11 647.43万元。新增科研项目71项,合同总经费5 026.01万元,到账经费3 598万元。其中新增国家自然科学基金10项,包括重点1项、面上4项、青年基金5项,共计599万元。自然基金资助率(38.46%)及新增项目合同经费皆创历史新高。

教师在国内外学术期刊上发表论文217篇,其中SCI期刊检索论文185篇(JCR一区124篇,二区51篇,含T级期刊9篇),中文核心18篇。2023年12月软科力学学科全国排名第9。

获重庆市自然科学奖二等奖1项、中国机械工业科学技术奖二等奖1项、中国交通运输协会科技进步二等奖1项,出版专著1本。

【合作交流】

主办/承办全国性会议5场:第六届全国计算力学青年学术研讨会、第四届全国热应力学大会、中国力学学会第123次青年学术沙龙、重庆大学航空航天学院学科发展研讨会、新时代高校力学改革与创新研讨会。邀请包括9位院士在内的40余位国家级人才到校交流并作报告。与香港理工大学机械工程系签署合作备忘录。获批重庆大学"全球前沿学科系列讲座"及研究生全球学术课程滚动资助项目。教师出国(境)参加国际学术会议6人次,学生出国联合培养2人次,线上参加境外短期课程学习1人次,参加国际学术会议(含线上会议)、论坛等8人次。

(撰稿人:刘 畅)

高端装备机械传动全国重点实验室

【综述】

2023年,高端装备机械传动全国重点实验室紧密围绕工业机器人、特种车辆、航空等高端装备传动系统极端条件高可靠服役需求,开展极端条件机械传动服役性能动态演变机理、先进机械传动设计、传动件高性能制造、服役行为调控等重大基础科学问题和关键技术攻关,努力突破高端装备机械传动核心基础零部件可靠性设计制造关键技术,在实验室三个主要研究方向上的有组织科研项目取得系列重要进展。

【队伍建设】

实验室现有固定人员184人,其中171名研究人员(包括主任、副主任等4名管理人员),13名行政管理人员及实验专技队伍。研究人员包括教授/研究员91人,副教授/副研究员57人,讲师/助理研究员23人,45岁及以下的中青年研究骨干占比64.3%。2023年新增国家级创新研究团队1个,新增国家级高层次人才4人、国家级青年人才7人、省部级人才4人。新增英国皇家化学学会会士1人,国际电气和电子工程师协会(IEEE)会士1人,科睿唯安"全球高被引科学家"2人,爱思唯尔"中国高被引学者"4人,上银优博奖获得者3人。

【科研与学科建设】

实验室以四大主攻任务为牵引,基础研究与工程应用并举,潜心开展高端装备机械传动系统核心技术攻关,承担了航发、特种装备等领域多个国家重大科技任务。2023年新增纵向科研项目94项,横向科研项目196项。获批国防重点项目3项、课题6项,国家重点研发计划国际合作项目1项、青年科学家项目1项、课题5项,国家自然科学基金项目26项、国家外国专家项目4项、千万级横向项目1项。纵向科研项目立项经费2.1亿元。

科研成果方面,2023年获科技成果奖励23项。其中,牵头获得国防技术发明一等奖1项,重庆市科学技术奖技术发明奖一等奖1项、科技进步奖一等奖1项,中国机械工程学会科技奖一等奖1项,川渝产学研协同创新成果奖科技进步奖一等奖1项,高等学校科学研究优秀成果奖科技进步奖二等奖1项,牵头/联合获得其他省部级/行业成果奖励17项。本年度出版专著5部;授权发明专利142项;参与并获颁布国家/行业标准7项;共发表SCI检索期刊论文523篇,其中高被引论文4篇,领域热点论文1篇。

【平台建设】

有序推进全国重点实验室实体化建设工作。2022年11月底,科技部正式发文批准建设高端装备机械传动全国重点实验室。2023年,实验室依照全国重点实验室建设要求,有序开展实体化建设工作,并多次召开实体化建设工作研讨会,形成实体化方案,并于2023年7月24日校长办公会议审议通过。2023年10月7日,学校发文《关于高端装备机械传动全国重点实验室机构设置的通知》(重大委发〔2023〕52号),正式设立高端装备机械传动全国重点实验室并定为校内二级机构。目前,实验室已完成机构设置、领导班子任命,并已完成实体化人事调动工作,将机械学院42名从事齿轮和机械传动系统动力学的研究人员人事关系调入实验室,重点攻关实验室未来5年的国家重大任务。

为改善实验室在高性能计算算力方面的基础研究条件,支撑国家重大任务研究工作,实验室已投入420余万元经费建成高性能计算集群,该计算集群的建成将有力支撑涉及科学计算、工程计算和智能计算需求的众多教学及科研项目,加速科研成果孵化落地。实验室第三车间改造工程顺利完成并已正式投入使用,重点用于打造高端可视化展示平台,其按三个功能分区分布:智能轴承和永磁调速传动、高温高速航空齿轮试验、无人化战车舰船装备。

机械传动大型仪器设备公共服务中心自成立至今对外开放共享效果良好。2023年实验室大型仪器设备总运行机时160 000余小时,其中对外共享服务63 000余小时。机械传动大型仪器设备公共服务中心入选"重庆大学2022—2023学年大型仪器设备优秀公共服务平台",高精度三坐标测量机获得"重庆大学2022—2023学年大型仪器设备管理优秀机组"称号。

【对外交流与合作】

设置开放课题,重点围绕面向工业机器人、特种车辆、航空发动机等高端装备传动系统极端条件高可靠服役需求,在先进传动理论与技术、机械传动高性能制造与装备、传动系统服役行为与控制等三个方向开展选题,开展基础和前沿交叉研究。2023年度评审立项了重点项目2项、面上项目25项,资助总经费171万元。拟新增设置30项面上项目,资助总金额150万元,目前已正式对外发布新一轮开放课题申请指南,共收到来自83个单位的142份申请书。

积极组织国际国内会议,加强学术交流。2023年实验室主/承办了第二十届国际制造会议、齿轮传动理论与技术前沿论坛暨青年学者论坛、2023年中国机械工程学会机械传动分会年会、第六届中国机械工程教育大会暨2023年中国机械行业卓越工程师教育联盟理事大会等本领域大型学术会议,同时组织和邀请了国内外一流研究机构和高等院校领域专家、研究学者,开展了20余次专题学术研讨会及讲座。

加强校企合作,协同攻关四大主攻任务。实验室与国机重装集团、浙江来福谐波传动、中国北方车辆研究所、中国航发中传机械有限公司签订了战略合作协议,联合成立精密传动、航发传动、特种车辆传动、机电耦合传动4个联合研究中心,重点开展工业机器人RV减速器、航发传动系统、特种车辆机电传动系统、机电耦合传动等精密、重载、高速、高可靠机械传动系统关键技术研究。

(撰稿人:王钰梅)

重庆大学-辛辛那提大学联合学院

【综述】

2023年是重庆大学-辛辛那提大学联合学院建院十周年。自2013年办学以来,学院坚持社会主义办学方向,肩负"引领和示范重庆大学国际化教育和工程教育改革"的使命,不断总结办学经验和人才培养规律,持续探索打造具有中国特色、重大风格、世界影响的一流工程教育样板,努力在学校本科人才培养上进行深层次、系统性改革,为学校"新工科"建设发挥更大的带动作用。这一年,学院在自身建设、学生培养、教育教学改革等方面再创佳绩。

学院目前在岗教职工7人,劳务派遣制教职工9人。现开设"电气工程及其自动化"和"机械设计制造及其自动化"两个专业。2023年共招收新生109人,其中电气工程及其自动化专业56人,机械设计制造及其自动化专业53人,规模创近几年新高。

【党建工作】

以学习贯彻习近平新时代中国特色社会主义思想主题教育为主线,深入贯彻党的二十大精神,依托"三会两制一课"制度和"青年大学习"等网上学习课程,以师生党员带动广大团员和青年,开展主题教育活动30余场,团日活动百余场,师生共学加深对习近平新时代中国特色社会主义思想的理解领悟。本年度共发展学生党员22人。鼓励学生党员追求卓越,在学生中发挥先进示范作用:本年度毕业党员17人中,7人分别保送至清华大学、复旦大学、浙江大学、中国科学院大学、山东大学、华南理工大学、重庆大学;8人被新加坡国立大学、宾夕法尼亚大学、密歇根大学安娜堡分校、约翰斯·霍普金斯大学、香港理工大学等名校录取;2人签约国家电网、鹰腾信息科技等行业知名企业。

为全过程全方位关心指导学生,学院将学生思想政治教育工作与实习管理工作融会贯通,辅导员既负责学生思想引领、日常管理服务等学生管理工作,同时也是Co-op实践教育的实施者和管理者,全面掌握学生各方面的成长发展需求,为学生提供个性化辅导与支持,助力学生全面发展。

【教学工作】

2023年度成功从相关学院选拔中方老师4人,其中机械相关课程1人,电气相关课程3人,为全英文授课师资队伍持续注入新鲜力量,稳定教学团队,推动学院国际化师资队伍建设的全面协同和高质量发展。

2023年初,学院密切跟踪国家入境政策,第一时间恢复了本年度春季学期末和夏季学期的美方教师来华线下授课。秋季学期更是迎来历史最大规模的美方授课教师数(6人),为改善授课效果和提高教学质量提供了保障条件。

总结凝练十年办学经验,根据Co-op校企协同培养模式特点,经充分调研和研究,学院决定从2020级起到2023级逐步取消个性化学分设置,缩减毕业学分数,给学生更多精力和自由投入创新实践。优化专业模块选修课选课机制,充分引导和平衡学生兴趣与教学资源,更好服务新工科人才培养需求。

【Co-op 实习 】

始终坚持"以人为本、安全第一"的工作原则,把师生人身安全放在实践教学活动的第一位。实行"双导师制",企业和学校导师负责 36 个城市(含境外 2 个:瑞士洛桑、美国密歇根)集中和分散实习的学生管理工作。本年度共计 512 人次完成实习,实现零安全事故,零教学事故。

先后与长三角先进材料研究院、上海蔚来汽车有限公司、深圳市信润富联数字科技有限公司、上海交通大学超导研究所、洛桑联邦理工学院康复机器人实验室等企业或高校新建了校企协同育人实践基地。累计开发校企协同育人实践岗位 620 余个,实验室岗位 159 人次,助教岗位 29 人次,国(境)外交流岗位 4 次,岗位数与学生数配比为 1.2∶1,有力保障了实践岗位充足。

【学生培养成果 】

学院克服无自有师资和科研团队的困难,外聘专业指导老师,在人财物上为学生科研训练、学科竞赛提供全方位指导与支持,本年度再创佳绩,在学校承办的第八届中国国际"互联网+"大学生创新创业大赛中,151 个国际项目参赛,为全校之最。17 个项目入围全国总决赛(包括 16 个国际项目、1 个国内项目,入围的国际项目占学校总数的 67%),最终学院取得 3 金 4 银 10 铜的好成绩,刷新学院在该赛事中的获奖纪录。

本年度,学院学生荣获第十八届"挑战杯"全国大学生课外学术科技作品竞赛、第十三届"挑战杯"中国大学生创业计划竞赛、全国大学生数学竞赛、美国大学生数学建模竞赛、全国大学生电气电子工程师创新大赛等学科双创竞赛奖项 50 余项,发表 SCI 等顶级期刊论文 4 篇、核心期刊论文 8 篇,发明专利和实用新型专利 6 项。

2023 届毕业生总就业率 98.7%,总深造率 91.1%,创历史新高。境外深造高校中 QS 世界排名前 50 学校占 75%,并首次出现斯坦福大学;境内深造院校中 C9 高校占比 48.1%,其中清华大学 3 人,占比 15%;"双一流"大学占比 90%,2 人分别前往中国科学技术大学、中国电力科学研究院继续深造。就业学生成功签约国家电网、成都飞机工业(集团)有限责任公司、比亚迪汽车有限公司等知名企业,培养质量得到行业认可。

学院办学影响持续扩大,长三角国家技术创新中心、上海交通大学密歇根学院、电子科技大学格拉斯哥学院、中国海洋大学海德学院、河北工业大学亚利桑那工业学院等多所"双一流"院校和机构来院调研学习办学经验。

学院于 2023 年春启动校内推广 Co-op 教育模式的调研,梳理出推广中的教学运行管理、学生工作等问题,形成了建议报告,为推动我校工程教育改革、提供人才培养"重大"模式做好了准备。

(撰稿人:李　璀)

国家卓越工程师学院

【综述】

2023 年,在重庆市政府关心指导和两江新区管委会大力支持下,国家卓越工程师学院重点围绕国家重大需求和重庆市产业发展目标,围绕学校"双一流"建设核心任务和中心工作,全体教职工凝心聚力,如期高标准完成两江校区校园整修及内部改造工程,不断完善人事、财务、教学等各项体制机制建设,以创新驱动、产教融合为路径,持续探索建设具有中国特色的新工科教育和工程硕博士培养"样板间",在项目制科创人才和学域制卓越工程师培养、跨学科工程创新平台建设、工程硕博士改革等方面取得突破性进展。

【党建工作】

严格贯彻落实"三重一大"决策制度,规范议事规则,定期举行院党总支委员会和党政联席会议。落实党风廉政建设责任制,在学院建设改造及服务项目采购招标过程中加强对重点领域和关键环节的监督,筑牢拒腐防变思想防线。重视意识形态和安全保密工作,班子成员切实履行"一岗双责",压实安全保密责任。2023 年院党总支共确定入党积极分子 27 人,接收预备党员 10 人,现有教师、行政、研究生、本科生 4 个支部,共计 66 名党员。2023 年学院党员获省部级奖项 6 人次、校级奖项 19 人次,参加党员骨干示范培训班 2 人次。

【培养体系改革工作】

1.产教融合,构建学域制卓越工程师培养体系

聚焦重庆智能网联汽车卓越工程师培养需求,设计本硕一体化学域制课程体系,围绕"智能化+新能源"共性技术,开设 20 余门项目制课程;打破学校边界,面向校内和重庆市理工类高校完成两届卓越工程师本科班招生,共计 300 余人;从长安、赛力斯、中汽研、地平线等智能网联领域龙头企业挖掘实际问题与工程需求,形成本科毕业设计选题 90 余个;所有学生进驻相关实验室,以跨学科小组形式开展研究。2023 届卓越班毕业生就业去向落实率为 97%,其中 23.5% 为国内外升学,48.6% 在重庆本土企业就业,32.5% 为智能网联汽车岗位。

2.创新驱动,构建项目制科创人才培养体系

突破专业和学科壁垒,构建本硕一体化跨学科项目制科创人才培养体系。推进校级卓越课程教学改革专项 12 门特色新工科项目制课程建设,完成 3 门市级一流课程申报,获批市级教改重大项目 1 项、校级教学成果培育揭榜挂帅项目 1 项。构建科创人才选拔与能力评价新模式,建立与学业同步的学生创业机制,引入市场机制对创新创业项目进行评价,从学业和创业两个维度评估学生能力。明月科创实验班现有在校生 180 余人,学生团队已有 3 个获 200 万元/300 万元天使轮投资,5 个获 50 万元探索期投资,3 个进入明月湖国际智能产业孵化基地开展预探索。

【跨学科工程创新平台建设工作】

1.工程技术公共实践平台建设

已建成总投资660余万元的多学科AI与工程仿真计算中心、投资500余万元的制造服务实验室、投资140余万元的无人船基地、投资20余万元的160平方米学生开放制作实验室和投资20多万元的材料图书馆。

2.多学科交叉校企联合实验室建设

已与华润、南方电网签订产教融合合作协议,挂牌工程师技术中心;已完成与中国航空、深圳正浩、广东高标三家单位的产教融合合作协议起草与商定。与赛力斯、地平线、大陆、德州TI、中汽研、西部智联等企业共建联合实验室,与华为签订智能电动车辆人才联合培养专项合作协议。

3.重点领域主题实验室建设

围绕智能网联汽车与机器人应用创新两个方向,搭建系列共性技术实验室和应用实验室,完成一期约4 000万元教学实验设备的采购及使用培训工作,完成10个实验室规划,初步完成6个实验室的第一期建设。

【工程硕博士改革专项】

成立由重庆大学和联合培养企业单位合作建成的重庆大学国家卓越工程师学院理事会,有力保障工程硕博士改革专项工作深度推进;第一届理事会于2023年12月27日举行。联合相关学院完成重庆大学工程硕博士培养改革专项工作委员会和相关领域工作组成立工作,完善协同机制,理顺工程师学院、研究生院、中组部工程硕博士培养改革专项8个方向专业学院之间的权责关系。

创新人才选拔机制,校企联合招生专家组通过"面试+项目"多维评价机制选拔优秀人选,面向11个关键领域,完成2022级和2023级工程硕博士招生选拔115人。成立33人校企联合专家组,协助相关领域工作组制定校企共建跨专业培养方案。完成囊括12门核心课程(含校企共建课程7门)的智慧能源关键领域核心课程清单制定;完成智慧能源关键领域首门核心课程建设,并于2023年9月27日在卓越工程师培养国际会议上发布。

落实推进校企协同攻关科研实践课题,与相关企业制定专项规划及校企联合攻关问题清单,实施硕士"1+1+X"和博士"1+2+X"的动态工学交替培养模式。已征集2022级硕博士毕业论文依托课题37项,选题全部来自企业真实课题,经费达5 000余万元。制定并颁布《重庆大学国家卓越工程师学院研究生导师管理办法》,在学校相关专业学院遴选校内导师33名,遴选企业核心项目带头人32名。

【办学成效与社会影响力】

积极推动生态建设,联合全国各高校、企业、科研院所等共建"教育+科创+产业"生态体系。联合Xbot-Park机器人基地,2023年6月在深圳举办"新工科教育研讨会",与哈尔滨工业大学、北京航空航天大学、厦门大学等20余所高校交流探讨新工科教育培养模式及人才培养合作。与长三角国家技术创新中心、国家机器人检测与评定中心等 10 余家单位协商供应链支持及生态合作模式。与西部智联等 15 家企业交流探讨合作模式及人才需求。2023 年 11 月,重庆卓越工程师学院第一届理事会第二次会议顺利举行,理事单位对学院第一学年度的建设成果和学生培养成果进行审核并表示肯定。

5 月,学院受中央电视台《对话》栏目邀请,录制播出访谈节目《打造科创梦工厂》。8 月 10 日,《人民日报》头版以《重庆大学国家卓越工程师学院为企业创新赋能——院企携手技术攻关》为题进行报道。12 月 6 日,《重庆大学着力加强卓越工程师培养》被教育部简报〔2023〕第 52 期单篇采用,并在教育部官网刊发。

（撰稿人：黄　聪）

超瞬态装置实验室

【综述】

2023 年,超瞬态实验装置预研项目进入建设实施关键期,实验室以推进项目高质量建设为目标,以专业人才队伍建设为重点,以解决堵点难点问题为突破口,以建立健全制度体系为保障,全力推进核心技术预研、核心器件定购创制和工程建设等各项工作,项目初步设计和投资概算获得批复,获批总投资概算84 673.03 万元。

【专业人才队伍建设】

实验室多渠道、分层次开展专业人才队伍建设,组织召开 4 次人才引进专家评审会,评审通过拟聘人员12 人;全年引进全职专业技术人员 5 人,聘用校外兼职高级专家 4 人,校内调入 2 人,初步组建了 40 余人的专业技术人才队伍(其中,全职专业技术人员 17 人、校内兼职技术人员 12 人、校外兼职聘用高级专家 11 人)。

【党建和思想政治工作】

截至 2023 年末,实验室党支部共有党员 13 人,本年度转入党员 4 人,转出党员 1 人。实验室党支部以习近平新时代中国特色社会主义思想为指导,坚持政治理论和业务知识学习,持续加强党支部建设,为超瞬态实验装置预研建设提供了坚强的政治保障和组织基础;开展大科学装置党建工作调查研究,通过对中科院高能所、上海光源等 10 余家参与大科学装置建设单位的党建工作进行专题调研,深入了解各相关基层党组织的建设情况、运行情况、管理情况以及存在的问题,为支部更好地服务大装置建设提供了有力支持;开展观影活动、党课学习、"816 工程"研学等党组织生活,邀请专业技术人员开展装置科普主题讲座,将专业知识和主题党课有机结合。

【技术预研工作】

1.超瞬态同步辐射光源

完成同步辐射光源 0.5GeV 直线加速器和 0.5GeV 强流储存环初步设计,积极配合建筑工程初步设计和施工图设计,完成光源建筑施工图设计工艺需求提资及确认工作。与上海交通大学协商调整共建合作内容、约定 ARPES 线站共建事宜等,双方签订《重庆大学-上海交通大学超瞬态实验装置预研项目合作框架协议补充协议》和《0.5GeV 强流储存环技术设备研制项目任务书》,加快推动强流储存环研制工作。

2.超瞬态电子显微镜

超瞬态四维透射电镜原型机在纳米金属研究领域取得关键突破,相关成果在 *Science* 发表;完成多套四维原位系统设计、光学延迟线和光阴极电子枪的优化设计;自旋极化电子枪光阴极完成激活,优化电子光路参数得到高质量超快自旋极化电子束;超瞬态电子显微镜核心器件研究项目顺利结题。

3.核心器件创制定购

三维 X 射线衍射仪、原位动态系统等前期采购设备到货安装、完成验收;签订固态高压脉冲调制器、功率传输波导系统、直线加速器电子枪前端组件、超快激光放大器等 15 台套、价值 2 106 万元的关键器件(设备)采购合同。截至 2023 年 12 月,直线加速器核心设备研制采购计划完成超过 34%,电镜集群基础设备平台购置计划完成约 75%。

【工程建设工作】

协同科学城城建集团完成项目建设场地土石方平整工程,并于 2023 年 5 月正式接收建设场地;科学研究楼同步正式启动施工建设,7 月完成桩基工程施工,10 月完成结构底板浇筑,12 月实现主体结构封顶;同步辐射光源完成工程方案设计、工程初步设计、施工图设计等施工准备工作,成功获取工程规划许可证和初步设计批复,协调平行推进招标文件、合同文件和同步辐射光源工程量及限价编制及审查工作,完成工程施工单位招标;项目环境影响评价完成现场本底数据测量和报告书编制,经过三次公示和市生态环境工程评估中心组织的技术评估,成功取得高新区生态环境局批复。

【管理服务工作】

发布《超瞬态实验装置专项经费管理办法》,制定《超瞬态装置实验室绩效工资实施方案》《超瞬态装置实验室专业技术岗位职级聘用条件》《超瞬态装置实验室新闻信息"三审三校"工作细则》,规范工作流程;建立实验室办公制度,推动难点问题解决和工作方案执行;积极向重庆市发改委、高新区管委会以及校内相关单位汇报工作进展、协同推进项目建设,编报工作周报、月报等共 63 期;持续配合重庆市发改委和学校委托的跟踪审计单位,开展合同审查和财务审计等工作。

【配套平台建设】

超瞬态同步辐射光源综合测试平台和超瞬态电子显微镜集群实验室专业环境建设项目立项建设,总计金额约 3 700 万元,为项目提供支撑。

(撰稿人:李　航)

建筑学部

【综述】

2023 年,建筑学部在学校党委、行政领导班子的领导下,在学校有关部门和所属学院的大力支持下,对标学校"双一流"建设的内涵要求,立足学部功能定位,密切联系校、院两级,夯实日常事务、开拓创新活力、凝聚攻坚合力,在学术评价、人才培养、科学研究、对外交流、文化建设等方面做出一定实绩。

【政治理论学习】

开展"常学常新　真学真信"专题党课学习。部门人员积极参加党组织生活和政治学习,认真学习领会习近平总书记关于党的建设的重要思想,深入学习宣传贯彻落实党的二十大精神。积极开展教职工党员发展工作,学部 1 位老师成为入党发展对象。

【学术评价与管理】

1.人才引进评价和聘期考核

全年组织召开学术委员会会议 2 次、主任级会议若干,通讯评审 7 次。共完成学部评审人才引进 33 人,聘期到期学部考核 45 人。

2.职称评审

完成 2023 年学部职称评审工作。严格按照学校要求,对申报者进行资料审核、学部评审,推荐正高 9 人、副高 13 人、讲师 1 人到学校参评。

3.学术会议

承办高博会第三届中国城市与高校发展大会分论坛"协同创新:高等教育改革发展与城市竞争力提升",邀请多位知名高校专家学者出席并作主旨报告。

4.评优推优

组织推荐 2024 年度国家自然科学基金区域创新发展联合基金(重庆)申报指南建议 1 项、2024 年度四川省院省校科技合作研发指南方向 1 项、"前沿科学与颠覆性卡脖子技术研究子项"等项目结题验收工作评审专家 5 人。

5.其他学术事务

完成 1 名建筑学部分委会委员调整。协助校学术道德专委会,调查核实相关学术不端举报事件。开展山地城镇建设与新技术教育部重点实验室学术委员会 2022 年度工作会议,协助筹备实验室评估相关工作。支持创办高水平学术刊物 *Biogeotechnics*。

【人才培养】

全面贯彻落实"三全育人"要求,扎实推进建筑学部多专业联合教学,打造人才培养示范项目。

1.教学成果获奖

学部牵头组织申报,以建筑学部多专业联合毕业设计 10 年教学实践经验为基础,进行深度总结、提炼,先后组织申报研讨会 60 余次、修改 20 余稿,搭建项目网站 1 个,走访多家企业及行业专家,完成 426 名毕业学生信息追踪与回访。其成果《校企合作十年 同守育人初心:土建类跨学科多专业联合毕业设计教学实践》获国家级教学成果二等奖。

2.开展建筑碳中和人才培养实践教学

在"数字中国"和国家"双碳"目标背景下,开展对建筑碳中和人才培养体系的研究和探索,获批 2023 年重庆市高等教育教学改革研究项目(重点项目)、重庆大学本科教学培育"揭榜挂帅"项目。

3.完成第 11 届多专业联合毕业设计教学指导工作

本工作参加学生 52 人、指导教师 15 人。先后组织 15 次师生讨论会、多次 BIM 及绿建软件集中培训,开设 6 门公共课、2 次专题讲座。本届 6 名毕业生获重庆市优秀毕业设计。

4.完成项目结题

在 2022 年教育部产学合作协同育人项目建设期间,与北京绿建软件股份有限公司合作完成"数字低碳-绿色建筑实践基地"建设,面向学部师生,提供价值 30 万元的绿色建筑软件授权,顺利完成结题工作。

5.推进基层教学组织建设

保障跨学科多专业基层教学组织正常运行,开展多次教学研讨会,推进各专业培养方案修订、土建类碳中和课程建设、科研资源与教学资源转换。

【科学研究】

1.助推学科发展

召开学部党政联席会议,研究部署国家基金申报工作,协助学院做好基金撰写指导、申报辅助、实施督导等工作。多次组织 4 学院召开学科建设与发展研讨会,开展内部经验交流。

2.推进智慧城市研究院建设

全年开展工作会议 6 场、举办学术讲座 7 场、组织考察调研 3 次、开展学术交流活动 11 项,开展其他学术活动 7 项,获得相关荣誉奖励 5 项。完成研究院 Logo 征集及注册工作,并正式取得国家知识产权局商标注册证。

【对外交流】

1.产学研合作

2023 年 4 月与香港华艺设计顾问(深圳)有限公司签订产学研合作共建协议。2023 年 6 月与中建西南院签订合作共建协议。与中建西南院、华建集团等开展校企联合人才培养,获国家级教学成果二等奖。西南院提供联合科研资金 300 万元,用于支持激励学部相关学院开展科研课题研究。与中海宏洋集团合作,为低碳社区申报与建造、既有建筑低碳改造提供技术支持。

2.学习调研

先后前往成都万华集团、中建西南院、深圳华艺、中海宏洋集团等 7 家单位参访调研,接待 5 家单位来访交流。

【文化建设】

1.专业竞赛

组织学部师生团队参加 2023 年凯德青少年创想家建筑设计大赛,获第二名及最佳空间设计奖。与外国语学院联合承办"讲好中国故事　传递中国声音"重庆大学外语类"金科杯"学科竞赛系列赛,累计吸引全校 31 个学院超 70 个专业的学生参赛。

2.体育文化

举办"健康人居杯"2023 年重庆市首届高校教授乒乓球邀请赛,吸引全市 8 所高校教师参加。

3.学生就业

积极接洽协助土建行业中建八局、中海集团、中工集团等头部企业来校招聘,服务学校就业工作。

【其他事务】

积极开展校园治安综合治理工作,无任何安全事故发生,部门 1 人获评 2022 年度校综治工作先进个人。重视档案工作,按时完成归档任务。明确各级责任分工,积极加强制度建设,落实档案工作规范化管理。按要求完成保密自查自评暨检查考核工作。

(撰稿人:郭秀荣,陈思静)

建筑城规学院

【综述】

2023 年,建筑城规学院下设建筑系、城乡规划系、风景园林系、建筑技术科学系、建筑历史与理论研究所、中心实验室及学院办公室。拥有建筑学、城乡规划学、风景园林学 3 个一级学科硕士学位授权点、博士学位授权点和博士后流动站。拥有城市规划与设计(含风景园林与设计)国家重点学科,城乡规划学、风景园林学 2 个重庆市一流学科,建筑学、城乡规划学和风景园林学 3 个重庆市一级重点学科。拥有建筑学、城乡规划、风景园林 3 个首批国家一流专业。拥有建筑城规国家级实验教学示范中心、"全国科普教育基地——重庆大学建筑科普教育基地"、"山地城镇建设与新技术"教育部重点实验室、中科院/住建部"山地城镇与区域环境研究中心"、"山地人居环境工程与综合技术"重庆市工程实验室、"山地城镇减灾与安全"重庆市协同创新中心、"建筑技术"重庆市重点实验室、重庆三峡库区消落区生态修复与治理研究中心、重庆市景观与生态修复协同创新研究中心,共建国家重点实验室"煤矿灾害动力学与控制全国重点实验室"、重庆大学乡村振兴研究院,建设教育部协同育人平台"山地数字景观实验室"等平台。

【队伍建设】

2023年,学院在编教职工195人,其中专任教师167人。新增省部级人才1人,新进弘深青年学者1人、准聘教授1人、弘深青年教师2人。新晋升教授1人、副教授2人。

【党建和思想政治工作】

截至2023年底,学院党员594人,党支部24个。本年度新发展党员112人。严格落实"三会一课"、组织民主生活会、主题党日活动、党员培训等,促进各项党内政治生活扎实展开;充分利用信息化平台,推进党员学习教育常态化、全覆盖;利用好校内"红色资源",以党史校史教育为主题组织参观校史馆。全院80余名教职工党员到贵州赤水开展"重走长征路"主题党日活动,传承红军革命精神,提升政治素养。结合学院发展确定"深化改革,促进学院全面发展"的主题,累计开展校内外调研20余次,召开座谈会5次,线下访谈500余人次,全面推进党建思想工作。

【人才培养】

统筹育人资源,搭建交流平台,聚焦育人方向,引领社会意识。构建以辅导员、班主任、专业教师、学生干部为主,校友、家长等共同参与的"时代新人铸魂工程"育人网络。以党建"双创"为抓手,学院规划学硕一支部成功申报校级党建工作样板支部。研究生就业率93.8%,本科生就业率83.80%,升学率52.32%,名列学校前茅。2023年学生在学科竞赛方面取得显著成绩,参加国家级、专指委竞赛并获奖153人,参加其他省市级校级竞赛并获奖241人,主要包括:Wupengcity 2022城市可持续调研报告国际竞赛、第九届中国人居环境设计学年奖、第16届全国三维数字化创新设计大赛、第九届"西部之光"大学生暑期规划设计交流活动、第三届全国大学生国土空间规划设计竞赛、2023第十届海峡两岸大学生实体建构大赛、2023年度艾景奖等。

【教学工作】

1.本科教学

课程建设与教学质量稳步提升,获批国家级一流本科课程3门、市级课程思政示范课程1门;市级一流课程3项,获批市级教改项目5项,结题4项;校级本科教学成果培育"揭榜挂帅"项目1项,获批教改项目1项,结题5项,教育部产学合作协同育人项目结题2项。新增专业实习基地3个,总计达94个。组织青年教师教学培训系列活动和青年教师教学比赛。持续建设高等教育住房和城乡建设领域学科专业"十四五"规划教材24部;新出版教材3部;申报重庆市高校普通重点教材1部;本年度10名教师担任学校教材建设审核专家。

2.研究生教学

精细化招生与授位工作,进一步推进"宽口径、跨专业、大考题、细方向"的招考改革方向。本年度招收研究生240人,其中全英文留学生5人,推免应届本科生70人。推免夏令营参与人数超过100人,全部来自优质生源院校。完成授位 198 人,含学历博士 9 人。获批重庆市研究生教育"课程思政"示范项目 1 项、研究生教改项目 1 项;获评重庆大学优博 2 篇、优硕 4 篇;获重庆市研究生科研创新项目 5 项、专业学位研究生教学案例库 2 项、研究生导师团队 1 项。

【科研工作】

2023 年,学院新增纵向项目 36 项,新增横向项目 62 项;纵向项目到账 1 102.18 万元,横向项目到账 1 104.56 万元。其中,国家自然科学基金项目 11 项,国家社会科学基金 1 项,合同经费 410 万元;获批科技部国家重点研发计划(国际合作)课题 1 项,重庆市技术创新与应用发展专项重点项目 1 项,国家博士后创新人才支持计划 1 项(本年度全校唯一),重庆市社科办重大课题公开招标项目 1 项,国家外国专家项目 1 项。发表论文 415 篇,其中 A 级期刊 90 篇、B 级期刊 103 篇;出版专著 6 部(国家出版基金资助 4 部),编著 3 部,主编及参编地方、团体标准 3 部,发明专利授权 10 项。

【学科与平台建设】

建筑城规国家级实验教学示范中心顺利通过教育部评估。山地城镇建设与新技术教育部重点实验室以小组第一的成绩顺利通过教育部重点实验室评估。围绕山地城镇生态规划和山地建筑空间环境优化研究方向,设立开放课题 12 项,课题经费合计 40 万元。

【对外交流与合作】

本年度成功举办 2 场国际会议,聚集 25 个国家 200 余名专家学者。获批国家级外国专家项目 2 个。组织知名院士及教授开展"全球前沿学科系列讲座"等国际学术讲座 40 余场,直播观众突破 12 000 人次。邀请海外知名教授开设系列线上国际化课程,丰富国际教学资源,覆盖学生 800 余人次。本年度共有美国、德国、西班牙等 25 个国别的留学生 43 人,留学生规模稳步提高。

(撰稿人:梁树英)

土木工程学院

【综述】

2023 年,土木工程学院始终坚持高质量党建引领高质量发展,贯彻立德树人根本任务,持续推进世界一流学科建设。领导班子团结一致,各部门通力协作,在全体教职工的共同努力下,各项工作持续发展,取得新的突破和成绩。在第五轮学科评估中,土木工程学科实现跨越式发展,列于顶尖方阵;刘汉龙教授当选中国工程院院士,实现了学院人才队伍建设的重大突破;学科名列软科"中国最好学科排名"第四,"世界一流学科排名"第七,首次进入世界排名前十,取得历史最好成绩。

【党建工作】

截至 2023 年底,学院共有党员 1 371 人,党支部 35 个。教职工党员 184 人,本科生党员 175 人,研究生党员 1 012 人。本年度共发展党员 185 人。

将学习宣传贯彻习近平新时代中国特色社会主义思想和党的二十大精神作为重大政治任务,落实好"第一议题"制度,抓实"党委—支部—党员"三个层面,构建领导带学、党员互学、个人自学的"三学联动"全员学习机制。学思用贯通,以高质量读书班推动主题教育扎实开展,党员领导干部走入党支部上专题党课,结合学院实际工作,以"学、定、研、议、解、转"六步调研法,深入开展调查研究,发现问题 22 个,责任项目 37 个,制定整改措施 58 条。将主题教育和校内巡视整改融合推进,以落实整改为抓手推动事业发展,梳理 11 条 31 个问题,制定整改措施 75 项,整改完成率 100%。按照新时代党的建设总要求,深入推进全国党建标杆院系建设工作,构建"1234"党建工作体系,打造"土木筑梦"特色党建品牌。长江学者创新团队研究生第二党支部入选重庆市第二批新时代高校党建示范创建和质量创优工作培育创建名单;《中国青年报》头版报道学院学子依托功能型团支部开展"绿能筑梦"社会实践活动;学院分工会入选"重庆市模范职工小家"。

学院长江学者创新团队研究生二支部入选重庆市第二批新时代高校党建示范创建和质量创优工作培育创建名单。

【队伍建设】

学院现有教职工 272 人,专任教师 214 人,其中教授(研究员)85 人,副教授 80 人,博士生导师 79 人。教师队伍中有院士等国家级人才 43 人次,重庆英才计划入选者等省部级人才 66 人次。

2023 年,学院高层次人才队伍建设获得重大突破,刘汉龙教授当选中国工程院院士;新增国家级青年人才 5 人;新增杰出教学奖获得者 1 人、重庆市科技突出贡献奖获得者 1 人、重庆市"教书育人楷模"1 人、重庆市劳动模范 1 人、重庆市"十佳青年科技奖"获得者 2 人、巴渝讲座学者 1 人、青年学者 1 人。教师国际学术影响力持续提升,杨永斌院士荣获美国土木工程师学会大中华区"终身成就奖章",杨庆山教授当选国际风工程学会亚太区代表、国际执委;刘汉龙、仉文岗教授入选 2023 年度科睿唯安"全球高被引科学家"榜单;7 位教授入选爱思唯尔"中国高被引学者",11 位教授入选全球前 2%终身影响力顶尖科学家,19 位学者入选全球前 2%年度影响力顶尖科学家。学院客座教授郝洪教授当选中国工程院外籍院士。人才引进与培养工作稳步推进。通过定期招聘和海内外优秀学者青年论坛-土木分论坛等,新进 2 名弘深优秀学者、1 名弘深启航学者、2 名副教授、5 名弘深青年教师。制定并实施《重庆大学土木工程学院绩效工资实施方案(2023 年修订)》。

【人才培养】

2023 年学院开设本科课程 226 门,教学班 591 个,研究生课程 113 门,教学班 128 个。荣获 2022 年国家级教学成果奖 12 项,其中主持二等奖 2 项;参与特等奖 1 项、一等奖 1 项、二等奖 8 项;新增国家一流课程 3 门、省部级一流课程 6 门(含思政示范课程 1 门);获各类省部级教改项目 15 项;获重庆市教书育人奖 1 项;获省部级讲课比赛奖 1 项;获批"揭榜挂帅"项目 1 项。

2023 级共录取研究生 623 人,其中,全日制硕士生 476 人,博士生 147 人,包含"人工智能"高层次人才专项 12 人。拟录取 2024 级推免生 167 人，其中"985 工程"及"211 工程"建设高校生源占比 75%，首次招收"国家优秀中小学教师培养计划"（"国优计划"）专项培养研究生 13 人。毕业授位人数 386 人，其中工学博士学位 46 人、全日制硕士学位 340 人；新增一级学会及获评重庆市优博、优硕 7 篇，重庆大学优博、优硕 13 篇。

开展 178 个教学班、72 620 人次的本科实验教学；配合、参与科研实验任务共计 274 项。获批 1 项实验教学改革项目。本科生立项大学生创新实验项目国家级 7 项、市级 14 项。

【科学研究】

2023 年，学院新增科研项目 312 项，合同经费 1.89 亿元，实到经费 1.32 亿元。获批国家自然科学基金项目 28 项，获批项目数位列全校首位。发表学术论文 1 028 篇，其中 SCI 766 篇；出版科技著作 14 部；获科技奖励 46 项，其中牵头省部级一等奖 2 项、二等奖 3 项；授权专利 90 项，其中发明 76 项。主、参编国家标准 1 部，其他标准 11 部。

【实验室与平台建设】

山地城镇建设与新技术教育部重点实验室评估获评优秀；山地土木工程安全与韧性全国重点实验室筹建工作持续推进；获批三峡库区库岸滑坡灾害重庆市野外科学观测研究站。完成乌龟山多功能风洞实验室风洞试验系统钢结构主体主要部分的进场施工安装工作。

【对外交流与合作】

2023 年学院首次设置小语种外语水平考试资助奖学金，13 门"研究生全球学术课程"获得滚动支持；重点推进并满额派出创新型人才国际合作培养项目人选，持续打造"四类型、三层次"合作培养模式，积极开展国际留学生新生入学教育工作，将国际学生教育融入学院人才培养体系；举办香港城市大学-重庆大学"新型城市基础设施建设与实践"交流会，以及逢甲大学-重庆大学"智慧城市土木工程基础设施建设与运营安全"学术论坛；持续开展土木工程国际夏令营活动，国际品牌会议 SuDRE 2023 在芬兰埃斯波阿尔托大学举行；2023 年获批科技部外专引智项目共计 2 项以及基金委国际合作项目 1 项；牵头主办教育部批准的小型国际会议，打造 G-seminar 共计 5 个；主编 ISO 技术报告"Ergonomics of the thermal environment—Adaptive Thermal Comfort approaches"。创办全英文期刊 *Biogeotechnics*，发表 24 篇高水平论文，期刊成果被引 80 余次，SCI 引用 57 次。

【社会服务】

学院开展科技活动周青少年科普体验活动、防灾减灾日科普讲座、青少年儿童科普讲座等科普活动；立项 2023 年重庆市科普专项项目"'城市建造'之青少年儿童系列科普活动"。助推重大质检公司获国家级"高新技术企业"认定、"科技部科技型中小企业"等荣誉称号，获批"2023 年度全国建筑业 AAA 级信用企业"；协同打造先锋智创园、茶园分场所，主编重庆市工程质量智能检测标准，提升服务地方经济建设能力。与重大设计总院合作，启动总院创新研究院的建设，在创新研究院成立 9 个研究中心。

【学科实现跨越式发展】

土木工程学科在第五轮学科评估中实现跨越式发展,列于顶尖方阵。

【软科排名取得历史最好成绩】

土木工程学科名列软科"中国最好学科排名"第四,"世界一流学科排名"第七,首次进入世界排名前十,取得历史最好成绩。

【新增中国工程院院士】

刘汉龙教授当选中国工程院院士。

【教师获第四届"杰出教学奖"】

李百战教授荣获 2022 年度杰出教学奖,为学校首次获得该奖项。

【国家自然科学基金项目获批 28 项】

学院 28 项国家自然科学基金项目获资助,其中优青项目 1 项、国际合作项目 1 项、面上项目 17 项、青年科学基金项目 9 项,资助直接经费 1 331 万元,获批数量创学院历史新高。

【入选"重庆市模范职工小家"】

学院分工会入选"重庆市模范职工小家",分工会也先后获评重庆大学先进职工小家、重庆市教科文卫体工会委员会先进职工小家。

（撰稿人:陈培稚,唐　环）

环境与生态学院

【综述】

环境与生态学院设有水科学与工程、环境科学、环境工程、环境生态工程 4 个系,以及给排水科学与工程、环境工程、环境科学、生态科学与工程 4 个本科专业。学院现有教职员工 153 人,其中专任教师 127 人(教授 36 人,副教授 64 人),管理人员 12 人(含专职辅导员 4 人),实验中心 12 人。2023 年新入职教职工 13 人(副教授 1 人,准聘副教授 8 人,弘深青年教师 4 人)。

【基地平台】

学院现有环境科学与工程、生态学 2 个一级学科博士学位授权点,环境科学与工程、生态学 2 个一级学科博士后科研流动站;1 个教育部重点实验室——三峡库区生态环境教育部重点实验室,1 个国家级实验教学示范中心——城市建设与环境工程实验教学中心,1 个国家工程实践教育中心(江苏凌志环保股份有限公司)和 1 个重庆市工程实践教育中心,3 个市级重点实验室和 4 个市级实验中心。学院还有重庆市城镇污水处理技术装备创新战略联盟研究中心,与土木工程学院共建 2 个国家级平台。本年度学院获批建设中国生态学学会"三峡库区生态环境科普教育基地"、重庆市科技局"三峡库区城镇河湖生态系统"重庆市野外科学观测研究站。学院实验中心开设实验项目 125 项,上课学生 1 159 人,共计时数 39 304 小时。2023 年依托实验中心新增立项国家级大学生创新实验项目 4 项,市级大学生创新实验项目 7 项,SRTP 项目 21 项。

【党建和思想政治教育】

学院认真学习贯彻落实党中央和上级党组织的决策部署,深入开展学习贯彻习近平新时代中国特色社会主义思想主题教育,认真落实立德树人根本任务,切实推动学院改革发展。2023 年,学院党建引领基层教学组织综合改革的案例入选重庆教育综合改革试点项目;优化支部设置,新增师生联合支部 1 个,优化支部3 个,选齐配强支委班子;环工党支部入选"重庆市'双带头人'支部书记工作室";生态师生联合支部被评为重庆市教育系统"2023 年先进基层党组织",推荐参选全国样板支部。截至 2023 年底,学院党员 689 人,党支部 24 个;教职工党员 107 人,本科生党员 96 人,研究生党员 486 人;新发展党员 162 人。

1.本科教育

学院本科生获第九届中国国际"互联网+"大学生创新创业大赛国家级金奖 1 项、重庆市金奖 3 项、银奖6 项、铜奖 1 项;第十八届"挑战杯"全国大学生课外学术科技作品竞赛全国二等奖 2 项、重庆市特等奖 2 项、一等奖 3 项。2023 届本科生毕业去向落实率 97.14%,深造率 62.38%,升学至"双一流"高校人数占比超 99%。

学院获国家教学成果奖一等奖 1 项(参研),二等奖 2 项(参研);获批国家一流本科课程 3 门,重庆市一流课程 3 门;获批校级经典传承课堂 1 门。2 本教材获批重庆市高校普通本科重点建设教材,给排水科学与工程专业获批重庆市优秀基层教学组织典型案例;学院立项重庆市教改项目 7 项,校级教改项目立项 4 项,首次承担校级教师教学发展专项;学院获批重庆市高校课程思政示范建设项目 2 项,重庆市高校课程思政教学团队 2 个;2 个案例获学校推荐参评重庆市高等学校"大思政课"优秀案例。

2.研究生教育

学院毕业硕、博士研究生 197 人,研究生承担重庆市科研创新项目 10 项,发表 SCI 论文 217 篇(T 级 15篇,A 级 109 篇);获评重庆市优博 2 篇、优硕 3 篇;重庆大学优博 3 篇、优硕 4 篇;获准"国家建设高水平大学公派研究生项目"联合培养博士生 3 人、"国优计划"遴选在读研究生 1 人。

学院研究生获第八届中国国际"互联网+"大学生创新创业大赛银奖 1 项;第九届中国国际"互联网+"大学生创新创业大赛重庆市金奖 1 项、银奖 4 项、铜奖 1 项;第十三届"挑战杯"中国大学生创业计划竞赛铜奖 1 项;智汇青春第十八届"挑战杯"全国大学生课外学术科技作品竞赛重庆市特等奖 1 项、一等奖 1 项;第十七届 iCAN 大学生创新创业大赛重庆市一等奖 1 项。

【学科建设】

环境学科软科国际排名由 2022 年的第 101~150 名(后半段)上升为 2023 年的第 53 名,软科国内排名由 2022 年的第 25 名(12%)上升到第 24 名(12%);生态学科软科国内排名持续稳定,2023 年排名第 54 名(50%)。

【科学研究】

2023年学院实到科研经费总计达4 484万元（纵向3 087万元，占比69%）；获批国家自然科学基金18项（资助率35%）；获批省部级项目10项，横向科研项目82项，技术转让项目5项，军工项目3项；当前在研重点研发项目2项、课题5项，国际合作项目1项；在研国家自然科学基金53项。学院全年发表论文共计327篇，其中自然指数期刊论文31篇（*Nature Plants*，*Nature Food*，*PNAS*，*Science Advances*等子刊发表论文4篇），A级期刊论文213篇，B级期刊论文38篇；牵头获得重庆市科学技术奖自然科学奖二等奖1项，参与获得华夏建设科学技术奖一等奖2项，参与获得标准科技创新奖一等奖1项；授权发明专利26项；作为唯一单位编写学术专著1部（《城市排水管道系统安全保障与预警技术》）。

【交流与合作】

学院主办了生态环境前沿技术论坛、三峡库区生态环境教育部重点实验室2023年学术委员会议；承办国家自然科学基金重大研究计划"中国大气复合污染的成因与应对机制的基础研究"进展交流会、2023两岸环保高层专家论坛、院士科普讲坛——《饮水之安》（曲久辉院士）、2023（第五届）城市水环境与水生态科普创意大赛全国总决赛等。学院还与北控水务集团签订战略合作协议，加强产学研合作。

学院高水平国际合作论文占全院年度论文总数的75%，获批与美国北卡罗来纳州立大学合作的科技部重点研发国际合作项目1项，举办国际学术会议"全健康多学科合作——应对挑战与机遇专题研讨会"，推进与荷兰代尔夫特理工大学的人才培养合作，开设线上全英文课程，组织学生参加"环境处理顶尖技术及城市雨洪控制"暑期培训项目。学院与墨西哥国立自治大学、加州大学欧文分校、昆士兰大学推进人才培养合作。

（撰稿人：唐　亮）

管理科学与房地产学院

【综述】

2023年，管理科学与房地产学院设有管理科学与工程一级学科博士学位授权点和博士后流动站；拥有工程管理、房地产开发与管理、工程造价、财务管理、智能建造等5个本科专业。学院在编教职员工90人，其中教授19人、副教授36人、讲师23人。特聘兼职教授1人。

2023年，作为第一完成人牵头新增国家级教学成果奖1项，合作新增2项。一般正式出版教材新增2部，教材累计59部。省部级产学合作协同育人项目新增4个，市级教改项目新增5个，校级教改项目新增4个，市级思政示范项目新增1个，国家级线上一流课程新增1门，国家级线下一流课程新增1门，市级线上线下混合式一流课程新增1门，市级虚拟仿真实验教学一流课程新增1门，校级荣誉课程新增1门，校级本科教学成果培育"揭榜挂帅"项目新增1个，省部级讲课比赛获奖新增2项，校级讲课比赛获奖新增3项。

2023年,新进弘深青年教师5人、辅导员1人。新晋升教授1人,副教授1人,副研究员1人;新增正高职三级1人,副高职五级2人,副高职六级4人,中职九级2人,一般管理岗位五级职员1人,六级职员1人。1人获重庆市留学人员回国创新支持计划。1人入选爱思唯尔"中国高被引学者"及斯坦福大学全球前2%科学家榜单。1人获重庆大学优秀辅导员称号,2人获重庆大学先进工作者称号。

2023年,新增国家基金项目13项,其中国家社会科学基金项目3项(含1项国家社科重点)、国家自然科学基金项目10项,省部级项目10项(含教育部后期项目1项、重庆市社科重点项目1项、重庆市重大决策咨询项目2项)及其他纵向、横向项目46项。到账经费2 470.13万元(其中纵向616.06万元,横向1 854.07万元),新签合同额2 242.2万元(其中纵向395.96万元,横向1 846.24万元)。全年发表论文152篇,其中A级78篇、B级43篇、C级6篇,其他24篇。ESI高被引论文40篇。出版学术专著2部。

【学生培养】

2023年,获重庆大学毕业生就业工作先进集体、教育部首届全国大学生职业规划大赛暨重庆大学第六届大学生职业规划大赛优秀组织奖、重庆大学2023年寒假社会实践活动优秀组织单位,工程管理本科支部获评重庆市"双创"样板支部,团委学生会获评年度优秀学生会,团委研究生会获评年度优秀研究生分会和优秀研究生分团委。陈兰获评教育部首届全国大学生职业规划大赛暨重庆大学第六届大学生职业规划大赛优秀指导教师、李志杨获评重庆大学2023年度教书育人奖(优秀辅导员)、王涛获评优秀青年工作者、杨星莹获评优秀学生社团指导教师。

2023年,共有全日制本科生713人,8人获国家奖学金,21人获国家励志奖学金,8人获市级先进个人荣誉,1个班级获市级先进班集体荣誉,388人获其他各项奖助学金。在"五四"评优中,108人获校级荣誉,4个团支部获评五四红旗团支部,1个团日活动获评优秀团日活动。在争先创优中,136人获校级荣誉,2个班级获评校级先进班集体,8个寝室获评校级"争先创优"文明寝室。2023年,共有本科毕业生237人,去向落实率达96.2%,总体升学率51.48%。

2023年,录取全日制硕士研究生208人,全日制博士研究生16人,非全日制硕士研究生321人。本年度授予硕士学位共278人,授予博士学位4人。7人获研究生国家奖学金,1人获重庆市三好学生,1人获重庆市创新创业提升先进个人,1人获重庆市志愿服务活动先进个人,1人获重庆市精神文明建设先进个人,1人获重庆市优秀毕业生干部,158人获"争先创优"校级荣誉称号,获先进班集体2个,文明寝室4个,1人获学生标兵,23人获"五四"评优校级荣誉称号。2023年,研究生毕业218人,毕业去向落实率达98.62%。

学院对标一流,扎实推进国际化工作,实现新发展。与布里斯托大学合作开展3+1本硕双学位项目。圆满实施2023年教育部对港交流计划,通过与香港大学合作举办"城市建设与发展"研讨工坊项目,不断加深同香港地区高校的交流往来;接收香港理工大学交换生2人,续签与香港理工大学的交换生计划协议。开展海外研修交换、国际留学基金委高水平等长期项目,17名学生赴国(境)外研修交换;1人获国家留学基金委攻读博士项目资助,4人获国家留学基金委联培博士项目资助。35名学生参加国际学术会议并作报告。

10门研究生全球学术课程教学圆满完成,通过学校验收并获得滚动资助,近500名学生受益。6名国际学生(均为硕士研究生)报到注册。

【推进学科建设】

持续推进管理科学与工程一级学科建设,软科排名进入前10%,位列第23名。2023年7月,成立神经工效与管理创新研究中心,清华大学教授饶培伦任名誉主任。该中心是学院人才引进和科学研究的重要载体,未来将立足学科特色和优势,在行业变革中为传统学科创新发展提供思路,深化与同行交流合作,推动神经工程管理理论创新和实践应用拓展,助力学校学科交叉融合与高质量发展。

【学院领导调整】

2023年7月,学校任命洪竞科为管理科学与房地产学院副院长,免去周滔的管理科学与房地产学院副院长职务。

（撰稿人:周　放）

信息学部

【综述】

2023年,信息学部坚持深入学习宣传贯彻党的二十大精神,深刻领悟"两个确立"的决定性意义,增强"四个意识"、坚定"四个自信"、做到"两个维护",筑牢廉洁自律思想防线,严守纪律,认真履行责任。

依据学校工作的总体部署,在各部门、各学院的大力支持配合下,以提高质量、提升内涵为重心,深刻领会关于教育、科技、人才的新部署新要求,在优化谋划学科建设管理、拓展对外交流合作等方面,自觉地将教育、科技、人才"三位一体"发展理念贯彻到学部发展的各个层面、各个环节,发挥了积极作用,为学校高质量推进建设中国特色、世界一流大学作出了相应的贡献。

【交叉学科建设管理】

1.超算中心建设

根据超算中心定位和国际形势,走访调研了曙光璧山超算中心、华为和重庆市高新区在西永微电园建设的重庆人工智能创新中心等已经实际运营的超算中心。着重就先进计算大科学装置研制等领域,对开展校企合作、科研协作及人才联合培养、人工智能算力规模、用户使用情况及配套设施建设等方面进行深入调研。根据调研结果,进一步完善确定了超算中心的建设方式。以信息学部搬迁到虎溪信息技术科研楼为契机,对超算中心在虎溪的可能建设场地进行了考察,为推动超算中心的建设搭建了良好的平台。

2.共享实验室建设

分别与计算机学院、大数据与软件学院、微电子与通信工程学院和自动化学院等学院就开展共享实验室的建设进行深入交流与探讨。协调学院优势资源,制定相关研究方向的发展规划,推荐选拔优秀人才,组织申报科研项目。与拥有强相关性的学科的不同学院,探索共享实验室的建立及管理机制。

3.教育教学改革探索

在学部内部,组织学部所属学院,进一步探讨大类培养模式下的教育教学改革的机制,努力探索优势学科建设。

【学术评议决策管理】

1.规范内部管理机制

根据信息学部学术分委员会章程,开展了换届选举工作,确定了信息学部第四届学术分委员会委员,完成审议并通过新的《信息学部学术分委员会章程》。

在学部内通过专题学习和讲座的形式,开展了学术不端教育。学部也通过组织学部、学院两级学术委员和校外专家,对有争议的学术成果进行鉴定,既保护了教师的正当权益,又有力地促进了学部学术道德建设。同时,学部也参与了学校伦理道德委员会的筹建工作。

2.严格落实决策制度

根据人事处的要求,为进一步加强和规范人才引进评审工作程序,学部学术分委员会通过表决,共完成35人的人才引进评审工作和25人的聘期考核工作。

严格按照学校相关文件,召开2023年信息学部职称评审会。根据职称评定规则,严格把控申报人员师德师风考核,强化监督管理,恪守学术道德和科学精神,突出教育教学能力和业绩,重视学术贡献,顺利组织完成了8名正高职、14名副高职申报者的职称评审工作。

【内外协调统筹服务】

1.深耕学部内部协作

依托学部、学院两级学术委员会,积极开展各类学术评价活动,组织了自然基金委-科技局联合基金评选、腾讯基石项目评选、川渝科技大会成果评选等各类校级、市级项目评选工作。

2.开拓外部合作交流

依托学部及学院力量,不断开拓对外合作交流的渠道、方式,充分发挥学部的协调和门户作用。组织开展完成了以下工作:推选兼职专家,与江津区遴选合作领域和项目;与曙光公司共同设立研究机构,在芯片、人工智能、超算等领域开展合作项目论证;组织学部内相关学院参与重庆市数字能源领域建设;结合信息学部的学科特点,在通信、网络安全、遥控遥感等领域开展"人工智能+"学科群的建设探索;积极组织学部所属学院参与大型企业的项目指南讨论,形成合力,进一步提高项目申报成功率。在量子信息技术与安全、人工智能、新一代信息技术等领域广泛开展学术交流,并开展联合项目申报及攻关的探索。

【专项综合协作管理】

为确保学校规划的顺利实施,信息学部与所属学院进行对接,积极协助学院进行搬迁,信息学部及所属5个学院的行政办公、本科教育、研究生管理等相关工作整体入驻信息大楼,本科生/研究生实验室、各级实验平台已投入正常使用,信息大楼已开始正常运行。

针对信息技术科研楼标识系统问题,联系专业设计公司,在遵循学校VIS系统框架下,设计了信息大楼室外导视牌、A/B楼栋指示牌、学院铭牌(横牌和竖牌)、电梯内楼层指示牌等一系列标识标志,为信息大楼合理、科学地使用提供了有效的支撑;同时完成了学部会议室、资料室等功能房的搬迁装修工作,积极推进学部日常工作的开展。

(撰稿人:方蔚涛,杜瑞霞)

光电工程学院

【综述】

2023年,光电工程学院设有仪器科学与技术和光学工程2个一级学科博士学位授权点,仪器科学与技术和光学工程2个博士后流动站,测控技术与仪器、光电信息科学与工程、电子科学与技术和智能感知工程4个本科专业,测控技术与仪器、光电信息科学与工程、电子科学与技术专业均为国家级一流本科专业建设点。拥有精密仪器及机械国家重点学科、微纳系统与新材料技术国家级国际研发中心、光电技术及系统教育部重点实验室、新型微纳器件与系统技术国防重点学科实验室、工业CT无损检测教育部工程研究中心、重庆市微光机电工程技术研究中心、测控仪器及光电技术重庆市级实验教学示范中心等国家级和省部级教学科研基地。完成行政换届工作,朱涛担任院长。

【队伍建设】

2023年,学院教职工125人,专任教师91人,博士后及弘深青年教师10人。新增重庆市杰出青年基金获得者1人,新增香江学者1人,新增科研博士后1人。新晋教授1人、副教授4人。

【党建和思想政治工作】

截至2023年底,学院党员467人,党支部15个。本年度发展党员70人。教职工党员83人,学生党员384人。本科生和博士生党支部均实现了教职工担任支部书记。

1.教职工工作

学院党委坚持以习近平新时代中国特色社会主义思想为指导,认真学习贯彻党的二十大和二十届二中全会精神,坚持"为党育人、为国育才",以高质量党建引领高质量发展。选配优秀青年教师党员担任学生支部书记。测控系教工支部建成重庆市"双创"支部,光学硕士支部获批学校样板支部;认真落实党建基本任务,发挥基层党组织战斗堡垒和党员先锋模范作用,学院党委在学校"七一"表彰中被评为先进二级党组织。

2.本科及研究生工作

坚持"以学生为中心",努力完成立德树人根本任务,全面提升育人质量,组织光电大讲堂等服务学生成长成才。381名毕业生去向落实率名列学校前茅,其中本科生86.36%、硕士生98.45%、博士生96.88%。学生获多项有影响力的奖项,包括第十四届重庆市青少年科技创新市长奖、第二十届王大珩光学奖、2023年叶声华奖学金、市级创新能力提升先进个人、创新创业先进个人、精神文明建设先进个人、志愿服务活动先进个人、市级三好学生、国际会议团队创新奖、最佳海报奖、最佳口头报告奖等。

【教学工作】

1.本科教学

全日制在校本科生673人。新增国家级和市级大学生创新实践项目26项,结题11项,其中3项为优秀。获创新实践竞赛国家级奖9项、省部级奖19项,其中大学生智能汽车竞赛全国一等奖2项、二等奖4

项,研究生电子设计竞赛全国一等奖 1 项,中创杯创新工程大赛全国二等奖 2 项。219 人次学生选修了学院在小学期开设的 6 门创新实践课程。

新增国家级一流本科课程 1 门、市级一流课程 4 门、校级学科交叉课程 1 门。获批市级教改重点项目 2 项、一般项目 1 项,省部级产学合作协同育人项目 4 项,校级教改项目 2 项。获学校第九届青年教师教学基本功比赛一等奖和三等奖各 1 项。光电信息科学与工程专业完成工程教育认证现场考查。

2.研究生教学

在校研究生 766 人,其中学历博士研究生 170 人,工程博士研究生 74 人,学术型硕士生 255 人,专业型硕士生 261 人,其余类型 6 人。2023 年招收学历博士生 37 人、工程博士生 22 人、全日制学术硕士研究生 91 人、全日制专业硕士研究生 99 人。2 人获批"国家创新型人才国际合作公派研究生项目",获评重庆市优博 2 篇、优硕 2 篇。新增重庆市研究生科研创新项目 8 项,博士生和硕士生各 4 项。研究生"神机妙测"团队获评重庆大学第七届创新创业之星。新增市级研究生教改项目 1 项、校级 2 项。新增重庆市研究生联合培养基地 1 个。成功举办第十三届"光电之旅"暑期优秀大学生学术夏令营。

【科研工作】

新增各类科研项目 117 项,合同总经费 9 416 万元,到校经费 6 658 万元。其中,国家自然科学基金项目 14 项,合同金额 956.8 万元;发表期刊论文 315 篇,其中 A 级及以上论文 187 篇,授权发明专利 55 项,获省部级奖 5 项。本年度成果转让 2 项,合同金额 4 812 万元,其中 1 项技术权益让渡的企业是重庆市重点培育的优秀高科技企业。

【学科与平台建设】

仪器科学与技术学科在软科(ARWU)世界一流学科排名全球第 12 名,在软科中国最好学科排名第 6 名。新型微纳器件与系统技术重点学科实验室全力申报"微纳感知器件及系统国防科技重点实验室",光电技术及系统教育部重点实验室、工业 CT 无损检测教育部工程研究中心、微纳系统及新材料技术国际联合研究中心平稳运行。牵头组织中国科技馆与重庆大学共建"中国科普创新实验室"的筹建工作。

【对外交流与合作】

成功举办第六届图像与图形处理国际会议、第十八届国际电磁流变学会议、中国微米纳米技术学会微纳器件与系统创新论坛、智能建造与智能制造国际产学研用合作会议,参会人数近 1 000 人。教师 40 人次参加国际国内会议,邀请国内外学者 20 余人次开展学术交流,学生 36 人次参加国际国内学术会议。联合兄弟学院与新加坡国立大学签订 3+1+1 联合培养项目协议。开展暑期香港访学项目,30 名学生赴香港理工大学参加课程学习。

(撰稿人:蓝 红)

微电子与通信工程学院

【综述】

2023 年,学院设有信息与通信工程一级学科博士学位授权点;信息与通信工程博士后流动站;信息与通信工程、集成电路科学与工程重庆市重点学科;另外,设有电子信息工程、通信工程、集成电路设计与集成系统 3 个本科专业。学院在编教职员工 109 人,其中教学科研岗位 74 人、教学岗位 5 人、实验技术岗位 12 人、管理岗位 18 人。

2023 年本科专业建设和质量工程稳步推进。获 2023 年国家级教学成果二等奖 1 项、参与获得国家级教学成果一等奖 1 项。通信工程专业认证已受理。获批国家级一流课程 1 门,新增获批重庆市一流课程 3 门。教师获得全国讲课比赛国家级奖励 2 人次。新增教育部产教协同育人项目 1 项,重庆市教改项目 3 项,重庆市课程思政示范项目 1 项。学院开展教材建设专项活动,本年度完成出版教材 2 部。2023 年,本科学生参加全国大学生电子设计竞赛,获全国一等奖 3 项、二等奖 6 项,省部级一等奖 6 项,本科学生创新实践项目立项 17 项,顺利完成全国大学生电子设计竞赛(重庆赛区)承办工作,参赛队伍数量达 675 组,再创新高。

2023 年到位科研经费创历史新高:共完成纵向项目到位经费 2 218.2 万元,横向项目到位经费 2 176.1 万元,总经费达到 4 394.3 万元。国家自然科学基金项目获批 8 项,其中面上项目 5 项、青年项目 3 项。论文数量达 276 篇,较上年同期增长 30%;发表 A 级论文 114 篇、B 级论文 105 篇,均创历史新高。获权发明专利 50 件,完成知识产权转让 5 件。新增军工项目 40 项,军工项目到位经费 1 695.6 万元。

现有全日制本科生 844 人,全院本科生获得各项奖学金 310 人次,其中 9 人获得国家奖学金,40 人获得国家励志奖学金,5 人获得聂荣臻奖学金。全院本科生获得各类荣誉称号 230 余人次,1 人被评为重庆市三好学生,1 人被评为重庆市优秀学生干部,3 人被评为重庆市优秀毕业生,3 人分别被评为重庆市科技创新、体育活动和志愿服务先进个人,获评市先进班集体 1 个、市文明寝室 1 个、重庆大学十佳文明寝室 1 个、十佳团日活动 1 个。学生获学科竞赛类(不含电子设计大赛)国家级奖项 13 项、市级奖项 15 项。综合素质方面,学院第三次取得学校本科篮球比赛冠军,荣膺三连冠;9 人获学校"文艺体育类先进个人"称号。学院获 2023 年寒、暑期社会实践活动"优秀组织单位"和"优秀团队"称号,重庆市辅导员工作室 1 个。2023 届本科毕业去向落实率达 86.04%,深造率 60%;2023 届研究生毕业去向落实率为 98.62%,全院去向落实率 90.49%。

2023 年学院招收博士生 29 人(含 18 名学术型博士生,11 名工程博士生),全日制学术型硕士生 63 人,专业硕士生 102 人。落实一流人才培养目标,认真执行学院制定的研究生培养与管理文件,加强研究生培养过程管理,设计《研究生学位论文查重盲评承诺书》,制定《电子信息工程博士专业学位创新成果具体标准》。获评重庆市优硕 1 篇,重庆大学优博 2 篇、优硕 3 篇。成功申报重庆市研究生导师团队建设项目 1 项、重庆市教改重点项目 1 项、重庆市教改一般项目 1 项、重庆大学教改重点项目 1 项,组织学生成功申报重庆市研究生科研创新项目 7 项(博士生 2 项、硕士生 5 项);组织学生参加各类科技创新竞赛,获全国一等奖 1 项、二等奖 12 项、三等奖 12 项,省部级奖 27 项。组织/牵头组织 5 个学院完成信息与通信工程/电子信息两个学位授权点的专项核验工作。圆满完成"十四五"规划中期自查报告、"十四五"市级重点学科(信息与通信工程、集成电路科学与工程)中期自评报告。

【党建工作】

截至 2023 年底,学院党委有党支部 17 个,其中教职工党支部 5 个,研究生党支部 10 个,本科生党支部 2 个,配备专职组织员 1 人;共有党员 369 人,其中教职工党员 81 人、研究生党员 246 人、本科生党员 42 人;开展两期入党积极分子培训 70 人,组织 34 人参加重庆大学党委党校发展对象培训,新发展师生党员 42 人,转正 28 人。开展学习习近平新时代中国特色社会主义思想主题教育,领导班子成员完成五日读书班、5 个专题调研,调研发现 15 个方面问题,提出具体整改措施 29 条;全院党员领导干部和支部书记共讲党课 23 次,各支部开展集中学习交流 38 次、主题党日活动 34 次;组织干部及师生党员参加学习习近平新时代中国特色社会主义思想及中国式现代化专题网络培训、党支部书记全覆盖培训、骨干教师党员脱产培训共计 49 人次;组织全院 110 名教师完成《新时代高校教师职业行为十项准则》线上培训;学院 2 个党支部,师生党员 9 人,党务工作者 1 人获评学校"两优一先"表彰;1 名教师党员获重庆大学"学党史、崇师德、育新人"师德师风主题征文二等奖;2 个教师党支部分别与中电科十所共性技术部、声光电芯片研究院微波事业部签订党支部共建协议。

【信息与通信工程学科排名上海软科 25 名】

信息与通信工程一级学科进步明显,5 年内软科排名前进 27 名,2023 年 8 月上海软科排名达到第 25 名。

【获得 2023 年国家级教学成果二等奖 1 项、参与获得国家级教学成果一等奖 1 项】

组织全院教师,总结多年教学经验,精心组织申报新一轮教学成果奖,成绩斐然。获得 2023 年国家级教学成果二等奖 1 项,参与获得国家级教学成果一等奖 1 项。

【课程建设坚持不懈】

2023 年新增国家级一流课程 1 门、重庆市一流课程 3 门,培育国家一流课程 5 门,涵盖了线上、线下、混合、虚拟仿真多个类型。

【获 2023 年重庆市自然科学一等奖 1 项】

"复杂异构网络环境下多维资源协同优化理论与方法"获 2023 年重庆市自然科学一等奖。

【高水平论文成果数量大幅增加】

论文总数达 276 篇;发表 A 级论文 114 篇、B 级论文 105 篇,总数、B 级以上论文数均创历史新高。

【学生深造率持续攀升】

2023 年学生深造率达 60%,境外深造率达 4.91%。

【成功举办第十一届智能计算与无线光通信国际会议(ICWOC)、第七届 IEEE 通信与信息系统国际学术会议(IEEE ICCIS)】

两次会议共吸引来自中国、法国、美国、新加坡、日本、英国、德国、瑞士、澳大利亚、新西兰、沙特阿拉伯、巴基斯坦、菲律宾等国家和地区的相关研究人员 200 余人参加,围绕无线通信和网络、信号处理与数字通信、导航和跟踪、光纤和传感器、半导体光电器件、数字图像和信息技术、天线设计与信号分析等与学院学科紧密相关的领域展开富有成效的学术交流,进一步提升了校、院的学术影响力。

【无线电系爱心校友捐赠 1 000 万元设立"根源·通信教育发展基金"】

1983 级无线电系校友重回母校,捐赠 1 000 万元设立重庆大学"根源·通信教育发展基金"。

【按时高质量完成信息大楼搬迁】

学院按时高质量完成信息大楼搬迁工作。

(撰稿人:许　可)

计算机学院

【综述】

2023 年,计算机学院拥有计算机科学与技术一级学科博士学位授权点,计算机科学与技术博士后科研工作流动站,计算机软件与理论国家重点培育学科,信息物理社会可信服务计算(CPS)教育部重点实验室,曙光计算机科学教育部基础学科拔尖学生培养计划 2.0 基地,大数据智能与隐私计算重庆市重点实验室,计算机基础重庆市级实验教学示范中心。计算机科学(Computer Science)学科稳居 ESI 全球排名前 1%。学院引进优秀青年教师 4 人,现有教职员工 126 人,其中管理岗位 9 人,辅导员岗位 4 人,实验岗位 10 人,工勤岗位 4 人,专任教师岗位 99 人。专任教师中,正高 33 人(含百人计划研究员 1 人、弘深青年学者 5 人),副高 41 人,中级 25 人(含讲师 10 人、弘深青年教师 15 人);引进弘深杰出学者 1 人,入选国家优秀青年科学基金 1 人,入选重庆市巴渝学者青年学者 1 人,共有 IEEE Fellow 以及各类人才 38 人次。

2023 年,学院从沙坪坝区(重庆大学 A 区主教学楼)搬迁至高新技术产业开发区(重庆大学虎溪校区信息技术科研楼 B 栋 4—6 楼)。

【党的建设】

2023 年,学院党委不断强化政治功能,压实党建主体责任。党委书记认真履行第一责任人职责,严格对标《二级党组织和二级党组织书记硬性任务要求》,逐一排查,确保落实到位。定期召开党委会会议、党政联席会议,着力解决制约学院发展的重难点问题。深入开展学习贯彻习近平新时代中国特色社会主义思想主题教育,制定学院调查研究实施方案,查摆出需要整改的具体问题 13 个,均已整改完成。切实加强对群团工作的领导,认真倾听民主党派教师的意见建议,指导学院团委开展工作。坚持"三全育人",加强课程思政建设,组织班子成员、系(室)主任、教学管理人员、辅导员及校外教学督导专家对课程教学进行随机抽查。持续加强师德师风建设,组织全院教师参加师德师风集中教育培训,更新《计算机学院师德师风学习资料汇编》。以服务教师成长为目标,建立"职工小家",坚持每月至少开展一次集体工会活动。与高新区虎溪街道学智社区共建"党员实践教育基地"。各党支部开展党组织活动400余次。发展党员63人,讨论转正68人,培养入党积极分子74人。青年教师冯亮荣获重庆市教委"优秀共产党员"称号(全校仅4人),学院党委荣获重庆大学"先进二级党组织"称号。

【人才培养】

2023年,学院设置计算机科学与技术、物联网工程、信息安全共3个本科专业,有二、三、四年级本科生共941人。入选"101计划"首批试点高校(重庆高校唯一);信息安全专业完成学校专业评估;入选国家级虚拟仿真实验教学一流课程1门("拒绝服务攻击与防御虚拟仿真实验"),重庆市一流本科课程5门,重庆市一流本科课程示范案例3个;教材《Java程序设计》获得再版;验收完成教育部新工科研究与实践项目,立项教育部产学合作协同育人项目7项,重庆市高等教育教学改革项目4项;发表教改论文4篇;教师入选高校计算机专业优秀教师奖励计划1人,获CCF中国软件大会软件教学案例一等奖1项,华为智能基座奖教金3人;学生获美国大学生数模竞赛特等奖提名3项,美国大学生数模竞赛一等奖7项,全国大学生计算机系统能力大赛一等奖1项,国际/中国大学生程序设计竞赛银奖5项,全国大学生物联网设计竞赛二等奖1项,重庆市优秀本科毕业论文3篇。

2023年,学院招收研究生219人,其中学术博士生23人,专业博士生11人,学术硕士生61人,专业硕士生124人;招收国家工程硕博专项计划推免生5人,其中直博生1人;招收国家"强基计划"推免生12人;招收国优计划推免生2人。进一步加强关键学业环节监督与把关,集中开展2021级研究生中期考核,2022级博士研究生综合考试,2022级硕士研究生开题答辩;修订计算机技术领域专业硕士研究生中、英文培养方案;完成计算机科学与技术、电子信息、交通运输学位授权点评估报告。严把学位质量关,从综合考试、论文选题、中期考核、预答辩、论文评阅、论文答辩、分委会审核等关键环节加强质量把关。研究生学位论文评阅和答辩通过率同比提高,年度授予博士学位21人,授予硕士学位144人;获评重庆市优博1篇、优硕1篇。持续开展研究生教育教学改革,获批重庆市研究生导师团队1项,重庆市专业学位研究生教学案例库1项,重庆市研究生教育课程思政示范项目1项,重庆市研究生教改项目1项;获基金委公派留学资助4人,招收入学来华留学生18人。

2023年,学院持续打造学霸工作室共8期,远航者计划1期,领航者计划1期;获重庆大学第七期学霸工作室活动优秀活动1项。着力推动本科生升学能力提升,2023届推免生中直博生比例15.27%,同比增长4.4倍;2023届本科生升学145人(升学率首次突破50%)。学生积极参与学校赛事,获游泳比赛3金1银,女子团体总分第一,多项赛事前八的优异成绩;篮球联赛和足球联赛均入四强;辩论赛获得第二名;春季运动会获得女子团体第三名;啦啦操大赛获得冠军;学院学生会获评2023年优秀学生会;本科生于卓浩获得重庆大学五四奖章。

【科学研究】

2023 年,学院完成 CPS 教育部重点实验室信息技术科研楼场地建设,推进软件理论与技术重庆市重点实验室优化重组为大数据智能与隐私计算重庆市重点实验室,完成重庆大学智能超算平台建设方案,与曙光、昌飞等头部企业开展产学研合作。学院到账科研经费 5 068 万元,其中纵向经费 3 977 万元,横向经费 1 091 万元。立项科研项目 99 项,其中国家级项目 21 项。立项国家自然科学基金 9 项,其中国家优秀青年基金项目 1 项,面上项目 3 项,青年项目 5 项。千万级项目再获突破,立项国家级先进技术重大项目 2 项,经费共计 2 042 万元;国防科技创新超越工程(166 工程)2 项,经费共计 700 万元;教育部装备预研联合基金重点项目 1 项,经费 300 万元;国家优秀青年基金项目 1 项,经费 200 万元。学院发表论文 369 篇,其中 SCI 论文 273 篇(同比增长 41%,其中 *IEEE/ACM Transactions* 论文 103 篇)。授权发明专利 64 项,其中单项发明专利成果转化突破 100 万元。学院获 *IEEE Computational Intelligence Magazine* 杰出论文奖 1 项,获 CCF-A 类会议最佳论文奖 1 项,入选 2023 年世界互联网领先科技成果集 1 项,获中国南方电网公司科技进步奖一等奖 1 项,获中国公路学会科学技术奖二等奖 1 项,获第二十届电子信息技术学术年会优秀论文奖 1 项,获首届卓越工程师大赛优秀成果转化奖 1 项。

【合作交流】

2023 年,学院开展"全球前沿学科系列讲座"11 期,邀请计算机学科领军人物 12 位(含澳大利亚科学院院士 Albert Y.Zomaya,新加坡工程院院士 Yongxin Guo,欧洲科学院院士 Fausto Giunchiglia 以及多名 IEEE Fellow 等国际知名学者)。学院师生参加 CCF 推荐国际学术会议 70 余人次,组织澳大利亚莫纳什大学博士联合培养项目(已审核通过 2 名学生入院学习),派出 3+1、3+1+1 等联合培养项目 10 余人。

7 月 8 日,学院组织召开重庆大学重庆校友会计算机分会成立大会,成立重庆大学重庆校友会计算机分会。重庆大学原校长、重庆大学校友总会名誉会长吴中福出席会议并发表讲话,100 余位计算机相关行业的校友参加了活动。

12 月 16 日,学院联合承办 2023 年度 ACM 中国智能网络与可信计算高端学术论坛。该论坛由 ACM 中国理事会主办,出席论坛的有中国科学院院士冯登国、北京航空航天大学特聘教授、国家杰青李波,南京大学特聘教授、国家杰青、ACM SIGCOMM China 主席陈贵海,中国科学技术大学计算机科学技术学院执行院长、国家杰青、ACM Fellow 李向阳,湖南大学信息科学与工程学院院长、国家杰青唐卓,中科曙光智能计算产品事业部副总工程师孟庆春等。

(撰稿人:马　前)

自动化学院

【综述】

2023年,学院将筑牢科研团队作为核心工作,推进师生一体化党建、本硕博贯通式培养等系列多元化业务,打造"一核-多元"团队化建设体系,强化面向国家战略的有组织科研,开创学院发展新格局。学院控制科学与工程从2022年软科世界一流学科排名第47名提升到2023年的第39名,牵头交通运输工程学科从第76名提升到第23名,创历史新高,有组织团队化建设成效显著。

【党建引领思想,支部扎根团队】

2023年,学院党委坚持把党支部建在科研团队上,通过党建不断夯实团队发展的根基,充分发挥党支部的战斗堡垒作用,深入开展"党建+业务"主题党日活动380余次,落实党建与业务深度融合,推进党建"一融双高"。党委荣获年度重庆大学先进二级党组织称号,重庆大学年度毕业生就业工作、招生工作、新闻宣传工作、保密工作等先进集体称号,3个党支部被评为重庆大学先进党支部,10名党员被评为重庆大学优秀共产党员。

【打造特色团队,引育优质人才】

2023年,学院以国家重大需求为导向、以特色研究基础为着力点,以科研团队为主体组建了机器人与智能系统研究所、新能源与智慧系统研究所、系统智能与控制研究所、无线电能传输技术研究所、工业智能技术与系统研究所、智慧交通与智能控制研究所、智能感知决策控制研究所7个研究所和1个工程实践与创新中心。现有教职工98人,教授25人,副教授34人,国家级人才5人,2名教师入选科睿唯安"高被引科学家",1名教师入选中国科协青年人才托举计划。

【本硕博贯通式,提高培养质量】

2023年,学院统一部署全面开展基于工程科学的工程教育,积极参与国际认证评估和专业认证,完成自动化专业工程教育认证进校考察,学院专业建设再上一个台阶。积极推进一流课程建设,成功申报国家级一流课程1门,重庆市一流课程2门,重庆大学学科交叉课程1门。深入开展教学改革研究工作,获教育部产学合作协同育人项目2项,重庆市研究生教育课程思政示范项目1项,重庆市研究项目4项。

2023年,学院依托科研团队深化以"研究""创新""开放"为特征的本硕博贯通式人才培养模式,建成了4个重庆市研究生导师创新团队,设立了团队轮流承办研究生学术年会机制,学校认定优博率由73%提升至91%,获评重庆市优博、优硕各1篇,重庆大学优博1篇、优硕4篇,培养质量得到质的提升。依托团队重大科研项目,深化赛教、科教和产教融合"有组织"培养模式改革,将服务国家重大战略需求和解决"卡脖子"关键技术的"科研命题"作为"育人选题",成功申报2023年国家级大学生创新项目6项,重庆市创新项目14项。紧扣实践创新能力培养要求,推动赛事成果转化和产学研用紧密结合,获得源创杯军口赛事全国一等奖,第八届、第九届中国国际"互联网+"大学生创新创业大赛金奖及银奖等国家竞赛奖40余项。

【服务国家需求，筑建特色科研】

2023 年，学院以科研团队为主力军，紧跟智能控制理论国际前沿，积极服务国家探月工程、新一代人工智能重大战略需求，聚焦智能控制与自主无人系统、智慧交通与协同控制系统、航天系统安全控制与智能系统、无线电能传输技术与装备等共性问题与关键技术，与总参、总装、中国兵装、西昌卫星发射中心等企业深入开展产学研用合作，取得重大突破。牵头获批国家发改委重大科技项目、国家重点研发计划、国家自然科学基金等国家级项目 15 项，其中牵头获批 173 领域基金 5 项，达到历年最高；学院年度到账总经费达 10 487 万元，首次年度到账经费突破亿元，较 2022 年增长率超 40%。发表 SCI 论文 163 篇，其中中科院一区、二区期刊论文 123 篇，*Automatica* 及 *IEEE Transactions* 汇刊论文 66 篇。新获中国自动化学会科技进步奖一等奖、重庆市科技进步一等奖等省部级奖励/国家一级学会一等奖 8 项，获 IEEE Outstanding SMC Chapter Award、IEEE SMC Best Associate Award 国际性奖励 2 项。

【深入国际合作，提升学术影响】

2023 年，学院布局全球化有组织科研范式，深入推进国际合作，全面构建"国际科研平台-国际卓越期刊-高端学术会议"三维一体化学术合作交流网络。作为牵头单位，联合美国加州大学圣地亚哥分校、新加坡南洋理工大学等国际名校，获批教育部自主无人系统安全与控制国际合作联合实验室（学校第 3 个，近 10 年首个）。学院牵头创办的学术期刊 *Journal of Automation and Intelligence* 已出版 4 期，海外稿件占比 83%，IEEE Fellow 稿件占比 71%。学院教师担任人工智能领域顶级期刊 *IEEE Transactions on Neural Networks and Learning Systems* 主编（期刊影响因子 10.4），一名教师入选 IEEE SMC society 的 Board of governors（中国大陆唯一）。学院成功获得 2025 年中国控制会议的承办权（学校首次），主办第六届国际自主无人系统大会，邀请 IEEE SMC 学会主席 Sam Kwong、*IEEE Transactions on Cybernetics* 主编 Shi Peng 等 50 余位 IEEE Fellow 开展线下报告，显著提升了学校的国际知名度与学术影响力。

（撰稿人：田羽锋）

大数据与软件学院

【综述】

大数据与软件学院现有软件工程一级学科博士学位授权点，软件工程博士后科研工作流动站。学院下设软件工程系、数据科学系、智能科学系和教学实验中心。设有软件工程理论与计算、软件工程技术、软件服务工程、软件智能技术与安全测评等 4 个学科研究方向。另外，设有软件工程、人工智能和数据科学与大数据技术 3 个本科专业。

学院在职教职员工 63 人，其中管理岗位 10 人、教学科研岗位 44 人、辅导员岗位 5 人、实验室岗位 3 人、工勤岗位 1 人。

现有党支部 16 个,其中学生支部 12 个,教职工支部 4 个。现有党员 303 人,其中教职工党员 54 人(含院聘教工党员 2 人),学生党员 249 人。2023 年发展党员 71 人,转正预备党员 70 人。

现有全日制本科生 743 人。本科生共有 552 人获得各项奖助学金,其中,142 人获得国家奖助学金,53 人获得社会捐赠类奖助学金,357 人获得重庆大学综合奖学金。本科生共有 344 人获得各级先进荣誉称号,其中,获得重庆市先进个人和先进集体 15 项,329 人获得校级先进个人,获评年度十佳班级、十佳文明寝室各 1 个。

2023 年,招收学术博士生 12 人、工程博士生 9 人。全日制硕士研究生 104 人,其中学术型硕士生 27 人、专业学位硕士生 75 人、留学生(学术硕士生)2 人。

现有在读留学生 18 人(含硕士生 12 人、博士生 1 人、本科生 3 人、普通进修生 2 人)。拓展多种形式的国际合作交流渠道,完善师生出国出境交流资助政策,推进学术国际化交流与人才国际化培养。资助师生参加 ASE、AAAI、ACM MM 等人工智能、软件工程领域高水平国际学术会议 30 余人次,学院教师在 *ACM Computing Surveys*、*Journal of Systems and Software* 等国际学术期刊相关组织任职共计 5 人次。与新加坡国立大学、英国布里斯托大学等世界名校开展本硕联合教育培养,组织学生赴香港科技大学开展长期科研实习实训,推荐优秀学生参加国外合作院校组织的短期学习及文化交流。成功获得 2024 年亚太软件工程会议(APSEC 2024)的举办权。

【积极推进党建"一融双高"】

强化顶层设计,建立"一纵三横"党支部架构体系,实施学生党支部"党建双联系制"。引导学生将推动我国软件产业发展和技术创新作为使命追求,党建引领在育人实践中落地生根。

【搭建育人平台,高质量培养智能化人才】

"Web 开发技术"被认定为国家级一流本科课程。建设支撑大数据处理和人工智能计算的一体化实验教学平台,保障新增本科专业高标准开课。人工智能专业首届毕业生升学率达 80% 以上。创新"关键软件"领域课程设置,推动国家卓越硕博工程师专项计划进一步实施。加强研究生的规范化和标准化培养,获批重庆市研究生导师团队和重庆市研究生联合培养基地各 1 项。

【凝练学科特色,聚力内涵发展】

2023 年软科中国最好学科排名中,软件工程排名为全国第 12 名。全球计算机领域高校排名(CSRankings)中,软件工程排名为全国第 5 名。2023 年软件工程博士后流动站获批。

【加强师资队伍建设,人才引育成效显著】

新增国家级人才 1 人,新增"全球高被引科学家"1 人、"中国高被引学者"1 人,新增省部级人才 1 人,新引进教授 1 人、准聘副教授 1 人。

【持续推进有组织科研,强化科研项目牵引作用,高质量科研成果丰硕】

发表高水平论文 140 余篇,其中 JCR 一区论文 68 篇,占比达到年度总论文量的 50%。发明专利获授权

59 项，较 2022 年同比增长 195%。获批国家自然科学基金项目 5 项，其中面上 4 项。获批千万级国家重大工程重点项目立项 1 项。

【坚持立德树人，落实"时代新人铸魂"工程】

强化辅导员职业能力和软件工程学科素养，聚合优秀学生、青年教师、杰出校友育人力量，开展家校联合育人，构建"传帮带"和全生命周期学生育人体系，提升学生创新实践能力，塑造"有理想、敢担当、能吃苦、肯奋斗"的时代新人。学生就业质量连续多年位居学校前列，毕业去向落实率本科生为 93.43%，研究生为 100%，2023 年国内外升学率达到 55.9%。

（撰稿人：张晓兰）

医学部

【综述】

2023 年,在学校党委行政的领导下,医学部各项工作有序推进。对照学校总体工作部署与医学办学思路,学部继续加强基金申报指导,统筹医工融合项目管理,深化附属医院建设与指导,谋划新院区选址规划,拓展校内外调研,做好医学人才引育,筹办、参与学术会议,完善学术治理体系,为学校医学学科建设与发展提供有力支撑。

【谋划学部新院区选址】

高标准谋划学部新院区选址及建设工作,协调医学院、药学院、生物工程学院、生命科学学院,厘清学校大医学口师生规模现状及发展空间需求。参考西部(重庆)科学城规划要点,调研外省市国际医学中心建设情况,谋划承接重庆国际医学中心重大版块的规划、建设。完成《关于医学学科布局及校区功能优化的说明》《医学部新院区发展规划》等文件起草,协同建设部门完成学部新院区项目概念规划方案设计。组织召开医学部发展空间规划研讨会等 6 次专题会议,3 次赴高新区交流对接。

【校内外调研交流】

先后赴吉林大学白求恩医学部、四川大学华西医学中心等兄弟高校调研,接待浙江大学医学中心、华南理工大学医管办、西北大学医学部来校交流;赴附属涪陵医院、附属黔江医院等调研指导。

【科研工作指导】

1.国家自然科学基金申报指导

2023 年 1 月 3 日,召开医学部国家自然科学基金申报辅导会,组织 3 个学院及 7 家附属医院 200 余人参会;1 月 16 日,召开 2023 年国家自然科学基金申报工作推进会。3 月,组织专家对附属涪陵医院、附属江津医院、附属黔江医院、附属沙坪坝医院进行一对一专项指导。9 月 22 日,赴附属三峡医院召开 2024 年国家自然科学基金申报动员大会,并指导科研创新工作。12 月 6 日,组织专家赴附属黔江医院开展基金申报动员,并进行一对一指导。2023 年,学部共有 40 项国家自然科学基金项目获资助(包含重点项目 1 项)。

2.医工融合项目统筹管理

2023 年 9 月 27 日,组织开展 2021 年度医工融合立项项目结题评审。9 月 28 日,组织开展 2023 年度重点项目申报指南评审。10 月 24—26 日,组织专家对 2023 年度申报项目进行集中立项评审,立项重点项目 8 项、一般项目 18 项,总经费 850 万元。

3.其他科研工作

2023年6月14日,赴四川省遂宁市调研医工融合产业园建设情况;6月19日,组织专家赴附属涪陵医院召开医工科技工作研讨会;7月8日,赴海南博鳌国际医院调研指导再生医学研究中心建设,以及参加附属三峡医院博鳌国际医学部揭牌仪式。

4.科技专项评审与推荐

2023年4月,开展重庆市2023年度高校科技创新指南的遴选与报送工作;5月,完成四川省2024年度省院省校科技合作研发指南的征集与推荐工作;6月,组织开展2023年度市教委科学技术研究计划项目的推荐评审工作;7月,组织开展中国高校产学研创新基金-九强临床检验专项遴选评审工作;10—11月,组织各附属医院开展国家科技创新2030计划"癌症、心脑血管、呼吸和代谢性疾病防治研究"重大项目立项建议征集与规划申报。

【举办参与学术峰会】

2023年3月3日,组织参加太极集团首届科技创新大会暨新药创制高端论坛,并做大会主题发言。5月13日,主办2023重庆国际英才大会——首届三峡人才节·三峡"代谢与肿瘤"论坛。5月30日,组织参加成渝地区双城经济圈卫生健康一体化发展论坛,并做大会主题发言。6月17日,组织参加第二届中西医整合精准医学大会暨融创交叉医学创新论坛,承担论坛主持工作,并在院校长医学创新论坛做主题发言。10月20日,与工程科教战略研究中心共同筹办2023医工融合与医疗设备暨第三届智能肿瘤学大会。

【推进医学人才引育】

1.人才队伍建设

全年组织开展9次人才引进评审,审核材料61人次,完成教师聘期考核22人次。完成2023年度学部教师高级职称评审及推荐人选上报工作。

2.人才引进工作

完善宣传材料制作,加强在高校就业网站、微信公众号等媒介的推送力度;与国内一流高校对接,抓好国内知名医学院校毕业生招聘。先后5次组织学部各学院及附属医院赴北京大学、复旦大学、四川大学、吉林大学等高校召开医学人才专场招聘。

3.附属医院人力资源信息整合

继续完善附属医院人事数据信息的更新工作,现已建立完善的附属医院医疗系列专业技术人员数据库,涵盖7家医院4271名医护人员。对其中具有博士学位人员、有附属医院工作经历人员、承担大项目人员等进行筛选及数据分析,支撑学校医学学科建设及科研、教学工作开展。

【优化完善学术治理架构】

完成学部学术委员会换届工作,刘国祥为主任委员,蔡开勇、吴永忠为副主任委员。为适应学部单位组成的特殊性和附属医院的工作特点需求,新一届学术委员会下设学院组和医院组,学院组研究决策学院的学术事务,医院组研究决策医院的学术事务。

【党建工作】

以学部联合支部为依托,全年开展主题党日、组织生活会、支部大会等各项政治生活、学习活动 20 余次。

【其他工作】

以市医学会副会长席位为依托,参加市医学会各类会议,做好学会各项评议工作;做好社会组织与学术团体的换届工作,协调校内单位参与重庆市生物医药产业高质量发展联盟筹建工作。做好重庆市卫生健康事业高质量发展评审专家、卫生管理研究专业高级职称评审专家等推荐工作。

（撰稿人:黎博一）

医学院

【基本情况】

医学院下设学院办公室及 4 个公共平台:医学公共实验中心、神经智能研究中心、实验动物中心、基础医学实验教学中心。2023 年临床医学获批博士后科研流动站,已形成"本—硕—博—博士后"完整的人才培养体系。获批成立教育部科研平台"智能肿瘤学医药基础研究创新中心",《智能肿瘤学》正式创刊并入选 2023 年"中国科技期刊卓越行动计划"高起点新刊项目。拥有附属人民医院、附属肿瘤医院、附属三峡医院、附属中心医院、附属涪陵医院、附属江津医院、附属黔江医院、附属沙坪坝医院 8 家附属医院。

【队伍建设】

2023 年,学院有教职工 45 人,专任教师 33 人。新增国家级人才 1 人、国家级青年人才 1 人。新进教授、副教授 6 人、弘深青年教师 1 人、辅导员 1 人、实验技术岗 2 人。

【党建和思想政治工作】

2023 年 3 月,医学院直属党支部改建为医学院党总支。截至 2023 年底,党总支共有党员 93 人,新发展党员 3 人,按期转正党员 3 人,列为发展对象 7 人,确定为入党积极分子 67 人,转接党员 45 人。

持续深入开展习近平新时代中国特色社会主义思想主题教育学习,以专题读书班、专题党课、调查研究、检视问题、整改提升、专题民主生活会 6 项举措抓落实。开展主题教育动员大会、领导班子读书班、专题党课、主题党日活动、专题民主生活会、专题组织生活会、中心组学习等共计 23 次,开展调查研究 13 次,撰写调研报告 1 份、梳理问题任务清单 1 份,实现学院全体教职、党员理论学习全覆盖。

加强顶层设计,完善决策机制。修订、完善了《党总支委员会会议议事规则》《党政联席会议议事规则》《"三重一大"决策制度实施办法》等制度文件。认真执行"集体领导,民主集中,个别酝酿,会议决定"的决策原则。通过党总支委员会会议、党政联席会议落实学院有关党的建设、基础建设、师资队伍建设、人才培养等重要事项 33 件。

认真落实学校保密工作部署,发挥保密领导小组工作职能,履行涉密单位责任,全年未发生泄密事件。严格按照学校涉密人员管理规定,做好新增涉密和脱密人员的审查、培训、管理工作。扎实开展保密宣传和教育培训,在学校2023年保密宣传教育月中荣获"优秀组织单位"。

筑牢新闻宣传主阵地,讲好重大医学故事,获评学校2022年新闻宣传工作先进集体。

学生管理工作队伍进一步完善,学院新增党总支副书记、专职辅导员、本科生班主任岗位。加强高质量教育体系建设,落实立德树人根本任务,深入推进"三全育人"。

【教学工作】

1.本科教学

定位培养"临床医学科学家",探索新医科人才培养体系的"重大"模式。通过"早临床、多临床、反复临床"强化实践能力、本博贯通科研实践培育创新能力。狠抓课程体系建设,在本科课程体系建设中将医学数理化课程更改为工科数理化课程,融合工科的4门精品课程,并将大学英语课程更改为"可持续发展:构建人与自然命运共同体"以及"可持续发展:教育养德"两门难度和深度更高的课程。本年度成功获批1项重庆市本科教改项目。

2.研究生教学

本年度共招收全日制研究生97人。首届硕士毕业生在 *ACS Nano*、*Nano Letters*、*Advanced Functional Materials*、*Neuron* 等多个高水平自然指数期刊上发表学术成果。基础医学毕业生14人(占毕业生比例58%)赴陆军军医大学、兰州大学第一医院等高等院校、科研院所从事科研工作,10人(占毕业生比例42%)赴德国莱布尼茨神经生物研究所、香港科技大学等国内外重点高校升学攻博深造。临床医学毕业生21人(占毕业生比例70%)赴南方医科大学南方医院、西南医院、陆军特色医学中心等三甲医院从事临床工作,6人(占毕业生比例20%)赴香港科技大学、陆军军医大学等重点高校升学攻博深造。

【科研工作】

本年度国家自然基金获批率47%(面上项目5项,青年基金项目2项),较上年度33%获批率显著提升,且学院80%的教师已有在研国家级项目。2023年新增纵向项目17项,新增校级项目1项,科研经费共计919.4万元。此外,获批国家自然专项重点项目一项和科技部重点专项课题一项。发表SCI论文56篇,其中T2级论文4篇、A级论文37篇、B级论文10篇,A级以上高质量论文占比73%。

【学科与平台建设】

本年度学院临床医学获批博士后科研流动站,医学院临床医学一级学科已形成"本—硕—博—博士后"完整的人才培养体系布局。学院牵头申报的"智能肿瘤学医药基础研究创新中心"正式获批立项建设,实现了建院5年在教育部科研平台建设上取得突破。此外,由教育部主管、重庆大学主办、医学院和附属肿瘤医院联合创办的《智能肿瘤学》正式创刊,并入选2023年"中国科技期刊卓越行动计划"高起点新刊项目。

【对外交流与合作】

举办 2023 年海内外优秀青年学者论坛(医学分论坛),邀请来自美国、加拿大、瑞典、瑞士、中国香港等多个国家和地区的优秀青年学者参加线下论坛,为学院后续优秀青年人才引进提供了资源和储备。2023 年举办 5 期医学前沿大讲堂,邀请香港中文大学、美国宾夕法尼亚州立大学、美国杜兰大学等知名高校的教授学者来院做学术讲座。

【附属医院】

本年度相继完成附属沙坪坝医院揭牌活动、附属黔江医院授牌仪式、附属人民医院签约仪式。现拥有附属人民医院、附属肿瘤医院、附属三峡医院、附属中心医院、附属涪陵医院、附属江津医院、附属黔江医院、附属沙坪坝医院 8 家附属医院。

2023 年刊发《附属医院季度工作简报》3 期,以季刊形式展现附属医院建设情况,得到校领导与附属医院一致好评。牵头组织附属医院参加重大教职工篮球比赛,使附属医院职工进一步融入重庆大学,激发医院职工对学校的认同感。联合附属医院举办"消除宫颈癌"等科普活动,举办"我的大学,我的医院"系列活动之临床医学本科教学骨干师资培训班,提高临床师资教学水平,保障临床医学人才培养质量。

作为直属附属医院医药领域腐败问题集中整治工作专班的主要牵头单位,以持续净化附属医院政治生态和行业环境为目标,把开展对医药领域腐败问题和不正之风的集中整治工作作为头等政治任务。积极对接相关线索,聚焦工作重点,压实责任链条,推动医院健全自查自纠、监督管理、整改整治、协调联动机制,切实推动工作落到实处、取得实效。

(撰稿人:高泉涌)

药学院

【基本情况】

2023 年,药学院下设药物化学系,药理与药剂学系,药物分析、药物设计与天然药物学系,设有药学本科专业、药学一级学科硕士学位授权点、药学一级学科博士学位授权点,新增药学博士后科研流动站;现有肿瘤与病菌靶向新药创制教育部工程研究中心和重庆市天然产物合成与创新药物研究重点实验室。

【队伍建设】

学院现有教职工 50 人,专任教师 36 人,其中教授/研究员 16 人、副教授/副研究员 14 人,具有博士学位专任教师 36 人,具有海外经历教师 29 人。本年度新进准聘副教授 2 人,新增重庆市巴渝学者青年学者 1 人,新增第六批重庆市青年专家工作室 1 个。

【党建工作】

本年度发展党员 18 人,按学科方向、科研团队、系/科室等深度优化党支部设置,推进党建与业务融合新形势,教工党支部调整为 2 个,学生党支部优化为 6 个,按研究方向配齐教师担任学生党支部书记全覆盖,教师、行政教工支部配备副高级及以上职称支部书记。党委会会议、党政联席会议融入"第一议题"学习制度,推进党建与业务融合,建立学院文化育人体系,以新育人模式明确领导班子分工;实施"一品牌四体系"核心举措,成功申报校级"标杆院系"。完善职工小家建设,成功申报获批重庆市教科文卫体工会 2023 年度"先进职工小家"。

【教学工作】

1.本科教学

现有全日制本科生 168 人,获重庆大学 2023—2024 学年度"先进班集体"称号 1 次、第九届中国国际"互联网+"大学生创新创业大赛重庆市二等奖 1 项、第八届全国大学生生命科学竞赛三等奖 1 项、全国大学生生物医学工程创新设计竞赛二等奖 1 项、重庆市药学专业大学生实验技能竞赛一等奖 1 项;兰园七栋 632 室获重庆大学文明寝室;学院获 2023 年本科招生宣传工作二等奖、"互联网+"教改项目 1 项;结题课程思政专项项目 2 项、校级教改项目 4 项;获重庆大学第九届青年教师教学基本功比赛二等奖 1 项。

本科教学实验室承担 172 名本科生的实验教学任务,共计 20 368 人时数,开设专业实验课程 6 门,参与实验教学项目 41 项,支撑本科毕业设计及国家级大学生创新创业项目工作。

2.研究生教学

现有在读硕士生 205 人、博士生 63 人。2023 年招收学术硕士生 58 人、专业硕士生 33 人,招收学术型博士生 14 人、工程博士生 5 人,授位硕士生 54 人、博士生 14 人。获评重庆市优博 1 篇、优硕 1 篇,重庆大学优博 1 篇、优硕 1 篇;获市级研究生科研创新项目 3 项。

组织实地走访调研药企 20 余家(药明康德、新领先、福安、倍特等),新开发创新创业和就业实习基地 1 个(新领先);与 2 家企业签约合作设立"博腾未来星"奖学金(40 万元)和"指上学车自强"奖学金(5 万元);研究生就业率连续多年保持 100%,本科生升学率 63.04%。

【科研工作】

2023 年,学院新增科研项目 21 项,合同经费共计 939.15 万元,年度科研到款 735.63 万元,其中国家自然科学基金项目 3 项,合同金额 90 万元。发表 SCI 论文 71 篇(SCI 一区 43 篇、SCI 二区 17 篇)、专利获权 3 项。获中国化学会青年化学奖表彰 1 人次。

【对外交流与合作】

本年度邀请包括日本东北大学和 RWTH Aachen University 等外籍教授进行学术报告 8 人次;教师因公赴瑞士、新加坡参加国际学术会议 3 人次;企业在站博士后因公赴瑞士参加国际学术会议 2 人次;2 名博士生获学校"研究生国际学术会议基金"国外交流项目资助赴瑞士参加国际学术会议;研究生全球学术课程"药物发现前沿进展"获连续资助;2023 届毕业生中赴国外攻读硕士 2 人、赴国外攻读博士 3 人。

【学科与平台建设】

2023 年 4 月完成"肿瘤与病菌靶向新药创制教育部工程研究中心"建设计划可行性论证;5 月成功主办第三届全国 DNA 编码化合物库技术研讨会;11 月获批新设药学博士后科研流动站,为青年科技人才培养搭建新平台;12 月答辩通过"重庆市天然产物合成与创新药物研究重点实验室"优化重组。

学院动物房持续为校内相关学院提供动物实验服务,目前实验动物代养量约 4 000 只,涉及动物模型 10 余种、参与课题组项目 15 项、涉及相关 SCI 论文近 20 篇。积极开展对校内外单位的政策咨询和科研服务工作,协助完成本校科研项目申请与执行伦理审查 170 份,注重师生动物实验岗前培训,组织校内师生 100 余人参加实验动物资质培训、入室培训以及讲授"实验动物应用技术实验"课程。

大型仪器设备公共服务中心 2023 年服务测试样品 8 万余个,新增测样课题组 20 个,支撑申报科研项目 250 余项,支撑发表高水平文章 400 余篇;大仪中心教师开展课程教学 7 门,培养学生 365 人,开设仪器培训 75 期,培养学生仪器操作 375 人;获评校级"大型仪器设备管理优秀机组"7 台,年度考核获校级优秀。

【主办第三届全国 DNA 编码化合物库技术研讨会】

学院主办的"第三届全国 DNA 编码化合物库技术研讨会"于 5 月 12 日顺利召开,会议邀请全国知名专家作大会报告 13 人,师生代表 300 余人参加会议。

（撰稿人：蔡　慧）

生物工程学院

【基本情况】

2023 年,学院下设生物工程系、生物医学工程系、中心实验室及院办公室。学院拥有一级学科博士学位授权点和博士后流动站各 2 个(生物医学工程、生物学);一级学科硕士学位授权点 2 个(生物医学工程、生物与医药);在建重庆市"十四五"学术学位重点学科 2 个(生物医学工程、生物学),交叉学科 1 个(生物医药与健康工程);本科专业 3 个(生物医学工程、生物工程、智能医学工程)。学院拥有"生物流变科学与技术"教育部重点实验室、国家"111 计划""生物力学与组织修复工程"学科创新引智基地、血管植入物开发国家地方联合工程实验室、国家生物产业基地公共实验中心(重庆)、重庆市医疗电子技术中心、重庆市血液净化工程中心及校大型仪器设备院级公共服务平台。

【队伍建设】

2023 年,学院共有教职工 102 人,其中专任教师 81 人。新增国家级人才 3 人次、国家级青年人才 1 人、省部级 1 人,引进副教授 1 人、准聘副教授 3 人、弘深青年教师 1 人,新晋升教授 2 人、副教授 2 人。

【党建和思想政治工作】

截至 2023 年底,学院党员 529 人,党支部 18 个。本年度新发展党员 70 人,其中本科生党员 26 人,研究生党员 44 人。

1.教职工工作

全面推进落实巡视整改工作;以习近平新时代中国特色社会主义思想为指导,深入学习贯彻党的二十大精神;积极开展分党校培训及党员发展工作;严格落实"三会一课"制度,通过和企业共建活动,实现党的建设与校企发展良性互动;成立学院意识形态工作领导小组,加强师生思想政治教育;坚持党管人才,做好拟引人才的思想政治把关;积极落实纪委监督职责,推动学院廉洁文化建设;做好统战工作,团结党外人士。

2.本科及研究生工作

扎实推进时代新人铸魂工程,不断推进思政教育管理创新,学院学生工作年度考核为优秀。就业育人凝聚合力,不断提升学生就业质量,获评"五四"表彰优秀青年工作者 2 人、学校就业工作先进个人和华为奖教金各 1 人,学生获学校"远航奖" 4 人、国防奖学金 1 人,10%的 2023 届硕士研究生考取选调生。贯彻综合素质提升计划,学生培养成效显著。学生参加第八届全国大学生生物医学工程创新设计竞赛、第八届中国国际"互联网+"大学生创新创业等全国大赛获一等奖 11 项、二等奖和三等奖数十项。在学校争先创优中,2 名学生获评年度人物候选人,涌现出 1 个班集体标兵,1 个文明寝室标兵。8 名学生及 1 个实践团队获市级先进。积极稳妥处理危机事件 10 余起,有效维护学生身心健康和平安校园建设。

【教学工作】

1.本科教学

继续推进本科教学改革,获批教改项目市级重点 1 项、一般项目 2 项、校级 3 项;获批市级本科一流课程 2 门、校级仿真实验课程 1 门;获批生物工程专业核心课程群。学院教授受聘担任教育部智能医学工程专业"101 计划"筹备组"现代医用感知技术"课程建设责任专家。主编的生物医学工程教指委"十四五"规划教材《虚拟现实康复原理与应用设计》正式出版。稳步有序进行本科生日常培养及素质培养,获批第十七届国家级大学生创新训练计划项目立项 2 项、第八届重庆市大学生创新训练计划项目立项 5 项、第四届生物工程学院大学生科研训练计划立项 16 项,获评市级优秀毕业论文 1 篇。

2.研究生教学

2023 年招全日制硕士生 165 人、全日制博士生 34 人、工程博士生 21 人、留学生 7 人,共 176 名研究生顺利毕业。获重庆市优博 1 篇、优硕 1 篇,重庆大学优博 4 篇、优硕 2 篇。获批重庆市研究生教育课程思政示范项目 1 项、重庆大学研究生教育教学改革研究项目 2 项、重庆市研究生联合培养基地 1 项、重庆市研究生创新项目 11 项。主编的《生物医学传感与检测教学案例》研究生教材正式出版。研究生 3 人次参加重要国际学术会议并作报告。

【科研工作】

2023 年新增各类科研项目 58 项,合同经费 4 246 万元,到校经费 1 848 万元。其中科技部国家重点研发计划项目 1 项,国家自然科学基金委重点项目 1 项、面上/青年项目 9 项,合同经费 3 518 万元。获高等学校科学研究优秀成果奖自然科学奖二等奖 1 项、四川省科技进步奖一等奖 1 项、重庆市科学技术奖自然科学奖三等奖 1 项、河南省科技进步奖三等奖 1 项。全年共发表科研论文 278 篇,其中 SCI 收录的科研论文 256 篇,含 T2 级期刊论文 39 篇、JCR 一区 201 篇。部分研究成果在国际顶级期刊发表。新增授权发明专利 39 项、软件著作权 8 项。

【学科与平台建设】

重庆市"十四五"重点学科生物医学工程、生物医药与健康工程建设状况良好。根据国家和产业需求优化学科领域布局,高质量建设生物与医药专业博士学位授权点、生物医疗器械国家急需高层次人才培养专项、生物医药与高端医疗装备工程硕博士改革专项。申报学科交叉中心医工交叉分中心。ESI 学科成果贡献突出:生物医学工程学科的生物材料研究方向继续促进材料学和工程学的交叉研究(重庆大学材料学、工程学学科 ESI 全球前 1‰保持良好上升趋势)及理工医学科交叉研究,支持临床医学、分子生物学与遗传学、生物学/生物化学、药理学与毒理学、植物与动物科学、农业科学学科进入/保持 ESI 全球前 1%。

【对外交流与合作】

邀请国际知名专家学者开展生物医学工程全球前沿系列高端讲座 20 余人次,学院教师参加国际学术会议并作报告 10 人次,其中多名教授在多场国际学术会议上作主旨报告。学院多名教授负责国际个人健康设备标准委员会、联合国国际电信联盟国际标准项目、国际标准化组织国际标准项目工作及国际学术期刊客座编辑、编委工作。

【召开和承办会议情况】

成功承办 2023 中国生物医学工程创新设计竞赛、2023 中国生物材料大会,参赛参会高校 100 余所、代表 5 000 余人。

成功举办"生物医学工程实践教学联盟 2023 夏季研讨会"。

(撰稿人:刘晓红)

附属人民医院

【综述】

2023 年,重庆大学附属人民医院(以下简称"重大附属人民医院")在重庆市委、市政府、重庆大学、重庆市卫生健康委的正确领导和殷切关怀下,坚持"人民医院为人民",获批国家中西医协同旗舰医院建设试点单位,增挂重庆大学附属人民医院、重庆市医学科学院牌子,中山院区重装开诊,强化党建统领,凝聚人医力量,坚持医教研协同发展,在 2022 年度国家三级公立医院绩效考核中,排名提升 185 位次(与 2019 年相比),交出了一份满意答卷。

【党建工作】

医院在委属医疗机构党建考核排名中名列第一，"五项清单工作法"经验在全国公立医院党建专家论坛上被广泛交流；获批全市新时代"红岩先锋"变革型组织、重庆市卫生健康委法治医院建设试点单位；就主题教育工作成效在市级部门座谈会上交流发言，媒体集中采访便民服务举措；全年各大主流媒体报道共310篇，其中《人民日报》等中央媒体正面宣传报道12篇，市级重点媒体宣传报道15篇，1人次获评"中国好护士"；2023年上半年，医改宣传媒体报道数量和省级媒体报道数量在市级医疗机构中名列第一。按照市委巡视要求，保质保量完成各项工作内容；建立党建统领3项重点任务工作专班及办公室，深入开展"885"工作；启动清廉医院建设。

【医疗业务工作】

1.增强专科建设能力

老年病科获批国家临床重点专科建设项目，实现国家临床重点专科建设项目近3年每年获批一个的重大突破；临床护理专业获批重庆市临床重点专科；临床药学抗肿瘤专业获批重庆市临床药学重点专科建设项目；作为重庆市唯一的国家中西医协同旗舰医院建设试点单位，完成两江院本部门诊四楼中西医结合诊疗中心改造和中医科病房搬迁工作，举办重庆市人民医院·中西医协同旗舰医院第一届中西医结合创新发展论坛；获批建立重庆市慢性呼吸系统疾病防治中心。

2.提升质量管理水平

入选首批国家癌症中心规范化诊疗质量控制试点单位（肝胆胰腺外科、乳腺甲状腺外科）2个，入选国家卫生健康委医院管理研究所"临床营养科建设示范单位"称号；获批重庆市老年友善医疗机构，通过重庆市健康促进医院评审；顺利完成三甲复审工作。

3.聚焦手术安全管理

形成《医院手术分级管理目录2023版》，新增国家级限制类医疗技术两项（备案放射性粒子植入和ECMO技术），开展新技术评审。

4.完善医疗质量体系

推进医疗质控体系建设，完善医疗质量管理制度体系建设，规范科室质量考核体系建设，构建医疗质量培训体系，以"单病种、临床路径"为抓手，促进科室医疗质量管理，建立日间诊疗管理体系，大力开展日间手术、日间化疗。

5.优化医疗业务结构

2023年医院医疗服务收入（不含药品、耗材收入）占医疗收入比例56.65%；出院患者人次同比增长20%；平均住院日降低至7.9天，同比下降9.3%；出院患者手术人次同比增长16.6%。

【人才队伍工作】

1.引才工作取得突破

签约日本浜松医科大学神经外科博士,全职引进美国肯塔基大学医学院药学副教授,柔性引进前国际胰腺病协会、美国胰腺协会主席、现秘书长、迈阿密大学米勒医学院外科系萨鲁贾教授作为肝胆胰腺外科特聘客座教授;柔性引进国家老年疾病临床医学研究中心(华西)主任、国家科技重大专项负责人董碧蓉教授担任老年病科特聘客座教授;柔性引进"岐黄学者"方邦江教授担任中西医旗舰医院特聘教授;引进国家级人才郭应坤教授担任放射科特聘教授。赴外引才签订海外博士、博士后意向性协议4人。

2.人才结构日趋优化

出台"五个一"人才培养方案,完成首批"百名学科人才""百名管理人才"选拔,共计选拔百名学科人才23人,百名管理人才17人,投入人才培养经费2 700余万元;引进博士21人;全年进站博士后20人,获批中国博士后基金2人;新增市级创新领军人才1人,重庆市中青年医学高端人才4人,重庆市首席专家工作室1个。

【科研教学工作】

1.持续推进科技创新与国际发展合作

搭建一批科技创新平台,建立重庆市医学科学院组织构架,首次获批重庆市科普基地建设,加快推进中心实验室建设。攻克一批重要科研项目,获批省部级重点、重大项目6项及国家级课题3项。争取一批重大外事活动,与新加坡中央医院签订合作备忘录,接待日本广岛市医学代表团来访,获评"重庆市援外工作突出贡献集体"并记功。

2.教学管理不断精细

制定住院医师规范化培训《管理考核方案》《公共课程培训方案》《拟结业住院医师考前培训方案》,教学督导更精准落地。

3.教学工作卓有成效

获批国家卫生健康委外科基础技能提升项目省级培训基地,重庆市普通外科内镜诊疗技术、消化内镜诊疗技术临床应用规范化培训基地;举办2022年重庆市优秀基层卫生专业技术人才培训班;2023年住培结业考核通过率93.33%,同比提升24.58%;新招收硕士生26人、博士生6人,获批导师4人,完成重庆大学导师资格认定授权,全院卫生技术人员继续医学教育达标率95%。

【专项工作】

1.重大项目建设有序推进

二期项目建设工作顺利进行,积极争取三期用地,谋求科研教学空间;中山院区项目改造提前完工,于2023年11月重装开诊,打造全新的重庆市眼耳鼻咽喉科医院,形成"大专科、小综合"的战略布局;三院院区港天门诊2023年12月完成搬迁,优化门急诊功能设置;健康管理中心完成胃肠镜室改造,正在实施核磁共振及 CT 影像设备安装,体检项目设置更加完善,流程更加便捷。

2.DRG 支付改革成功落地

12 月正式启动 DRG 医保结算,完成了非试点单位 DRG 支付改革的弯道超车,CMI 从 1.04 上升到 1.12、费用消耗指数从 1.36 下降到 0.89(每 CMI 资源消耗从 1.6 万元降至 1.3 万元左右)、时间消耗指数从 1.12 下降到 0.91。

3.集中带量采购推进有力

制定管理办法,构建标准化管理流程,形成院内联动管理机制,有序推进药品及高值耗材集中带量采购工作,2023 年清算的三个批次药品集采分别取得 95 分、95 分、99 分的考核高分。

4.加强耗材管理取得实效

规范完成 8 000 余类医用耗材基础字典库梳理,统一使用医保三级目录、国家编码注册证作为耗材唯一码,全面实现医用耗材带码采购、带码使用、带码结算、带码监管;完成新进医用耗材试剂遴选 65 项,签订意向性购销协议 98 份;全年启动医院低值类耗材专项治理工作,重新遴选 360 项,节约成本近 1 000 万元。

5.提升招采规范透明度

引入信息平台,对医疗设备购置价格进行实时查询;针对主流品牌未参与的项目,增加电话邀约机制;全年组织召集"产品阳光推介会""招标采购会"43 场次,完成购置项目 313 项,节约资金 2 920.79 万元。

（撰稿人:高培茂）

附属肿瘤医院

【综述】

2023 年,医院业务收入 27.04 亿元,同比增长 5.80%;门急诊人次(不含体检)574 779 人次,同比减少 11.93%;出院病人 11 万(110 003)人次,同比增长 11.22%;住院手术台次 20 799 台,同比增长 19.19%;三四级手术台次 17 391 台,同比增长 26.31%;平均住院日 6.46 天,同比下降 0.79 天。出院者平均医药费同比下降 4.98%;药占比同比下降 2.21%。

【党建工作】

1.强化政治意识

党委会严格落实"第一议题"制度,执行党委领导下的院长负责制,以"两个主动""三个必须"加强党委书记、院长沟通协调机制。

2.坚持从严治党

医院扎实推进党风廉政建设,常态化开展依法执业培训,定期专题研究意识形态和保密工作,纵深推进腐败专项集中整治工作,持续推动巡视巡察整改落实。

3.强化组织建设

以"五大行动"为载体,不断完善支部标准化建设内涵,积极推进变革型组织试点创建。荣获"重庆市五一劳动奖状",血液肿瘤中心获批全国教科文卫体系统模范职工小家;头颈肿瘤科荣获"第21届全国青年文明号"称号,医院青年及集体荣获重庆大学"两红两优"奖项55个。

【医疗质量】

1.巩固基础医疗质量

对标新等级医院评审标准,改进考核方式方法,落实手术质量安全提升行动方案。2023年手术并发症发生率同比下降0.29%。推进VTE防治能力建设,2023年住院病人风险评估率93.87%,成功通过全国中心认证,获评全国血栓防治中心优秀单位。

2.提升专项服务能力

大力提升主治疗患者占比、积极推进日间诊疗,日间诊疗例数同比增长24.12%。

3.强化医疗救治能力

建设"三位一体"急危重症救治体系,推进青年肿瘤专科医师培训工程,搭建院级急危重症紧急救治平台,缩短肿瘤患者急危重症识别到救治的时间。

4.打造特色医疗技术

2023年新增多发性骨髓瘤、甲状腺恶性肿瘤、神经内分泌肿瘤3个诊疗小组,增立新技术新项目34项。

5.发挥癌症中心职能

获批设立国家癌症中心9个规范诊疗质量控制试点单位。获批"深部热疗""肿瘤消融治疗"2项限制类医疗技术临床应用规范化培训基地。拓展重肿云健康平台建设,实现5G远程指导的心电、超声、手术等新应用,2023年新增开展远程诊疗业务医院7家,业务量较同期上升31%。

【科研工作】

1.学科发展再上新台阶

医院获批建设重庆市癌症防治中心。肿瘤放射治疗科获评国家临床重点专科,药学部获评重庆市临床药学(抗感染)重点专科,中医肿瘤治疗中心获批中西医协同"旗舰"科室建设项目。成功获批建设(教育部)智能肿瘤学医药基础研究创新中心。

2.科研成果攀上新高峰

2023年立项科研项目207项,其中含国家自然科学基金项目9项,科技部国合司2023年度发展中国家技术培训班项目1项(首次获批),省部级项目47项。以第一作者/通讯作者(均含共同)发表SCI论文153篇(影响因子累计达866.811,平均IF 5.67,单篇最高IF 51.1);牵头编写著作21部,指南共识5部;获得专利授权63项,其中发明专利33项。获2022年重庆市科技进步奖一等奖1项、全球卓越工程师大赛揭榜攻坚赛金奖1项,获第八届重庆市十佳科技青年奖1项。

3.学术影响呈新水平

《智能肿瘤学杂志》入选2023年度"中国科技期刊卓越行动计划"高起点新刊项目。《中国药房》杂志入选"第6届中国精品科技期刊",影响力指数(CI)在全国67种药学学术期刊中排位第一。

【教学工作】

1.院校教育序列持续完善

现有博导20人、硕导74人,获批市级研究生导师团队。推进教学改革,新设立院级教学项目,获批市级、校级教研教改课题4项。

2.住培教学质量不断提升

内科、外科、影像科通过国家级住培专业基地市级初审。

3.创新开展专科人才培养

全年接收进修人员120人次,其中中级以上70人次。开展国家级15项、市级58项继教项目,线下参与达1.2万人次。

【医院管理】

1.持续优化管理创新

深化融合发展共同体工作内涵,不断健全质量管理体系。常态开展管理培训、英语培训、科研培训,积极组织案例申报。组织参加中国医院管理案例比赛,获奖8项;参加第八季改善医疗服务行动全国医院擂台赛,获奖4项。组织专家开展高质量管理讲坛。

2.创新人事人才工作

加大高层次人才吸引力度,拓展自主招聘渠道,领航人才计划成功签约国家级人才3人。

3.加强医院运营管理

持续推进DRG付费改革工作,提升降本节流效果。2023年执行预算金额16 527.44万元,资金平均节约率达17.57%。

4.优化医院发展方式

坚持以"五新一全"为指引,以"国考"标准为导向,突出临床服务能力的中心地位。

【基础建设】

1.推进智慧医院建设

推进医院无纸化建设,无纸化率达80%。强化"互联网+医疗"服务,深化安防智能化建设。持续开展"后美丽医院"建设。

2.加强装备物资管理

完成质子治疗系统技术论证、招标工作,签订重离子治疗系统合作协议。

3.加快科学城(金凤)院区建设

科学城(金凤)院区目前已完成综合楼地下室主体结构,放疗中心住院楼主体结构部分封顶,住院楼主体结构完成80%,门诊楼主体结构部分封顶。

【公益事业】

1.践行健康中国战略

肿防体系建设经验在国家卫生健康委新闻发布会上获得重点推介。获评重庆市优秀科普共建基地。医院"H28治愈星球儿童肿瘤关爱项目"获评2022年度全国学雷锋志愿服务"四个100"最佳志愿服务项目。

2.开展乡村振兴帮扶

全年消费帮扶实现53.09万元,超额完成112.36%。

3.开展援藏援外工作

积极参与第10批医疗人才"组团式"援藏、第12批中国医疗队援巴新工作,荣获全市援外医疗工作突出贡献集体称号。

(撰稿人:吴 静)

附属三峡医院

【综述】

2023年,附属三峡医院围绕"落实八项行动促高质发展,推进一体管理强医防融合"的年度核心主题,踔厉奋发、勇毅前行,年线下门诊诊疗265.43万人次,年互联网医院诊疗43.45万人次(累计问诊量突破100万人次、位居全市第1位),年出院12.73万人次,年手术6.36万台次。三级公立医院绩效考核排名全国第195位(其中CMI值排名全国第131位、科研经费总额排名全国第174位、四级手术人数排名全国第160位)、国家监测指标等级为A,综合实力跻身艾力彼全国省单医院100强第4位,23个专科入围省单综合医院专科排行榜30强。医院获批立项国家自然科学基金项目7项,新增国家临床重点专科建设项目1个、国家新生儿保健特色专科1个、重庆市临床重点专科建设项目2个,牵头编写了中国首部中线(NUT癌)诊断与治疗专家共识,建成全国首个肿瘤早期诊治中心,是重庆首家通过电子病历系统功能应用水平分级评价5级的医疗机构。"道地药材质量评价与鉴定技术创新中心"成为重庆市技术创新中心。在全市"三基三严"大比武中斩获医师组、护士组双料第一。

【党建工作】

通过制定实施方案、召开理论中心组学习、举办读书班、做好调查研究及成果转化、开好专题民主生活会等多样化举措,确保学习贯彻习近平新时代中国特色社会主义思想主题教育全覆盖、落到底、不走样、有成效。接受万州区委第七巡察组常规巡察。召开中国共产党重庆大学附属三峡医院第一次党员代表大会。

持续加强基层党建,院党委和放射科党支部被纳入重庆市公立医院党建示范医院建设双试点单位。创新出台"院考 50 条",对院管干部实施精准考核。成立医院宣传思想工作领导小组,全面筑牢意识形态主阵地。

【发展布局】

创新推出"1+4"战略布局("1"即党建统领总号角,"4"即医疗服务主战场、科技创新制高点、主动健康第一线、康养结合新阵地),激发卫生健康新质生产力。抢占大健康产业"新蓝海",在海南博鳌乐城国际医疗旅游先行区开设博鳌国际医学部,康养中心大力探索医护宁康养训深度融合新模式。加快区域医疗资源扩容和均衡布局,三峡国际健康城三峡医学中心项目一期工程门诊楼、医技楼顺利封顶,省级区域医疗中心(重庆三峡心脑疾病中心项目)超进度完成投资计划,医疗集团成员单位增至 23 家。

【人才引育】

深化人才发展体制机制改革,医院成为重庆海智工作站,实行人员总量管理,落实校院"人才双聘制",搭建人才一站式服务平台,为各类人才营造大有可为的环境。加快形成高层次人才、首席专家、青年骨干、新职工等雁阵格局,全年柔性引进国家级人才 1 人,引培省部级人才 6 人、厅局级人才 34 人、首席专家 2 人、博士研究生 28 人,创建区级专家服务团 1 个,1 名职工喜获 2023 年第四批重庆市高层次人才第二类认定,国家级博士后科研工作站新增入站 9 人、出站 6 人、中期考核 11 人。截至 2023 年底,共有国家级人才 2 人、省部级人才 8 人、厅局级人才 50 人、博士后 44 人、博士 125 人。

【学科建设】

开展"破壁"专项行动,打造以优势学科和重点扶持学科为主体、相关学科共同参与的"1+N"专科群,首批建成乳腺中心、内分泌代谢科/甲状腺中心、创伤中心。医院顺利通过全国慢性气道疾病规范化管理建设项目、国家级间质性肺疾病规范诊疗体系建设项目 ILD 规范诊疗中心、中国房颤中心评审认证和国家胸痛中心再认证,成为重庆市疼痛综合管理试点医院、区县级创伤中心建设示范单位等,承办的第八届中国临床合理用药大会反响良好。

【科学研究】

健全科技创新全链条平台,完成医学数据中心建设和实验动物房扩建,提升临床研究中心、转化医学研究中心、医学病理中心等战略地位。全年累计获批纵向科研项目立项 90 项、财政经费 793 万元;完成科研项目结题 45 项,其中国家级 1 项、省部级 20 项;发表学术论文 218 篇,其中 SCI 73 篇;获批国家专利 24 项;编写专著教材 35 部;参编国家级临床指南、专家共识 10 项;荣获中国发明协会 2023 年发明创业奖创新奖一等奖 1 项。

【医学教育】

厚实院校教育的根底,新增博导 1 人、硕导 8 人,3 人获得高校教师资格认定,12 名硕士研究生顺利毕业;助力学校医学院申报临床医学专业硕士学位授权点,做好临床医学本科专业整合课程授课准备;接收培养医学院校实习生临床实践锻炼 630 人,获批中华医学会教改课题 1 项。毕业后医学教育推进有序,招收住院医师规范化培训学员 74 人,报考比 257%。继续医学教育出新出彩,获批国家级继教项目 7 项、备案项目 2 项及市级继教项目 70 项;招收规范化培训学员 139 人、全科转岗学员 26 人,接收基层医疗机构进修人员 215 人。

【健康服务】

把纵深推进医药领域腐败问题集中整治作为当前的重要政治任务,营造风清气正的行业环境。将全面提升医疗质量行动、改善护理服务行动、改善就医感受提升患者体验纳入重要日程,率先在全市推出"先诊疗,后付费"信用就医服务,"三峡健康家园"惠及群众 15 万人次,全天候门诊假日不间断、周末有专家、院区全覆盖,肿瘤中心、肾病学科、神经内科铁峰山病区运行平稳有序,积极打造医疗 3D 打印临床应用及创新研究中心,品质服务、优质护理、健康科普等工作赢得群众口碑。

(撰稿人:刘　洋)

附属中心医院

【综述】

2023 年,附属中心医院在学校、市卫生健康委的坚强领导与关心支持下,以深入推进高质量发展为主线,强优势、树品牌、稳发展,顺利完成年度目标任务,交出了合格答卷。

【深化党建引领】

1.发挥党委领导作用

开展党委理论学习中心组(扩大)学习会议 13 次。抓实主题教育,完成 10 项调研课题成果转化,调研报告《数字赋能助力医院高质量发展》被市卫生健康委党委评为优秀。

2.规范干部队伍建设

高质量开展"浙江大学中层干部专题培训班"2 期,创新开展"书记有约"党建课堂 13 期。1 名干部获评"重庆市担当作为好干部"。

3.提升基层党建质量

制定《"党建一张网"建设方案》,开展党支部联建 48 次、优秀主题党日展播 18 期 84 次。新创建市卫生健康委党委示范党支部 3 个,发展党员 8 人。

4.推动党风廉政建设

参观学习重庆市党风廉政教育基地。成立医药领域腐败问题集中整治工作专班。拍摄《心手相"廉","手"住底线》微视频,获评"市直机关新时代廉洁文化微视频作品征集评选活动"三等奖。

5.凝聚党政工团合力

荣获全国五四红旗团委、二星级全国青年文明号、重庆市"5 个 100"示范性团组织等荣誉,连续 4 年荣获卫生健康系统工作考核特等评价。

6.加强对口帮扶

开展健康帮扶活动,对口支援、组团式援藏等工作取得较好成绩。

7.做好宣传文化工作

医院作为主要合作单位全方位参与的大型院前急救纪录片《中国救护》拍摄并上映。与媒体共同策划《不健不散》《健康巴渝中国行》等节目 30 余期,推出新闻报道 250 余篇。

【加强医疗服务】

1.提升医疗服务能力

实施床位使用率、平均住院日、耗占比等重点指标管理"赛马比拼"专项活动。开展新技术(项目)129项。全面推行"六步爱心沟通法""ISBAR 医护交班模式",实施优护项目 63 项。建立影像人工智能平台,成功入选 2023 年中国医疗人工智能事件典型案例。构建"呼叫即就诊,上车即入院"智慧急救大平台创新急救患者救治新模式,入选 2023 年度全市卫生健康系统最佳实践案例。

2.强化全院质控管理

全年召开医院质量与安全管理委员会会议 2 次,报告不良事件 164 例。参加第七季中国医院管理奖管理实践类案例评选并荣获"区域优胜奖"。

3.做好感控督导工作

开展感控知识技能培训考核 16 场次达 5 337 人次。率先使用"重庆智慧疾控云平台"。获批重庆市"健康促进医院"。

【强化学科内涵】

1.教学质量不断攀升

新增硕导 6 人、博导 2 人。招收硕士、博士研究生 22 人。完成首届硕士研究生学位论文答辩及授位工作。完成"重庆市住培精品课程建设基地"项目建设。获批重庆市护理学会创伤专科护士培训基地。举办国家级继教 13 项、市级继教 113 项。

2.人才队伍持续优化

引进学术技术带头人、临床高技能业务骨干 13 人。制定实施"三鹰人才培养计划",选拔 36 名"三鹰人才"。

3.学科建设驰而不息

医院成功入选国家紧急医学救援基地第二批项目储备库,心血管内科、普外科分获国家卫健委能力建设和继续教育中心首批国家心律失常诊疗建设中心、国家外周血管介入建设中心。新增临床重点专科等市级平台 9 个。获批国家自然科学基金项目 3 项。获得国家级学术团体科学技术一等奖 1 项。联合华西医院启动"成渝双城急救圈急诊急救能力提升项目"。

【落实医改政策】

1.改革落实掷地有声

在全市率先试点推进电子处方流转工作,落实职工医保门诊共济保障改革工作,上线医保移动支付,实现工伤联网结算。

2.数字健康全面赋能

初步完成医院"双院区一体化"信息化建设方案编制。探索建设颅脑创伤、冠心病等专病种数据库。完成电子病历、传染病等数据上传,实现检验检查结果互认。

3.外联工作创新推进

牵头成立高质量发展医疗联盟,首批与6家医疗机构签订合作协议。新增合作单位40个。开展"惠民生健康基层行"义诊活动21次。

【履行公卫职责】

1.急救履职担使命

全年120接警量达503 417次,调派出车164 311次。制定重庆市院前急救质控指标(2023年版)和重庆市院前急救能力评估指标。开展"智慧急救基层行"活动。培训川渝两地院前急救基层骨干150余人次。

2.应急救援保落实

承办四川-重庆卫生应急队伍联合演练,举行全市背囊化卫生应急快速小分队紧急医学救援模块考核性演练。参与6次突发事件紧急医学救援应急处置任务,完成航空医疗救援任务1次,救治伤员100余人次。

3.技能培训强基础

全年开展技能培训229期。出版公众科普类读本《气道异物梗阻急救篇》,组织科普志愿服务近150场,全年科普教育基地接待参观体验2 000余人。

【加强综合治理】

1.强化内部管理

组织开展临床科室运营管理培训13期。合理购置医疗设备596台(套)共计1.03亿元。

2.深化对外合作

牵头完成第13批援巴新医疗队整建制派遣工作。续签重庆中法应急与灾难医学合作中心协议。特聘2名美国南加州大学洛杉矶总医院知名专家为名誉教授。

3.夯实后勤保障

推行安全生产"两单两卡",整改安全隐患219处。上线保修"急速办"一键派单式服务。推进节能减排工作,全年综合总能耗同比下降7.2%。

4.推进项目建设

科学城院区建设项目(一期)工程主体结构成功封顶,项目(二期)立项及可行性研究报告已获批。

(撰稿人:谭　创)

附属涪陵医院

【综述】

医院坚持以习近平新时代中国特色社会主义思想为指导,深入学习贯彻党的二十大精神,坚持和落实党委领导下的院长负责制,以人民健康为中心,大力实施医院"1225"发展战略、"十四五"发展规划,圆满完成医教研各项工作。2022 年三级公立医院绩效考核成绩在全国 1 415 家医院当中排第 391 位、重庆市第七。公立医院 2022 年经济运行指标考核成绩居全市第一。

【改革发展】

高新区院区一期于 2023 年 5 月 31 日正式投用,运行态势良好。荣获 2023 年健康中国发展大会公立医院高质量发展"优秀案例奖",《健康中国观察杂志》"健康中国　医者先行"样板医院,2023"谁与争锋"急诊绿色通道救护典型案例获全国二等奖、重庆市一等奖,重庆市五一劳动奖。成功创建重庆市互联网医院、重庆市老年友善医疗机构、重庆市首家生育健康指导示范医院、重庆市残疾儿童康复救助定点服务机构、重庆市呼吸道传染病质控中心工作先进单位。

【业务指标】

2023 年门急诊服务 162.88 万人次,同比增长 5.45%;出院患者 7.4 万人次,同比增长 18.5%;完成手术 1.63 万人次,同比增长 10.99%;区外出院患者 1.76 万人次,同比增长 23.7%;健康体检 4.36 万人次,同比增长 25.34%;完成了 120 院前急救 5 526 车次,接诊 4 063 人次;抢救危重患者 1.06 万人次,抢救成功率99.08%;参与大型事故医疗救援 42 起,救护 172 人次;总收入同比增长 8.42%。

【服务能力】

胸痛中心急性 ST 段抬高型心肌梗死再灌注率高达 97.9%,门-导丝通过时间控制在 80 分钟以内,开展全胸腔镜体外循环心脏手术 6 例。卒中中心 AIS 静脉溶栓 310 例,DNT 中位数 29 分钟,AIS 介入再通 61 例,开展 CAS 18 例,居重庆前列。建立创伤中心 MDT 诊疗模式,救治及时性和有效性明显提高,顺利通过重庆市创伤医学医疗质量控制中心 2023 年区县级创伤中心现场检查。危重孕产妇和危重新生儿救治能力进一步增强,危重孕产妇救治成功率100%,成功救治多例极低出生体重儿,新生儿死亡率明显优于国家标准,荣获重庆市 2023 年区县"危重新生儿救治中心"优秀单位。成功获批儿童保健标准化门诊 2A 单位。心脏康复案例获第八季改善医疗服务行动全国医院擂台赛铜奖、获重庆市老年痴呆协会护理个案比赛一等奖。

【医疗技术】

推进了面肌痉挛微血管减压术、减重代谢术、双腔血液透析滤过术、机器人辅助下前列腺癌根治性切除术等 20 余项高新技术研究。投用渝东首台 PET/CT,为肿瘤早发现早诊断提供支撑。开展夫精人工授精技术 60 例,填补渝东地区空白。超声内镜技术展示荣获第四届中国介入性 EUS 视频大赛全国总决赛第二名。出院患者手术占比 22.08%、同比增加 1 619 人,四级手术占比 14.35%、同比增加 242 人,微创手术占比 19.18%、同比增加 462 人,手术并发症发生率 0.39%,同比下降 40%。

【教学工作】

承办医学院第八次教学工作例会,3 人通过高校教师资格考试,开展首届临床医学专业本科生早期接触临床课医技科室课。2 名带教老师荣获医学院首届青年教师教学基本功比赛优胜奖。获批重庆市住培精品课程试点基地,完成精品课程录制等 9 课时。在 16 个国家级住培专业基地全面推行住培责任导师制,新聘任住培导师 164 人,住培结业考核通过率 92.75%,连续 6 年优于重庆市平均水平。新增重庆大学兼职硕导 1 人、锦州医科大学兼职硕导 14 人,兼职硕导增至 35 人,联合培养硕士研究生 7 人、新招生 11 人。

【科研工作】

获批科研项目 77 项,其中与重庆大学生物工程学院、计算机学院、电气学院联合开展医工融合项目 4 项,获批市自然科学基金博士后科研项目 2 项、市科技局科技传播与普及项目 1 项、新增国家药物临床试验 5 项,科研经费 679.48 万元,同比增长 18.28%。发表高质量论文 45 篇,科技核心及以上中文论文 25 篇,SCI 收录 20 篇(总影响因子达 113.1 分),参编专家共识 3 项、专著 5 部,论文质量持续提高。医院作为专利权人获知识产权 12 项,其中发明 1 项、实用新型 10 项、软件著作权 1 项。消化内科项目获中国生产力促进奖(创新发展)二等奖。

【学科建设】

获批建设国家血液灌流规范化诊疗卓越中心、全国"血栓防治中心"(重庆市共 3 家)、国家心血管病中心生活方式医学联盟示范中心(全国共 8 家)、国家疼痛综合管理试点医院等。药学抗凝专业、消化内科、心血管内科和内分泌科均获批重庆市临床重点专科建设科室,呼吸与危重症医学科获批重庆市公共卫生重点专科(学科)建设科室,配套学科建设专账经费 174 万元。顺利通过重庆市卫生适宜技术应用示范基地验收。

【医疗改革】

DRG 付费方式结算正式实施,《疾病诊断相关分组临床路径数据模型算法构建研究》获批国家卫生健康委医院管理研究所科研项目(重庆市唯一)。严格执行集采政策,全年采购集采药品 8 077.26 万元,同比增长 8.48%;采购国谈药品 7 881.87 万元,同比增长 11.50%;采购基药 13 843.74 万元,占药品采购金额的 31.05%,累计获药品结余留用奖励 711.75 万元。"应用 PDCA 降低儿科抗菌药物使用率和使用强度"项目荣获国家儿科及小儿外科专业质控工作改进目标全国总决赛铜奖。带量采购医用耗材 2 546.44 万元,同比增长 106.73%,投用医用耗材(含试剂)供应链智能化管理项目(SPD),实现对医用耗材、高值耗材的精细化管理。积极推进分级诊疗工作,基层医疗机构上转同比增长 23.27%,转回基层医疗机构同比增长 0.85%。

【对外合作】

与北京大学肿瘤医院、四川省肿瘤医院建立医疗合作关系,完成华西医院远程会诊 30 例、北京大学肿瘤医院远程会诊 75 例。圆满执行驻点帮扶武隆区人民医院、"区聘乡用"等任务。新增 1 家医联体成员单位和 5 家医共体成员单位,并加挂崇义分院、蔺市分院牌匾。

(撰稿人:王柏桉)

附属江津医院

【综述】

2023年，医院在区委、区政府、重庆大学的领导下，深学笃用习近平新时代中国特色社会主义思想和党的二十大精神，坚持党委领导下的院长负责制，聚焦医疗救治主责主业，以提升群众看病就医获得感为主线，以推进医、教、研深度融合为抓手，高质量发展迈上新台阶、取得新成效。

【更加注重党建统领】

1.抓学习、强思想，全面提升政治引领力

构建"1+3"分级分类学习体系，常态化开展好集中学习、个人自学、领导带学、线上导学、活动促学5个维度的学习。开展"追寻红色足迹 传承革命精神"活动；搭建党员培训教育学习平台，实现党员学习教育线上线下"齐步走"。组织"学习新思想、建设新重庆、强国伴我行"知识竞赛。打造"津医大讲堂"学习品牌，组建"白大褂"宣讲队进科室、进病房、进学校、进社区开展宣讲60余场。开展"党课开讲啦"微宣讲比赛，录制微党课8期。

2.抓班子、强队伍，全面提升组织战斗力

以"五抓五强"和"赛马比拼"为抓手，打造新时代"红岩先锋"变革型组织试点。构建"党委—支部—科室"三级网格指挥体系，设立一级网格1个、二级微网格42个、三级微网格66个，将党建、医护服务等纳入网格治理范畴。制定《党支部参与科室重大问题决策管理办法》，明确支部参与科室管理12方面决策权力。

3.抓宣传、强载体，全面提升品牌影响力

新设视频号、抖音号，开办《津医华龙好医"声"》《津医面对面》大型健康科普直播栏目，累计发布视频152条，开展直播16场。开展"锦旗背后""清廉医院"等主题宣传；全年被中央、市级、区级等媒体报道600余次。

【"国考"排名再创新高】

在2022年国家三级公立医院绩效考核中，医院得750.2分，在全国2 112家三级公立医院中位列第325名，较上年提升164位，首次进入B++序列，得分和排名均创新高。

【医疗主业全面完成】

累计诊疗患者95.08万人次（不含健康体检50 763人次）；门急诊患者84.6万人次（不含核酸与健康体检）。其中，门诊患者75.6万人次，急诊诊疗患者9万人次，同比增长3.54%；出院6.7万人次，同比增长19.53%；手术1.7万余人次，同比增长16.87%；抢救危重病人2 276人次，同比增长28.44%，抢救成功率93.80%；人均科研经费11 984.62元。总收入11.3亿元，同比增长9.07%；医疗业务收入10.47亿元，同比增长9.13%。

【科研成果再获突破】

立项各级科研项目 45 项,其中国家自然科学基金项目 1 项、省部级项目 8 项(重点项目 1 项);获得各项科研经费 887 万元;博士后科研工作站入站博士 2 人;首次推出院级科研培育项目 17 项。青年医师温跃桃申报的《TBC1D3 核转位抑制 G9a 活性促进 CA9 的表达进而酸化神经元在癫痫中的作用机制研究》成功获批国家自然科学基金青年科学基金项目,实现国家自然科学基金项目零的突破。3 项发明专利成果成功转化,合同金额 943 万元,实现科研成果转化零的突破。

【学科发展有声有色】

新设肺结节多学科门诊、药学门诊、造口护理门诊、核医学科、血管外科等,睡眠-心理医学中心正式开诊。成功入选国家疼痛综合管理试点医院、中国肺癌防治联盟肺结节诊治分中心、国家卫生健康委能力建设和继续教育外周血管介入建设中心、国家卫生健康委医院管理研究所脑出血外科诊疗基地。普外科获批全国首批"规范化外科营养诊疗示范病房",临床药学抗感染药物获批重庆市临床药学重点专科建设项目,眼科获批重庆市公共卫生重点专科(学科)建设培育项目,创伤中心正式获得重庆市区县级创伤中心授牌。至此,医院成功完成胸痛、卒中、创伤"三大中心"建设。开展达芬奇手术机器人手术、全飞秒激光屈光手术等新业务新技术 132 项,填补了江津医疗技术多项"空白"。

【教学工作稳步推进】

稳步推进教学工作,招收硕士研究生 3 人、顺利毕业 1 人;继续教育国家级立项 1 项、市级立项 166 项,达标率首次达到 100%,住培医师执医考试首次通过率 84.6%;成功申报重庆市公共卫生医师规范化培训基地;8 个国家住培专业基地通过市级评审;教育教学研究项目立项 30 项,创下历年之最;高质量完成重庆大学首届、第二届临床医学本科生"早期接触临床课"。

【人才队伍提质增效】

1.加强人才引进

全年共引进 6 名高层次人才,其中全职引进博士 5 人、营养科学科带头人 1 人,柔性引进专家人才 3 人。医院高层次人才引进项目获评"江津区精品人才项目"。

2.重视人才培养

制定了《人事管理办法》《中层干部管理办法》,修订了《重要岗位中层干部和重要岗位工作人员交流办法》等制度,落实行政后勤定岗定编,以制度盘活现有人才资源。积极推动人才深造,3 人参加专家人才研修班、130 余人参加管理技能培训、55 人赴邵逸夫医院短期培训,培养第五批后备人才 14 人。选拔任用中层干部 15 人,晋升高级职称 22 人。

【重点项目顺利完成】

科研教学及规培基地综合楼工程顺利完工并通过竣工验收,项目投用后将彻底改变医院无中心实验室、无研发中心、科研教学用房短缺的现状,为推进医教研融合发展提供坚强保障。

【医疗改革扎实推动】

积极推进医共体分级诊疗和双向转诊,畅通"检查检验"绿色通道,为各乡镇医疗卫生机构提供医学影像远程会诊服务;先后派出 16 名"区聘镇用"人员到基层医疗卫生单位,支援四面山潮汐医疗服务 17 人,3 名医务人员结对帮扶开州区大进镇中心卫生院,免费接收基层医疗机构进修学习 76 人次;与 11 家医共体成员单位签订合作协议,在几江、鼎山社区卫生服务中心等基层医疗机构开设专家门诊,定期选派学科骨干到基层坐诊,累计诊疗量约 700 人次。

(撰稿人:杜　康)

附属黔江医院

【综述】

2023 年,附属黔江医院在黔江区委、区政府的坚强领导和区卫生健康委的精心指导下,院党委坚持以习近平新时代中国特色社会主义思想为指导,全面学习宣传贯彻党的二十大精神,落实党委领导下的院长负责制,全院干部职工勇挑重担、迎难而上,实现业务增长的快速回升,圆满完成了正阳院区建成投用、医院整体搬迁、三甲复审准备等一系列重大艰巨的工作任务,高质量发展扎实推进,迈出了在现代化新黔江建设中的有力步伐。

【党的建设】

把牢政治方向,扎实开展政治理论学习,举办学习贯彻习近平新时代中国特色社会主义思想主题教育读书班集中学习 7 次,各党支部开展每周 9 次学习活动,院领导及支部书记共进行了 53 场专题党课。党委班子积极践行"四下基层"制度,完成 5 项调研课题,办理 5 项民生实事,充分体现为人民服务的宗旨。在清廉医院建设上,医院建立健全了 20 余项制度,深入排查了 43 个风险点,并针对性地制定了 54 条管控措施。在医药领域腐败问题集中整治方面,共有 1 333 人进行了自查,清退了违规金额 18 743 元。

优化党支部设置,党支部由 27 个增加至 48 个,截至 2023 年底,全院共有在职党员 247 人,配备了党务干部,转正党员 15 人,发展预备党员 7 人,并开展了多场志愿服务活动,增强了党组织的凝聚力和战斗力。荣获"重庆市拥军优属模范单位""重庆市三八红旗集体""重庆市'5 个 100'示范性团组织"等荣誉称号,1 人荣获全国五一劳动奖章,1 人入选中国好医生。

【医院建设】

2023 年 5 月 18 日,医院整体搬迁至正阳新城,新院区配备了高端医疗设备,包括直线加速器+大孔径 CT、超高端能谱 CT、3.0T 核磁共振等,全年累计采购设备 783 台件,总价值高达 1.32 亿元。此外,成功实施了移动医保支付、HRP 等系统的上线运行,并完成了渝东南公共卫生应急救治信息平台、住院综合楼智能化项目、科教大楼智能化项目等多项重点工程的建设。

2023 年 5 月 26 日正式挂牌重庆大学附属黔江医院,这一举措对提升黔江区域医疗中心的医学水平、加快构建高品质医疗公共服务体系具有重要推动作用。5 月 30 日,挂牌四川华西医院网络联盟医院,标志着黔江公立医院高质量发展迈出了重要一步,也是推进成渝地区卫生健康一体化发展的重要举措。

推进中央财政支持公立医院改革与高质量发展示范项目的实施,建立了四级组织体系,实施了人员总量备案管理,并启动了 DRG 医保支付方式改革,完成了薪酬制度改革方案的制定。同时积极响应基层卫生结构性改革和医共体建设要求,两年间下派"区聘乡用"骨干医生 36 人。成功建成了急诊急救"六大中心"中的 3 个,智慧医院评价达到 3 级。在 2022 年三级公立医院绩效考核中,医院排名较上年上升了 260 名。

三甲复评工作,累计邀请评审专家现场指导 27 人次,并开展了 1 次内部三甲评审、1 次模拟评审和 2 次其他相关活动,以确保医院能够顺利通过复评。

【人才队伍】

2023 年 4 月,医院完成中层干部换届,新一届中层干部队伍呈现出年轻化、专业化的特点。全年招聘 122 名医务人员,其中硕士研究生及以上学历人员占 37%(45 人),并引进了 5 名高级职称人才。引进和培养了各类高层次人才,新增"银发"和"双高"人才 2 人,正高级职称 2 人,副高级职称 20 人,在职研究生 7 人,全日制博士 4 人。新增区县医院头雁人才 3 人、西部之光访问学者 2 人、英才 B 卡持有者 9 人、中医特色技术传承人才 1 人、卫生管理研究专业高级职称评审专家 2 人、高质量发展专家库专家 1 人以及黔江区健康影响评估专家 2 人。

全年选派学习 123 人,8 名医务人员被选派到华西医院进行进修学习,6 人参加了华西医院管理高峰论坛,另有 60 名骨干参加了华西医院专门为医院开设的管理能力提升培训班。

【医疗服务】

消化内科、重症医学科、临床护理获批重庆市临床重点专科建设项目,启动新生儿科、肿瘤科 2 个国家级临床重点专科创建工作。新增血液透析、腹膜透析、神经外科、细菌耐药监测 4 个市级区域医疗质量控制中心,区域性质控中心达 16 个。开展半全血置换术治疗、经皮动脉导管未闭封堵术、全喉切除术等 20 余项新技术填补渝东南医疗技术空白。完成重庆市卫生适宜技术应用示范基地验收,获评全市同批次 5 家单位中唯一"优秀"单位。

在医疗服务方面,全年门急诊患者服务达到 688 534 人次,同比增长 2.24%;住院患者服务达 57 941 人次,同比增长 26.61%;实施手术 14 420 例,同比增长 15.19%。平均住院日降至 8.06 天,同比降低了 0.2 天。在危重病人的抢救上,危重病人病房抢救成功率和急诊抢救成功率分别达到了 96.54% 和 95.56%。医疗业务收入也实现了稳步增长,达到 7.38 亿元,同比增长 16.79%。甲级病历占比 99.45%,乙级病历占比 0.55%,无丙级病历。门诊甲级病历占比 99.71%,乙级病历占比 0.29%,无丙级病历。

在便民服务方面,不断优化服务流程,提升患者就医体验,门诊平均预约率达到 51.6%,为居民医保、职工医保患者办理了门诊特殊疾病和"两病"共计 4 449 人次,办理数量同比增加 22.93%。同时,积极推进双向转诊工作,全年完成双向转诊 4 327 人次,下转患者 2 268 人次,同比增长 14.37%。全年完成市外患者在医院就医直接报账 5 572 人次,同比增长 202.33%。

在护理工作方面,积极推广中医护理、老年护理、康复护理、安宁疗护等服务,以满足不同患者的需求。开设护理门诊,全年共开展伤口/造口护理门诊服务 534 人次、PICC 门诊服务 407 人次。

【教学工作】

内科、外科、妇产科、儿科、超声医学科、麻醉科、康复医学科等 7 个专业的国家住院医师规范化培训专业基地申报工作顺利通过重庆市评审。在教学方面,医院教师在各项竞赛中取得了优异的成绩,新增硕士生导师 1 人,进一步提升教学团队的专业水平。签约成为湖北恩施学院临床学院,承担本科教学任务。

【科研工作】

在科研项目立项方面,成功立项省部级科研项目 6 项,高校科研项目 17 项,以及厅局级项目 77 项,项目共获得 273 万元经费支持。在科研项目结题方面,完成市级科研项目 6 项,区级科研项目 75 项,以及校级科研项目 5 项。

在学术出版方面,医院出版图书 2 部,并参与专著的编写工作,其中担任合作主编 5 部、副主编 31 部,参与 2 部国家卫生健康委"十四五"规划教材的编写。

在知识产权和学术成果方面,医院获批了实用新型专利 15 项,并在各类学术期刊上发表了论文 116 篇。其中,SCI 论文 6 篇,中国科技核心期刊以上论文 30 篇,成功实现了 2 项科技成果的转化。

【对外合作】

华西医院先后向医院派遣 10 名专家进行实地指导工作,坐诊 8 次,为疑难疾病患者提供门诊诊疗服务 116 人次,进行教学查房 7 次、教学讲座 6 次和 MDT(多学科团队)讨论 6 次。指导包括腹腔镜下右半结肠癌根治术和早癌胃镜精筛等手术在内的多项高难度手术,提供远程诊疗服务 100 余例。

山东日照 4 名专家分别驻科指导肝胆外科、肾内科、妇科、神经内科,培养技术骨干 4 人、开展新技术新业务 2 项、临床示教 122 次。

在区内 30 个基层医疗机构,通过远程医疗系统,进行了 3 310 例远程心电、远程影像、远程病理和远程医学检验。下派"区聘乡用"的骨干医生 36 人,共诊疗患者 7 955 人次,开展手术 171 台次,主持病例讨论 152 次,带教下级医生 88 人。协助乡镇卫生院组建了内儿科、外科、外妇专科等住院科室以及急诊室、心理门诊等门诊科室,并启动了资源共享的"五大中心"建设,进一步提升了基层医疗服务的整体水平和覆盖范围。

【健康扶贫】

推行"先诊疗,后付费"服务模式,惠及患者 2 015 人次,开展针对 21 个大病病种的专项救治工作,惠及患者 694 人次,通过"一站式"结算后报销金额达到 806 万元。注重"医防结合"的理念,全面加强慢性病管理工作,完成了对全区 30 家基层医疗机构的 3 次督导考核,并实现了家庭医生签约服务网络系统的信息互联互通。在多个街道社区卫生服务中心及太极镇卫生院,积极开展肝癌、肺癌、乳腺癌等癌症的筛查与早诊早治工作,并计划建立区级癌症、脑卒中等慢性病防治中心,以进一步提升防治水平。

在疾病监测方面,2023年医院共报告了肿瘤病例3 114例,心脑血管病例2 491例,慢阻肺病例10 806例,死因监测病例197例,以及高危人群病例107例。

派驻3人工作队深入基层,与村民同吃同住同劳动,助推帮扶村实现振兴发展。主要领导带队下乡慰问边缘户2次,累计覆盖128户次,发放慰问品总金额超过1万元,以实际行动巩固拓展脱贫攻坚成果,与乡村振兴形成有效衔接。

（撰稿人:廖玉芳）

附属沙坪坝医院

【综述】

2023年,医院在校党委的正确领导下,始终坚持以习近平新时代中国特色社会主义思想为引领,以党的二十大精神为指导,坚持全面从严治党战略方针,以党建抓业务、以党建强队伍、以党建强作风,引领医院高质量发展,通过了国家三级综合医院评审、重庆市美丽医院建设、重庆市四级智慧医院建设,完成2个市级临床重点专科、3个区级临床重点专科建设。

【党建工作】

严格落实党委领导下的院长负责制,召开党委会会议35次,集体决策"三重一大"事项400余项;建立医院精益管理平台,发挥党委核心领导作用,针对重点工作,寻找、解决问题,全年组织召开精益管理专题会12次,解决问题20个;坚持"两个首先必学"和"集中领学+个人自学+实践教育"相结合,将党的二十大精神、习近平总书记系列重要讲话和卫生健康工作相关指示精神等作为贯穿学习计划的主轴,按时开展"中心组学习""主题党日活动""三会一课"等组织生活。全年组织开展中心组学习23次、主题党日活动12期,"党课开讲啦"活动实现党员全覆盖,指导35个党支部前往红色教育基地,开展党性锤炼、理论见学活动;党委班子成员开展集中学习10次,专题研讨7次;各基层党支部开展主题教育理论学习100余场次,党委班子、党支部书记完成党课宣讲40余次;党委班子成员深入临床一线调研、办公等70余次,收集建立问题整改清单3项,推动解决民生实事10项,建立、修订制度16个;处级领导班子完成调研课题2个,完成成果转换8项。

把意识形态工作纳入党委会会议议事日程,专题研判、部署意识形态工作2次;强化自查自纠,开展意识形态领域自查自纠2次,制定《进一步加强学术会议规范管理规定》,审核报备学术会议32次。制定《落实全面从严治党主体责任工作实施办法》,修订《2023年度管理干部履职考核实施方案》《2023年党建工作考核实施方案》等管理制度,确保管理干部、党支部书记把主体责任扛稳抓牢,组织开展季度党建督查、考核4次,坚定不移推进全面从严治党落到实处。

【人才工作】

1. "出实招"加强引人力度

结合"三甲"创建目标,引进心内科、胸心甲乳外科等学科、学术带头人 4 人,围绕学科发展需求公开招聘 38 人。

2. "出新招"强化培育力度

出台"青蓝人才""四鹰工程""展翼工程"人才培育计划,首批选拔青蓝人才 12 人、四鹰人才 8 人、展翼人才 12 人。启动人才"启航计划"加强高层次人才培养,选派董兴有(临床观摩,3 个月)、颜亮(高级访问学者,12 个月)参加 2024 年医务人员国际培训项目选拔。3 人获评(唐刚、杨希、周璞)重庆市"头雁人才"称号;10 人获批第二届"沙坪坝名医"称号;博士后工作站引进首名博士后人员。

3. "出真招"强化干部管理

全年选任年轻干部 18 人(平均年龄 36.5 岁),调整 4 人;建立干部监督管理工作制度,建立领导班子、中层干部等重点岗位电子廉政档案 120 余份,更新领导干部个人亲属涉权台账,进一步健全领导干部党内外监督机制。

4. "出硬招"强化留人能力

设置护理"学历专项奖励绩效",稳定护理骨干队伍;调整临聘人员基本工资增量,稳定聘用人员队伍;召开人才交流座谈会,搭建人才队伍面对面交流谈心平台,畅通上下交流渠道。

【科研工作】

1. 科研论文上台阶

累计发表论文 34 篇,其中 SCI 论文 6 篇(单篇影响因子最高 8.754),另有专利 15 个、专著 19 本。累计科研立项 38 项,其中市教委项目 5 项、中华国际医学交流基金会科研项目 1 项、市卫健委项目 1 项、医高专教改课题 4 项、区技术创新与应用发展项目 17 项、重大医工融合项目 2 项、区科卫联合项目 8 项。区级项目结题 20 项,市级项目拟结题 4 项。

2. 教学工作有成效

2 名导师获批重大研究生导师资格,并顺利完成导师资格考核。5 名医学博士完成重庆大学教师资格各项考核。承接重庆大学医学院 2022 级临床医学本科生早期接触临床课,获校方好评。

3. 博士后工作站顺利运行

成功设立博士后工作站并投入使用,目前人员已进站开展科研工作,持续推动医院的科研能力提升、科研成果转化。

4. 重点专科创建成效明显

医院学科设置齐全,目前设有 40 个学科,病区扩增至 24 个,挂靠 16 个区级质控中心。2023 年新增中医针灸科、泌尿外科 2 个市级临床重点专科,新增消化内科、临床护理、药学 3 个区级临床重点专科,新增消化内科、心血管内科、肾脏风湿免疫科、全科医学科、泌尿外科5个区级质控中心。

【医生思政和医德医风工作】

狠抓党风廉政,严守规矩底线。通过廉政专题党课、廉政谈话、"以案四说"警示教育等涵养清新医风,共开展专题会8次、警示教育12场,运用典型案例11件,召开节前廉政谈话会7次,开展廉政教育基地实践活动2场;构建医院二级督导网格体系,遴选50人组建专/兼职纪检队,以规范权力运行防腐败、完善监督体系查腐败、聚焦内部管理治腐败和五廉建设为主线,认真开展医药领域集中腐败整治行动和清廉医院建设示范点工作,进一步提升干部职工拒腐防变能力;树立典型,扎实开展"书廉、画廉、讲廉、誓廉""红岩医者清风颂廉""最美医瞬间摄影展"等系列活动,厚植廉洁文化根基和土壤;选树"优秀医师""优秀药剂师""优秀技师"等先进榜样30人,标榜先进典型,为干部职工做示范、树标杆、明导向,弘扬正气清风。

(撰稿人:何　媛)

大事记

重庆大学 2023 年大事记

一月

3 日　学校在第一批重庆市深化新时代教育评价改革典型案例征集评选活动中荣获特等奖 1 项、一等奖 1 项及优秀组织奖。

6 日　学校召开干部大会,总结 2022 年学校主要工作进展和成效,部署寒假期间各项工作。

学校入选 2022 中国大学海外网络传播力建设十大案例。

9 日　学校党委召开 2022 年度校级党员领导干部民主生活会。2022 年度省部级单位党员领导干部民主生活会第 45 督导组组长、教育部发展规划司一级巡视员张泰青一行到会指导。教育部高校党建工作联络员、西南大学原党委副书记徐晓黎出席会议。

12 日　校长王树新与美国辛辛那提大学校长内维尔·平托(Neville Pinto)就提升合作至研究生教育层面,拓宽合作领域至艺术设计、医学领域,开展更丰富的师生交流活动等方面交流洽谈。

17 日　学校吴兴刚、曾忠、吴桂英、马欣、王林、辛清泉、黄晓旭、孙宽、刘雳宇、赵良举 10 位同志分别当选重庆市第六届人大常委、政协常委。

20 日　重庆市委教育工委书记、市教委主任黄政一行来校看望、慰问春节留校学生。

二月

1 日　学校获批建设国家储能技术产教融合创新平台。

4 日　学校《高校中华优秀传统文化"四位一体"培育模式在思想政治教育中的实践与创新研究》项目入选 2023 年度高校思想政治工作精品项目,《我和我的国家引擎》(理论版)三卷本入选 2023 年度高校思想政治工作研究文库。

13 日　学校召开 2023 年春季学期党政联席会议,专题研讨党的建设和全面从严治党、学科建设、人才培养、科学研究、队伍建设、国际合作与交流、资源配置等方面工作思路和 2023 年重点工作。

15 日　民建中央副主席、重庆市委会主委、重庆市人大常委会副主任沈金强带队来校调研、考察党派建设工作。

18 日　学校成为全国中学生"英才计划"实施单位。

22 日　市委书记袁家军来校宣讲党的二十大精神。袁家军充分肯定学校办学成绩,希望学校发挥优势,加快建设特色鲜明、世界知名的一流大学,自立自强、引领发展的创新策源地,人才荟萃、英才辈出的人才摇篮,党建统领、整体智治的高校改革领头雁,在新重庆建设中展现新作为。

学校成立材料科学与工程学院储能材料系。

24 日　学校与中国城市规划设计研究院签订战略合作协议。

教育部党组成员、副部长吴岩一行来校调研国家重点实验室,并召开第八届中国国际"互联网+"大学生创新创业大赛冠军争夺赛及同期活动筹备工作汇报会。

十四届学校党委第二轮巡视完成全部进驻工作。

比利时驻华大使高洋(H.E.dr.Jan Hoogmartens)一行来校访问,就教育交流、产学研合作等事宜进行交流座谈。

27 日　学校召开新学期干部大会暨校领导年度考核、选人用人"一报告两评议"会议,校长王树新作题为《学习贯彻二十大　建设"百年新重大"》的主题报告。

学校召开全面从严治党工作会,传达习近平总书记重要讲话精神以及中央纪委全会、市纪委全会、教育系统全面从严治党工作会议精神,结合学校发生的违纪违法典型案例开展警示教育。

中共重庆大学第十四届纪律检查委员会召开第七次全体(扩大)会议,传达习近平总书记在二十届中央纪委二次全会上的重要讲话和有关会议精神,部署学校 2023 年纪检监察工作。

学校举行人工智能研究院院长聘任暨 Journal of Automation and Intelligence(《自动化与人工智能》,英文缩写 JAI)创刊仪式。

张育新教授当选英国皇家化学学会会士(Fellow of the Royal Society of Chemistry,FRSC)。

三月

1 日　由周绪红院士团队负责的全球首台 165 米级预应力钢管混凝土格构式塔架完成安装,解决了我国陆上低风速区风资源开发中的"卡脖子"问题。

学校与江津区签订人才交流合作框架协议。

2 日　学校召开 2022 年重庆大学教职工荣休大会。

学校召开人才发展座谈会。校长王树新与国家级人才代表畅谈交流,共话人才队伍建设与发展。

7 日　附属肿瘤医院妇科肿瘤中心主任邹冬玲荣获重庆市三八红旗手称号。

8 日　学校与中国能源建设集团广东省电力设计研究院有限公司签署项目合作协议。

9 日　校党委书记舒立春带队走访中国建筑集团有限公司,就共建高端研发平台、联合开展重大建设科技攻关、创新人才培养模式、共同打造标志性建筑项目等深入交流。

全球 ESI 学科影响力数据库更新,学校化学学科实现突破,首次进入全球前 1‰。

14 日　中央电视台《经济半小时》栏目两会系列报道《"卯"足干劲抓开局:打通科技成果转化"关键一

公里"》重点报道学校科技成果转化举措和成效。

16 日　学校召开全国两会精神传达报告会，全国政协委员、市政协副主席王新强，全国人大代表、校长王树新，全国政协委员黄伟，全国人大代表钟代笛为全校师生代表作传达报告。

17 日　学校在第十三届"挑战杯"中国大学生创业计划竞赛全国终审决赛中斩获金奖 2 项、银奖 1 项、铜奖 4 项，团体成绩名列前茅，捧得"优胜杯"。

18 日　学校举行 2023 届毕业生春季大型双选会。400 余家用人单位参会，提供 2 万余个岗位，10 000 余名高校毕业生参加。

20 日　学校帮扶石柱县中益乡项目《"连接城乡"——乡村振兴路上的"1234"模式》入选第七届"教育部直属高校精准帮扶和创新试验典型项目"。

22 日　依托学校建设的非线性分析数学与应用教育部重点实验室获批立项，是学校首次获批建设基础领域教育部重点实验室。

24 日　校党委书记舒立春在马克思主义学院主持召开现场办公会，研究部署推进马克思主义学院建设相关工作。

25 日　学校彭桓武书院正式揭牌。

26 日　学校举行附属肿瘤医院科学城院区奠基仪式。

　　　　朱恂教授当选"全国五一巾帼标兵"。

27 日　校长王树新会见中国工程院外籍院士 Michael Hood，就重庆大学与昆士兰大学进一步开展人才引进、学生培养、国际科研合作等事宜进行洽谈。

　　　　学校与北京万方数据股份有限公司合作共建的方志数字人文研究中心正式揭牌。

28 日　学校 44 名学者入选爱思唯尔 2022"中国高被引学者"榜单。

29 日　学校召开十四届党委巡视工作领导小组会议，传达学习全国巡视工作会议和中央巡视有关文件精神，研究学校党委第三轮巡视工作方案，听取学校党委第二轮巡视情况汇报。

四月

1 日　重大设计总院四川分公司暨智慧城市创新设计中心在成都正式揭牌。

6 日　市人大常委会副主任沈金强，市人大常委会委员、市人大教科文卫委主任委员黄宗华带队来校调研、考察学校"双一流"建设情况。

　　　学校举行 2021—2022 学年学生争先创优表彰大会，表彰 2021—2022 学年度"争先创优"先进个人 9 570 人、先进集体 371 个。

9 日　由教育部等 12 个部委会同重庆市政府主办，学校承办的第八届中国国际"互联网+"大学生创新创业大赛冠军争夺赛举行。市委书记袁家军，教育部党组书记、部长怀进鹏出席并致辞。教育部、中央有关部委(单位)、各省区市教育部门负责人等负责同志及高校师生代表3 000余人参加活动。

由学校主办的首届世界青年大学生创业论坛在重庆举行。论坛以"共创共进,一起向未来"为主题,教育部部长怀进鹏出席论坛并发表题为《携手推动大学生创新创业高质量发展》的主旨演讲,联合国教科文组织副总干事曲星、重庆市市长胡衡华致辞。教育部党组成员、副部长吴岩宣读世界青年大学生创业论坛"重庆倡议"。

由中国高等教育学会和学校联合主办的第三届中国城市与高校发展大会在重庆举行。

教育部党组书记、部长怀进鹏,重庆市委副书记、市长胡衡华,教育部党组成员、副部长吴岩,市委副书记李明清,市领导罗蔺、张安疆一行调研学校电子显微镜中心,听取超瞬态实验装置建设情况汇报。

第四届教学大师奖、杰出教学奖和创新创业英才奖颁奖典礼举行。学校李百战教授荣获杰出教学奖。

10日 泰晤士高等教育(THE)发布2023年中国学科评级结果,学校有1个A+类、8个A类。

11日 全国人大教科文卫委副主任委员田学军,全国人大常委会委员、教科文卫委委员方向一行来校调研。

12日 全国政协常委、教科卫体委员会主任,教育部原部长、党组书记陈宝生一行来校开展专题调研。

13日 学校召开学习贯彻习近平新时代中国特色社会主义思想主题教育动员大会,对全校开展主题教育进行动员部署。中央第五十八指导组组长姜沛民就落实主题教育各项工作提出具体要求。

学校"双一流"文化传承与创新重点项目——原创话剧《何鲁》斩获第八届重庆大学生戏剧演出季所有奖项。

14日 学校获得中国研究生创新实践系列大赛十年发展重要贡献单位表彰。

15日 学校与铜梁区人民政府、厦门海辰储能科技股份有限公司签署合作协议。

由学校承办的第六届(2023年)大学通识教育联盟年会开幕。

16日 学校举行博雅书院揭牌暨荣誉院长聘任仪式,重庆大学原校长、北京大学未来教育管理研究中心主任林建华教授任荣誉院长。

20日 学校召开第十届教职工代表大会暨第十五届工会会员代表大会第二次会议。

22日 学校举行国家自然科学基金委理论物理专款"西南理论物理中心"启动会暨重庆量子物理基础学科研究中心揭牌仪式。

23日 校长王树新率调研组到绿春县调研,召开定点帮扶绿春十周年座谈会。

29日 学校校友总会九届四次理事会(扩大)会议暨全球校友创新发展大会在常州市召开。会上,常州市人民政府与学校签署战略合作框架协议,"人工智能与智慧建筑技术研究与产业化项目"等14个产学研合作项目现场签约。

五月

4 日　材料科学与工程学院团委获"重庆市五四红旗团委"称号。

5 日　学校举行学习贯彻习近平新时代中国特色社会主义思想主题教育读书班总结会。中央第五十八指导组副组长席茹同志和指导组成员出席会议。

学校"煤岩体多场耦合多尺度力学试验创新与实践""中华人民共和国体育史（1949—2019）丛书""抗战大后方文学史料研究丛书"3 个图书项目获 2023 年度国家出版基金拟资助项目立项。

8 日　学校召开十四届党委第三轮巡视工作动员部署会。

学校在重庆市 2022 年高校教师教学创新大赛中荣获一等奖 1 项、二等奖 7 项、三等奖 7 项。

11 日　学校药理学与毒理学首次进入 ESI 世界排名前 1%。

16 日　《当代党员》刊发校党委书记舒立春署名文章《加快建设中国特色、世界一流大学和优势学科》。

19 日　十四届学校党委第三轮巡视完成全部进驻工作。

21 日　学校代表队获得 2023 年全国港澳台大学生中华文化知识大赛全国二等奖，代表队荣获最佳组织奖和最佳指导教师奖。

22 日　2023 第四届"全国主流网络媒体重庆教育行"大型融媒体采访活动在学校启动。

25 日　学校与酉阳县签订校地战略合作协议，助力乡村振兴，打造校地合作新平台。

26 日　校党委书记舒立春主持召开青年师生座谈会，与青年师生代表座谈交流。

十四届学校党委第二轮巡视反馈工作全部完成。

28 日　学校举办"吟世九章"第三十一届校园歌手大赛总决赛，线上观看共计 85 万余人次。

29 日　教育部核查组进驻学校进行内部控制报告编报质量核查工作。

学校科幻图书馆正式开馆。

30 日　陈先华教授获 2023 年重庆市"最美科技工作者"。

市科协党组书记李雷霆一行到校走访看望中国工程院院士鲜学福、王树新和相关专家。

31 日　附属涪陵医院高新区院区举行开诊仪式。

六月

1 日　由学校与南京工业大学、丹麦技术大学共同举办的第八届再结晶与晶粒长大国际会议在重庆和丹麦哥本哈根同时召开。

8 日　学校举行"校长有约"学生座谈会。校长王树新与学生代表围绕"立足新时代、奋进新征程、建设新重大"进行面对面交流，听取对学校事业发展的意见建议。

9 日　学校在第十八届"挑战杯"全国大学生课外学术科技作品竞赛重庆市选拔赛中斩获特等奖 12 项

（全市共 97 项）、一等奖 8 项、二等奖 1 项,特等奖获奖数量和总体获奖成绩蝉联全市第一。

15 日　校党委书记舒立春深入巫山县官渡镇大塘村、竹贤乡下庄村等地调研,进一步推进学校定点帮
扶、服务乡村振兴等工作。

18 日　学校 2023 年海内外优秀青年学者论坛(春季)开幕。

19 日　重庆大学国家卓越工程师学院正式揭牌。

学校与中国建筑西南设计研究院有限公司签署合作共建协议。

20 日　学校举行 2023 届毕业生赴基层、重点单位就业出征仪式。

24 日　成都第 31 届世界大学生夏季运动会重庆站火炬传递在学校举行,重庆站 31 名火炬手中有 4 位
来自学校。

27 日　校党委书记舒立春、校长王树新分别讲授主题教育专题党课。中央第五十八指导组组长姜沛民
和指导组相关成员来校指导。

28 日　学校举行 2023 年毕业典礼暨学位授予仪式,校长王树新以《相信》为题,为毕业生讲授"最后
一课"。

学校举行"光荣在党 50 年"纪念章颁发仪式。

七月

5 日　重庆市人民医院党委书记黄莹、院长张华一行来校调研。

10 日　重庆市科技创新和人才工作大会召开,学校牵头获 2022 年度重庆市科学技术奖一等奖 10 项,
占全市一等奖数量的 40%。常务副校长刘汉龙作为科技突出贡献奖获奖者上台领奖。

11 日　学校出版社 124 种教材(包括全国优秀教材、中职公共基础课程教材)入选首批"十四五"职业
教育国家规划教材,入选品种数全国排名第 13 位,大学出版社排名第 4 位。

12 日　学校召开学习贯彻习近平新时代中国特色社会主义思想主题教育校级领导班子调研成果交流
会。主题教育中央第五十八指导组组长姜沛民和指导组成员,教育部党建工作联络员徐晓黎到
会指导。

卢义玉教授、谢开贵教授获 2022 年度全国高校优秀科研成果奖一等奖,杨波教授、魏静教授获
二等奖。

13 日　学校分子生物学与遗传学首次进入 ESI 世界排名前 1%。

17 日　十四届学校党委第三轮巡视反馈工作全部完成。

18 日　学校 2013 届电气工程学院硕士毕业生吴冕之、2016 届经济与工商管理学院本科毕业生杨剑南
获全国高校毕业生基层就业卓越奖。

24 日　教育部公布 2022 年国家级教学成果奖获奖项目名单。学校以第一完成单位获高等教育(本科)

国家级教学成果奖 6 项,其中一等奖 1 项、二等奖 5 项;获高等教育(研究生)国家级教学成果奖二等奖 2 项。此外,学校与其他高校联合申报的"新工科教育"荣获特等奖,与兄弟高校、企业合作完成成果获一等奖 2 项、二等奖 8 项。

28 日　学校 5 名师生参加成都第 31 届世界大学生夏季运动会开幕式。

八月

16 日　王时龙教授团队研发的"一种考虑机床几何误差影响的磨齿精度预测建模方法"(专利号:ZL201910752521.5)荣获第二十四届中国专利银奖。

23 日　《光明日报》报道学校将主题教育成效转化为学校高质量发展动力的重要举措。

25 日　学校召开 2023 年秋季学期党政联席会议,专题研讨了学校党的建设和全面从严治党、学科建设、人才培养、科学研究、队伍建设、国际合作与交流、资源配置等方面的工作思路和重点任务。

30 日　学校召开学习贯彻习近平新时代中国特色社会主义思想主题教育总结大会。中央第五十八指导组组长姜沛民、副组长席茹及指导组全体成员出席会议。

　　　　学校与华为技术有限公司签署深化全面战略合作协议。

31 日　李百战、钟代笛获中国侨联表彰。

九月

1 日　学校召开新学期教师干部大会。校长王树新代表学校作题为《深化主题教育学习,共担教育强国使命,纵深推进第二轮"双一流"高质量建设》的工作报告。

　　　蒋兴良教授领衔的"电网装备安全与自然灾害防御"教师团队获第三批"全国高校黄大年式教师团队"。

　　　学校召开 2023 级研究生开学典礼,校长王树新发表题为《知常明变　驭势创新》的讲话。

2 日　学校与中建三局集团有限公司签署战略合作协议。

3 日　学校举行 2023 级本科生开学典礼暨军训动员大会。校党委书记舒立春向学生军训师授师旗,校长王树新为 2023 级本科生上"开学第一课"。

　　　学校与云南省人民政府签订战略合作协议。

4 日　2023 中国国际智能产业博览会在重庆悦来国际会议中心开幕,学校作为区域合作展区高校代表,在高校最大展馆展出共计 58 项科技成果。

8 日　学校召开 2023 年教师节庆祝暨表彰大会。

　　　学校选送作品《细心育人　深耕课堂》在教育部 2023 年新时代教师风采短视频征集活动中获评"入围作品"奖,是重庆市高校唯一入选作品。

10 日	学校在全国大学生微创业行动中斩获金奖 1 项、"科创之星" 1 项，荣获优秀组织单位。
15 日	学校农业科学首次进入 ESI 世界排名前 1%。
24 日	"第二届 ASCE 大中华论坛"在深圳大学举行，土木学院荣誉院长杨永斌院士获 ASCE 大中华区最高奖"终身成就奖章"（Lifetime Achievement Medal），是 ASCE 大中华区首位获奖者。
25 日	市委书记袁家军到学校调研并主持召开全市高校人才工作座谈会。袁家军强调，要深入学习贯彻习近平总书记关于高等教育和高校人才工作的重要论述，全面落实党的二十大战略部署，坚持党对人才工作的领导，扎实推动高校人才工作高质量发展，聚焦聚力、争创一流，为现代化新重庆建设贡献高校力量。
26 日	2022 Acta student awards（Acta 学生奖）正式发布，学校材料学院朱万全博士荣获此奖项，是全球 14 位获奖者之一。
27 日	由市教委、西部科学城重庆高新区管委会、学校共同主办的"两城汇"校企交流合作品牌系列活动发布仪式暨智能网联汽车产业成果对接活动举行。西部（重庆）科学城大创谷·重庆大学特色园——人工智能园正式揭牌。 首届卓越工程师培养国际会议在北京举行。由学校和南方电网联合承办的大会分论坛"智慧能源领域卓越工程师培养国际会议"同期举行，智慧能源领域卓越工程师培养联合体揭牌并发布联合体核心课程和能力标准。
28 日	学校推荐的《渝氮科技》项目斩获第十届"创青春"中国青年创新创业大赛（乡村振兴专项）金奖（全国共 13 个，重庆唯一），实现乡村振兴专项重庆金奖零的突破。

十月

7 日	学校与中冶赛迪集团有限公司签署合作框架协议。
8 日	学校与沙坪坝区人民政府、星云基因科技有限公司合作共建重庆大学精准医学研究院签约仪式举行。
14 日	学校举行 2024 届毕业生秋季大型双选活动。350 余家用人单位来校，提供 2.2 万余个就业岗位，吸引校内外万余名毕业生入场求职。
17 日	学校举行金秋敬老祝寿大会暨学校发展情况通报会。
18 日	校长王树新带队赴四川大学、电子科技大学、西南交通大学调研，实地考察三所高校"双一流"建设标志性成效，加强学习互鉴，并就进一步发挥成渝地区双城经济圈高校联盟作用，共同服务成渝地区双城经济圈建设等内容开展深入交流。
20 日	学校召开十四届学校党委第四轮巡视工作动员部署会。 中美洲和加勒比国家政党代表团来校访问，与校党委书记舒立春座谈交流。

21 日	校友总会九届五次理事会议在深圳召开,通报学校"双一流"建设最新进展和成效,总结校友工作开展情况,听取校友对学校发展的意见建议,举办机械电气、土木建筑领域行业前沿交流会。
23 日	我国无线电研究的先驱、中国赴北极科考第一人、学校第二任工学院院长冯简先生后裔冯允明先生与凌凯珉女士率冯氏家人一行来校参访,寻访历史、缅怀先辈。校长王树新会见冯氏家人一行。
24 日	人民网"2023 大学书记校长说——"系列报道刊发王树新校长访谈内容,报道以"大学要以高质量教育培养拔尖创新人才"为题,围绕提升高等教育对强国建设的支撑力、贡献力,以高水平成果转化更好服务区域经济社会高质量发展两个方面展示学校在人才培养、科研创新以及服务国家和地方重大战略需求等方面的举措和成效。
25 日	校长王树新带队到上海交通大学、上海光源科学中心、中国商用飞机有限责任公司调研,实地考察上海交通大学张江高等研究院、上海光源、C919 总装车间、上飞院综合实验楼等科研设施和平台,并围绕高校加强有组织科研攻关、推动大科学装置建设、深化校企合作等内容开展深入交流。
	能动学院朱恂教授当选中华全国妇女联合会第十三届执行委员会委员。
26 日	泰晤士高等教育世界学科排名发布,学校工学(151—175)、商业与经济学(201—250)、理学(251—300)、社会科学(251—300)、生命科学(301—400)、计算机科学(401—500)、人文艺术学(501—600)7 个学科上榜。
	小米公益基金会在学校捐赠设立"小米奖助学金"和"小米青年学者"项目签约仪式举行。
27 日	软科发布 2023"软科世界一流学科排名",学校共有 29 个学科入榜,上榜数位居内地第 28 位(2022 年第 30 位)。
28 日	学校召开第三十二次学生代表大会暨第七次研究生代表大会。
30 日	学校定点帮扶地云南省绿春县委书记何阳一行到校进行定点帮扶工作交流。
	学校承建的思想政治工作创新发展中心以优秀成绩通过首轮建设周期验收。
31 日	"全球教育展"活动在学校启动。美国南加州大学、约翰斯·霍普金斯大学、加利福尼亚大学欧文分校、加利福尼亚大学戴维斯分校、马里兰大学、德州大学奥斯汀分校等全球知名合作高校及教育机构来校参展,现场为学生提供专业且多样化的咨询与服务。
	在第十八届"挑战杯"全国大学生课外学术科技作品竞赛中,学校连续三届捧得"优胜杯"和累进创新奖,斩获主体赛事特等奖 1 项、一等奖 1 项、二等奖 1 项,红色专项活动特等奖 1 项、一等奖 1 项,"黑科技"专项赛一等奖 2 项等。

十一月

2 日	学校主办的《智能肿瘤学(英文)》入选 2023 年度中国科技期刊卓越行动计划高起点新刊项目。
3 日	"重庆大学教师教学智能评价与咨询案例"入选高校教师发展中心建设优秀案例。

4日	学校代表团赴瑞士、德国及新加坡开展全球人才招聘推介工作,在6所世界著名高校举行推介交流活动,吸引近300位学者参加。
7日	由重庆市主办,学校承办的信息时代科研范式变革校长圆桌会议举行,该会议是首届"一带一路"科技交流大会的重要活动之一。
	学校发起成立"一带一路"大学科技合作联盟(简称"iUNRC")。
8日	重庆市卫生健康委员会、重庆大学共建重庆大学附属人民医院签约暨重庆大学附属人民医院揭牌仪式举行。
	"2023软科中国最好学科排名"发布,学校有37个学科上榜,全国排名21位(比2022年提升1个名次)。
9日	学校ESI全球排名第336名,内地高校排名第30名。
13日	学校获批新设新闻传播学、化学、软件工程、药学、临床医学、公共管理学6个博士后流动站。
14日	自然指数更新,学校位居全球80名,发表论文339篇。
15日	科睿唯安发布2023年度"全球高被引科学家"名单,学校有12人入选,内地高校排名第23名。
17日	校长王树新带队赴南方科技大学、华润集团调研。
21日	学校作为首批81所加入"中国-白俄罗斯大学联盟"高校,出席联盟成立仪式并与成员高校共同签署《中国-白俄罗斯大学联盟成立协议》。
22日	2023年两院院士增选结果正式揭晓,刘汉龙教授当选中国工程院院士。
	奥运冠军李雪芮团队工作室在虎溪校区体育中心揭牌。
	国际电气和电子工程师协会(IEEE)公布2024年度新晋Fellow名单,胡晓松教授、冉立教授入选。
23日	学校举行学生年度人物、十佳先进班集体评选活动。10名学生获评重庆大学学生年度人物,10个班级获评十佳先进班集体。
28日	自然指数更新,学校位居全球第75名,内地排第30名,总论文数350篇。
30日	校长王树新带队到重庆万州区、开州区考察调研,推动深化校地合作,开展人大代表联系群众工作,深入了解重庆大学附属三峡医院建设发展情况。
	艺术学院教师段玥获评中国舞蹈家协会"中国顶尖舞者成长计划"2023年度顶尖舞者,教师赵倩、张晓获评"中国顶尖舞者成长计划"2023年度顶尖教师。

十二月

| 1日 | 学校作为第一完成单位和第一通讯作者单位在顶级期刊*Science*发表最新研究成果,材料学院黄晓旭团队及其合作者利用自主研发的三维透射电镜技术在纳米金属研究领域取得新突破。 |

3 日	校长王树新带队赴黑龙江省调研,考察哈尔滨科技大市场和深哈产业园,看望校友并座谈交流。调研期间,黑龙江省委常委、组织部部长杨博会见王树新一行,双方就进一步深化校地合作、推动省校战略协议全面落地深入交流,达成重要共识。
4 日	李先广、林明智、贺建华三位校友荣获首届"国家工程师奖"。
7 日	学校召开 2022—2023 学年学生争先创优表彰大会,表彰 9 906 名先进个人和 508 个先进集体。
8 日	校长王树新在马克思主义学院主持召开现场办公会,研究推进马克思主义学院建设相关工作。
12 日	学校新增 73 门市级一流本科课程。
13 日	杨士中院士向学校教育发展基金会捐赠并设立科教发展基金。
15 日	学校举行重庆大学海内外优秀青年学者论坛(秋季),面向全球网络同步直播,来自美国、英国、德国、瑞士、澳大利亚、新加坡等 30 余个国家和地区的近 800 余位青年学者在线参会,90 余位青年学者代表线下参加开幕式。 学校与曙光信息产业股份有限公司产学研合作签约仪式举行。 教育部公布第八届教育部直属高校精准帮扶典型项目推选结果,学校入选 3 项案例,入选项目数第一(并列)。 学校荣获 2023 中国年度最佳高校"就业典范奖"。 学校"野蛮生长"长跑队打破高校百英里接力赛总决赛纪录,夺得冠军。
17 日	共青团重庆大学第十六次代表大会召开。
19 日	中国国家博物馆正式将学校嫦娥四号任务生物实验载荷罐样机列入收藏件向公众展示并开放参观。
20 日	学校参与承办 2023 全球卓越工程师大赛并获优秀组织奖。
21 日	校长王树新会见欧洲科学院副院长、剑桥大学产业可持续发展研究院院长史蒂芬·伊凡斯(Stephen Evans)教授一行。
23 日	软科发布中国大学工科实力评级,学校层次 A+,排名全国第 16 名。
25 日	学校召开 2023 年重庆大学教职工荣休大会。 学校 6 名青年教师入选第九届中国科协"青年人才托举工程"。
26 日	学校在第十七届 iCAN 大学生创新创业大赛中获一等奖 5 项、二等奖 3 项、三等奖 3 项和网络最佳人气奖,一等奖获奖数量蝉联全国第一。此外,学校荣获优秀组织单位奖。 学校通过全国会计专业学位教育质量 A 级认证。
27 日	超瞬态实验装置预研项目 1 号科学研究楼封顶仪式举行。 由中宣部文艺局和教育部思政司指导、中国教育电视台主办的"牢记时代使命　唱响青春旋律"全国校园歌曲创作推广活动发布"年度优秀原创校园歌曲"名单,学校报送的原创歌曲《站稳才

能飞翔》入围。

学校举行 2024 新年晚会。

28 日　学校举行 2024 重庆大学中外师生新年联欢晚会。

29 日　学校举行重庆大学国家储能技术产教融合创新平台揭牌仪式暨储能技术高端论坛。